최전방의
시간을 찍는 여자

IT'S WHAT I DO
by Lynsey Addario

이 도서의 국립중앙도서관 출판예정도서목록(CIP)은
서지정보유통지원시스템 홈페이지(http://seoji.nl.go.kr)와
국가자료종합목록 구축시스템(http://kolis-net.nl.go.kr)에서
이용하실 수 있습니다.
(CIP제어번호: CIP2020030922)

린지 아다리오 지음
구계원 옮김

최전방의
시간을 찍는 여자

여성 종군기자 린지 아다리오의 사랑과 전쟁

문학동네

일러두기

- 이 책의 각주는 모두 옮긴이 주이다.
- 본문 중 고딕체는 원서에서 이탤릭체나 대문자로 강조한 부분이다.

내가 사랑하는 두 사람
폴과 루카스에게

차례

3부

내 삶의 균형을 찾아

수단, 콩고, 이스탄불, 아프가니스탄, 파키스탄, 프랑스, 리비아

4부

삶과 죽음

리비아, 뉴욕, 인도, 런던

프롤로그
2011년 3월, 리비아의 아지다비야

• 더없이 맑고 쾌청한 아침햇살을 받으며, 나는 트리폴리에서 동쪽으로 800킬로미터 남짓 떨어진 리비아 북부 해안의 작은 도시 아지다비야 근교의 옅은 회색 시멘트 병원 건물 앞에 서 있었다. 나를 비롯한 기자 몇 명은 아침 공습에서 폭격 맞은 자동차를 살펴보고 있었다. 뒤쪽 차창이 박살난데다 뒷좌석은 온통 사람의 잔해로 덮여 있었다. 조수석에는 뇌의 일부가, 뒤쪽 대시보드에는 두개골의 파편이 흩어져 있었다. 흰옷을 입은 병원 직원들이 조심스럽게 신체 부위를 주워 봉투에 담았다. 이전에도 수없이 찍었던 광경이었다. 나는 카메라를 들었다가 다시 내려놓고, 다른 사진기자에게 자리를 양보하기 위해 옆으로 물러났다. 그날은 도저히 사진을 찍을 수 없었다.

때는 아랍의 봄*이 시작되던 2011년 3월이었다. 튀니지와 이집트는 장기간의 독재정권에 맞서 일으킨 혁명에서 승리를 거두었고, 행복감에 도

취된 수백만 시민들이 새롭게 찾은 자유를 축하하며 거리로 쏟아져나와 소리를 지르고 춤을 추었다. 리비아 시민들은 자국 출신의 독재자 무아마르 알 카다피에 대항하여 혁명을 일으켰다. 카다피는 40년간 권력을 휘두르며 전 세계의 테러리스트에게 자금을 지원하는가 하면, 자국민에 대한 고문과 살인, 납치도 서슴지 않았다. 그야말로 미치광이 독재자였다.

나는 아프가니스탄에 배치되어 있었기 때문에 튀니지와 이집트는 취재하지 않았는데, 그토록 중요한 역사적 순간들을 놓친다는 것이 안타깝기 짝이 없었다. 리비아는 꼭 취재할 생각이었지만, 혁명은 순식간에 전쟁으로 악화되고 말았다. 무자비하기로 유명한 카다피군의 보병대가 반란이 일어난 도시들을 침략했고, 임시군복을 입은 공군은 뼈대만 남은 트럭에 올라탄 혁명투사들에게 포격을 퍼부었다. 우리 기자들에겐 방탄조끼조차 없었다. 공격을 받으리라고는 예상치 못했기 때문이다.

남편 폴이 전화를 했다. 우리 부부는 내가 취재로 집을 떠나 있는 동안 하루에 한 번씩 통화하려고 노력하고 있지만, 내 리비아 핸드폰에 신호가 거의 잡히지 않는 탓에 마지막으로 이야기를 나눈 건 벌써 며칠 전이었다.

"안녕, 여보. 어떻게 지내?" 폴은 뉴델리에서 전화를 걸었다.

"피곤해." 내 첫마디였다. "데이비드 퍼스트(《뉴욕 타임스》의 담당편집자)한테 일주일 정도 후에 이번 임무에서 빠져도 되겠냐고 요청했어. 오늘 오후에 벵가지**에 있는 호텔로 가서 철수할 때까지 거기 머물까 해. 집에 가고 싶어." 나는 침착한 목소리를 내려고 애를 썼다. "기진맥진한 상태야. 무슨 일이 터질 것 같은 안 좋은 예감이 들어."

* 2010년 말 튀니지에서 촉발되어 중동 및 북아프리카로 확산된 반反정부 시위.

** 리비아 북부의 항구도시.

나는 폴에게 지난 며칠간 아침에 눈뜨면 좀처럼 침대에서 빠져나오기 싫었던 일, 동료와 함께 카메라 장비를 준비하고 가방을 차에 싣는 동안 인스턴트커피를 마시며 필요 이상으로 오래 꾸물거렸다는 이야기는 하지 않았다. 전쟁을 취재하면서 무궁무진한 용기가 솟아나는 날이 있는가 하면, 이번처럼 잠에서 깨는 순간부터 겁에 질리는 날도 있다. 이틀 전에 나는 지금까지 찍은 사진이 들어 있는 하드 드라이브를 동료 사진기자에게 건네고는 만약 내가 살아남지 못할 경우에 사진에이전시에 전달해달라고 부탁했다. 최소한 내가 찍은 사진들은 구할 수 있을 테니까.

"얼른 벵가지로 돌아가. 당신은 항상 본능을 믿잖아." 폴의 말이었다.

2주 전에 도착한 벵가지는 새롭게 자유를 찾은 도시였고, 나에게는 사담 후세인 이후의 키르쿠크나 탈레반 이후의 칸다하르처럼 익숙한 광경이었다. 건물은 불에 그슬리고 감옥은 텅 비었으며 유사정부가 세워졌다. 도시 전체에 행복한 분위기가 떠돌았다. 어느 날 나는 군사훈련을 위해 몇 명의 남성들이 모여 있는 장소를 방문했다. 그들이 훈련하는 모습은 마치 몬티 파이튼Monty Python*이 벌이는 촌극 같았다. 리비아 민간인들이 대열에 맞춰 꼿꼿하게 차려 자세로 서 있거나 군인들처럼 행군하는 연습을 하거나 어리둥절한 표정으로 쌓여 있는 무기를 바라보고 있었다. 반란군은 의사, 엔지니어, 전기기사를 비롯한 지극히 평범한 리비아 시민이었으며 작업복, 가죽재킷, 컨버스화 등 옷장에 있는 것을 닥치는 대로 걸치고 카투사 다연장 로켓탄발사기와 로켓추진형 수류탄을 실은 트럭 뒤에 올라탄 사람들이었다. 녹슨 칼라시니코프 소총을 질질 끄는 사람이 있는가 하면

* 〈몬티 파이튼의 비행 서커스〉를 창출한 영국의 희극 그룹.

반란군이 기관총 폭격을 하는 카다피군 헬기를 향해 총을 발사하고 있다. 반란군은 카다피군에게서 라스라누프를 재탈환했지만, 다음날 빈 자와드에서 밀려나 다시 동쪽에 있는 라스라누프로 향했다. 리비아 동부, 2011년 3월 6일.

수렵용 칼을 쥐고 있는 사람도 있었다. 일부는 아예 맨손이었다. 이들이 해안도로를 따라 아직도 카다피의 통치하에 있는 수도 트리폴리를 향해 출발하자, 종군기자들도 네모난 4도어 세단에 올라타고 반란군을 따라 최전선이 될 곳으로 향했다.

우리는 반란군과 함께 이동하면서 그들이 탄약을 장전하는 광경을 지켜보며 대기했다. 외롭게 뻗은 고속도로를 타고 이동한 지 얼마 되지 않은 어느 날 아침, 갑자기 무장 헬기가 머리 위를 덮치며 무차별적으로 총알세례를 퍼부었다. 반란군은 칼라시니코프 소총을 하늘에 겨냥하고 발사했다. 어떤 소년은 돌멩이를 던졌고, 눈에 공포가 가득 어린 또다른 소년은 얕은 모래언덕을 향해 뛰었다. 나는 소형 자동차의 앞좌석 옆쪽에 웅크려 몸을 숨긴 채 소년의 사진을 찍으면서, 이것은 전혀 다른 형태의 전쟁이 되리라고 직감했다.

최전선은 모래로 둘러싸인 황량한 길을 따라 이동했는데, 길은 푸르스름한 지평선까지 평평하게 펼쳐져 있었다. 이라크나 아프가니스탄에서의 전쟁과 달리 여기에는 뛰어들 벙커도, 뒤로 숨을 만한 건물도, 바닥에 납작 엎드릴 험비 군용차량도 없었다. 리비아에서 우리는 전투기의 굉음이 들릴 때마다 몇 가지 동작을 반복했다. 걸음을 멈추고 위를 쳐다본 후 무수한 총탄이나 폭탄을 예상하며 몸을 웅크린 채 포격이 어디로 떨어질지 짐작해보려 노력했다. 어떤 사람은 바닥에 등을 대고 누웠고, 어떤 사람은 머리를 감쌌으며, 어떤 사람은 바닥에 기도를 했다. 딱히 목적지도 없이 그저 달리기 위해 달리는 사람들도 있었다. 우리는 방대한 지중해의 하늘에 항시 노출되어 있었다.

반란군이 벵가지에서 싸울 자원군을 모집하고 있다. 2011년 3월 1일.

반란군 병사가 라스라누프의 한 병원 바깥쪽에서 부상당한 전우를 위로하고 있다. 2011년 3월 9일.

반란군 병사와 운전병이 폭탄과 전투기를 예상하며 하늘을 올려다본다. 2011년 3월 10일.

반란군 병사들은 라스라누프 근처에서 치열한 전투가 벌어진 날 최전선을 앞으로 이동시켰다.
2011년 3월 11일.

나는 10여 년이 넘게 종군사진기자로 일해왔으며 아프가니스탄, 이라크, 수단, 콩고민주공화국, 레바논에서 전쟁현장을 카메라에 담았다. 그런 나조차도 리비아만큼 두려운 광경은 본 적이 없었다. 사진기자 로버트 카파는 이런 말을 했다. "만약 사진이 만족스럽지 않다면, 충분히 가까이 다가가서 찍지 않은 것이다." 리비아에서는 가까이 다가가지 않으면 아무것도 찍을 수 없었다. 그리고 일단 가까이 다가갔다 하면 이미 사선射線에서 있는 셈이었다. 그 주에 나는 아프가니스탄과 보스니아, 체첸공화국에서 잔뼈가 굵은 업계 최고의 사진기자 몇 명이 최초의 폭격이 휩쓸고 지나간 후 거의 즉시 현지를 떠나는 모습을 지켜보았다. "이 정도로 목숨을 걸 만한 가치는 없어." 그들이 남긴 말이었다. 나 역시 몇 번이나 그런 생각을 해보지 않은 것은 아니었다. 이건 정말 정신 나간 일이야. 내가 여기서 뭘 하고 있는 거지? 하지만 동시에 이런 생각을 하며 익숙한 희열감을 느끼는 날들도 있었다. 나는 지금 반란이 펼쳐지는 모습을 지켜보고 있어. 이 사람들이 자유를 위해 목숨걸고 싸우는 장면을 지켜보고 있다고. 수십 년 동안 억압받던 사회의 운명을 기록으로 남기고 있는 셈이야. 부상당하거나, 총에 맞거나, 납치당하기 전까지는 자신이 무적이라고 믿게 된다. 그리고 나에게 그런 일이 일어난 것도 벌써 몇 년이 지난 후였다.

다른 기자들은 병원의 폭격현장에서 철수하고 있었다. 나는 최전선으로 되돌아갈 때임을 알고 있었다. 포격 소리, 대공사격 소리, 구급차의 사이렌 소리 등등, 전장의 소음이 멀리서 메아리치고 있었다. 나는 폴이 그 소음을 듣지 않았으면 했다. "여보, 나 가야 해. 우리 곧 보자. 사랑해."

나는 사랑하는 사람들을 걱정하게 하는 것은 잔인한 일임을 오래전에 배웠다. 그래서 사랑하는 사람들에게 꼭 알려야 할 정보만 전달한다. 내가 어디에 있고, 어디로 향하고 있으며, 언제 집으로 돌아가는지.

• •

나는 언론상을 받은 다른 세 명의 기자들과 함께 〈뉴욕 타임스〉의 취재 임무를 띠고 리비아에 체류하고 있었다. 신기하게도 나와 함께 코네티컷에서 자라난 친구이자 사진기자 타일러 힉스, 중동지역을 취재하는 기자들 중 첫손가락에 꼽을 만한 앤서니 샤디드, 그리고 오랫동안 전쟁을 취재해온 영국-아일랜드 기자 스티븐 패럴이다. 사지를 떠돌며 취재한 우리 네 명의 경력을 합하면 대략 50년에 달했다. 우리는 '아랍의 봄' 혁명을 쫓고 있는 다른 여러 기자들과 함께 이집트를 통해 리비아에 불법으로 입국했다.

우리 일행은 교외의 병원을 떠나 최전선을 찾아 아지다비야의 중심가로 향했다. 앤서니와 스티브*가 같은 차에 타고, 타일러와 나는 운전사 모하메드와 함께 다른 차에 올랐다. 리비아에서 괜찮은 운전사를 찾기는 쉽지 않았다. 앞니 사이가 벌어진 앳된 얼굴에 얌전한 말투의 대학생 모하메드는 다른 운전사들이 대부분 그만둔 뒤에도 오랫동안 우리를 태우고 이곳저곳을 누볐다. 모하메드는 이 일을 혁명에 일조하는 일이라 생각했다. 모하메드와 같은 운전사는 우리가 취재할 수 있는지, 어디에 갈 수 있는지, 얼마나 오랫동안 머물 수 있는지 결정하는 데 큰 도움을 주었다. 그가

* 스티븐의 애칭.

기여한 바는 가치를 따질 수 없었다.

도시 중심가에 있는 텅 빈 도로에 접근하고 있을 때 포탄이 근처에 있는 인도를 뚫으며 산지사방으로 파편이 날아갔다. 앤서니와 스티브가 탄 차의 운전사는 갑자기 차를 멈추더니 길 한쪽에 두 사람의 짐을 내려놓기 시작했다. 그만두겠다는 뜻이었다. 그 운전사에게는 전선에서 총을 맞은 형제가 있었다. 더이상 기자들을 태우고 운전할 수 없다고 했다. 모하메드는 주저하지 않고 차를 멈추더니 앤서니와 스티브의 장비를 우리 차의 트렁크에 싣고는 네 명을 전부 태웠다. 나는 마음이 편치 않았다. 전쟁지역에서 기자들은 보통 차가 고장날 경우를 대비해 두 대의 차에 나눠 타고 이동한다. 또한 차량이 두 대면 한 대가 폭격을 맞거나 공격당하더라도 희생자의 수를 줄일 수 있다는 장점이 있다.

기자 넷이 차 한 대에 타는 것은 부엌에 요리사가 너무 많은 것과 비슷한 상황이다. 우리는 어떻게 하고 싶은지 각자 다른 생각을 가지고 있었다. 차를 타고 달리면서 앤서니, 타일러, 스티브, 그리고 나는 어느 정도로 위험한 상황인지에 대해 논쟁을 벌였다. 종군기자와 종군사진기자들에게는 자주 일어나는 일이다. 누가 무엇을 해야 하고, 누가 체류하고 싶어하고, 누가 가고 싶어하는지에 대해 끊임없이 협상한다. 우리가 이야기를 정확히 묘사하는 데 충분할 만큼 많은 보도자료와 사진을 확보한 적이 있었던가? 우리는 더 많은 전투를 보고 싶어했고, 가장 생생한 최신 뉴스를 손에 넣고 싶어했으며, 부상당하거나, 포로로 잡히거나, 목숨을 잃기 직전, 그 미지의 마지막 순간까지 계속해서 취재를 하고 싶어했다. 우리는 천성적으로 욕심이 많았다. 항상 손에 쥔 것보다 더 많은 것을 원했다. 의견 일치를 본 부분은 취재를 계속한다는 것이었다.

아지다비야는 낮은 건물들이 늘어선 북아프리카의 번성한 도시로, 복숭아색과 노란색, 황갈색의 시멘트 건물과 두꺼운 벽으로 둘러싸인 발코니, 아랍어가 적힌 선명한 점포 간판들이 눈에 띄었다. 거리에는 몇몇 민간인이 머리에 짐을 올린 채 굳은 표정으로 달려가고 있었다. 차들이 끊임없이 우리 곁을 지나 반대 방향으로 달려갔다. 픽업트럭이나 4도어 세단에 빈틈 하나 없이 사람들이 끼어 타고 있었다. 되는대로 실어놓은 담요와 옷가지들이 뒤쪽 차창 밖으로 삐죽 튀어나와 있었다. 어떤 가족들은 방수포 아래에서 쭈그리고 있었다. 아지다비야에서 여성과 아이들을 실제로 본 것은 이번이 처음이었다. 지금은 도시를 떠나고 있기 때문에 집밖에서 이들을 볼 수 있는 것이었다.

나는 우리도 떠날 시기인 건가 싶어 두려웠다. 민간인들이 끊임없이 아지다비야를 떠나 벵가지로 향한다는 사실은, 현지인들도 아지다비야가 카다피군의 손에 들어가리라 예상하고 있다는 의미였다. 카다피군이 아지다비야에 있을까? 이미 도착했을까? 우리는 카다피의 부하들이 반란군 장악 지역에서 불법으로 입국한 서구권 기자 네 명을 발견하면 우리 신상에 어떤 일이 일어날지 알고 있었다. 카다피는 공개 연설에서 리비아 동부에 있는 모든 기자는 스파이이자 테러리스트이며, 만약 발견되면 사살하거나 억류하겠다고 선언했다.

우리는 병원으로 돌아와 다른 기자들의 안부를 확인하고 이 지역을 잠식한 전투의 사상자를 가늠해보았다. 앤서니와 스티브, 타일러는 리비아 의사의 전화번호를 얻기 위해 병원 안으로 들어갔다. 밤에 벵가지로 돌아가면 전화로 그날의 최종 사상자 수를 파악해 보도하기 위해서였다. 기자들 입장에서는 장악하는 세력이 바뀌어 도시 안으로 다시 들어갈 수 없게 되는 경우를 대비해 내부에 정보원을 확보해두어야 했다. 나는 도로 한편에 서서, 병원 건너편의 피난하는 리비아 사람들 모습을 렌즈에 담았다.

내가 서 있던 도로에서는 이라크와 아프가니스탄에서 취재하던 시절부터 나와 안면이 있는 프랑스 사진기자가 몇몇 동료 프랑스 기자들과 함께 다음 행보를 논의하고 있었다. 그들은 기자들이 불안감을 달래기 위해 사용하는 풍자적 어조를 섞어가며 낮고 심각한 목소리로 대화하고 있었다. 일반적으로 프랑스 기자들은 두려움이 없고 과감하게 행동하기로 유명하다. 프랑스 기자가 전쟁지역에서 자신보다 먼저 떠나면 그건 끝장이라는 농담까지 있을 정도다. 지난 20년간 전 세계의 주요 전쟁을 대부분 취재하면서 두 번이나 총에 맞았는데도 겁 없기로 유명한 로랑 반 데르 스톡트는 도시를 빠져나가는 기나긴 자동차 행렬을 바라보고 있었다.

로랑은 내 쪽으로 몸을 돌리더니 이렇게 말했다. "우리는 이제 떠납니다. 벵가지로 돌아가야겠네요." 이것은 프랑스 기자들이 여기서 무려 160킬로미터, 즉 두 시간이나 이동해야 하는 먼 도시로 후퇴할 것을 결정했다는 의미였다. 오늘 임무를 여기서 끝내는 것이다. 그 이상 목숨을 걸 정도의 가치는 없다는 뜻이기도 했다. 현재 상황이 지나치게 위험하다고 판단했던 것이다.

나는 겁에 질린 채 프랑스 기자들이 앞다투어 차에 올라타는 광경을 바라보았지만, 아무 말도 하지 않았다. 겁쟁이 사진기자처럼 보이거나 남자들이 임무를 다하지 못하도록 막는 겁먹은 여자가 되고 싶지는 않았기 때문이다. 타일러와 앤서니, 스티브는 전부 10년 넘게 전쟁지역에서 취재해온 사람들이고, 자신이 처한 상황을 누구보다 잘 알고 있을 터였다. 어쩌면 그날은 내 판단력이 흐려졌는지도 모른다. 일행과 함께 아지다비야로 가는 동안 나는 차창 밖을 내다보며 마음속에서 안식을 찾으려 노력했다. 도시 곳곳에 있는 모스크*에서는 예배시간을 알리는 노래가 울려퍼졌다.

자동차들이 줄지어 우리를 지나쳤다. 우리는 차량의 흐름과 반대방향으로 달려가고 있는 유일한 차였다.

"이봐, 이제는 여길 떠야 할 것 같아." 스티브가 말을 꺼냈고, 나는 두려움을 느끼는 사람이 나뿐이 아님을 감지했다.

"응, 그래야 할 것 같아." 내가 대답했다.

나는 스티브의 이성적인 말에 고마움을 느꼈지만, 다른 두 명은 그의 제안에 응수하지 않았다.

• •

우리가 탄 차는 교차로에 도착했고, 타일러와 앤서니는 반란군 몇 명과 인터뷰를 하기 위해 밖으로 나갔다. 일부는 다가오는 움직임을 태연하게 바라보고 있었고, 일부는 이리저리 뛰어다니며 먼 곳에 있는 적을 향해 무기를 발사하고 있었다. 나는 갈피를 잡지 못하고 있었다. 여기도 저기도 내가 있을 장소는 아니었고, 카메라를 들어 눈에 가져다댈 수조차 없었다. 아무리 경험 많고 잔뼈가 굵은 사진기자라도 이런 날은 있기 마련이다. 도

* 이슬람교의 예배당.

저히 초점을 맞출 수도, 그 순간을 제대로 담을 수도 없었다. 나는 두려움 때문에 마치 어디 다치기라도 한 것처럼 몸을 제대로 움직이지 못했다. 한편 타일러는 자신의 본령을 발휘하며 거침없이 촬영에 집중하고 있었다. 내가 두려움에 떨면서 어눌하게 셔터를 늦게 눌러 장면들을 놓치는 사이에 타일러가 어떤 광경을 담아내고 있을지 상상해보았다.

타일러를 따라 뛰어가는데 총알이 휙 하고 날아가는 익숙한 소리가 들렸다. 나는 옥상을 올려다보았다. 카다피군 저격수가 시내에 입성해 있었다. 나는 다른 일행들도 전부 상황의 심각성을 깨닫고 있을 것이라 생각했지만, 차로 돌아와보니 앤서니는 탄약보급 트럭 옆에서 남자들 몇 명과 함께 차를 마시며 신나게 아랍어로 이야기하고 있었다. 앤서니는 40대였지만 회색 턱수염과 축 늘어진 배 때문에 그보다 훨씬 나이들어 보였다. 그는 따뜻함과 다정함을 담은 눈빛으로 리비아 사람들의 이야기를 듣는가 하면, 마치 수영장 옆에서 친구들과 어울릴 때처럼 조용히 담배를 피우거나 손짓하며 대화를 나누고 있었다.

하지만 이미 이라크와 아프가니스탄에서 각각 한 번씩 납치된 경험이 있는 스티브는 잔뜩 겁을 먹은 것 같았다. 그는 자신이 차에 바싹 붙어 있으면 다른 일행이 취재를 빨리 끝내고 돌아오기라도 할 것처럼 운전사 모하메드와 함께 차 옆을 떠나지 않았다. 우리 주변의 현지인들은 '저격수다! 저격수다!'라는 의미의 아랍어인 "콰나스! 콰나스!"를 외쳐댔다.

공포로 정신을 잃을 지경이 된 모하메드 역시 "당장 벵가지로 돌아가야 해요"라며 애원했다. 모하메드의 형제가 전화해 카다피군이 서쪽 방향에서 도시로 진입했다는 경고를 전해주었던 것이다. 그는 모든 일행을 다시 차로 불러모았고, 우리는 마을의 동쪽 출구를 향해 출발했다.

출구를 향해 가는 길에 내 동료들은 모하메드에게 마지막으로 딱 한 번만 차를 멈추고 로켓추진형 수류탄을 설치하고 있는 반란군을 취재하게 해달라고 부탁했다. 모하메드가 마지못해 차를 길옆에 세우자, 솟아오른 아드레날린에 고무된 타일러는 카메라를 들고 뛰쳐나갔다. 이는 목숨 걸고 취재할 만한 기삿거리를 마주한 극히 소수의 기자들만이 느끼는 만족감으로, 나 역시 그 기분은 너무나 잘 알고 있었다. 모하메드는 즉시 자기 형제에게 다시 전화를 걸어서 상황을 확인했다. 나는 현장을 떠나라는 경고를 받은 후에도 우리처럼 지나치게 오래 머무는 것은 위험한 행동임을 알고 있었지만, 안전한 곳으로 피신하고 싶은 나의 바람이 끔찍한 약점처럼 느껴졌다. 내 동료들은 절대 겁쟁이라거나 프로의식이 부족하다고 나를 비난하지 않았겠지만, 나는 이 차에 있는 여성은 나 혼자뿐이라는 사실을 누구보다 잘 알고 있었다.

차 한 대가 우리 차 옆에 멈추었다. "그들이 도시로 들어왔소! 도시로 들어왔다고!"

"타일러!" 모하메드가 소리쳤다. 그의 얼굴은 공포로 일그러져 있었다.

"갑시다!" 스티브가 소리를 지르자 타일러가 차에 올라탔고 우리는 출발했다.

그 전날 밤, 나는 담당편집자 데이비드에게 뉴욕 시각으로 아침 9시에 전화를 걸겠다고 약속했다. 시계를 확인하고는 데이비드의 번호를 눌렀다. 응답이 없었다. 다시 번호를 눌렀다. 아무도 전화를 받지 않았다. 나는 계속해서 데이비드의 직통번호를 누르고 또 눌렀다. 전화기에서 시선을 떼고 눈을 가늘게 뜬 채 먼 곳을 바라보자 몇 주간이나 보지 못했던 광경이 눈에 들어왔다. 수많은 차량이었다.

"카다피 쪽 사람들인 것 같아." 내가 말했다.

타일러와 앤서니는 고개를 저었다. "그럴 리가." 타일러의 말이었다.

몇 초 지나지 않아, 뿌옇게 보이던 지평선이 선명해지면서 올리브색 옷을 입은 사람들이 조그맣게 시야에 들어왔다. 내 말이 맞았다.

타일러도 그 사실을 깨달았다. "멈추지 마!" 그는 소리를 질렀다.

적군의 검문소에 접근할 때는 두 가지 선택지가 있는데 모두 도박에 가깝다. 첫번째는 차를 멈추고 기자라고 소개한 다음 중립적인 보도전문가로서 존중받기를 기대하는 것이다. 두번째는 차를 멈추지 않고 그대로 검문소를 통과하며 적군이 발포하지 않기를 바라는 것이다.

"멈추지 마! 멈추지 마!" 타일러는 고함을 질렀다.

그러나 모하메드는 차의 속도를 줄이고 창밖으로 머리를 내밀었다.

"기자들입니다! 언론사예요!" 그는 군인들에게 소리를 질렀다. 모하메드가 차 밖으로 뛰어내리자 카다피 군인들이 그를 둘러쌌다. "기자라고요!"

막힘없는 동작으로 차문을 벌컥 열고 타일러, 스티브, 앤서니가 차 밖으로 튀어나갔다. 나는 즉시 차문을 잠그고 무릎에 머리를 묻었다. 총소리가 하늘을 뚫었다. 고개를 들자 나는 혼자였다. 나는 차 밖으로 나가서 몸을 숨길 곳을 찾아 뛰어야 한다는 사실을 알고 있었지만 도저히 움직일 수가 없었다. 큰 소리로 혼잣말을 했다. 마음의 소리가 설득력을 발휘하지 못할 때 내가 쓰는 방법이다. "차 밖으로 나가. 나가라고. 뛰어." 나는 머리를 수그리고 차 뒷좌석을 기어서 가로지른 뒤 열린 차문으로 빠져나가 간신히 일어났지만, 그 순간 내 팔을 끌어당기고 내 카메라 두 대를 잡아채는 군인의 손길이 느껴졌다. 그 군인이 세게 잡아당길수록 나도 힘을 주어 뒤로 물러났다. 총알이 바람을 가르며 우리 곁을 스쳐갔다. 발 주변에는 뿌옇게 먼지가 피어올랐다. 반란군은 우리가 방금 떠나온 곳, 즉 우리 뒤쪽에서 카다피군의 검문소를 향해 집중사격을 하고 있었다. 내 앞에 있는 군인은 한 손으로 카메라를 잡아채고 나머지 한 손으로 내게 총을 겨누고 있었다.

우리는 10초 동안 그 상태로 서 있었다. 그 10초가 마치 영원과도 같았다. 나는 곁눈으로 타일러가 앞쪽에 있는 1층짜리 시멘트 건물을 향해 달려가는 모습을 지켜보았다. 나는 그의 본능을 믿었다. 우리는 이 군인들과 운명을 협상할 상황이 되기 전에 무수한 총알들이 쏟아지는 사선을 떠났어야 했다.

나는 허리에 차고 있던 가방과 카메라 한 대를 포기한 뒤, 나머지 한 대를 움켜쥐고는 동료들을 향해 뛰면서 카메라에서 메모리카드를 꺼냈다. 동료들 역시 정신없이 총알이 날아다니는 가운데 카다피 군인들로부터 도망치고 있었다. 나는 다리가 느려지는 것을 느꼈고, 앞에 있는 앤서니에게 시선이 닿았다. "앤서니! ……앤서니, 나 좀 도와줘!"

앤서니는 발을 헛디뎌 무릎을 꿇고 넘어졌다. 이내 얼굴을 들었지만 평소 평화롭던 그의 얼굴에는 공포가 가득했고, 그는 내 외침조차 듣지 못한 것 같았다. 앤서니의 경직된 얼굴은 그 무엇보다 나를 두려움에 떨게 했다. 우리는 가장 앞서 달려가고 있어 탈출 가능성이 제일 커 보였던 타일러의 뒤를 따라야 했다.

어찌어찌하여 우리 네 사람은 큰길에서 약간 떨어진 콘크리트블록 건물에서 다시 조우했고, 뒤쪽에서 계속되고 있는 총격전으로부터 몸을 숨길 수 있었다. 우리 근처에는 아기를 안고 서 있는 리비아 여성이 눈물을 흘렸고, 한 군인이 그 여성과 아기를 달래고 있었다. 그 군인은 우리가 어디로도 갈 수 없음을 알고 있었기 때문인지 우리에게는 전혀 신경을 쓰지 않았다.

"필사적으로 도망가보는 게 어떨까." 타일러가 말했다.

우리는 먼 곳을 바라보았다. 탁 트인 사막이 사방으로 펼쳐져 있었다.

그로부터 몇 초 지나지 않아 다섯 명의 카다피군이 우리를 덮쳤고, 총구를 들이대며 아랍어로 고함을 질렀다. 그들의 목소리에는 미움과 아드레날린이 가득했고, 얼굴은 순수한 분노로 일그러져 있었다. 군인들은 아래쪽을 손짓하며 우리에게 먼지 쌓인 바닥에 얼굴을 대고 엎드리라고 명령했다. 우리 네 명은 모두 동작을 멈추고 곧 처형의 순간이 오리라 생각했다. 우리는 천천히 쭈그려 앉으며 각자 목숨을 구해달라고 빌었다.

한 군인이 내 손을 등뒤로 잡아당기고 다리를 발로 차서 벌리는 동안 나는 흙바닥에 얼굴을 대고 엎드려서 입안 가득 미세 먼지를 들이마시고 있었다. 군인들은 우리뿐만 아니라 서로에게도 고함을 지르며, 순순히 복종한 채 총알이 날아올 순간을 기다리는 우리 네 명의 머리에 무기를 겨누고 있었다.

나는 앤서니, 스티브, 타일러를 슬쩍 쳐다보고 네 명 모두 아직 함께 살아 있음을 확인한 다음, 다시 얼른 고개를 내려 눈앞의 흙바닥에 얼굴을 묻었다.

"오, 주여, 오, 주여, 오, 주여. 제발 주여. 우리를 살려주세요."

나는 바닥에서 눈을 들어 총신을 본 다음 군인의 눈을 똑바로 바라보았다. 그 순간 내가 생각해낼 수 있는 일이라고는 애원뿐이었으나, 침이 먼지로 바뀐 것처럼 입이 바싹바싹 말라붙어 한마디도 내뱉기 힘들었다.

"제발." 나는 속삭였다. "제발."

나는 총이 딸깍거리는 소리를 들으며 내 삶이 끝나는 순간을 기다렸다. 폴과 부모님, 언니들, 벌써 몇 년 전에 90대에 접어든 친할머니와 외할머니를 생각했다. 매초가 영겁처럼 느껴졌다. 군인들은 계속해서 총을 우리 머리에 겨눈 채 서로에게 소리를 질러댔다.

"신분증!" 군인 중 한 명이 갑자기 소리를 질렀다. 여권을 내놓으라는 소리였다. 한 군인이 몸을 숙이고는 내 몸을 수색하기 시작했고, 재킷 주머니에서 내 핸드폰, 메모리카드, 그리고 지폐 몇 장 등의 소지품을 꺼내놓았다. 재빠르게 움직이던 그의 손이 내 가슴에 닿자 잠시 멈추었다. 다음 순간 그는 마치 고무경적을 울리는 아이처럼 내 가슴을 주물럭거렸다.

"제발, 하느님. 강간만은 당하고 싶지 않아요." 나는 최대한 태아처럼 몸을 구부렸다.

하지만 나를 수색하던 군인은 무언가 다른 일에 정신이 팔려 있었다. 형광 노란색 밑창이 달린 내 회색 나이키 운동화를 벗겨낸 군인이 그 운동화끈을 잡아당기는 소리가 휙휙 들려왔다. 신발이 벗겨져 발에 공기가 통하는 것이 느껴졌다. 군인은 내 양쪽 발목을 함께 묶었다. 그다음 천조각 하나를 꺼내 내 팔목을 등뒤로 돌린 다음 팔에 감각이 없어질 정도로 꽉 묶었다. 그러고는 더러운 바닥에 내 얼굴을 찍어눌렀다.

다시 부모님을 볼 수 있을까? 다시 폴을 만날 수 있을까? 사랑하는 사람들에게 이

우리가 납치된 위치. 납치된 지 한 달 후 〈뉴욕 타임스〉의 브라이언 덴턴이 촬영.

우리가 포박되었던 곳에 떨어진 끈 풀린 내 운동화.

무슨 못할 짓이란 말인가? 카메라는 다시 돌려받을 수 있을까? 어쩌다 이런 상황에 처하게 된 거지?

군인들은 내 손발을 묶어 나를 끌고 갔다.

• •

리비아에서의 그날, 나는 머릿속에서 떠나지 않던 질문을 스스로에게 되물었다. 나는 왜 이 일을 하는가? 나는 왜 사진을 위해 목숨을 거는가? 10여 년간 분쟁지역을 돌며 취재했지만 아직 이 질문에 대한 대답은 좀처럼 떠오르지 않는다. 분명한 사실은 천성적으로 이 일을 하도록 태어난 사람은 거의 없다는 점이다. 우리는 우연히 이 일을 발견했고, 서서히 천직으로 삼게 된다. 이 독특한 삶과 특별한 임무를 맛본 다음에는, 아무리 기진맥진하거나 스트레스를 받고 위험한 상황에 처하더라도 계속 일하고 싶어한다. 이 일은 엄연히 하나의 직업이지만 직업이라기보다는 헌신이나 책임, 소명처럼 느껴진다. 이 일은 목적의식을 부여하기 때문에 우리는 이 일을 하면서 행복을 느낀다. 우리는 역사의 현장을 눈앞에서 목격하고, 정책에 영향을 미친다. 하지만 동시에 그로 인해 엄청난 대가를 치르기도 한다. 특히 다른 기자들이 총격전에서 목숨을 잃거나 지뢰를 밟아 다리를 잃거나 납치되어 가족들과 지인들의 마음이 찢겨나가는 일이 발생하면, 나는 내가 왜 이러한 삶을 선택했는지 자문해본다.

처음 이 길로 들어섰을 때, 나는 분쟁지역을 취재하는 종군사진기자가 되리라고는 꿈에도 생각지 못했다. 나는 여행을 하면서 미국 바깥의 세상을 보고 싶었다. 복잡다단한 삶의 양상을 들여다볼 수 있는 특권과 매일 같이 새로운 것을 배워가는 기쁨이 있음을 알게 되었다. 카메라는 위로와 도움이 되는 유익한 동반자였다. 나는 카메라 렌즈를 통해 사람들의 감정을 들여다볼 수 있었다. 카메라에 눈을 대고 있을 때면 그곳이 내가 있을 유일한 곳이라 느꼈다.

좋아하는 취미를 살려 생계를 유지할 수 있다는 사실을 깨닫게 된 것은 아르헨티나에서였다. 처음에는 사진 한 장에 10달러씩 받았다. 일단 일을 시작하고 나자 보도사진 분야에서 커리어를 쌓는 것이 그다지 먼 꿈으로 보이지 않았다. 이제 문제는 인정사정없이 치열한 경쟁이 벌어지는 이 업계에서 어떻게 위로 올라갈 것인가 하는 점이었다. 나는 뉴욕에 있는 〈AP통신〉의 비상근통신원이 되었으며, 일단 경험을 좀 쌓은 뒤에는 위험을 각오하고 세계 곳곳을 여행하기 시작했다. 처음에는 쿠바, 그다음에는 인도, 아프가니스탄, 멕시코시티까지. 나는 대다수 사람들이 두려움을 느끼는 지역에서 편안함을 느꼈으며, 세계의 더욱 많은 곳을 가볼수록 용기와 호기심은 커져만 갔다.

9·11테러가 전 세계를 송두리째 바꿔놓았을 때, 나는 막 기자 일의 기반을 닦기 시작하던 참이었다. 나는 그 당시 수백 명의 다른 기자들과 함께 아프가니스탄 침략을 목격했다. 우리 중 상당수가 처음으로 자국의 군대와 폭탄이 직접 관련되어 있는 전쟁을 취재하는 셈이었다. 테러와의 전쟁은 새로운 세대의 종군기자들을 탄생시켰고, 전쟁이 점차 부당한 성격을 띠면서 우리는 일에 더 깊이 몰두했다. 우리에게는 전 세계에 진실을 보여줄 의무가 있었으나, 사명감 때문에 목숨을 잃는 경우도 많았다. 전선

에서 우리 종군기자들은 한 가족이 되었다. 각자가 연애, 결혼, 이혼, 죽음 등의 인생사를 거치는 모습을 서로 지켜보았다. 이라크와 아프가니스탄에서의 전쟁이 거의 마무리된 시점에는, 우리는 전선보다 결혼식과 장례식에서 더 자주 만나게 되었다.

처음 이 일을 시작했을 때는 가장 커다란 특종을 잡기 위해 전전긍긍했지만, 시간이 지날수록 나는 좀더 개인적인 이야기를 취재하기 시작했다. 신문, 잡지, 인터넷에 실린 다르푸르의 난민캠프, 콩고의 여성들, 부상당한 참전군인의 사진을 보면 심장이 조금씩 뛰는 것이 느껴졌다. 그러고는 갑자기 조용한 불안감에 사로잡혔다. 이러한 동요는 내가 그곳으로 가게 되리라는 것을 알고 있다는 의미다. 이 일은 자체적인 리듬을 가지고 있다. 2주간 우간다에서 유방암으로 죽어가는 여성들의 사진을 찍다가, 집으로 돌아오는 비행기 안에서는 벌써부터 인도 정글에서 마오쩌둥주의 저항세력을 취재하는 다음 임무를 계획하고 있다. 남편 폴과 아들 루카스가 있는 런던의 집으로 돌아오면 8천 장에 달하는 우간다 사진을 편집하거나, 잠시 쉬면서 아들 루카스를 데리고 공원에 놀러가거나, 편집자와 터키 남부로 떠나는 향후의 임무에 대해 이야기를 나눈다. 사람들은 나에게 왜 그런 위험한 곳에 가느냐고 물어보는데, 이는 잘못된 질문이다. 이집트, 이라크, 아프가니스탄에 가느냐 아니냐는 내게 절대로 어려운 문제가 아니다. 몸이 하나인 탓에 한 번에 두 곳을 갈 수 없다는 것이 진짜 문제다.

나는 수천 명의 사람들을 사진에 담으며 내 피사체들과 생존의 기쁨이나 억압에 저항하는 용기, 상실의 비통함, 억압받는 자의 끈기를 나누었으며, 가장 추악한 인간의 잔인함과 가장 훌륭한 사람의 선의를 지켜보았다.

나는 운전사, 통역사, 그리고 내가 사진을 찍은 사람들과 오랫동안 인연을 이어가고 있다. 13년 전에 아프가니스탄에서 함께 일했던 현지 전문가가 느닷없이 오늘 유엔 사무실에서 진행하는 회의에 모습을 드러낼 수도 있다. 이들은 다른 지인들만큼이나 내 인간관계의 중요한 일부분이며, 새로운 비극이 그들의 국가를 덮치면 나는 그 사람들이 어떻게 지내고 있는지 확인해야 할 책임감을 느낀다. 그 사람들도 자주 나에게 편지를 쓴다. "린지 씨, 여기 오시나요?"

물론 늘 위험은 따랐지만 나는 비교적 운이 좋은 편이었다. 나는 두 번이나 납치된 적이 있다. 한번은 심각한 교통사고를 당했다. 고용했던 운전사 두 명이 나와 함께 일하다가 죽었고, 나는 그 두 사람의 죽음에 대해 평생 죄책감을 안고 살아갈 것이다. 조카들이 태어나는 순간이나 친구의 결혼식, 사랑하는 사람들의 장례식에 참석하지 못했다. 셀 수 없이 많은 남자친구 곁을 떠나 모습을 감추었으며, 그만큼이나 많은 남자친구들이 내 곁을 떠났다. 꽤 오랫동안 결혼과 출산을 미루기도 했다. 하지만 나는 그럭저럭 건강하게 살아가고 있다. 따스하고 근사한 인간관계를 유지하고 있다. 심지어 이 모든 것을 참아줄 남편까지 찾아냈다. 다른 많은 여성들과 마찬가지로 나도 가정을 꾸리면서 여러 가지 어려운 선택을 해야 했다. 엄마로서의 역할과 사진기자로서의 역할 사이에서 어떻게든 균형을 찾아보려고 고군분투했다. 하지만 내게는 믿음이 있다. 늘 그러했듯 언제나와 마찬가지로 인생의 모든 영역에서 열심히 일하고, 열심히 배려하며, 열심히 사랑하면 충만한 삶을 구축하고 즐길 수 있으리라고. 사진은 내가 세상을 바라보는 방식에 큰 영향을 미쳤다. 나는 사진을 통해 나 자신을 넘어 바깥세상을 담아야 한다는 것을 배웠다. 또한 사진은 카메라를 내려놓고 일상으로 돌아갔을 때 순간순간을 보다 소중히 여기도록 가르쳐주었다. 일 덕분에 나는 가족을 더욱 깊이 사랑하고 친구들과 더욱 즐거운 시간을 보낼 수 있다.

기자들은 자신의 직업에 대해 다소 거창한 말을 늘어놓기도 한다. 어떤 기자들은 아드레날린 중독자다. 또 어떤 기자들은 무언가로부터 도피하려고 한다. 개인의 삶을 파국으로 몰아넣고 자신을 가장 사랑하는 사람에게 상처를 주는 기자들도 있다. 이 직업은 사람을 망가뜨리기도 한다.

나는 너무나 많은 친구들과 동료들이 트라우마 때문에 걸핏하면 성을 내거나, 불면증에 시달리거나, 지인들로부터 소외되는 등, 몰라볼 정도로 변해버리는 모습을 지켜보았다. 하지만 몇 년에 걸쳐 전 세계의 수많은 비극적인 현장을 목격하고 나면 우리처럼 자유롭고 넉넉한 삶을 누리는 운좋은 사람도 고통받을 수 있다는 사실을 인정할 수밖에 없게 된다. 우리는 무척 단순하고 순조롭게 삶이 흘러가는 내 집보다 오히려 가장 참혹한 곳에서 더욱 편안함을 느끼고 만다. 다른 사람들의 삶을 기록하는 일을 잠시 접어두고 자기 자신의 삶을 추슬러야 할 때라는 내면의 목소리에 귀를 기울이지 못한다.

그러나 이 모든 것의 이면에는 우리 기자들을 지탱하고 하나로 뭉치게 하는 요소가 있다. 바로 다른 사람들은 보지 못하는 광경을 목격하는 특권, 사진이 사람들의 마음을 움직일지도 모른다는 이상주의적인 신념, 그리고 예술을 창조하고 인류의 집단지성에 기여한다는 쾌감이다. 나 역시 집으로 돌아와서 이성적으로 위험을 저울질해보면 선택하기란 결코 쉽지 않다. 하지만 나는 일을 하면서 살아 있음을 느끼고 가장 나다운 모습이 된다. 이것이 나의 일이다. 물론 다른 형태의 행복도 많겠지만, 이것이 나의 행복이다.

1부

세계를 누비며

코네티컷, 뉴욕, 아르헨티나,
쿠바, 인도, 아프가니스탄

뉴욕에서는 아무도 두번째 기회를 주지 않아

• 큰언니 로런은 나에 대한 한 가지 일화를 즐겨 말한다. 어느 여름날, 우리 가족은 뒷마당에 있는 수영장에서 놀고 있었다. 당시 고작 생후 18개월이었던 나는 수영을 할 수 없었기 때문에 아버지의 어깨 위에 올라타 있었다. 세 언니와 엄마는 우리 주변에서 물을 첨벙이고 있었다. 그때 갑자기 아무런 말도 없이 내가 무릎을 굽히고 물속으로 뛰어들었다. 언니들은 기절초풍했다. 아버지는 내가 괜찮을 줄 알았기 때문에 손을 놓아주었다고 했다. 물속에서 머리를 내밀었을 때 나는 웃고 있었다.

코네티컷의 웨스트포트에 있던 우리집은 빌리지 피플Village People*과 비슷한 행색의 사람들이나 복장도착자들이 모인 만화경 같은 세상이자, 다른 곳에서는 환영받지 못하는 사람들의 피난처였다. 모두 미용사였던 우리 부모님은 아버지의 이름을 딴 '필립 콰피어스Phillip Coiffures'라는 인기

* 미국의 디스코 음악 그룹으로, 미국 문화의 정형을 묘사한 무대 의상으로 유명하다.

있는 미용실을 운영했으며, 직원과 손님, 친구들을 집으로 자주 초대했다. 미용실 직원이었던 크레이지 로즈는 조울증 증세가 있었는데 하루종일 줄담배를 피우며 말도 안 되는 주장을 내세웠다. 멕시코 출신이자 1970년대에는 좀처럼 찾아보기 힘들었던 커밍아웃 게이 베토는 언니들에게 노래를 신청해달라고 조르고는 큰 소리로 거실 피아노를 두들겨댔다. 언니들과 내가 학교에서 돌아오면 여자옷을 입고 깃털 목도리를 두른 '닥스 이모'라는 별명의 프랭크가 맞아주는 경우가 많았다. 여름에는 부모님이 롱아일랜드에서 두 명의 DJ를 데려와서 도나 서머와 비지스의 노래를 시끄럽게 틀어댔다. 수영장 주변에서는 사람들이 전채요리와 블러디 메리, 와인을 먹고 마시는가 하면 퀘일루드quaalude*, 대마초, 코카인도 함께 나누었다. 위압적인 얼굴의 필 삼촌은 가끔씩 웨딩드레스를 입고 나타나 잔디밭에서 가짜 결혼식을 올리기도 했다. 각자의 집으로 돌아가는 사람은 아무도 없는 것 같았다. 우리집에서는 일상적인 광경이었기 때문에 이러한 일들이 어느 하나 이상하다는 생각은 꿈에도 해보지 않았다.

우리 네 자매 로런, 리사, 레슬리와 나는 각자 두세 살 터울이었고, 제일 막내인 나는 리사와 레슬리 언니가 나를 때리거나 내 코에 푹신한 스티커를 붙여놓으면 사랑하는 자메이카 출신 보모 대프니에게 도움을 청했다. 우리집은 어수선하고 규칙이 없었으며, 부모님이 미용실에서 일하는 동안에는 대프니가 질풍노도의 사춘기를 보내는 우리 자매들을 다스리려고 애를 썼다. 하루가 멀다 하고 열댓 명의 10대 소녀들이 마당을 뛰어다니거나 부엌에 들어와서는 찬장에 끝없이 쌓여 있는 군것질거리를 먹어치웠

* 러브 드러그love drug라는 별칭으로도 불리는 마약성 진정제의 상표명. 성욕을 상승시키는 효과가 있는 것으로 알려져 1960~1970년대에 인기를 끌었다.

아버지 필립과 어머니 카밀.

수영하는 어린 시절의 린지.

가족사진. 1975년경.

아버지 필립과 브루스.

고, 알몸으로 수영장에서 헤엄을 치는가 하면 젖은 수건과 속옷을 수영장 주변이나 풀밭에 아무렇게나 내버려두었다. 우리가 수영복을 한껏 치켜올리고 엉덩이에 존슨즈 베이비오일을 바른 다음 새파란 물속으로 뛰어들면 거리 저쪽까지 10대 소녀들의 까르륵거리는 소리가 들릴 정도였다.

우리 어머니와 아버지는 까무잡잡하게 탄 피부에 항상 웃는 분들이었다. 두 분이 남에게 목소리 높이는 장면은 한 번도 본 적이 없었으며, 서로에게는 더욱 말할 것도 없었다. 183센티미터의 훤칠한 키로 어머니보다 머리 하나는 더 크셨던 아버지는 어머니를 '우리 인형'이라고 불렀다. 어머니는 어딜 가나 낯선 사람을 친구로 만드는 분이었으며 사람들을 잘 보살펴주었다. 웨스트포트의 중심가를 걷다보면 몇 발자국 떼어놓을 때마다 어머니의 손님과 마주칠 정도였고, 그들은 나와 아는 사이인 것처럼 내 눈을 똑바로 바라보았다. 그러고는 "정말 많이 컸구나. 네가 요만할 때부터 봤는데 말이야"라며 자신의 무릎을 가리켰다. 웨스트포트의 모든 사람이 우리 어머니의 이야기를 통해 내가 자라는 모습을 지켜보았다. 매일같이 누군가에게서 정말 끝내주게 근사한 엄마를 두었다는 말을 들었다.

우리 아버지는 그보다 조용한 편이었고, 항상 레드와인이 담긴 잔을 한 손에 들고는 피곤해질 때까지 같은 사람과 몇 시간씩 이야기를 나누는 내성적인 분이었다. 아버지는 대부분의 시간을 스물다섯 가지가 넘는 품종의 장미가 수백 그루나 심어져 있는 마당의 정원이나 혹은 양치식물, 극락조화, 재스민, 동백나무, 치자나무, 난초로 가득찬 2층짜리 온실에서 보냈다. 아버지를 찾아야 할 때면 기다란 정원 호스를 따라 온실의 붉은 벽돌바닥 배수구 주변에 고인 물웅덩이까지 가곤 했다.

나는 정원과 온실을 가꾸는 데 얼마나 손이 가는지를 결코 깨닫지 못했는데, 아버지가 너무나 행복한 얼굴로 꽃을 가꾸었기 때문이다. 심지어 열 시간 동안 손님 머리를 만져야 하는 날에도 아버지는 꼭두새벽부터 온실에서 시간을 보내며 식물 하나하나를 마치 어린아이 보살피듯 돌보았다. 나는 아버지를 바라보면서 도대체 그 식물들의 어떤 점이 그토록 아버지의 마음을 사로잡았는지 이해하려고 노력했다. 아버지는 항상 나를 데리고 거대한 화분들의 미로를 헤쳐가며 다육성 열매를 맺는 미니 만다린 나무나 아시아와 남미에서 공수해온 묘목에서 꽃을 피운 난초를 보여주었다. 아버지는 이러한 식물들을 나무껍질로 만든 판에 심어 열대우림지역과 비슷한 환경을 만들어주었다.

"이건 스트렐리치아 레기나이, 극락조화라고도 부르는 꽃이란다. 그리고 이건 겔세미움 셈페르비렌스, 캐롤라이나자스민이고, 이건 파피오페딜룸 파이리에아눔, 복주머니란이야."

모음과 자음이 끝도 없이 이어지는 그 긴 이름들을 나는 이해할 수 없었다. 그러나 나는 낯선 것에 대한 아버지의 지식에 경외심을 가졌으며, 힘든 정원 가꾸기가 왜 아버지에게 그토록 이해할 수 없는 기쁨을 가져다주는지 생각해보았다.

• •

내가 여덟 살이던 1982년 9월 27일, 어머니는 세 언니들과 나를 스테이션왜건에 태우고는 미용실 앞 주차장에 차를 세우더니 엔진을 껐다. 어머니가 미용실 주차장을 선택한 이유는 그곳이 어머니에게 제2의 집이자, 어머니와 아버지의 중립지대였기 때문일 것이다. "너희 아버지는 브루스와 함께 뉴욕으로 갔어." 어머니는 말을 이었다. "이제 집에는 돌아오지 않을 거야."

아버지는 커밍아웃을 한 것이었다.

브루스는 내가 자라는 동안 우리집에서 함께 지내던 수많은 남성 중 한 명으로, 블루밍데일스백화점 디자인 부서에서 일하고 있었다. 어머니는 아버지의 온실에 설치할 차양을 디자인할 사람을 찾고 있었고, 브루스는 바로 그날 오후에 어머니와 함께 2인승 메르세데스 벤츠를 타고 우리집에 왔다. 그는 집에 발을 들여놓는 순간 집안의 따뜻한 분위기를 느끼며 이렇게 소리질렀다. "세상에! 집이 정말 근사하네요!"

인디애나 테러호트의 엄격한 집안에서 자라난 브루스는 인종에 관계없이 동료애가 피어나는 우리집의 분위기에 매료되었다. 카리스마가 뛰어나고 재능이 넘치며 매우 대담한 성격의 브루스는 우리 어머니와 금세 친한 친구가 되었다. 두 사람이 꼭 붙어다니며 쇼핑을 하거나 사람들과 어울리는 바람에 우리 아버지는 존재하지도 않는 것처럼 보일 정도였다. 부모님은 브루스를 미용학교에 보내 염색 기술을 익히게 했으며, 그가 뉴욕에 있는 자기 아파트에서 통근하기 싫어하자 우리집에 머물 곳을 마련해주었다. 몇 년 동안이나 브루스는 우리 가족의 일원이었다.

우리 가족이 브루스를 처음 만난 지 4년이 지난 1978년이 되어서야 아버지는 브루스와 함께 어머니의 심부름을 하는 도중에 브루스에게 접근했다. 아버지가 남자와 사랑에 빠졌다는 것을 스스로 인정할 수 있을 때까지, 두 사람의 관계는 몇 년 동안이나 지속되었다. 아버지는 10대 이후로 계속해서 동성애 성향을 억눌러왔다. 우리 할머니인 니나는 1921년에 수천 명의 다른 이탈리아 이민자들과 함께 엘리스섬에 도착했다. 이들은 편견과 보수적인 가톨릭 가치관을 유지한 채 미국에 입성했다. 1950년대와 1960년대에는 동성애가 정신병으로 간주되었을 뿐만 아니라 불법이었다. 오늘날까지도 아버지는 만약 10대 때 커밍아웃을 했더라면 할머니가 자신을 정신병원에 집어넣어버렸을 것이라고 생각한다. 아버지가 마침내 용기를 끌어모아 어머니에게 브루스를 사랑한다고 털어놓자 어머니는 이렇게 말했다. "당신 그냥 이성애자인 척할 수는 없어?"

당시 나는 너무 어렸기 때문에 아버지가 왜 우리 곁을 떠났는지 완전히 이해하지는 못했다. 우리는 그 이유를 각자 스스로 추론해내거나 학교에서 알게 되었다. "필립 콰피어스…… 게이…… 쟤들 아빠가 게이래." 복도에서 아이들이 속삭이는 소리가 들려왔다. 내 기억에 우리 가족의 여자들이 이 일에 대한 이야기를 꺼낸 적은 없다. 우리 가족은 다른 사람들의 삶에 대해서만 이야기를 나누는 것 같았다.

우리는 주말에 800미터 정도 되는 코네티컷 해변 끝에 있는 아버지와 브루스의 아늑한 새집을 방문했다. 큰언니 로런은 배신감에 치를 떨면서 고등학교를 졸업하고 2년 후 영국으로 유학을 떠났다. 리사와 레슬리, 그리고 나는 더 끈끈해졌다. 그 이후 15년간, 아버지는 우리 자매의 일상에서 사라졌다. 나는 인생의 중요한 단계를 대부분 아버지 없이 거쳤다.

아버지의 공백을 메워준 것은 어머니였다. 어머니는 손님들을 맞는 사이에 짬을 내서 고등학교 소프트볼 경기를 전부 보러 왔으며, 학교 시험에서 A를 받아오면 한껏 칭찬해주었고, 내가 첫사랑에 빠졌을 때 조언을 아끼지 않았다. 어머니는 존경스러울 정도로 의연했고, 당당하게 살아가며 아버지에 대해서도 긍정적으로 생각하려고 노력했다. 어머니는 항상 아버지와 함께 말하던 "좋아하는 일을 해. 그러면 성공한 인생을 살게 될 거다"라는 교훈을 입에 달고 살았다. 마치 우리가 아버지에 대해 부정적인 감정을 갖지 않도록 하고, 아무것도 변하지 않았음을 주지시키듯이. 어머니의 이러한 이별 표현방식 때문인지, 아니면 내가 평생 동안 소외당하는 사람들을 지켜보면서 자랐기 때문인지는 몰라도, 나는 아버지가 자신이 갈망하던 행복을 찾았다는 사실을 받아들였다. 심지어는 아버지가 다른 여자가 아닌 남자와 사랑에 빠져 어머니 곁을 떠났다는 사실에서 위안을 찾기까지 했다.

주말에 열리던 파티도 끝났다. 아버지는 브루스와 함께 살기 위해 집을 떠난 이후에도 도의상으로, 그리고 또 경제적 지원 문제 때문에 몇 년 동안이나 어머니와 함께 미용실을 운영했지만, 이혼한 상태에서 함께 사업을 한다는 것은 모두에게 쉽지 않은 일이었다. 아버지는 집을 나간 후 6년째에 브루스와 함께 새로운 미용실을 열었고, 대다수 미용사와 손님들은 두 사람을 따라갔다. 2인승 메르세데스 벤츠도 사라졌다. 혼자가 된 어머니는 미용실을 운영하는 데 어려움을 겪었다. 원래부터 돈 관리를 잘 하는 편은 아니었던데다가 아버지마저 없다보니 더이상 풍족한 생활을 누릴 수 없었다. 어머니는 공과금이나 자동차할부금을 제대로 내지 못했다. 거의 매달마다 전기와 수도가 끊기거나, 한밤중에 대금미납상품 회수원이 찾아와서 차를 견인해가는 일이 발생했다. 중학교 시절에는 아침에 일어나자마자 창밖을 내다보면서 우리 차가 아직 진입로에 서 있는지 확인하는 일도 잦았다.

우리는 너무나 많은 추억이 쌓인 노스리지 로드의 집에서 몇 킬로미터 떨어진 곳에 있는 보다 작은 집으로 이사했다. 새집에는 수영장도, 넓은 뒷마당도 없었다. 세 언니는 모두 집을 떠나 각자의 삶을 살아가기 시작했고 집에는 엄마와 나만 남았다.

내가 열세 살이던 바로 그 무렵, 정말 드물게 아버지의 집을 방문했던 어느 주말에 아버지가 나에게 첫번째 카메라를 주었다. 니콘 FG 모델로, 손님에게 받은 것이었다. 이 선물이 내 손에 들어온 것은 우연이었다. 카메라가 내 눈에 띄었고, 카메라에 대해 물어보자, 아버지는 별생각 없이 나에게 카메라를 건네주었다. 나는 빛과 셔터로 특정한 순간을 포착하는 카메라의 과학에 매료되었다. 나는 표지에 언셀 애덤스Ansel Adams의 요세미티국립공원 사진이 실린 『흑백사진 찍는 법How to photograph in black and white』이라는 매뉴얼로 기본적인 내용을 독학했다. 나는 흑백필름 몇 통에 삼각대도 없이 지붕에 앉아서 카메라 노출시간을 길게 늘려 달의 사진을 찍어보려 했다. 숫기가 없어 차마 사람들에게 카메라를 들이대지 못했던 나는 꽃이나 묘지 또는 사람이 없는 풍경을 찍었다. 전문사진가인 어머니의 친구 한 분이 암실로 나를 초대하여 필름을 현상하고 인쇄하는 방법을 가르쳐준 적도 있다. 나는 튤립이나 묘비와 같은 정물이 현상지 위에서 반짝이며 모습을 드러내는 광경을 경이롭게 지켜보았다. 마법 같았다.

나는 위스콘신매디슨대학에 진학해 국제관계학을 전공하면서도 계속 집요하게 사진을 찍었다. 그래도 사진 찍는 일을 직업으로 삼으리라는 생각은 꿈에도 해본 적이 없었다. 나는 사진작가란 별다른 야심도 없이 제멋대로 행동하는 부잣집 자제들에게나 어울리는 직업이라 여겼고, 그런 사람들 사이에 끼고 싶지는 않았다.

하지만 이탈리아의 볼로냐대학에서 1년간 경제학과 정치학을 공부하면서 나에게 사진이 단순한 취미 이상의 것이 될지도 모른다는 생각을 하게 되었다. 위스콘신에서의 학업과 사회적 구속에서 벗어난 나는 거리로 나가 마음껏 사진을 찍었다. 강의 사이사이에 짬을 내서 니콘 카메라를 메고 볼로냐의 아치형 건축물과 고풍스러운 장소들을 렌즈에 담았고, 암실의 붉은 불빛 아래에서 이미지가 형상을 드러내는 모습을 지켜보는 익숙하고도 기분좋은 감정을 여러 차례 느껴보았다. 방학 때에는 유학시절에 흔히 단기간으로 사귀게 되는 단짝친구들과 함께 배낭을 메고 붉은 지붕들이 수놓인 프라하의 거리와 부다페스트의 누드 온천, 스페인의 해안과 시칠리아에 이르기까지 유럽 곳곳을 여행했다. 어렸을 때부터 관련 서적을 즐겨 읽었던 건축과 미술의 매력에 흠뻑 빠졌고, 미술관과 사진전을 찾아다녔다. 처음 사진을 촬영했을 때부터 사망할 때까지의 작품을 망라해놓은 로버트 메이플소프의 회고전을 보면서 더 많은 사진을 찍고 싶다는 영감을 얻기도 했다.

나는 많은 곳을 여행할수록 더욱더 여행하면서 살아가는 삶을 갈망하게 되었다. 유럽 국가들은 기차를 타고 쉽게 오갈 수 있었기 때문에 아침에 일어나 기차에 올라타면 어느 곳이라도 대부분 갈 수 있었고, 이를 막는 것은 나 자신의 주저함이나 두려움뿐이었다. 여행은 나처럼 고립된 대륙에서 자라난 미국인에게 너무나 생소한 사치였다. 나는 외교관이나 통역사가 되어 외국에서 사는 삶을 상상했다.

그러던 어느 날 사진 한 뭉치를 들고 암실을 떠나려던 나에게 한 이탈리아 남자가 다가와 사진을 보여달라고 했다. 몇 분 동안 사진을 넘겨보던 그는 내가 찍은 사진으로 엽서를 만들고 싶다고 했다. 나는 어찌나 기뻤던지 계약서에 도장 찍을 생각조차 하지 못하고 기꺼이 사진을 남자에게 건네주었다. 대가로 돈 한푼 받지 못했지만 그 사진들은 볼로냐 근처의 이탈리아 휴양지인 리미니에서 판매되었으며, 나는 그때 처음으로 수백 명, 아니 그 이상의 많은 사람들이 인쇄된 내 사진을 볼 수 있다는 사실을 깨달았다.

대학을 졸업한 후 나는 뉴욕에서 여름을 보내며 그리니치빌리지의 레스토랑 포폴리니에서 아르바이트를 했다. 낮에는 패션카탈로그 사진사를 돕는 인턴 일을 얻었다. 나는 그 일이 싫었다. 너무나 뻔한 일이었다. 일단 4천 달러 정도가 수중에 들어오자 나는 부에노스아이레스로 가서 스페인어를 배우면서 유럽에서와 마찬가지로 남미 곳곳을 여행했다. 부에노스아이레스에서는 사진을 찍어야겠다는 목적의식을 가지고 여행했다.

부에노스아이레스에서는 거만한 20대 후반의 아르헨티나 남자에게서 방을 빌렸다. 방주인은 하루의 상당 시간을 거울을 들여다보면서 파티에 갈 준비를 하거나, 취기를 떨쳐버리기 위해 잠을 자면서 보냈다. 나는 생활비를 마련하기 위해 앤더슨컨설팅에서 한 시간에 18달러를 받으며 영어를 가르쳤다. 자유로운 오후시간에는 도시의 여러 골목을 누비고 다니며 좁다란 거리의 탱고댄서나 연기가 자욱한 카페 안의 노인들을 카메라에 담았다. 걷다보면 더러운 전쟁* 시기에 실종된 아들에 대한 항의의 표시로 아르헨티나 어머니들이 목요일마다 행진하는 마요광장에 다다르는 경우가 많았다.

처음 이 어머니들의 사진을 찍기 시작했을 때는 강렬한 사진이 탄생하는 데 어떤 요소가 필요한지 알지 못했다. 아무도 나에게 구도나 사진에 필요한 정보, 빛을 파악하는 법을 가르쳐주지 않았다. 어머니들의 표정은 나에게 많은 이야기를 해주었지만, 나는 내가 경험한 그 순간을 사진에 담는 방법을 정확히 알지 못했다. 목요일마다 지난주에 찍은 사진에 만족하지 못하며 다시 광장을 찾았다. 시위하는 어머니들에게서 너무 멀리 떨어져 있다는 생각이 들어 광장을 돌고 있는 사람들에게 조금 더 가까이 다가갔다. 나는 카메라의 뷰파인더에 어머니들의 고통과 가시지 않은 슬픔을 담으려고 노력했다. 때로는 어머니들이 역광을 받아 얼굴에 드리워진 짙은 그늘 때문에 표정이 가려지는 경우도 있었다. 가끔은 단순히 머뭇거리거나 자신감이 부족해서 가까이 다가가지 못할 때도 있었다. 때로는 내 직감을 믿지 못하고 완벽한 타이밍을 놓치기도 했다. 나는 제대로 사진을 배우지 못했지만, 책과 신문을 통해 독학으로 사진을 공부하면서 강렬한 장면이 오래된 이야기에 새로운 시각을 불어넣어줄 수 있음을 깨닫게 되었다. 나는 계속 광장을 찾아가서 사진을 찍었다.

내가 아르헨티나에 도착한 지 1개월 후, 열 살 연상의 작가이자 남자친구인 미겔이 부에노스아이레스로 왔다. 미겔과 나는 한 달에 500달러짜리 방을 빌렸는데, 집세가 싼 만큼 시설도 형편없었다. 화장실에 가려면 시멘트로 된 마당을 가로질러야 했다. 겨울에 차가운 비가 내릴 때도 아

* 1976~1983년까지 아르헨티나 군사정권이 테러, 고문, 강제 실종, 정보 조작을 자행한 시기.

늑한 침실을 빠져나와 싸늘한 저녁바람을 맞으며 젖은 계단을 내려간 뒤 모퉁이를 돌아 조막만한 화장실로 달려가야 했다. 결국 나는 낮에는 거의 물을 마시지 않게 되었다.

몇 주마다 나는 라틴아메리카를 여행하며 사진을 찍었다. 우루과이의 바닷가 마을, 칠레 해안가에 늘어선 파블로 네루다의 집, 페루의 마추픽추까지 발걸음을 했다. 화산과 산맥, 호수, 부드러운 들판, 구릉지에 있는 마을, 공예품 장터, 수산물 시장의 사진을 찍었다. 추락사한 사람들을 애도하는 십자가들이 드문드문 서 있는 아찔한 급커브를 따라 오랫동안 버스를 타고 이동하면서 새벽과 황혼 무렵의 아름다운 빛을 찾았다. 내 목표는 간단했다. 여행을 하면서 내가 가진 소박한 장비로 찍을 수 있는 대상을 전부 담는 것.

미겔이 나와 함께 지내기 위해 아르헨티나로 왔을 때, 그는 언론학 석사과정을 갓 마친 참이었다. 우리는 둘 다 세상에서 일어나는 일에 호기심과 관심이 많았고 그것이 두 사람을 이어주는 유대감이었다. 하지만 미겔은 매우 개인적인 성향을 가진 사람이었다. 사람들을 만나고 질문 던지기를 좋아하는 내 외향적인 모습을 발견한 미겔은 나에게 영자 지역신문인 〈부에노스아이레스 헤럴드〉에 가서 프리랜서 사진기자로 일할 수 있는지 알아보라고 제안했다. 나는 신문 보도사진에는 전혀 경험이 없었지만 열정만으로도 충분히 일자리를 얻을 수 있으리라 굳게 믿었다. 처음 사진부를 찾아갔을 때, 하루종일 줄담배를 피우며 〈AP통신〉의 사진을 고르고 있던 두 중년 남성 편집자들은 스페인어를 배운 다음에 다시 찾아오라고 말했다. 나는 내 스페인어 구사력이 충분하다고 생각했기 때문에 일단 돌아와 스페인어를 가다듬고는 몇 주 후에 다시 신문사를 찾아갔다.

내 끈질김에 질린 편집자들은 마침내 나에게 일거리를 주었는데, 나는 그 일이 단순히 내 관심을 다른 곳으로 돌리기 위해 억지로 만들어낸 거라고 확신했다. 편집부에서는 부에노스아이레스 외곽에 있는 어떤 장소의 주소를 적어주며 그곳까지 찾아가서 사진을 찍은 후 돌아와 자신들에게 보여달라고 했다. 그때 찍은 사진은 결코 지면에 실리는 일이 없었다.

어느 날 편집자들은 마돈나가 부에노스아이레스의 주 광장에 있는 카사 로사다Casa Rosada*에서 영화 〈에비타〉를 촬영하고 있다고 말했다. 나는 이미 신문에서 마돈나가 하룻밤에 2500달러짜리 호텔방에 묵으며 방안에 개인 운동시설을 설치했다는 이야기를 읽었기 때문에 그 사실을 알고 있었다. 나는 허름한 신발을 신고 여기저기 쌓여 있는 개똥을 피해 조깅하면서 아침 내내 마돈나의 개인 운동시설에 대해 생각했다.

사진 편집자들은 나에게 〈에비타〉의 영화 세트장에 슬그머니 들어가서 마돈나의 사진을 찍어오면 나에게 일자리를 주겠다고 제안했다.

그날 저녁, 나는 카사 로사다의 주변을 지키고 있는 경비원들에게 내 평생의 커리어와 사진기자로서의 미래가 영화 세트장에 들어가는 일에 달려 있다고 애원했다. "저는 언젠가 유명해질 겁니다. 만약 저를 들여보내주신다면요."

경비원은 웃음을 짓더니 내가 간신히 들어갈 수 있을 만큼만 문을 열어주었다. 나는 마돈나가 모습을 드러낼 예정인 발코니에서 300미터 거리에 있는 취재 단상으로 다가가 계단을 오른 다음, 몇 년 전에 아버지에게 받

* 정부 청사 또는 대통령궁이라고 불리는 아르헨티나 행정부의 중심 건물.

은 50밀리미터 렌즈의 자그마한 니콘 FG 카메라를 들어올리고 뷰파인더를 들여다보았다. 발코니는 현미경에 찍힌 점처럼 보일 뿐이었다.

나는 카메라를 내리고 멀리 떨어진 발코니를 바라보면서 내 커리어는 시작되기도 전에 끝났다고 생각하며 우두커니 서 있었다. 그때 누군가 내 어깨를 두드렸다.

"이봐, 신참. 카메라 바디 좀 줘봐."

나는 그 낯선 남자가 무슨 이야기를 하는지 알 수가 없었다. 나는 멍하니 남자를 바라보았다.

"렌즈를 빼고 카메라를 나한테 달라고."

나는 남자가 시키는 대로 했다. 남자는 내 자그마한 카메라 바디를 묵직한 500밀리미터 렌즈 위에 끼우더니 이렇게 말했다. 심지어 나는 모든 니콘 바디에는 어떠한 니콘 렌즈라도 사용할 수 있다는 사실조차 몰랐다.

"됐어, 이제 한번 봐봐."

나는 꺅 하고 소리를 질렀다. 마돈나가 바로 거기, 내 프레임 안에 손에 잡힐 듯 가까이 있었다. 취재 단상에 있던 모든 사람들이 나를 보고는 눈살을 찌푸렸다.

내가 카사 로사다에서 찍은 마돈나의 사진은 다음날 아침 신문 1면에 실렸고, 나는 일자리를 얻었다. 사진 한 장당 10달러의 보수를 받는 조건으로.

〈부에노스아이레스 헤럴드〉에서 일하는 동안 나는 세바스치앙 살가두의 사진전을 보러 갔다. 참혹한 환경에서 고생스럽게 일하는 전 세계 궁핍한 노동자들의 거대한 사진들이 걸려 있었다. 그 사진들은 나에게 수수께

끼였다. 살가두는 어떻게 피사체의 존엄성을 사진에 담을 수 있었을까?

살가두의 전시회를 보기 전까지 나는 거리의 사진작가가 되고 싶은지, 아니면 종군사진기자가 되고 싶은지, 과연 사진작가가 될 수는 있을지 그 어떤 것도 확신하지 못했다. 하지만 전시회장으로 들어서는 순간 나는 살가두의 사진이 보여주는 열정, 디테일, 질감에 완전히 압도되어 보도사진과 다큐멘터리 사진에 인생을 바치겠다고 결심했다. 이전까지 단순히 아름다운 장면을 포착하기 위한 수단이라고 생각했던 사진이 그 순간 완전히 다른 의미로 다가왔다. 사진은 이야기를 하기 위한 방법이었다. 여행과 이국적인 문화, 호기심과 사진이 결합된 장르, 그것이 바로 보도사진이었다.

나는 그 전시회를 볼 때까지 보도사진이 무엇인지, 어떤 것인지를 잘 알지 못했다. 사진을 예술인 동시에 저널리즘이라고 생각해본 적도 없었다. 취미가 인생이 될 수도 있음을 몰랐다. 당시에 알고 있었던 것은 사진을 통해 사람들의 이야기를 전하고, 살가두처럼 대상의 인간성을 충실히 다루고, 보는 사람들로 하여금 내가 사진을 찍는 순간 피사체에게서 느낀 것과 비슷한 종류의 공감을 느끼게 하고 싶다는 것뿐이었다. 과연 내가 그러한 고통과 아름다움을 한 프레임에 담을 수 있을지 확신하지 못했지만, 마음만은 너무나 간절했다. 나는 전시회장을 걸어다니면서 눈물을 흘렸다.

많은 사람들이 20대에 경험하는 불확실성과 불안감이 나에게는 한 번도 찾아오지 않았다. 두려움이나 실패를 상상할 수도 없으며, 가진 것이 너무나 적어 잃을 것도 없었던 젊은 나이에, 나를 행복하고 열정적으로 만들어주는 무언가를 발견할 수 있었다는 점은 분명 행운이었다. 하지만 〈부에노스아이레스 헤럴드〉에서 일하기 시작했을 때, 미겔은 내 평생의 커리어를 통틀어 가장 유익한 조언을 해주었다.

"라틴아메리카에 머물면서 사진 공부도 하고, 업무적인 실수도 전부 이곳 아르헨티나에서 해보도록 해. 뉴욕에서는 아무도 두번째 기회를 주지 않을 테니까."

• •

1996년에 우리가 마침내 미국으로 돌아왔을 때, 나는 준비가 되어 있었다. 나는 〈부에노스아이레스 헤럴드〉에서 찍은 사진들로 만든 초라한 포트폴리오를 들고 언론사가 나를 채용하리라는 근거 없는 자신감에 휩싸여 〈뉴욕 포스트〉 〈뉴욕 데일리 뉴스〉 〈AP통신〉의 사진 편집실로 당당히 걸어들어갔다. 나는 유행하는 청바지와 빳빳한 버튼다운 셔츠를 입고 고무창을 댄 검정색 통굽신발을 신은 열정 넘치는 스물두 살의 신입기자였다(키가 155센티미터인 나는 플랫슈즈를 싫어했다). 신문사들은 사진기자에게 일거리를 할당할 때 참고하는 '비상근통신원' 목록에 나를 올려주었다. 그 목록에 올라 있는 사진기자들은 어떤 경우에도 절대 일거리를 거절하지 않았다. 낭만적인 저녁식사 자리를 박차고 나오거나, 새벽 5시에 침대에서 뛰쳐나오거나, 온몸이 얼어붙을 정도로 추운 뉴욕 거리에서 용의자 언론 공개를 기다리거나, 찌는 듯한 여름날 소화전에서 새어나오는 물로 장난을 치는 아이들의 시시껄렁한 사진을 찍어야 해도 말이다. 처음 일을 시작했을 때 나에게 할당되는 일은 형편없는 것들이었지만 나는 기쁘게 그 일거리들을 맡았다.

〈AP통신〉은 거의 즉시 나에게 꾸준히 일거리를 주기 시작했다. 나는 시위, 기자회견, 정부기관, 사고현장을 취재했다. 〈투데이 쇼〉를 통해 처음으로 공식석상에 모습을 드러낸 모니카 르윈스키의 사진도 찍었다. 다우존스지수가 1만을 돌파했을 때 타임스퀘어에서 화면을 바라보는 사람들의 모습을 촬영했다. 색종이 테이프가 흩날리는 뉴욕 양키스의 우승 퍼레이드도 취재했는데, 양키스는 거의 항상 월드시리즈에서 우승하기 때문에 퍼레이드가 연례행사처럼 보일 지경이었다. 나는 결코 빈손으로 가거나 만족스럽지 않은 사진을 가지고 돌아가지 않았다. 〈AP통신〉이나 〈로이터〉 같은 통신사들은 신문사와 잡지사, 방송국에 기사와 사진을 제공한다. 전 세계 모든 나라에 프리랜서 사진기자들을 두고 있으므로 사진을 구할 수 없다는 변명은 통하지 않는다.

나의 멘토는 베베토라는 선임 사진기자로, 그는 주말에는 편집자로 일했다. 베베토는 3년간 거의 매주 토요일 아침마다 내게 전화를 했다. "준비됐어?" 그는 은근히 자메이카 억양이 섞인 말투로 이렇게 말했다. 40대 중반이던 베베토는 나를 내려다볼 정도로 키가 컸다. 무서운 집중력을 발휘하는 사람이었지만 긴장을 풀고 있을 때는 드럼소리 같은 우렁찬 웃음이 거침없이 흘러나왔다. 베베토는 단숨에 나를 제자로 맞아 사진을 가르쳐주기로 결정했다. 내가 필름통을 들고 사무실 5층으로 돌아오면 베베토는 루프라고 부르는 접안렌즈를 들고 한 롤당 36장의 사진이 담긴 네거티브 필름* 롤을 몇 개씩 넘겨보며 나와 함께 사진 한 장 한 장, 한 프레임씩 자세히 살폈다. 그는 내가 직관적으로 체득하려던 것을 명확하게 설명해주었

* 필름에 현상된 이미지가 실물과 반대인 필름. 일반적으로는 촬영용 원본 필름을 일컫는다.

다. 빛을 읽는 방법도 가르쳐주었다. 일출 직후나 일몰 직전의 하늘에 나지막하게 떠서, 마법과도 같은 황금색으로 세상을 빛내며 일렁거리는 긴 그림자를 만들어내는 태양의 힘을 가르쳐주었다. 건물 사이로 내리쬐는 빛줄기가 어떤 방식으로 거리의 한 모퉁이를 밝히는지를 설명해주었다. 방안 창문 곁이나 살짝 열린 문에서 들어오는 빛을 포착하는 방법도 가르쳐주었다. 사진의 구도에 대해서도 설명해주었다. 사진에 공간감을 부여해주는 피사체 주변의 중요한 상황 정보로 뷰파인더의 프레임을 꽉 채우는 방법도 보여주었다.

그리고 무엇보다 베베토는 나에게 인내의 미학을 가르쳐주었다. 카메라는 긴장을 만들어낸다. 사람들은 카메라의 위력을 알고 있기 때문에 대다수 피사체들은 카메라가 있는 경우 본능적으로 불편함을 느끼고 경직된다. 하지만 베베토는 사진을 찍지 않고 한 장소에 오래 머물면서 사람들이 나와 카메라의 존재에 점차 편안함을 느끼게 하는 방법을 가르쳐주었다. 완벽한 사진을 찍기란 거의 불가능하며, 괜찮은 사진을 찍는 것도 상당히 힘든 일이다. 때로는 빛이 적당히 비추고 있지만 피사체의 위치가 좋지 않은데다 구도를 제대로 잡을 수 없는 경우도 있다. 또 빛이 완벽하더라도 피사체가 불편함을 느껴 어색함이 드러나기도 한다. 나는 좋은 사진에 필요한 모든 요소를 제대로 갖추는 것이 얼마나 어려운지를 배웠다.

일을 하는 동안 나의 모든 역량은 눈앞에 있는 장면으로 집중된다. 내 마음속, 내 인생, 전 세계의 다른 모든 것은 사라진다. 베베토는 거리의 한 모퉁이 또는 실내에서 한 시간, 아니 두세 시간씩 기다리면서 피사체, 빛, 구도의 조합이 놀라울 정도로 맞아떨어지는 기적 같은 순간을 기다리는 법을 가르쳐주었다. 그뿐만이 아니다. 사진이 마음속 깊숙이 파고들 수 있도록 해주는, 설명할 수 없는 마법까지 알려주었다.

나는 열심히 배웠고, 베베토는 내가 찍은 사진들을 검토했다. 그는 네거티브필름의 이미지를 하나씩 살펴가며 평균보다 못하다고 생각하는 프레임에는 빨간색으로 큼직하게 엑스자 표시를 했다. 나는 베베토의 기준에 충족하기 위해 매일같이 노력했다.

나는 일주일의 7일 모두 무선호출기와 핸드폰을 들고 뉴욕의 곳곳을 뛰어다녔고, 일거리를 맡기는 사진 담당자의 전화를 기다렸다. 사진을 찍지 않을 때는 고급셔츠회사인 크레이그 테일러에서 심부름을 하거나 봉투에 내용물을 채우는 일을 했다. 경제 사정이 좋은 주에도 집세, 그리고 카메라를 제외하고 가장 중요한 재산인 핸드폰과 무선호출기 요금을 겨우겨우 내고 나면 은행 잔고에 75달러도 채 남아 있지 않았다. 제대로 된 사진장비를 마련하기 위해서는 초기에 수천 달러를 투자해야 했다. 당시 한 대에 1500달러였던 전문가용 카메라 바디 두 개를 비롯하여 F2.8의 전문가용 고속렌즈는 최소 300달러에서 최대 2500달러, 긴 줌렌즈는 대략 2천 달러, 플래시는 200달러, 돔케 카메라가방은 100달러 정도였다. 장비를 마련하는 데만 만 달러는 족히 필요했다. 나는 B&H나 아도라마 카메라 매장을 기웃거리면서 언젠가 돈을 마련하면 구입할 장비를 꿈꾸었다.

스물다섯 살이 되던 생일날 무렵 세 언니 중 마지막 언니가 결혼을 했고, 나에게도 절호의 기회가 찾아왔다. 아버지와 브루스는 언니들이 결혼할 때마다 결혼비용에 쓰라고 1만 5천 달러씩 주었다. 미겔과 나는 뉴욕으로 다시 돌아왔을 때 이미 헤어진 상태였고, 나는 내가 20대에는 절대 결혼하지 않을 것임을 알고 있었다. 사실 사진만큼이나 다른 무언가를 사랑할 수 있을지조차 알 수 없었다. 그래서 나는 브루스와 아버지에게 이렇게 제안했다. "지금 제 결혼자금을 미리 주신다면 제 커리어에 투자해서 언젠가는 제 결혼식 비용을 마련할 수 있을 정도로 충분한 돈을 벌게요." 아버지와 브루스는 동의했다. 나는 아버지와 브루스가 준 돈으로 새 카메라와 렌즈를 샀고 나머지는 은행에 넣어두었다.

• •

뉴욕으로 돌아와서 채 1년도 지나지 않았을 때, 나는 여행을 떠나고 싶어 안달하며 다시 한번 라틴아메리카를 눈여겨보았다. 아마도 좀처럼 접근하기 힘든 나라여서인지, 한 나라가 특히 나의 관심을 끌었다. 바로 쿠바였다. 1997년 당시 미국은 공산주의 국가인 쿠바에 여전히 금수조치를 내린 상태였고 쿠바를 방문하는 미국인들은 극히 드물었다. 해외 특파원의 자격으로 쿠바에 체류하는 것도 위험이 따르는 일이었다. 쿠바 정부는 병폐로 가득한 공산주의체제에 대해 부정적인 기사를 쓸 가능성이 있는 외국인들을 감시했다. 심지어 내가 아는 사람 중에 쿠바에 다녀온 이는 한 명도 없었다. 당시 나는 해외 특파원은커녕 다른 기자들조차 거의 알지 못했다. 하지만 호기심과 젊음의 패기가 넘치던 나는 쿠바에 가고 싶어 몸이 달았다. 그토록 확고부동한 공산주의체제 국가에서 자본주의적 분위기가 꾸준히 상승하고 있다는 사실에 매료되었다.

결국 나는 5월에 쿠바의 수도 아바나에 발을 디뎠다. 색 바랜 파란 선이 그어진 종이를 들고 있는 초조한 손을 내려다보았고, 공항에서 아바나 중심가로 향하는 미니밴 속에서 내가 철저히 혼자라는 사실을 깨달았다. 나는 아르헨티나에서 돌아온 이후 거의 사용하지 않았던 스페인어로 버스 운전사에게 목적지 주소를 읽어주고는 그에게 순간적인 애착을 느꼈다. 쿠바 여행의 남은 일정을 계속 버스에서 보내고 싶었다. 창문 너머 바라본 아바나는 낡은 도시였다. 건물들의 페인트가 벗겨지고 있었고, 비바람을 맞아 썩어가는 목재들을 아무렇게나 쌓아둔 것 같은 건물도 적지 않았다. 지붕널은 떨어져나가고 비가 쏟아지는데도 널어놓은 빨래는 그대로였으며, 아이들은 자전거를 타고 30센티미터나 되는 물웅덩이 사이를 무심하게 지나다녔다. 정거장에서 내리자 여자 두 명과 남자 한 명이 내가 '미국 자본주의'라는 플래카드라도 들고 있다는 듯이 나를 쳐다보았다. 나는 이방인이었다. 쿠바 사람처럼 보이기에는 내 신발이 너무나 새것이었고 품질도 좋았다. 심지어 내 머리핀조차 그곳에서는 한 달 월급에 해당하는 가격일 터였다.

나는 여행책자에서 홈스테이를 알선해주는 에이전시를 찾았고, 그들은 하룻밤에 22달러를 내고 작은 방에 머물 수 있도록, 레오라는 여성의 집을 소개해주었다. 레오는 오랜 친구를 맞듯이 나를 환영해주었다. 레오는 내 서랍장에 1970년대 중반에 미국 호텔에서 훔쳐온 자그마한 비누 두 개를 넣어두었다. 그리고 비누 옆에는 초콜릿 몇 개를 놓아두었다. 초콜릿 역시 같은 미국 호텔에서 훔쳐온 것이었다.

전망을 즐길 수 있도록 유리를 끼운 9층 테라스에는 세 개의 흔들의자가 놓여 있었고, 레오와 레오의 어머니 그라시엘라는 각자 자기 의자에 앉

집에서 피델 카스트로의 모습을 TV로 지켜보는 쿠바의 한 부부. 1997년.

아서 나에게도 앉으라는 손짓을 했다. 우리는 기본적인 질문과 가벼운 잡담을 나누기 시작했고, 짧은 단어로 의사소통을 하면서 서로의 억양에 익숙해지는 시간을 보냈다. 흔들의자에 몸을 싣고 이야기를 나누는 가운데, 불과 몇 시간 만에 레오와 그라시엘라의 말을 통해 실패한 공산주의, 가난, 곤경, 식료품을 사기 위한 긴 줄, 기본적인 생필품의 부족, 달러로 급료를 받는 사람과 가치가 떨어지는 페소로 급료를 받는 사람의 격차 등 쿠바의 상황에 대해 내가 글로 읽었던 모든 것이 사실임을 확인할 수 있었다. 우리는 초저녁부터 시작해서 밤늦게까지 대화를 나누었고, 쿠바의 미풍이 파티오* 창문을 통해 드나드는 가운데 편안한 시간을 보냈다. 나는 음침하고 두려운 분위기를 예상했으나 쿠바 사람들은 너무나 따뜻했고 무척이나 솔직했다. 다른 여느 나라 사람들이나 마찬가지로.

쿠바에 도착하고 며칠 후에 나는 마침내 국제프레스센터를 대표하며 해외 특파원들에게 경호원을 지원해주는 퍼블리시투르Publicitur라는 단체를 찾아갔다. 이 경호원들은 쿠바 정부가 지정해주는 가이드로, 담당 기자와 동행하며 기자가 인터뷰한 사람과 방문한 장소를 하나도 빼놓지 않고 세세히 보고한다. 그러면 퍼블리시투르가 그 정보를 정부에 전달한다. 안내 데스크에 앉아 있는 비서에게 내 소개를 하자 그는 나를 "미국인 기자"라며 알아보았다. 그쪽에서는 나를 기다렸던 모양이었다. 비서는 교과서로 배운 영어와 바깥세상에 대한 지식을 자랑스럽게 여기는 두 젊은 여성이 탁자 앞에 앉아 있는 방으로 나를 안내해주었다. 경호원들을 관장하는 퍼블리시투르의 책임자들은 쿠바와 쿠바의 체제에 대해 내가 준비한 일련의

* 스페인과 남미의 건축물에서 지붕 없이 위쪽이 트여 있는 안뜰이나 정원.

질문에 의욕적으로 대답해주었으며, 특정 장소의 사진을 찍기 위한 나의 요청을 처리해주겠다고 했다. 하지만 나는 그들에게서 내가 원하는 정보를 얻지 못하리라는 것을 직감했다. 그들은 정부 건물, 병원 등의 내부 사진을 찍을 수 있도록 조치해주겠다고 했지만 그럴 리가 없었다. 이것은 정부가 기자에게 경호원을 붙이고 노골적으로 운신의 폭을 제한하는 나라에 대한 내 첫번째 경험이었다.

퍼블리시투르와 국제프레스센터의 모든 사람들은 바라데로해변, 아바나의 유명 클럽인 트로피카나, 최근에 복원된 아바나 구시가지 등 관광객들에게 인기 있는 쿠바의 장소들을 보여주려고 애를 썼다. 그와 동시에 내가 시내의 쇠락한 지역에는 발걸음을 하지 않도록 신경썼다.

우기였기 때문에 거리 사진을 찍기가 상당히 어려웠다. 나는 매일같이 몇 시간에 걸쳐 아바나의 이쪽 끝부터 저쪽 끝까지 천천히 걸으면서 사진에 담을 만한 광경을 찾았다. 비를 맞아 흠뻑 젖는가 하면 더위 때문에 기진맥진하기도 했다. 외국인을 보고 깜짝 놀란 쿠바 남자들의 캣콜링도 진절머리가 났다. 내가 끝도 없이 걸어다니는데다 빛을 찾아 헤매거나, 허물어져가는 건물 앞에 세워진 번쩍이는 구식 미국 자동차의 올바른 각도를 찾는 데 너무나 많은 시간을 소비하자 경호원들조차 싫증을 냈다. 심지어 나를 따라다닐 가치가 없다는 판단을 내린 모양이었다. 목욕할 수 있는 물은 48시간 중 고작 두 시간밖에 공급되지 않았고, 하루종일 걸어다니는 바람에 내 몸에서는 이내 냄새가 나기 시작했다. 나는 열기로 쓰러질지도 모른다고 생각했다. 하지만 손에 카메라를 들고 조용히 쿠바의 마을들을 돌아다니다보면 만족감이 찾아오기도 했다. 마치 집에 온 것 같았다.

쿠바에서 한 달을 보내고 1997년 6월 뉴욕에 돌아온 직후, 내 머릿속에는 다시 비행기를 타고 떠날 생각뿐이었다. 여행과 발견의 리듬을 잃어버리거나 편안한 생활의 늪에 빠지고 싶지 않았다. 하지만 그로부터 2년은 더 뉴욕에서 일하며 꾸역꾸역 빚을 갚는 동시에 1998년과 1999년에 다시 쿠바를 방문하여 방랑벽을 달랬다.

1999년에 베베토는 나에게 한 가지 제안을 했다. 〈AP통신〉은 뉴욕 성매매 트랜스젠더 여성 커뮤니티에서 일어난 일련의 살인사건에 대한 기사를 준비하고 있었다. 줄리아니 시장은 살인사건에 대한 보고서를 받고도 범죄 수사를 지시하기는커녕 사회의 일회성 소모품이나 마찬가지인 트랜스젠더들의 커뮤니티에 뉴욕시 예산을 낭비할 수 없다고 결정했다. 이 이야기가 전해지자 〈AP통신〉의 한 기자는 성매매 트랜스젠더 여성 커뮤니티로 깊게 파고들어 살인사건에 대한 정보를 얻고자 했다. 이것은 나에게 할당된 첫번째 장기 임무이자 첫번째 사진에세이 작업이었다.

처음에는 기자와 함께 미트패킹 디스트릭트를 배회하면서 난공불락처럼 보이는 성매매 트랜스젠더 여성들의 사회에 발을 들여놓고자 했다. 가장 북적이는 주말 밤에는 콘돔을 나눠주며 성병 방지 홍보활동을 하는 지역단체 사람들과 함께 움직였다. 물론 절대 카메라는 꺼내지 않았다. 이렇게 다른 사람들과 함께 몇 번 움직인 후, 몇 주 동안 나는 거의 매주 목, 금, 토요일 밤마다 카메라 없이 미트패킹 디스트릭트를 어슬렁거리면서 트렌스젠더 여성들의 신뢰를 얻으려고 노력했다. 나는 라틴계, 흑인, 아시아인들 사이의 유일한 백인 여성이었기 때문에 그들은 나를 의심스러운 눈초리로 바라보았다. 어느 금요일 밤, 지금은 세련된 레스토랑이 들어서 있는 건물 앞쪽의 적막한 거리에서 나는 키마라는 여성을 만났고, 키마는 다음날 밤 브롱크스에서 진행하는 프로젝트에 참여할 수 있도록 나를 자기 집으로 초대해주었다. "자정 무렵에 오면 돼. 우리랑 같이 놀다가 함께 다운타운으로 가면 되니까." 결정적인 돌파구가 마련되는 순간이었다. 나는 카메라를 가져가도 되겠느냐고 물었다. 키마는 고개를 끄덕였다.

나는 초콜릿칩 쿠키와 우유를 들고 키마의 집을 찾았다. 마약과 술, 패스트푸드로 연명하는 트랜스젠더 여성들이 가득한 집에 초콜릿칩 쿠키와 우유를 가지고 가다니 도대체 무슨 생각이었는지는 모르겠지만, 어쨌든 빈손으로 가고 싶지는 않았고 술을 가져가는 것은 왠지 도덕적으로 옳지 않은 것 같았다(나중에 그 반대라는 사실을 깨달았다). 트랜스젠더 여성들 대부분이 거기 모여 있었다. 그들은 암거래상을 통해 손에 넣은 호르몬을 주사하고, 술 마시고 춤추고 몸단장을 하는 사이에 내가 원하는 대로 마음껏 사진을 찍도록 내버려두었다. 나는 몇 달 동안이나 거의 매주 키마, 라라, 에인절, 조시와 어울렸으며, 대상을 존중하며 제대로 사진을 찍기 위해서는 피사체의 신뢰를 얻는 것과 충분히 시간을 투자해 취재하는 것이 매우 중요함을 배웠다.

어느 날 밤, 나는 몇 달 만에 쿠바의 한 밴드에서 색소폰을 연주하는 음악가와 첫번째 데이트를 했다. 우리는 빌리지에서 라이브 재즈를 듣고, 담소를 나누고, 작별 키스를 나누게 될 불가피한 순간을 기다렸다. 나는 몇 년 동안이나 미겔 이외의 남자와는 키스해본 적이 없었다. 새벽 1시쯤 데이트 상대는 크리스토퍼 스트리트를 따라 걸으며 웨스트 10번 스트리트 모퉁이에 있는 우리집까지 데려다주었다. 우리 두 사람은 작별인사를

뉴욕 미트패킹 디스트릭트의 트랜스젠더. 1999년.

자꾸 미루며 가로등이 비추는 아파트 건물의 현관에 서 있었다. 별 의미 없는 대화를 질질 끌면서 자기 발치를 내려다보거나 발끝으로 원을 그리며 바닥에 툭툭 부딪쳐댔다. 마침내 그는 몸을 기울여 나에게 길고 열정적인 키스를 했다.

몇 분이 지났을까, 나는 사람들 여럿이 가까이 다가와 있다는 느낌을 받았다. 눈을 뜨자 우리 발치에 일렁이는 그림자들이 보였다. 강도를 만난 건가?

"사진 찍는 아가씨다!"

바로 그 순간, 나는 그 사람들이 누군지 알아보았다. 거리를 어슬렁거리는 수많은 트랜스젠더 무리와 함께 있던 라라와 키마, 차리시, 에인절이 우리가 키스하는 순간을 덮친 것이다. 그들은 소리를 지르고 웃음을 터뜨리며 나와 그 불쌍한 음악가에게 더욱 가까이 다가왔다. "유후, 잘한다!"

내 데이트 상대는 어리둥절했다. "아까 직업이 뭐라고 했죠?"

"사진작가요."

"저 사람들이 그쪽 친구인가요?"

"네, 아마도요."

키스는 그렇게 끝났다.

• •

2000년 초에 우리 가족의 지인에게서 인도로 오라는 초대를 받았을 때, 나는 뉴욕을 영원히 떠날 수 있는 기회가 왔다고 생각했다. 그 지인은 경영학 교수로, 학생들을 인솔하고 해외 현지체험 연수를 떠나는 분이었지만 내가 사진을 찍고 싶어하는 피사체들과는 사실상 아무런 관련이 없었다. 나는 남아시아에서 현실적으로 내가 일거리를 얻을 가능성이 있는지 〈AP통신〉에 문의해보았고, 〈AP통신〉측에서는 긍정적인 답변을 들려주었다. 당시에 나는 실제로 인도에 머물 수 있으리라고는 생각하지 못했다. 하지만 그 시점에서 나는 그렇게 먼 미래에 대해서는 생각하지 않았고, 굳이 너무나 큰 결정을 내리려 하지도 않았다. 그저 열리는 문을 보고 그 문을 통과했을 뿐이다. 그렇게 나는 인도로 떠나게 되었다. 그 이후로 내가 미국에 거주하는 일은 없었다.

아이는 몇 명이에요?

• 뉴델리에서의 첫날밤에 나는 해외 특파원 두 명이 사는 집에서 묵었다. 〈보스턴 글로브〉의 기자 매리언과 매리언의 남자친구이자 〈AP통신〉의 선임 사진기자인 존이었다. 밤늦게 도착한 나는 두 사람이 끊임없이 집을 드나드는 손님들에 매우 익숙하다는 사실을 금세 알 수 있었다. 존은 졸린 얼굴로 현관문을 열더니 당황한 기색도 없이 내가 묵을 방을 보여주고는 다시 침대로 돌아갔다. 그곳에서 어둠 속을 바라보며 누워 있자니 갑자기 사무치게 외로웠다.

다음날 아침 매리언은 서둘러 커피를 내린 다음 테이블에 놓아주었고, 그 커피를 마시던 나는 바로 그 부엌에서 내가 꿈꾸던 인생을 보았다. "우리는 몇 달 동안이나 쉬지 못하고 일하고 있어요." 매리언은 날카로운 말투로 말했다. 그녀는 늘씬한 체구에 매력적인 인상을 가졌고, 허튼소리라고는 입 밖에 내지 않는 사람이었다. "인도와 파키스탄의 핵실험, 인도 제

트항공기의 공중납치부터 카슈미르 분쟁까지…… 우리도 정말 지쳤어요."
집중하기 위해 진지한 표정을 짓는 매리언의 얼굴을 바라보면서 나는 존경심과 초조함으로 속이 울렁거리는 것을 느꼈다. 나와 비슷한 또래이자 같은 미국인인 매리언과 존은 중요한 국제뉴스와 사건을 취재하고 있었으며, 열심히 일하면서 커리어를 쌓고, 이역만리에서도 편안한 가정을 꾸리고 있었다. 나는 인도로 떠나온 것이 실수였다는 생각은커녕, 뉴욕에서의 삶이 인생의 낭비였던 것 같은 기분이 들었다.

인도는 세계에서 가장 날것의 느낌을 주는 국가였기 때문에 사진으로 담아내기에는 가장 근사한 곳이었다. 거리는 끊임없이 웅성거리며 부산하게 움직였고, 공공장소에서 벌어지는 소소한 혼란 속에서 삶의 거의 모든 면을 적나라하게 볼 수 있었다. 사람들 또는 거리의 모습에서 인도의 최고 부유층과 극빈층 사이의 엄청난 빈부격차는 놀라울 정도로 대조를 이루었다. 그리고 카메라를 피하는 미국이나 라틴아메리카 사람들과는 달리, 인도 사람들은 사진기자를 적극 환영했다. 인도에서 사진촬영이 금지된 피사체나 장면은 거의 없었다. 인도는 사진기자의 이상적인 실험실이나 다름없었다. 아침과 저녁의 빛은 선명하고 아름다운 색을 띠는 무지개를 비추었다. 나는 자홍색과 노란색, 파란색으로 된 사리를 두르고 먼지로 둘러싸인 군중 속으로 사라지는 여성들을 따라다녔다. 바라나시의 갠지스강 주변에서 열흘간 머무르며 날이 밝기 전부터 해가 질 때까지 오랫동안 힌두교의 예배의식을 카메라에 담았고, 콜카타에서 8일간 묵으며 거리에서 목욕하는 남자들과 먼지를 뒤집어쓴 채 먹을 것을 구걸하는 아이들의 사진을 찍었다. 눈앞에 보이는 광경에 압도될 때면 나는 슬쩍 나 자신을 감

동틀 무렵 콜카타 거리에서 목욕하고 있는 인도 남자들. 2000년.

추고 뷰파인더 안으로 숨었다. 가는 곳마다 이미지가 넘쳐나는 바람에 눈이 피로할 정도였지만 아름다운 네거티브를 만들어낼 수 있다면 무엇이든 견뎌낼 수 있었다. 나는 가진 돈을 전부 필름에 쏟아부었다.

나는 어둡침침하고 낡은 아파트에 있는 방을 하나 빌렸다. 집주인 에드 레인은 위스키를 즐겨 마시는 30대였는데, 금융뉴스 기업인 다우존스의 국장이었다. 〈AP통신〉은 내가 기자증과 인도 거주권을 얻을 수 있도록 도와주었다. 에드는 나를 허름하고 눅눅한 해외 특파원 클럽으로 데려갔는데, 매주 각국의 언론인들이 모여 외국에서의 삶에 대한 담소를 나누는 이곳은 마치 헤밍웨이의 소설에서 튀어나온 것 같은 장소였다. 이곳에 모인 특파원들은 각자 국적도 배경도 달랐지만 다들 무척 친절했고, 새로운 사람을 사귀고 집으로 초대하는 데 익숙해져 있었다. 해외 특파원들의 이야기를 듣고 있노라면 세계는 점점 더 작아졌고 내가 감당할 수 있는 곳처럼 느껴졌다. 힘들거나 위험한 장소에 가는 일도 단순히 현지에 대한 지식이나 준비의 문제, 또는 직업이나 삶의 일부처럼 느껴졌다.

사진을 찍지 않을 때는 힌디어로 된 발리우드 영화를 보거나 매리언과 함께 미국 대사관에서 운영하는 아메리칸클럽에 수영을 하러 갔다. 인도에서의 생활은 쉽지 않았지만 생활비는 많이 들지 않았다. 개인공간이 존재하지 않는 대신 적은 돈으로도 쉽게 호사를 누릴 수 있었다. 나는 일거리 하나를 처리하고 받은 돈으로 집세를 냈고, 다른 일거리로 받은 돈으로는 가사도우미를 고용했다.

미국에 있는 대학교 및 고등학교 동창들은 끊임없이 약혼 파티나 결혼식 소식을 전해왔다. 그런 행사에 객원 사진사로 초대되는 경우도 많았다. 내가 인도에서 사진을 찍기 위해 적당한 빛을 찾고 부족 여인들을 쫓아다니는 동안 다른 사람들은 모두 각자의 인생을 순조롭게 풀어가고 있었다. 나는 모험으로 가득찬 방랑자의 삶을 그려보았지만, 가끔씩은 혼자 살아야만 하는 미래가 기다리고 있지나 않을까 걱정스럽기도 했다. 평생 카메라를 끼고 혼자 살며 아무 남자하고나 연애하는 인생 말이다.

물론 더 나쁠 수도 있었다.

몇 달 안에 나는 꾸준히 일을 맡게 되었고, 매리언과 함께 〈보스턴 글로브〉와 〈휴스턴 크로니클〉의 기사를 담당하는 한편 가끔씩 〈크리스천 사이언스 모니터〉와 〈AP통신〉에 사진을 제공했다. 비상근통신원으로 써줄 생각은 없느냐고 〈뉴욕 타임스〉 사진부에 몇 차례나 메일을 보냈지만 그때마다 묵묵부답이었다. 나는 인도에 주재하는 〈뉴욕 타임스〉 특파원들에게 직접 메일을 보내며 혹시 사진기자가 필요하지 않은지 문의했다. 특파원들은 취재할 때 사진을 직접 찍는다는 답변이 돌아왔다. 나는 포기하지 않고 계속해서 문을 두드렸다. 내가 보기에 미국의 외교 정책에 가장 큰 영향을 미쳐왔으며 세계 최고의 언론인들이 있는 〈뉴욕 타임스〉를 위해 사진을 찍을 수 있다면, 내 커리어의 정점에 다다를 수 있을 거라 생각했다.

••

2000년 4월 중순쯤, 에드는 탈레반 치하의 삶을 취재하기 위해 아프가니스탄으로 출장을 다녀왔다. 그는 아프가니스탄 양탄자 15개와 나를 위한 조언을 가지고 돌아왔다. "아프가니스탄에 꼭 가서 탈레반 치하에서 사는 여성들의 사진을 찍어보는 것이 좋을 거야."

"그게 무슨 뜻이죠?" 나는 솔직히 뉴욕에서 운동할 때 읽은 〈타임〉지의 기사 내용을 제외하면 아프가니스탄에 대해 아는 것이 별로 없었다.

"너는 여자고, 여성문제에 대한 사진을 찍고 싶어하잖아. 지금 아프가니스탄에는 여성들의 이야기를 취재하는 기자들이 거의 없어. 네가 가야 해."

나는 그때까지 적국에 가본 적이 없었다. 아프가니스탄은 1980년대 소련과의 전쟁, 그다음에는 탈레반과 북부동맹이라는 두 파벌 사이의 전쟁으로 폐허가 된 나라였다. 2000년에도 두 파벌 사이의 싸움은 끝나지 않았지만, 전쟁과 절도, 강간에 종지부를 찍겠다고 공언한 탈레반이 국가의 약 90퍼센트를 장악한 상태였다. 탈레반은 철저하게 코란을 따르는 이슬람법을 제정했고 모든 여성들에게 강제로 부르카를 착용하도록 했으며 TV, 라디오, 음악, 웃음을 법으로 금지했다. 여성은 경범죄를 지어도 돌로 때려죽였다. 하지만 내가 읽은 것들은 전부 외부인의 관점에서 본 것이었고, 대부분 서양인이나 비이슬람교도들이 쓴 기사였다. 서양인들이 자신의 가치관을 이슬람 국가에 강요하고 있는 것은 아닐까? 아프가니스탄 여성들이 불행한 이유는 부르카 때문일까, 아니면 탈레반 치하에서 살아가기 때문일까? 아니면 단순히 그들의 삶이 우리와 너무 다르기 때문에 우리가 제멋대로 그들이 비참할 것이라고 가정하는 것일까?

하지만 어떻게 취재할 수 있을까? 아프가니스탄의 유일한 통치기관은 탈레반이었고, 거의 모든 외국 대사관과 외교관들은 철수한 상태였다. 나는 민간인들의 사진을 찍고자 하는 미국인 독신 여성이었다. 아프가니스탄에서 여성들은 남성 보호자 없이 집밖을 돌아다니는 것 자체가 허용되지 않았다. 살아 있는 대상의 사진을 찍는 것도 불법이었다. 예언자 마호메트는 이렇게 말했다. "이미지를 만들어내는 자는 모두 불속에서 고통받을 것이다. 이미지를 한 장 만들어낼 때마다 그에 따른 영혼이 생길 것이요, 그 영혼은 불속에서 벌을 받으리라."

하지만 실제로 취재할 수 있을지에 대해 잠깐 의구심이 일어났던 순간을 제외하고는 두렵지 않았다. 나는 의도만 선하다면 나쁜 일은 일어나지 않을 것이라 믿었다. 게다가 에드는 무모하게 덤벼드는 기자가 아니었다. 에드 같은 사람이 목숨을 잃을 수도 있는 취재를 권유할 리는 없다고 생각했다.

에드의 추천을 받아 나는 즉시 유엔난민기구UNHCR와 몇몇 현지 비정부단체에 프리랜서 사진가로서 탈레반 치하에서 살아가는 여성들의 사진을 찍고 싶다는 메일을 여러 통 보냈다. 메일을 보낸 거의 직후부터 문의에 대한 답변이 날아오기 시작했다. 나는 깜짝 놀랐다. 사실 나는 저명한 언론사 소속도 아니었기 때문에 그들에게는 전혀 중요하지 않은 사람이었다. 그런데도 그들은 일부러 시간을 들여 내 메일에 답변을 해주고 준비과정에서의 지원을 제안해주었다. 탈레반 치하의 아프가니스탄을 취재하려는 기자가 거의 없었기에, 그들은 내가 관심을 가지고 있다는 점에 고마워했다. 나는 2주 후에 아프가니스탄에 도착할 계획을 세웠다.

아프가니스탄으로 떠나는 시점을 일주일 남겨두고 은행 잔고를 확인해 보았다. 결혼자금으로 받은 돈도 바닥을 보이고 있었다. 절대 돈 때문에 아프가니스탄행을 취소할 수는 없었다. 대부분의 전쟁지역에서 신용카드는 사용할 수 없다. 유일하게 통용되는 통화는 달러 뭉치뿐이었다. 하지만 나에게는 달러가 없었다. 물론 인도 루피도 없었지만. 어머니는 나에게 돈을 빌려줄 수 없었다. 아버지와 브루스에게는 결혼자금 외에 돈을 융통해달라고 할 생각도 없었던데다, 두 사람 역시 내가 스스로 돈을 벌어야 한다고 생각했다. 나는 언니 리사와 형부 조에게 전화를 걸었고, 두 사람은 내가 왜 아프가니스탄으로 가는지, 위험한 일은 아닌지, 단 한마디도 묻지 않은 채 아무런 망설임 없이 바로 그날 내 계좌로 수천 달러를 송금해주었다.

••

파키스탄에 도착한 것은 2000년 5월이었다. 처음 아프가니스탄으로 향하는 길에 잠시 거쳐가기 위해서였다. 나에게는 니콘 카메라, 파노라마 카메라 한 대, 여행가방 한 개, 그리고 네 가지 걱정거리가 있었다. 일단 나는 미국인이었다(이슬람 원리주의 지도자 오사마 빈라덴을 숨겨주었다는 이유로 아프가니스탄에 제재조치를 내린 바로 그 나라). 게다가 사진기자였다(아프가니스탄에서 살아 있는 것의 사진 촬영은 금지되어 있다). 그뿐만 아니라 독신 여성이기도 했다(탈레반 원칙에 따르면 여성은 아버지의 집에서 지내거나 밖을 돌아다닐 때에는 항상 마흐람이라고 부르는 남성 보호자와 동행해야 한다). 설상가상으로 나는 탈레반의 검열이 극도로 강화된 시기에 아프가니스탄으로 향하고 있었다.

파키스탄은 정상적으로 운영되는 아프가니스탄 대사관이 있는 나라 중 인도에서 가장 가까웠다. 뉴델리에 있는 몇몇 〈AP통신〉 동료들은 파키스탄 특파원인 캐시 개넌에게 연락해서 비자 발급에 도움을 받고 탈레반 치하의 아프가니스탄에서 여성 특파원이 어떻게 활동해야 하는지에 대한 정보를 얻으라고 조언했다. 캐시는 아프가니스탄에서 10년 넘게 취재활동을 하고 있는, 전 세계에서도 몇 안 되는 기자 중 한 명이었다. 캐시는 이슬라마바드에 있는 유엔 클럽에서 나와 함께 술을 한잔 마시면서 탈레반 정권에서 취재 업무를 하기 위한 절차를 설명해주고 카불에 있는 〈AP통신〉 숙소에서 머물도록 해주겠다고 제안했으며, 〈AP통신〉 현지 기자인 아미르 샤의 연락처를 건네주었다. 캐시의 열정 덕분에 두려운 마음도 어느 정도 사라졌다.

다음날 아침, 아프가니스탄 대사관에 가야 하는 나는 무엇을 입어야 할지 알 수 없었다. 단정한 복장은 필수였다. 아프가니스탄 여성들은 부르카를 착용했지만 서구권 여성들은 그렇지 않았다. 나는 살와르 카미즈*를 입고 머리에는 차도르 또는 히잡이라고 부르는 스카프를 둘렀다. 비자 신청서류와 두꺼운 검은색 스카프로 온몸을 두르고 찍은 여권사진을 준비해서 탈레반 비자를 받기 위해 대사관을 찾아갔다. 비자 발급절차는 취재를 위해 반드시 필요하지만, 짜증나고 관료주의적이며 주먹구구식인 경우가 많다. 하지만 기자 입장에서 비자 발급심사만큼 두려운 순간도 별로 없다.

에드의 조언이 내 귀에 맴돌았다. "아프가니스탄 남자의 눈을 똑바로 쳐

* 이 지역의 전통 의상으로 펑퍼짐한 바지에 길게 내려오는 웃옷 차림.

다보지 마. 머리와 얼굴, 몸을 드러내지 않도록 해. 어떤 상황에서도 웃거나 농담을 하면 안 돼. 그리고 가장 중요한 건 매일같이 비자 사무실에 앉아서 비자 접수원인 모하메드와 차를 마셔야만 네 비자 신청서류가 실제로 카불로 전달되어 처리된다는 점이지."

아프가니스탄 대사관은 이슬라마바드의 대사관 밀집 지역에 위치한 단출하고 별 특징 없는 건물이었다. 비자 사무실은 건물 옆쪽에 위치한 자그마하고 단조로운 방으로, 따로 입구가 달려 있었으며 구획이 없는 창문을 통해 대사관과 연결되어 있었다. 비자 사무실 내부의 공기는 사람들의 체취 때문에 퀴퀴하기 짝이 없었다. 흰색 터번을 머리에 두르고 짙은 수염이 가슴께까지 내려와 나이에 비해 늙어 보이는 젊은 남자 모하메드가 책상 앞에 앉아 있었고, 그 맞은편에는 낡아빠진 소파와 의자 몇 개가 놓여 있었다. 유엔 직원들과 그들의 아프가니스탄 운전사들이 끊임없이 비자 사무실을 드나들었다. 전부 남자였다. 비자 사무실 안으로 들어가자 모하메드는 내가 여자임을 파악하고는 살짝 놀란 표정을 짓더니 눈짓으로 지저분한 소파에 앉으라고 지시했고, 나보다 먼저 왔든 나중에 왔든 상관없이 다른 모든 남자들의 업무를 먼저 봐주었다.

마침내 모하메드가 나를 불러 책상 쪽으로 오라고 했다. 그는 간단한 영어를 구사했다. 나는 그에게 여권을 건네주고는 미국인이라는 이유 때문에 비자 발급을 거절당할까봐 걱정했다.

"결혼했소?" 모하메드가 물었다.

"네, 했습니다. 뉴욕에 아들이 둘 있어요."

그는 내 서류를 접수한 뒤 3주 후에 다시 오라고 했다. 나는 고개를 끄덕였다. 그러고는 다음날 다시 찾아갔다.

모하메드는 그다지 개의치 않는 것 같았다. 나는 그가 먼저 나에게 질문하지 않는 이상 그에게 말을 걸지 않도록 조심했다. 나는 9일 내내 아침마다 찾아갔지만, 이틀째까지 둘 다 아무런 말 없이 앉아 있었다. 사흗날 아침에 나는 에드의 조언을 거스르기로 결심했다.

"결혼했나요, 모하메드?"

모하메드는 일순간도 주저하지 않고 대답했다. "아니, 부인 없어. 아버지는 돌아가셨고 부인은 없지. 부인을 찾을 수가 없어. 형제들이 찾고 있지만 시간이 너무 많이 걸려."

자기 이야기를 털어놓기 시작하자 모하메드의 보디랭귀지가 변했다. 턱을 들어올리고 내 쪽을 바라보았다. 결혼을 못 하고 있다는 문제가 그를 괴팍하고 우울하게 만들었음이 분명했다. 아프가니스탄에서 남성의 위상은 아내가 낳아준 아들 수에 따라 결정된다.

"하지만 분명 그쪽에게 맞는 여자가 있을 거예요." 나는 이렇게 말했다.

"너무 어려워……" 이렇게 말하는 모하메드는 갑자기 애처로워 보였다. "아프가니스탄에서 어머니나 여자형제의 도움 없이 부인을 만나기란 불가능해. 남자와 여자는 집밖에서 서로 만날 수 없거든. 우리 가족이 부인을 찾아줘야 해."

이때 또다른 대사관 직원이 비자 사무실로 걸어들어왔고, 모하메드는 입을 다물었다. 나는 눈길을 바닥으로 떨어뜨리고는 그곳을 떠났다.

다음날 아침 내가 비자 사무실로 들어가자 모하메드가 나에게 싱긋 웃어 보였다.

"당신의 비자 신청서류는 카불로 보냈어." 그는 탈레반 동료 직원들 앞에서 처음으로 나에게 말을 걸었다. "여기서는 히잡을 벗어도 돼. 그걸 쓸 필요는 없어. 당신은 이슬람교도가 아니니까."

나는 대사관에 올 때마다 모하메드와 그의 동료들을 존중한다는 취지에서 제대로 된 히잡을 착용한 것이 새삼 다행스러웠다. 그러나 낯선 남자 두 명 앞에서 내 머리와 얼굴을 적나라하게 드러내는 일이 편하지는 않았다. 게다가 미국 여성의 개방적인 성향을 악용하려는 탈레반 관료들의 지저분한 요구가 아닐까 두려운 마음도 있었다.

"괜찮습니다. 계속 쓰고 있을게요."

• •

그 주 주말, 나는 파키스탄과 아프가니스탄 국경에 위치한 아프간 난민캠프를 사진으로 담기 위해 페샤와르로 향했다. 월요일 아침에 다시 대사관을 찾아가자 모하메드는 이상할 정도로 친절한 웃음을 띠면서 내가 찾아오기를 기대하고 있었다는 듯이 신나게 행동했다. 우리는 함께 차를 마셨다.

"아직 카불에서 비자에 대한 소식이 오지 않았소." 모하메드는 바빠 보였고 주변에 다른 직원들이 많았기 때문에 나는 우리 둘만 남을 때까지 기다렸다. "주말은 어땠소?" 모하메드가 나에게 물었다.

"페샤와르의 아프간 난민캠프에 다녀왔어요." 나는 이렇게 말한 후 자세한 이야기는 아꼈다. 어떤 부분이 그의 심기를 거스를지 알 수 없었다.

"당신은 어디서 묵고 있소? 호텔? 이슬라마바드에서는 어디에서 지내시오?"

나는 점잖게 미소를 지으면서 내가 머물고 있는 곳에 대한 질문을 에둘러 넘겼다. 젊은 탈레반 남자에게 내 숙소 정보를 밝히는 것은 옳지 않다는 생각이 들었다.

모하메드는 갑자기 앞으로 몸을 숙이고는 유리가 없는 창틀 너머를 내다보며 우리의 대화를 듣고 있는 사람은 없는지 살폈다. 아무도 없었다.

"질문을 하나 해도 되겠소?" 모하메드는 목소리를 낮춰 속삭였다.

"물론이죠, 무엇이든 물어보세요. 제가 어떤 대답을 하건 비자를 받는 것과는 아무런 상관이 없다면 말이죠."

그는 초조한 듯이 슬쩍 웃으며 운을 띄우기 시작했다. "사실인지 궁금했소…… 음…… 내가 들은 바로는 미국의 남자와 여자들은 결혼하지 않고도 공공장소에 함께 나갈 수 있다던데." 모하메드는 다시 한번 말을 멈추고는 듣고 있는 사람이 아무도 없는지 확인하기 위해 몸을 기울여 창밖을 살펴보았다. "결혼도 하지 않은 남자와 여자가 같이 살 수도 있고 말이오?"

나는 그가 위험을 무릅쓰고 그런 질문을 던진다는 것을 알 수 있었다. 탈레반은 이슬람교도들이 성적 호기심을 갖지 못하도록 엄격히 단속한다. 그의 불안감이 나에게까지 느껴졌다.

"제 대답 때문에 비자 발급에 문제가 생기지는 않겠지요?"

"그건 약속하겠소."

"미국의 결혼하지 않은 남성과 여성들은 많은 시간을 함께 보내요. '데이트'라는 것을 하며 영화관이나 극장, 식당에도 가지요. 심지어 결혼하기 전에 함께 사는 사람들도 있어요. 그리고 대부분의 경우 친척들이 정해주는 아프가니스탄의 결혼과는 달리, 미국인들은 사랑하기 때문에 결혼하지요."

내가 왜 아프가니스탄 대사관에 있는 탈레반에게 이런 이야기를 했을까? 우리 둘 사이의 문화적, 언어적 장벽을 고려할 때, 나는 모하메드가 내 말의 10퍼센트 이상은 이해하지 못할 것이라 확신했다. 하지만 모하메드는 더없이 흥미진진한 표정이었다.

"그럼 남자랑 여자가…… 남자와 여자가 결혼 전에 서로 몸을 만진다는 게 사실이오? 아기도 낳고?"

나는 부드럽게 대답했다. "네. 결혼하기 전부터 남자와 여자가 서로의 몸에 손을 대지요."

"당신은 결혼했다고 했지?" 그가 물었다.

나는 마침내 그에게 사실대로 털어놓을 마음이 되어 미소를 지었다. 왜 모하메드에게 사실을 이야기하는 것에 대한 거부감이 사라졌는지는 알 수 없다. 그가 먼저 나를 편안하게 생각하고 그토록 아슬아슬한 질문을 던졌기 때문일까? 아니면 코란을 엄격하게 해석하는 탈레반 원칙에서는 금지하고 있는 생각을 마음에 담고 있음을 그가 솔직히 인정했기 때문이었나? "아니요, 모하메드. 아직 결혼하지 않았어요. 저는 오랫동안 남자친구와 함께 살았지요. 마치 결혼한 부부처럼."

그는 내 말을 가로막았다. "무슨 일이 일어난 거요? 당신은 왜 떠났지? 왜 그 사람과 결혼하지 않았소?"

나에게 모하메드는 더이상 탈레반이 아니었다. 우리는 그저 서로를 알아가는 20대 초반의 두 사람일 뿐이었다.

"미국에서는 여자들도 일을 하지요. 그리고 지금 나는 여행을 하며 일하고 있어요."

그는 미소지으며 이렇게 말했다. "미국은 좋은 곳이군."

"맞아요."

5일 후, 나는 비자를 손에 넣었다.

• •

나는 차를 타고 자갈투성이 길을 따라 카이버고개*를 통과하며 짙푸른 하늘을 가르는 들쑥날쑥한 스핀가르산맥을 바라보았다. 유엔난민기구의 남자 직원 몇 명이 파키스탄 국경에서 잘랄라바드, 그리고 다시 카불까지 데려다주기로 한 터였다. 우리는 이 세상 것이 아닌 듯한 아름다운 풍경을 가르며 조용히 차를 몰았다. 토르캄에 위치한 파키스탄 국경에서 출발하여 긴 길을 가는 동안 몇 킬로미터마다, 여기저기 총알구멍이 난 오래된 소련 탱크가 버려져 있었다. 이는 암울하고 분쟁으로 고통받는 이 나라의 현실을 아름다운 풍경으로도 감출 수 없다는 사실을 냉혹하게 일깨워주는 광경이었다. 아프가니스탄은 세계에서 가장 가난한 나라 중 하나였다. 황량한 길을 따라 폭격을 맞은 건물의 잔재들이 길게 늘어서 있었다. 유령처럼 생기가 없는 여성들은 머리에서 발끝까지 전통의상인 파란색 부르카를 둘러쓰고 먼지가 자욱한 길을 오갔다. 어린 소년들은 삽을 들고 도로

* 파키스탄과 아프가니스탄을 잇는 산길.

의 움푹 팬 곳을 메웠고 운전사들은 소년들에게 동전을 던져주었다.

나는 흙으로 지어올린 건물들이 즐비한 오래된 도시 잘랄라바드의 유엔 게스트하우스에서 하룻밤에 50달러를 내고 묵었는데, 이는 대다수 아프가니스탄 사람들의 1년 수입보다 많은 돈이었다. 보호용 비닐을 씌워놓은 종이에는 유엔의 규칙과 규정이 적혀 있었다. "통금은 저녁 7시. 현지인과 교류 금지. 항시 유엔 운전사의 경호를 받으며 행동할 것. 이곳은 실제 교전 지역입니다. 포격이 있을 경우에 대비하여 건물 뒤편에 방공호가 마련되어 있으며, 물과 식량, 생필품이 준비되어 있습니다."

나는 전신에 두를 수 있는 거대한 헤드스카프인 갈색 차도르를 벗고, 욕실에서 헐렁한 살와르 카미즈도 벗어버렸다. 부르카를 쓰지 않고 아프가니스탄을 여행하는 외국인 여성은 거의 없었지만, 이런 옷을 입는다고 해서 아프가니스탄 사람들의 이목을 피할 수는 없었다. 샤워하러 욕실에 들어갔을 때만 긴장을 풀 수 있었다. 미국인 여성으로 살아온 내 존재의 중심에 있는 자유, 독립, 그리고 섹슈얼리티는 아프가니스탄에서의 삶의 방식과 정면으로 대치되는 것이었다. 나는 이곳에서 제대로 일하려면 개인적 견해를 어느 정도 포기해야 함을 알고 있었다.

유엔난민기구는 나에게 아프가니스탄 장애인 포괄지원프로그램인 CDAPComprehensive Disabled Afghans Program 소속의 두 남성을 소개시켜주었다. CDAP는 소련군이 시골지역에 설치해둔 수천 개의 지뢰 때문에 부상을 입은 아프가니스탄 사람들의 재활을 돕는 유엔단체다. 아프가니스탄의 무자헤딘 파벌 역시 소련군에 맞서 지뢰를 설치했고, 그 결과 수백만 개의 지뢰가 길을 걸어가거나 들판에서 놀던 아무 죄 없는 사람들의 팔다리를 날려버리는 참사가 끊임없이 발생하고 있었다. 해외 특파원 신분인 나는 카불에 있는 외무부에 가서 입국신고를 해야 했지만, 먼저 시골지역을 며칠 둘러보는 위험을 감수하기로 결심했다. 만약 외무부에서 내가 국내에 있다는 사실을 알게 된다면 특정 지역의 방문을 막거나 탈레반 경호원을 붙일지도 모르는 일이었다. CDAP에서 나에게 배정해준 두 명, 즉 운전사 모하메드와 자신 역시 모하메드라고 불러달라던 마흐람 겸 통역사 와다트는 탈레반 소속이 아니었으며, 우리 세 사람은 외무부에 들키지 않고 여행할 수 있을 것이라 생각했다. 입국심사 당시 나는 카메라를 아프가니스탄으로 반입하기 위해 전쟁으로 폐허가 된 광경을 찍겠다는 이유를 댔었다. 그러나 두 사람은 로가르, 바르다크와 가즈니까지 아우르는 야심찬 일정을 계획해놓았으며, 그곳에서 지뢰로 부상당한 사람, 과부, 의사, 가족을 비롯한 아프가니스탄 민간인들을 나에게 소개해주고자 했다.

아프가니스탄은 부족문화가 있는 국가였다. 여자들은 대규모 거주지 안에서 생활했고 그곳에 들어갈 수 있는 자는 다른 여성이나 남자 친척뿐이었다. 따라서 나는 모하메드가 곁에 있는 한 아프가니스탄 여성과 진솔한 인터뷰를 하는 것이 절대 불가능함을 잘 알고 있었다. 40대 초반의 모하메드는 가닥가닥 흰머리가 섞인 짙은 갈색머리에 파슈툰족 남성의 관습대로 길고 짙은 턱수염을 기르고 있었다(파슈툰족은 아프가니스탄의 최대 부족이며, 탈레반의 대부분은 파슈툰족이다. 간혹 타지크족 또는 하자라족도 있다). 모하메드의 주름진 얼굴은 평생 전쟁과 억압, 가난에 시달려온 인생을 보여주었으며, 젊을 때 모습이라고는 추호도 찾아볼 수 없었다. 여자 혼자몸인 나는 어디를 가든 나의 마흐람 모하메드와 동행해야 했다. 탈레반 치하의 아프가니스탄에서는 살아 있는 생명체의 사진을 찍히는 것이 엄격하게 금지되어 있으며, 독실한 이슬람교도, 특히 여성들은 일반적으로 사진 찍히는 것을 달가워하지 않는다. 여행을 시작하면서부터 내 눈과 영혼에 주변의 광경이 새겨졌지만 나는 차마 카메라를 들지 못했다. 그저 차창 밖을 내다보면서 무모하게 몰래 사진을 찍었다가 어떤 결과를 맞게 될지 몰라 두려워하며 움직이는 시골 풍경 속으로 잠재적인 피사체들이 사라지는 모습을 지켜보았다. 이곳은 니콘 카메라보다 기관총을 더 쉽게 볼 수 있는 나라였고, 나는 사진 한 장을 찍을 때마다 나의 마흐람 및 피사체와 복잡한 협상과정을 거쳐야 한다는 사실을 알고 있었다. 페르시아어나 다리어를 할 줄 모르던 나는 민감한 상황에서 나의 입장을 표명하기 위해 전적으로 가이드에게 의존해야 했다. 사진기자들이 장기로 삼는 협상기술을 활용하여 주위와 동화되고 사람들의 삶 속으로 깊숙이 파고드는 일 자체를 할 수 없는 상황이었다. 지난 몇 년간, 나는 처음 만난 사람과 눈을 마주치고 친근한 관계를 구축하면서 상대방을 자세히 관찰하는 방법을 배웠다. 하지만 아프가니스탄에서는 사람들을 쳐다보기도 힘들었다. 끊임없이 남자들과 눈을 마주쳐서는 안 된다고 스스로에게 되뇌어야 했다. 너무나 많은 규칙과 규제가 존재했으며, 특히 카메라를 들고 있는 여성에게는 더 말할 것도 없었다.

그러나 한편 탈레반이 TV와 해외 언론, 신문 등 종교 관련 문서 이외의 모든 매체를 금지했기 때문에 대다수 아프가니스탄 사람들은 내가 찍은 사진이 절대 자국으로 되돌아올 수 없음을 알고 있었다. 예를 들어 〈휴스턴 크로니클〉에 실린 아프가니스탄 여성의 사진이 다른 아프가니스탄 사람의 눈에 띌까봐 걱정할 필요가 없었다. 그래서인지 놀랍게도 남녀를 막론하고 상당수의 아프가니스탄 사람들은 사진 찍히는 것에 별다른 거부감을 표하지 않았다.

우리 일행은 말이 좋아 길이지 돌밭, 자갈밭이나 다름없는 길을 따라 몇 시간이나 운전하며 끝도 없이 일어나는 먼지구름과 낙타떼를 지나쳤고, 계획대로 각 주에 입성했다. 모하메드가 묵주와 비슷한 이슬람 기도용 염주인 타스비흐를 손가락으로 움직이며 기도하면 그 소리가 엔진음을 뚫고 울려퍼졌다. 나는 불안한 나머지 사진을 잘 찍지 못했다. 가끔씩 협곡과 강, 그리고 급격한 경사의 녹색 언덕에 너무나 도취되어 이마에 둘렀던 스카프가 목 뒤쪽으로 흘러내리거나 손목에 걸쳐진 소매가 팔 쪽으로 밀려나도 잘 깨닫지 못하는 경우도 있었다. 다시 정신을 차리고 나면 맨살이 드러난 내 손목을 의식하는 모하메드의 노골적인 불쾌감을 느낄 수 있었다.

첫번째 목적지는 로가르의 한 민가였다. 모하메드는 아프가니스탄의 일반적인 가정을 보여주고 싶어했다. 흙으로 지은 주거지 앞쪽의 잡초밭에는 한 어린아이가 서 있었고, 이 주거지에는 약 마흔 명 정도의 친척으로 구성된 아프가니스탄 대가족이 모여 살고 있었다. 모하메드는 가장을 불러달라고 요청했다. 그 집에는 전화가 없었고 우리 역시 예고 없이 방문한 것이었다. 모하메드는 나를 20여 년 동안 전쟁을 겪은 아프가니스탄과 아프가니스탄 사람들의 상황을 취재하려는 외국인 기자라고 소개했다. 곧 주전자에 담긴 찻물이 끓기 시작했다.

그 집의 가장은 자신을 비롯한 집안 남자들의 식사자리에 내가 참석할

탈레반 치하의 아프가니스탄. 2000년 5~7월.

수 있도록 허락해주었고, 나는 아프가니스탄 여성에게는 허용되지 않는 경험을 할 수 있게 되어 기뻤다. 해외 특파원인 나에게는 이곳 여성들에게 적용되는 모든 규범과 규칙이 면제되었다. 중성, 즉 명확히 정의되지 않은 제3의 성별인 셈이었다. 점심식사가 시작되고 이십 분 정도는 어색한 분위기를 여실히 느낄 수 있었다. 간혹 네 살짜리 여자아이나 나이든 여자친척을 제외하면, 실내에 있는 남자들 중에 다른 여성과 같은 식탁에서 밥을 먹어본 사람은 없었다.

나는 아프가니스탄의 모든 사람들이 자유롭게 이야기할 수 있는 주제인 가족에 대한 질문을 꺼냈다.

"자녀는 몇 명이세요?"

대부분의 아프가니스탄 남성은 자녀를 많이 둔 것을 자랑스럽게 여겼고, 열한 명의 자녀들에 대해 열을 올리며 이야기하는 남자들의 얼굴도 자랑스럽게 빛났다.

"당신은 아이가 몇 명이오?" 그들은 스물여섯이라는 내 나이를 듣고 아이가 충분히 열 명은 있을 것이라고 예상하며 이렇게 물었다.

"한 명도 없어요." 나는 대답했다.

침묵이 흘렀다. 나는 얼른 밥을 먹었다. 자녀가 몇 명이냐는 질문은 이 여행 내내, 아니 이후로도 몇 년 동안이나 나를 괴롭혔다. 나는 지나치게 소심해져서 사진을 찍어도 되겠느냐는 말을 꺼내지 못했다.

점심식사가 끝난 뒤, 모하메드는 나를 여자아이들을 위한 비밀학교로 데려다주었다. 탈레반은 여자아이들의 학교 교육을 금지시켰지만 딸의 교육을 간절히 원한 일부 아프가니스탄 부모는 민가의 지하실에 임시학교를 만들었다. 그 집의 가장이 현관에서 우리를 맞아주었다. 안쪽에 젊은 여성들이 있었기 때문에 모하메드는 집안으로 들어갈 수 없었지만, 나는 집주인의 안내를 받아 젊은 여자 선생님들이 동굴과도 같은 공간에서 녹색과 보라색, 주황색 등 형형색색의 옷을 두른 소녀들에게 수업을 하고 있는 방 세 개를 둘러보았다. 스물다섯 살 정도로 보이는 한 선생님은 칠판 하나와 손으로 쓴 포스터 몇 장으로 수업을 진행하면서 팔에는 아기를 안고 있었다. 아이들은 지저분한 바닥에 앉아 있었다. 책을 가지고 있는 아이들은 손에 꼽을 정도였다.

선생님과 아이들은 나를 보고 깜짝 놀랐다. 외국인이 자발적으로 탈레반 통치자들의 손아귀로 걸어들어오다니. 나 역시 여전히 두려운 마음은 있었다. 가방에 숨겨온 카메라를 어찌어찌 꺼내기는 했지만 제대로 된 사진을 찍으려는 시도조차 하지 못했다.

우리는 다시 시골지역을 지나고 바위투성이의 산들 사이로 난 좁은 길을 따라 달려가다가 두 봉우리 사이에 펼쳐진 작은 고원에 도달했다. 그곳에는 이상할 정도로 잔잔하게 물이 고여 있는 연못이 있었고, 주위는 고요하여 기도하기에 안성맞춤이었다. 모하메드와 운전사는 아침 내내 기도를 하지 못했기 때문에 이동하는 내내 초조해하던 참이었다. 나는 탁 트인 야외에서 두 사람이 우아한 몸짓으로 기도를 바치는 장면을 흐뭇한 마음으로 지켜보았다. 날카롭게 솟은 산과 청명한 하늘을 배경으로 서서 머리를 양옆으로 돌리다가 엄지손가락을 귀까지 들어올리는 모하메드의 모습은 너무나 평화로워 보였다. 여기는 탈레반의 영향력에서 멀리 벗어난 곳이었다. 모하메드가 기도를 마쳤을 때, 나는 용기를 끌어모아 사진을 찍어도 되겠느냐고 물었다. 그는 순순히 동의했다. 그때부터 나는 아프가니스탄 사람들을 렌즈에 담으려면 이렇게 보다 친밀하고 사적인 순간을 찾아야 한다는 사실을 알게 되었다. 근처에 탈레반이 도사리고 있지 않을까 걱정하는 것조차 잊고 너무나 골똘히 생각에 잠긴 순간 말이다. 우리는 다시 차를 몰고 이동하기 시작했고, 나는 모래투성이인 갈색 산들이 침대보처럼 접혀 겹겹이 쌓인 나무들의 단층처럼 변하고, 흙으로 지은 집들이 지면 저편으로 사라지는 광경을 지켜보았다.

이동 4일째, 아직 햇살이 부드러운 황금색으로 빛나고 태양이 구불구불한 길을 따라 기다란 그늘을 드리우던 늦은 오후에 우리는 모하메드의 집에 도착했다. 그때쯤 모하메드는 내가 자기 여자 친척들의 사진을 찍지 않을 것이라고 신뢰하게 되었다. 나는 그의 가족이 궁금했다. 우리는 가구가 군데군데 놓인 그의 집안으로 들어갔지만 아무도 나를 맞아주는 사람은 없었다. 여성들은 눈을 내리깔았고 남성들은 존중한다는 뜻으로 나의 존재를 인지하지 못하는 척했다. 모하메드는 바깥쪽 마당을 가로질러

기도를 마친 모하메드. 2000년.

계단 세 개를 올라가야 하는 방으로 나를 안내해주고는 모습을 감추었다. 나는 방에서 나가 그의 집으로 가서 가족들과 이야기를 나누려고 하는 것이 예의에 어긋난다는 사실을 알고 있었다. 집에 도착하기 전에 모하메드는 '자신의' 여자들에게 카메라를 들이대는 것은 불편하다는 의사를 내게 분명히 표했다. 그뿐만 아니라 내가 몰래 사진을 찍을까봐 걱정되어 집안을 구경시켜주지도 않았다.

하지만 그의 조카와 아들딸, 심지어는 아내까지도 마당 쪽으로 난 창문을 통해 내 침실을 들여다보며 나를 쳐다보았다. 나는 소용없는 일임을 알면서도 그들에게 안으로 들어오라는 손짓을 했다. 철저히 외부와 단절해야 하고 늘 겸손해야 한다는 가르침을 받으며 수년간에 걸쳐 쌓아올린 그들의 장벽을 단번에 무너뜨릴 수는 없었다. 마침내 10대 초반처럼 보이는 여자아이가 방안으로 들어와서 나에게 인사하며 큼직하고도 지저분한 손을 내밀었다. 우리 둘은 말이 통하지 않았기 때문에 악수를 끝으로 대화는 이어지지 않았다. 나는 병실에 격리된 채 유리창을 통해 사람들의 시선과 동정을 받는 시한부 환자가 된 것 같은 기분을 느꼈다.

아프가니스탄에 도착한 지 고작 4일밖에 지나지 않았지만, 내가 떠나온 후 바깥세상에서 어떤 일이 일어나고 있는지 궁금했다. 아프가니스탄은 전쟁이라는 타임캡슐에 갇혀 있었다. 상당수의 아프가니스탄 사람들은 바깥세상의 기술이 얼마나 발달했는지 전혀 알지 못했다. 신문도 없고, TV뉴스도 없으며, 전기공급도 매우 제한적이었다. 나는 폐소공포증을 느꼈다. 불안했다. 목욕조차 한 번 하지 못한 상태라 땀으로 인한 악취가 더러운 옷을 뚫고 배어나왔다. 나는 동틀 무렵 뉴델리의 로디가든에서 미동도 없이 요가 자세를 유지하던 푸근한 체격의 인도 사람들을 달리며 스쳐 지나가던 날들을 그리워했다. 아메리칸클럽에서 수영을 하던 시간과 하루 일과를 마치고 해외 특파원 클럽에서 즐기던 거품 가득한 차가운 맥주도 그리웠다. 나는 내가 애정을 갖게 되었다는 사실조차 깨닫지 못했던 모든 일들을 그리워했다. 심지어 이전에는 제대로 느끼지도 못했던 것들까지. 이를테면 자유라든가.

하지만 그와 동시에 얇은 매트리스 위에 몸을 쭉 펴고 누워서 아프가니스탄에서 여자 손님이라는 신분이 어떤 장점을 가지고 있는지 생각해보았다. 항상 남자들과는 떨어진 나만의 방을 배정받을 수 있었다. 심지어 이 방은 큼직하고 양탄자가 깔린데다 커다란 돌출 창문까지 달려 있었다. 이곳에서는 내 외모나 섹슈얼리티, 이성 간의 미묘한 이끌림에도 신경쓸 필요가 없었다. 아프가니스탄에서 하등 쓸모없는 것처럼 보이는 일들에 미국에서는 엄청난 에너지를 쏟아부었던 나였는데 말이다. 생경한 관점과 이데올로기에 푹 빠져 마음과 옷차림 모두 이곳에 동화되는 것도 신선한 경험이었다.

사실 지난 며칠 동안, 거리를 걷거나 아프가니스탄 사람의 가정을 방문하면서 나는 차도르, 즉 머리와 어깨에 두른 두꺼운 스카프가 제공해주는 가림 효과와 익명성을 즐기기 시작했다. 나는 항상 얼굴과 몸을 가리고 싶어하는 이곳 여성들의 절박성을 이해했다. 다음날 아침에 일어나 하루의 시작을 준비할 때, 나는 심지어 계속 옆에 있어주는 가이드이자 보호자인 마흐람의 존재에 감사하게 되었음을 깨달았다. 모하메드와 운전사, 즉 남성에게 내 통제권을 넘겨줄 때, 나는 익숙지 않은 마음의 평화마저 느꼈다.

• •

2000년 6월의 카불은 쓸쓸한 회색 도시였다. 획일적이고 볼품없는 건물들과 피해망상의 기운이 가득한 분위기는 아프가니스탄에 짙게 남아 있는 소련의 영향력을 드러내고 있었다. 도시 여기저기가 거대한 모래폭풍에 반쯤 묻혀버린 것처럼 보였다. 녹슨 자동차와 부서진 흙벽돌 건물에 먼지가 겹겹이 쌓여 있었다. 카불의 분위기는, 탈레반의 감시에서 상대적으로 자유로운데다 햇빛이 일렁거리며 생기가 넘치는 시골마을들과는 극명한 대조를 이루고 있었다. 카불에서는 어디서 누구와 대화했는지에 대해 모든 사람이 극도로 신중한 태도를 보였다. 주로 아프가니스탄, 파키스탄, 또는 이슬람 국가 출신 사람들로 구성된 유엔 직원들은 항상 바빠 보였고 용기 내서 카불을 방문한 몇 안 되는 기자들을 만날 때마다 수상하다는 눈길을 던졌다. 현지 사람들은 아예 외국인과 말을 섞지 않았다.

나는 마침내 외무부에 가서 탈레반을 마주하게 되었다. 해외 특파원은 아프가니스탄에 입국하자마자 신고해야 했다. 여기가 바로 내가 누누이 경고를 들어온 아프가니스탄이었다. 내가 무슨 일을 하려는지 손으로 직접 쓴 다리어 문서의 형태로 입국 승인을 받아야 했고, 이 문서에는 취재하고자 하는 문제를 관할하는 정부 부처의 직인과 '파이즈'라는 남자의 서명이 있어야 했다.

외무부 건물에 도착하자 뽐내듯 머리에 높다랗게 터번을 얹은 10대 초반의 소년들이 천장이 높은 건물 안팎을 걸어다니고 있었다. 나는 당뇨병에 걸릴까 걱정될 정도로 설탕이 잔뜩 든 차를 마시면서 두 시간을 기다렸다. 예전에는 탈레반을 만난다는 생각에 긴장하기도 했지만, 지금은 어떻게 행동해야 하는지 잘 알고 있었다. 파이즈가 안으로 들어오라고 나를 불렀을 때쯤에는 불안감이 모두 사라져 있었다.

파이즈는 기껏해야 스물여덟 살 정도 되어 보이는 건장한 언론 담당 관료로, 전통적인 터번을 쓰고 수염을 기르고 있었다. 그는 나에게 아프가니스탄에 온 것을 환영한다고 인사했다. 우리의 대화는 6미터는 족히 되는 천장에 부딪힌 후 튕겨져나왔다. 발밑에 깔린 낡은 양탄자에는 정교한 패턴이 수놓여 있었다. 나는 매주 금요일마다 아프가니스탄 전역의 축구 경기장에서 간통죄라는 명목으로 돌팔매질을 당하며 죽어가는 여성들을 생각했다.

"감사합니다." 나는 눈을 아래로 깔고 대답했다. "이곳에 올 수 있는 기회를 얻게 되어 영광입니다. 아프가니스탄을 제 눈으로 직접 볼 수 있게 되다니요. 저는 20여 년에 걸친 전쟁이 아프가니스탄에 어떤 영향을 미쳤는지에 대한 기사를 준비하고 있습니다."

나는 이미 가즈니, 로가르, 바르다크에서 약 일주일을 보냈고 따뜻하고 너그러운 아프가니스탄 사람들의 가정에서 며칠 밤이나 신세를 졌다는 사실은 언급하지 않았다. 그들은 아프가니스탄을 단순히 언론에서 묘사하듯이 난폭하고 여성을 혐오하는 탈레반이 통치하는 테러리스트 국가로만 볼 수 없다는 나의 믿음을 더욱 굳건히 해주었다.

"이 나라는 정말 아름답습니다, 파이즈 씨. 제 비자를 승인해주셔서 감사해요."

통역사의 도움을 받아 나와 파이즈는 카불에서 내가 무엇을 보고자 하

는지에 대한 이야기를 나누었다. 그는 나에게 취재 배경과 의도에 대한 질문을 수없이 퍼부었지만, 모두 내게서 자신이 원하는 대답을 이끌어낼 수 있는 질문이었다. 나는 파이즈를 설득하는 데 성공했다고 생각했다.

그는 마침내 이렇게 말했다. "지금 묵고 있는 곳을 떠나 인터콘티넨털호텔로 옮기시오."

• •

인터콘티넨털호텔은 카불에서 그나마 제대로 운영되는 호텔 중 하나라고 할 수 있었다. 외무부는 카불에 체류하는 해외 특파원들을 포함하여 몇 안 되는 외국인을 이곳에 숙박시켜 터무니없는 돈을 받아내고 있었다. 또한 이곳은 로비나 호텔 앞 교차로에서 빈둥거리는 젊은 탈레반 사람들이 모여드는 안식처이기도 했다.

전등은 깜빡거렸고 로비는 대부분 어두운 상태였다. 낮에는 엘리베이터가 가동되지 않았다. 가끔씩 엘리베이터 문이 열리면 수영장과 스파로 가는 방향을 알리는 깨진 에나멜 명판이 보였는데, 방문객들이 실제로 수영복을 입고 다녔던 시절을 기억하는 사람에게는 씁쓸한 농담처럼 보일 정도였다. 로비의 상점들은 굳게 잠겨 있었고 내부 장식 위에는 먼지가 겹겹이 쌓여 있었다. 호텔의 절반쯤은 포격을 맞아 부서졌지만 잔해에는 아무도 신경쓰지 않았다. 서점과 식당 하나만 영업하며 몇 안 되는 투숙객들을 맞고 있었다. 내가 호텔에 묵는 동안에는 투숙객은 나뿐이었다.

나는 서점을 둘러보다가 어니스트 헤밍웨이의 낡은 1970년대판 『해류

속의 섬들Islands in the Stream』과 펭귄클래식으로 나온 조지 오웰의 작품들, 아프가니스탄의 부정확한 역사와 탈레반 운동을 극찬하는 연대기를 담은 책을 발견했다. 이곳 투숙객들이 남겨두고 간 독일어, 프랑스어, 이탈리아어, 러시아어 책과 영어·우르두어 사전, 가이드 없이 아프가니스탄 현지인과 대화해보려는 야심찬 기자들을 위한 '다리어 하루 정복' 가이드북도 몇 권 있었다. 나중에 서점 주인은 나를 어느 정도 신뢰하게 되었는지 자기가 몰래 숨겨둔 탈레반 금서를 전부 보여주겠다고 제안하기도 했다.

나는 방으로 돌아와서 날이 밝을 때까지 책을 읽으며 시간을 보내야 한다는 사실에 시무룩해져 있었다. 모든 것이 고요했다. 옷을 벗고 외로운 내 방의 발코니로 나가 별들이 쏟아지는 하늘 아래 나체로 서 있었다. 여자. 나체. 실외. 탈레반 치하. 금요일에 축구경기장에서 공개처형을 당해야 마땅한 죄목이다. 하지만 나는 도저히 나를 억제할 수가 없었다. 공기는 쌀쌀했다. 벌써 몇 시간 전부터 나라 전체에 통금이 적용된 상태였고, 사람들은 전부 집으로 돌아가서 다음날 해가 뜨기를 두려워하며 잠자리에 들거나 꿈을 꾸고 있을 터였다.

나는 다시 침대로 기어들어와 내가 가진 몇 권 안 되는 책들을 바라보았다.

• •

그다음주에 나는 여성병원과 소련군의 폭격 피해를 받은 마을을 방문했고, 거리에서 구걸하는 과부들을 만났다. 옷을 입은 채 녹슨 구식 산부인과 의자에 오른 진통중인 여성들과 전쟁의 잔해 사이를 터벅터벅 걸어가는 아프가니스탄 사람들의 사진도 찍었다. 하루종일 쭈그리고 앉아 구걸하는 과부들 앞에서 차를 멈춰세우자 그들은 나에게 돈이 있다고 생각했는지 우르르 일어나 차창 쪽으로 몰려들었다. 먼지와 가난 때문에 그들의 푸른색 부르카는 우중충한 회색으로 퇴색되어 있었다.

카불을 떠날 날이 며칠 남지 않았던 어느 날, 나는 카불에서 유엔난민기구 사무실을 운영하며 벌써 몇 년째 아프가니스탄에서 살고 있는 아니사라는 수단인 여성을 만났다. 나는 장식이 거의 없는 사무실의 커다란 책상 건너편에 앉아 있는 아니사를 보고 안도의 숨을 내쉬었다. 적어도 몇 가지 문화적 공감대를 나눌 수 있는 여성의 존재를 갈구하고 있던 것이다.

아니사는 카불 외곽에 있는 중산층 마을로 나를 데려갔다. 네 명의 여성이 현관에서 우리를 맞았다. 그들은 푸른색 부르카를 머리 뒤로 젖히고, 여윈 골격에 흰색 에나멜가죽 펌프스, 긴 꽃무늬 치마, 상대를 꿰뚫어보는 것 같은 파란 눈을 드러내고 있었다. 무덤과도 같은 부르카 아래에서 실제로 살아 있는 사람을 보게 될 때마다 나는 여전히 놀라움을 금할 수 없었다. 여성들은 따뜻한 미소로 우리를 맞은 다음 들뜬 듯 소박한 흙벽돌 집 안으로 안내했다. 버들가지 바구니와 분홍색, 녹색 수가 놓인 천이 벽에 걸려 있었고, 파라핀지로 가려놓은 창문에는 레이스 커튼이 펄럭였다.

유엔은 이 여성들을 비밀리에 고용하여 이 지역의 과부와 가난한 엄마들에게 뜨개질, 바느질, 직조기술 등의 직업훈련을 가르치도록 했다. 여성들은 바닥에 앉아 내게 차와 비스킷을 권하고는 이야기를 하기 시작했다. 그들은 전혀 시골에 사는 여성 같지 않았다. 교육을 받았으며 탈레반이 권력을 잡기 전에는 정부기관에서 일한 경력도 있었다. 이 여성들은 자유의 억압, 그중에서도 특히 여성들이 집밖에서 일하는 것이 금지되어 있다는 사실에 크게 좌절감을 느끼고 있었다.

그중 한 여성이 이렇게 설명했다. "수도가 파괴되기 전에 탈레반이 도시를 재건했지요. 아프가니스탄 가정에서는 여성들이 가장 불쌍합니다. 여성들은 아이들에게 밥 먹일 생각만 할 뿐이지요. 하지만 지금은 남성들도 여성들과 비슷한 문제를 겪고 있습니다. 수염을 충분히 길게 기르지 않았다고 거리에서 매를 맞기도 하고, 기도를 하지 않았다며 감옥에 갇히기도 하지요. 고통받는 것은 여성들뿐만이 아니에요."

또다른 여성은 이렇게 말했다. "부르카를 쓰는 것은 문제가 아닙니다. 일을 할 수 없다는 것이 문제죠."

이 여성들이 하는 말 한마디 한마디가 나를 놀라게 했다. 일할 수 없는 것이나 교육받을 수 없는 것 등 아프가니스탄 여성들이 받은 그 모든 억압을 고려하고서야 그들의 가장 큰 불만이 부르카를 입는 거라고 생각했던 내가 지나치게 순진했음을 깨달았다. 그들에게 부르카는 피상적인 장벽일 뿐이었고 마음이 아닌 몸을 숨기기 위한 물리적 수단에 불과했다. 이 여성들은 또한 기회와 독립, 자유라는 특권을 누릴 수 있는 나의 삶에 대한 언급도 잊지 않았다. 미국 여성인 나는 일을 하고, 결정을 내리고, 독립적으로 행동하고, 남자와 연애하고, 스스로를 섹시하다고 느끼고, 사랑에 빠지고, 사랑을 끝내고, 여행하는 등 자유롭게 행동할 수 있었지만, 너무나 많은 것을 누린 나머지 감사하는 마음을 잊고 있었다. 나는 고작 스물여섯 살밖에 되지 않았지만 평생 동안 새로운 경험을 하며 살아왔던 것이다.

카불의 여성병원에서 아프가니스탄 여성들이 얼굴을 가리고 있다. 2000년 5월.

• •

카불을 떠나기 전날, 나는 파이즈로부터 출국 비자를 받기 위해 다시 외무부를 찾아갔다.

"어서 오세요." 파이즈는 앉으라는 손짓과 함께 이렇게 말했다. "여행은 어떠셨습니까? 우리 나라의 인상은 어떠셨습니까?"

나는 비자 사무실의 모하메드, 일하고 싶지만 가정에 갇혀 있는 여성들, 시골의 과부들, 끔찍한 환경의 산부인과 병원을 생각했다. 카불의 외무부 내에 근사한 사무실을 가진 파이즈는 전 세계 수백만 명의 여성들이 손에 넣기 위해 싸워온 모든 것을 대표하고 있었다. 탈레반은 아프가니스탄의 통치권을 잡은 이후 다른 아프간 여성들에게는 허용해주지 않았던 일들을, 내가 하고 볼 수 있도록 허락해주었다. 덕분에 나는 남성들과 함께 식사하고 대화를 나누며, 부르카 없이 외출하고, 일도 했다. 하지만 어쩌면 많은 아프가니스탄 여성들은 아프가니스탄 시골의 청량하고 맑은 공기 아래서 빵을 굽고 가족을 돌보며 사는 지금의 생활방식에 만족하고 있을지도 모른다. 내가 택한 삶이 파이즈와 같은 사람에게는 당혹스럽게 느껴질 것이다.

나는 입을 열었다. "파이즈 씨. 저는 아프가니스탄을 사랑합니다. 탈레반의 법이 바뀌어서 저와 같은 외국인들이 현지인들과 공개적으로 대화를 나눌 수 있게 되기를 바라는 마음뿐입니다. 아프가니스탄 사람들과 접촉하는 데 너무나 많은 제약이 있기 때문에 저나 다른 기자들이 이곳을 방문하여 긍정적인 기사를 쓰기가 무척이나 어렵습니다. 이곳의 문화는 정이 넘치고 외부인을 환대하는 것으로 잘 알려져 있지 않습니까."

"무슨 말인지 이해하오." 그는 말했다.

나는 찻잔에 담긴 미지근한 녹차의 마지막 한 모금을 내려다보면서 이상하게 마음이 편안해졌다. 이 순간이 끝나지 않았으면 했다.

"아직은 때가 아니오. 당신들에게 이 나라의 여성과 국민들을 만나게 해줄 준비가 된다면 꼭 초대하겠소."

나는 미소지었고, 우리 두 사람은 눈이 마주쳤지만 파이즈는 고개를 돌리지 않았다. 나는 녹차를 마시고 일어나면서 차도르를 머리와 목 주위에 단단히 감아 혹시라도 바람에 날려 머리선이 드러나지 않도록 했다.

나는 다음해에 두 번 더 아프가니스탄을 방문했다. 그사이에 내가 찍은 사진을 유통해주겠다는 사진에이전시도 찾아냈다. 하지만 꽤 오랫동안 그 사진들을 구매하는 신문사나 잡지사는 없었다. 2000년에는 뉴욕 언론사 중 그 어느 곳도 아프가니스탄에 관심을 두지 않았다.

이제 전쟁이 시작된 거야

• 나는 뉴델리로 돌아간 뒤 인도, 아프가니스탄, 파키스탄, 네팔을 여행하며 계속 사진을 찍었고, 특히 인권과 여성문제에 초점을 맞추었다. 매리언과 나는 기삿거리에 대한 아이디어를 주고받기도 하고, 피곤하거나 좌절감을 느끼거나 매너리즘에 빠져 있을 때 서로 기운을 북돋아 주었다. 또한 한 팀을 이루어 일하는 편이 일거리를 받기도 더 쉬웠기 때문에 매리언이 다음해에 멕시코로 이주하기로 결정했을 때 나도 함께 가기로 결심했다. 매리언은 예전부터 라틴아메리카에서 살아보고 싶어했으며 남자친구인 존과도 헤어진 상태였다. 이제 나는 또하나의 모험에 도전하는 셈이었다.

나는 뉴욕으로 다시 돌아가서 살 생각은 추호도 해보지 않았고 심지어 가족들을 만나러 잠깐 미국을 방문할 생각조차 없었다. 내가 대학을 졸업할 무렵 우리 가족은 미국 전역으로 뿔뿔이 흩어졌다. 로런 언니는 그림을 그리기 위해 내가 아직 고등학생이던 1980년대에 뉴멕시코로 이사했고, 레슬리 언니는 내가 대학에 다니고 있을 때 월트디즈니에 일자리를 잡아 로스앤젤레스로 떠났으며, 리사 언니도 몇 년 뒤 영화 시나리오를 쓰기 위해 애인과 함께 서부로 향했다. 오직 크리스마스에 온 가족이 모일 수 있었고, 따라서 모두 그날만을 고대했다.

지리적으로는 멀리 떨어져 있을지언정 우리 가족은 친밀한 관계를 유지했다. 하지만 해외에서 생활하기 위해서는 몇 가지의 애로사항도 감수해야 했다. 로런 언니의 첫 남편이 뇌암 진단을 받고 30일 후에 세상을 떠났을 때 나는 인도에 있었다. 같은 해에 어머니가 교통사고를 당해 3일간이나 혼수상태에 빠지는 일도 있었다. 먼 타국에 있었던 내가 할 수 있는 일은 아무것도 없었기 때문에 우리 가족은 나에게 소식을 알리지 않는 쪽을 선택했다. 나는 타국에서 살아가면서 내가 사랑하는 사람들과도 가깝게 지내기 위해서는 더욱 열심히 일해야 한다는 사실을 일찌감치 배웠다.

• •

멕시코시티는 바야흐로 연휴 주말을 맞아 텅 비어가고 있는 참이었다. 멕시코 사람들이 연방특별구라고 부르는 이 멕시코의 수도는 콘크리트블록, 복잡한 디자인의 청동상, 식민지 시대의 건물이 뒤섞여 제멋대로 뻗어나간 도시였다. 일부는 아무 특징이 없는 건물인 데 반해, 라틴아메리카 스타일의 아늑한 대저택들도 있었다. 두꺼운 매연의 희뿌연 안개가 우산처럼 멕시코시티 상공을 덮고 사라지지 않았다. 밝은 녹색의 폭스바겐 비틀

택시들을 비롯한 수많은 자동차가 도시의 넓은 도로를 꽉 메우고 있었다. 무질서하고 혼잡한 연방특별구는 위협적이었고 별다른 매력도 없었다.

매리언은 이미 아마추어 선수들을 인솔하고 여러 지역을 순회하는 프로 산악자전거 선수와 사귀고 있었다. 투어팀이 주말에 멕시코 동부의 항구도시인 베라크루스에 간다고 하기에 나는 매리언에게 우리도 같이 가면 어떻겠느냐고 제안했다. 나는 어렸을 때부터 활달한 편이었으므로 자전거 타기가 힘들 것이라고는 생각하지 않았다. 열 명 남짓인 우리 일행은 파판틀라라는 마을에서 출발하여 환하게 핀 노란 크림색 난초와 식물이 무성하게 자라난 시골길을 가르며 달렸다. 최고 속도로 달리다가 처음으로 핸드브레이크를 잡는 순간 나는 자전거 핸들 위로 날아갔다.

결국 나는 남은 주말 내내 일행을 따라다니는 밴 차량의 신세를 져야 했다. 우리 가이드 중에는 갈색 머리칼이 빽빽한 욱스발이라는 젊은 멕시코 청년이 있었다. 그는 스페인어, 영어, 이탈리아어에 능통했으며 그 외의 다른 언어들도 전 세계의 여성을 유혹할 만큼은 구사할 줄 알았다. 그에게는 결혼할 약혼자가 있었지만 우리 둘 사이에는 즉시 심상치 않은 공기가 흐르기 시작했다. 대부분의 마마보이가 그렇듯이, 욱스발은 자신의 여성적인 면을 전략적으로 이용하는 데 능숙했다. 성격 하나하나가 섬세하기 그지없었다. 그가 작별인사를 했을 때 나는 그의 행복한 결혼을 기원했다.

이틀 후, 욱스발이 전화를 걸어와 두 명의 미국인 룸메이트와 함께 쓰고 있는 내 아파트로 찾아가도 되겠느냐고 물었다. 주소를 가르쳐준 지 채 몇 시간이 되지 않아 욱스발이 우리집 현관에 모습을 드러냈다. 그는 현관으로 들어오더니 나를 잡고 키스했다. 우리는 서로 부둥켜안고 서 있었는데, 그 시간이 마치 몇 시간처럼 느껴졌다. 마침내 서로 떨어진 후 그는 몸을 돌려서 떠나려고 했다.

"결단을 내리기 전에 꼭 이렇게 해야만 했어." 그는 이런 말을 남기고 현관 밖으로 나섰다.

그날 밤, 윅스발은 약혼자와 파혼했다. 약혼자와 비교해 상대적으로 전혀 모르는 사람에 대한 본능적인 이끌림 때문에 파혼하는 사람과 인연을 맺는다는 것에 나는 불안함을 느꼈지만, 그와 동시에 그의 결단력에 매력을 느꼈다. 몇 년 전 우리 할머니 니나는 코네티컷에 있는 자택의 부엌에 나를 앉혀놓고 사랑에 대해 이야기해주었다. 당시 나는 과묵한 성격이던 미겔과 막 헤어진 상태였고, 사랑과 삶에 대한 결정이 서로 연계되어 있으며 누구를 사랑할 것인가와 어떤 직업을 선택할 것인가라는 의문이 사실상 동일한, 즉 어떻게 살아갈 것인가라는 의문으로 귀결되는 질풍노도의 나이였다. 그리고 나는 그날 니나 할머니와 나눈 대화를 결코 잊지 못할 것이다. "비밀 한 가지 말해줄까." 할머니는 자기가 할아버지와 결혼하기 전에 진한 프렌치 키스를 나누었다는 이야기라도 털어놓을 것처럼 수줍게 말을 꺼냈다. 나는 할머니의 이야기를 평생 기억할 것이다.

"살이라는 남자와 데이트를 했단다. 옛날 일이지. 살이 직장으로 나를 데리러 오면 우리집 현관까지 함께 걸어갔지. 우리는 셔먼 애버뉴에 있는 콘크리트계단에 앉아 몇 시간씩 이야기했고, 셔먼 애버뉴에서 채플 스트리트의 파라마운트극장까지 걸어가서 공연을 보기도 했어. 살은 재미있고 즉흥적인 사람이었고, 당시에 연인들이 할 수 있는 일이라고는 산책을 하거나 극장에서 25센트를 내고 공연을 보는 것뿐이었거든. 살은 나를 웃게

집에서 커피를 즐기는 우리 할머니와 할아버지. 2005년 5월.

하는 사람이었고 시도 때도 없이 키스를 퍼부었어. 하지만 찢어지게 가난했지. 빈털터리였어. 일은 열심히 하는 사람이었지. 오랜 시간 일하며 동생들을 키우는 어머니를 도왔어. 하지만 수중에는 돈 한푼 없었지. 미래도 없었고.

결국 우리는 헤어졌는데, 얼마 지나지 않아서 내 친구인 엘리너가 그를 좋아하게 되었어. 정신없이 살에게 빠져들었고 살도 엘리너를 좋아했어. 살은 엘리너에게 정말 잘해준데다 엘리너는 살에게 미쳐 있었어. 삼시 세끼 요리를 해주는가 하면 필요하다는 것은 뭐든 들어줬지. 살은 열심히 일하는 사람이었어. 항상 엘리너가 잘 지내도록 신경을 썼지. 그때 나는 이미 네 할아버지 어니를 만나고 있었어.

내 말 오해하지 마라. 너희 할아버지는 좋은 가장이었어. 좋은 가장인데다 나를 전적으로 믿었지. 식료품점 영수증을 보여줄 일은 한 번도 없었단다. 우리 언니나 여동생은 아직도 남편에게 영수증을 보여주는데 말이야. 너희 할아버지는 나에게 자유를 주었지. 내가 퀴니피악 애버뉴로 카드게임을 하러 가도 절대 몇시까지 돌아오라고 말하는 법이 없었어. 자기 형제들이 놀러오면 그는 탁자에 함께 앉아서 우리가 게임하는 모습을 지켜보았지. 그는 게임하는 걸 별로 좋아하지 않았지만 곁에 앉아서 게임을 지켜보며 우리와 이야기를 나누었어.

엘리너와 살은 잘 지냈지. 두 사람은 바로 결혼했고 끝까지 함께했어. 나는 후회하지 않는다. 너희 할아버지는 살가운 편은 아니지만 좋은 사람이야. 하루는 엘리너가 알츠하이머병에 걸렸고 상태가 점점 나빠지고 있다는 이야기를 들었지. 그래서 네 할아버지에게 이렇게 말했어. '어니, 살에게 전화를 걸어서 커피 한잔하러 들르라고 할까봐. 아내 일을 위로해줘야겠어.' 어니는 제대로 듣지도 않고 건성으로 답했어. '그렇게 해.' 어느 날 너희 할아버지가 일하러 나간 사이에 초인종이 울렸지. 살이었어. 엘리너는 집에 있다며 살은 우리집으로 들어왔어. 우리는 햄든의 번화가를 걷던 열여섯 살 시절처럼 이야기를 나눴어. 나는 엘리너의 병에 대해 위로를 건넸고, 우리 두 사람은 커피잔을 비웠지. 살은 병원에 가는 길이라고 했어. 나는 살을 현관으로 안내했는데 현관문으로 나가기 전에 살이 나를 잡았지. 그러고는 그가 퇴근길에 나를 데려다주던 그 아름다운 시절 이후로 해본 적이 없는 키스를 해주었어. '나는 지난 50년간 이 순간을 기다렸어, 앙투아네트.' 살은 이렇게 말했지. '나도 알아요.' 나는 이렇게 대답하고는 그를 배웅했지.

살의 아내는 3일 뒤에 세상을 떠났지만 나는 살에게 전화하지 않았어. 이상한 기분이 들었지. 키스하기 전이었다면 한 치의 갈등도 없이 연락했을 거야. 하지만 키스로 인해 모든 것이 끝나버렸지. 심지어 전화 한 통도 할 수가 없었어.

나는 그런 열정적인 키스를 오랫동안 잊고 있었어. 남자가 나를 붙잡고 진심을 담아 키스할 때의 짜릿한 기분. 오해하지 마라. 너희 할아버지는 열심히 일하는 사람이고 훌륭한 가장이란다. 하지만 그 키스는 정말 좋았어. 내 인생이 어떻게 됐을까? 열정을 가지고 수십 년을 살았다면? 내가 요리하면 너희 할아버지는 손을 대지 않아. 내가 '여보, 커피 한잔합시다'라고 말하면 커피를 마시지만 절대 먼저 제안하는 법은 없지. 병원에 갔다가 집으로 가는 길에 '여보, 잠깐 던킨도너츠에 들러서 커피 한잔하고 갑시다'라고 말하면 너희 할아버지는 집에 가서 마시면 된다고 하지."

나는 할머니의 이 이야기를 절대 잊지 않았다. 그리고 놓쳐버린 키스를 후회하고 싶지는 않았다.

• •

욱스발과의 연애는 가볍고 즉흥적이고 로맨틱했으며, 내가 이전에 경험해본 적이 없는 것이었다. 내가 멕시코시티를 벗어나 일할 때를 제외하고, 우리는 더이상 좀이 쑤셔 누워 있을 수 없을 때까지 침대에서 뒹굴거리거나, 오랫동안 산책하거나, 욱스발의 차에 산악자전거를 싣고 과달루페 성모마리아의 바실리카가 있는 가파르고 위험한 언덕을 올랐다. 나는 욱스발을 지독히도 사랑했고 그를 기쁘게 하는 일이라면 무엇이든 했다. 심지어 그것이 산악자전거를 타고 일주일에 두 번씩 20킬로미터를 주행하는 것이라 하더라도.

내가 유일하게 욱스발에게 양보하지 못한 것은 일이었다. 내 사진은 신문의 1면을 장식하고 있었지만 나는 여전히 성취하고 싶은 것이 너무나 많았다. 장기 취재에 푹 빠져보고, 잡지에 실릴 사진을 촬영하고, 〈뉴욕 타임스〉에 게재될 사진을 찍어보고 싶었다. 나는 많은 사람들이 내 사진을 인정하고, 내가 아르헨티나에서 살가두의 작품을 보고 느꼈던 것처럼 내 작품에 깊은 감동을 받았으면 하는 마음이었다. 내 커리어는 이제 시작일 뿐이었다. 심지어 아프리카에는 발을 디딘 적도 없었다! 더 많은 일을 할수록, 더 많은 성과를 올릴수록, 나는 더욱더 목이 말랐다.

사진은 마치 중간에 낀 연인처럼 나와 욱스발을 갈라놓았고, 우리 둘 사이에 발생하는 갈등의 원인도 바로 사진이었다. 전화가 울릴 때마다 그는 나를 멀리하며 내가 어쩔 수 없이 자리를 비워야 한다는 사실에 상처를 입지 않으려 했다. 그는 나에게 일을 포기하라고 할 순 없다는 것을 알고 있었다. 내 일은 물리적으로 집을 떠나 현지로 향하지 않으면 할 수 없는 일이었고 나는 절대 일거리를 거절하는 법이 없었다. 단 한 번도.

9월의 어느 날 아침, 욱스발과 내가 침대에서 꾸물거리고 있는데 내 룸메이트인 마이클이 침실 문을 쾅쾅 두드리기 시작했다. 나는 뭔가 잘못되었음을 직감했다. 우리집 룸메이트들이 아침에 일부러 서로를 깨우는 일은 없었고, 멕시코시티에서 긴급한 일이 일어나는 경우는 지극히 드물었기 때문이다. 우리집에는 케이블TV가 없었기 때문에 우리는 건물 계단을 뛰어올라가 매리언의 아파트로 향했다. 나는 매리언 집의 TV 앞에 앉아서 뉴욕의 쌍둥이빌딩이 화염에 휩싸인 광경을 지켜보았다. 반쯤 잠이 덜 깬 나는 테러범들이 일부러 비행기를 빌딩에 충돌시켰다는 사실을 깨닫지 못했다.

사람들은 경악하여 몸서리쳤다. 내 머릿속에서는 매년 세계무역센터 옥상에서 열리는 밸런타인데이 합동결혼식 행사에서 카메라에 담았던 웨딩드레스 차림의 신부들이 스쳐지나갔다. 사랑으로 반짝반짝 빛나는 젊은 커플들이 세계에서 가장 높은 건물 중 하나의 꼭대기에서 강한 바람을 맞고 있었으며, 신부들은 베일을 손에 꼭 쥐었다. 나는 울기 시작했다.

마이클이 침묵을 깼다. "이게 무슨 뜻인지 알아?"

나는 아무 생각도 떠오르지 않았다.

"이제 전쟁이 시작된 거야."

우리는 하루종일 매리언의 TV 앞을 떠나지 않았다. 뉴스앵커와 분석가, 정치가 들이 '아프가니스탄' '훈련캠프' '테러리스트' '탈레반'이라는 말을 던지기 시작했다. 나는 흥분되는 가운데 익숙한 긴장감을 느꼈고, 두려움으로 속이 울렁거렸다. 다시 한번 남아시아로 떠나야만 했다. 욱스발의 곁을 떠날 수밖에 없었다. 이 사태의 원인은 아프가니스탄과 주변 국가인 파키스탄에 뿌리를 두고 있었으며, 이 두 나라는 내가 너무나 잘 아는 곳이었다.

마이클 역시 기자였기 때문에 9·11테러가 나에게 어떤 의미인지 이해했다. "그래서 파키스탄으로 언제 떠날 거야?" 마이클은 물었다.

나는 사진에이전시인 SABA에 전화해서 파키스탄으로 가겠다고 제안해야 했다. 현 시대의 가장 역사적인 사건을 멕시코시티에서 다른 사람의 TV로 지켜보았으니, 이제부터 펼쳐지는 일들은 절대 놓칠 수 없었다.

"난 이제 가봐야 해." 욱스발은 심드렁하게 말하고는 형식적으로 내 뺨에 가볍게 입을 맞춘 뒤 매리언의 아파트를 떠났다. 이른 아침부터 TV 앞에 붙박이처럼 앉아 있는 나를 내버려둔 채.

나는 이토록 의욕이 앞서는 내 자신이 싫었다. 욱스발에게 떠나지 말라고 애원하고도 싶었지만 일단 일에 집중해야 했다. 여기저기 전화도 걸어야 했다. 뉴욕으로 가는 모든 항공기는 취소되었기 때문에 뉴욕에 갔다가 파키스탄으로 갈 방법을 찾아야 했다. 나는 어렸고 그야말로 경험이 일천했지만 나처럼 탈레반 치하의 아프가니스탄에서 촬영해본 사진작가는 거의 없었다. 나는 위험한 전쟁지역으로 간다는 생각보다는 내가 카메라에 담았던 아프가니스탄의 민간인들, 특히 카불, 가즈니, 로가르의 각 가정에 격리되어 있는 여성들에게 어떤 일이 일어났을지 걱정스러웠다.

내가 일과 일상 사이에서 한 가지를 선택해야 했던 것은 이번이 처음이었다. 내 마음속 한구석에서는 진정한 사랑이란 내 일을 방해하는 것이 아니라 보완해주어야 하는 것임을 알고 있었다. 아니, 그렇게 희망하고 있었다.

2부

9·11테러 이후의 몇 년

파키스탄, 아프가니스탄, 이라크

당신 같은 미국인은 더이상 여기서 환영받지 못해

• 나는 9월 14일에 뉴욕에 도착하자마자 바로 그라운드제로ground zero*로 향했다. 훼손된 철재와 재가 여기저기 흩어져 있을 뿐 건물은 흔적도 찾아볼 수 없었고, 침통한 표정의 사람들이 눈앞에 펼쳐진 끔찍한 광경에 손바닥을 입에 가져다대고 경악하고 있었으며, 실종된 사람을 찾는 벽보가 헤아릴 수 없을 정도로 많이 붙어 있었다. 나는 절망했다. 뉴욕은 내 고향이나 마찬가지였다. 나는 내 인생 최대의 사건 중 하나가 일어나는 순간을 취재하지 못했다는 생각에 스스로를 원망했다. 우리 세대의 지정학적 초점은 2001년 9월 11일을 기점으로 바뀌었다. 더이상 라틴아메리카는 관심의 대상이 아니었다.

나는 유니언스퀘어에 위치한 사진에이전시 SABA로 달려갔다. 내 에이전트인 마셀이 파키스탄까지의 항공료를 일부 부담해주겠다고 제안했기

* 9·11테러로 초토화된 뉴욕의 세계무역센터 자리.

때문에 우리는 그 자리에서 이슬라마바드행 비행기표를 예약했다. 그다음 마셀은 수동카메라와 함께 거대한 캐논 디지털카메라를 건네주었다. 내가 디지털카메라를 본 것은 그때가 처음이었다.

"니콘 쓰고 있지, 맞아?" 마셀이 물었다.

"응. 평생 니콘만 쓰고 있어." 내가 대답했다.

"좋았어. 캐논은 지금 시중에 나와 있는 디지털카메라 중에서 제일 품질이 좋아. 파키스탄에서 신문사나 잡지사로 사진을 전송하려면 디지털카메라가 필요할 거야. 이건 수동카메라고 캐논에 끼울 수 있는 광각렌즈도 하나 넣었어. 비행기 타고 가는 도중에 카메라 사용법을 익히도록 해."

아드레날린이 솟아나는 것을 느꼈다. 욱스발, 멕시코, 산악자전거, 키스, 주중의 긴 점심식사는 전부 내 마음속의 거대한 파일함에 잘 넣어두었다.

• •

적개심이 가득한 파키스탄의 도시 페샤와르에 내가 도착했을 때쯤 이미 수십 명의 기자들이 호텔 몇 군데에 흩어져 묵고 있었다. 9월 21일이었다. 페샤와르는 수상한 분위기를 풍기는 수염 기른 남자들, CIA 요원, 파키스탄 출신 탈레반, 파키스탄 스파이가 우글거리는 먼지투성이의 불길한 도시로, 아프가니스탄 국경에서 약 56킬로미터 떨어져 있었다. 공공장소에서는 이상할 정도로 여자들의 모습이 눈에 띄지 않았다. 아주 가끔씩 흰색, 검정색, 하늘색 부르카를 쓴 사람들이 누군가 자기를 쫓아오지는 않는지 자꾸 어깨 뒤로 시선을 돌려 확인할 만큼 좁은 골목을 유령처럼 서둘

페샤와르의 반미 시위. 2001년 10월.

러 지나다닐 뿐이었다. 미국이 세계무역센터 공격에 대해 보복하리라는 것을 모르는 사람은 없었다. 따라서 우리는 공격이 진행되어 국경이 무너지는 혼란한 틈에 즉시 현지로 달려가 보도할 수 있도록 최대한 아프가니스탄에서 가까운 곳에 머물고자 했다. 점점 고조되는 아프가니스탄의 전쟁 분위기가 나에게는 생소하기만 했지만, 나보다 경험 많은 동료들 사이에서는 익숙한 광경인 모양이었다. 지상전이 일어나고 미군이 참호를 파는 제2의 베트남전쟁이 될 것인가? 아니면 전투기들이 하늘에서 폭탄을 떨어뜨리는 고공전이 될 것인가? 나로서는 알 수가 없었다. 하지만 현장 가까이에 있는 것이 좋았다.

텍사스 포트워스에서 온 필리핀-멕시코계의 앨리사 반타라는 30대 중반 미국인 사진기자와 나는 객실이 총 20개밖에 되지 않는 낡은 그린스호텔의 방 하나를 같이 썼다. 나이가 있고 취재비가 넉넉한 기자들은 화려한 펄콘티넨털호텔에 묵었다. TV에서나 보던 얼굴들이 로비를 바쁘게 오갔고, 어마어마한 제작진 일행을 이끌며 호텔의 아트리움 안마당을 누볐다. 임시 보도실에서는 유명한 저널리스트들이 컴퓨터 앞을 떠나지 않았다. 앨리사와 나는 분명 그곳의 종군사진기자들 중에서 가장 경험 없는 풋내기였지만, 사진 찍을 대상은 다양했다. 하룻밤 사이에 이슬람교는 미국에서 가장 큰 화두로 떠올랐다. 미국을 상대로 테러 공격을 감행한 이슬람교에 대한 이해를 돕는 기사라면 무엇이든 1면을 장식했다. 편집자들은 갑자기 탈레반, 파키스탄 여성들의 곤경, 파키스탄에 사는 아프가니스탄 난민들의 이야기가 좋은 뉴스거리라고 생각하기 시작했다. 전부 내가 인도에 사는 동안 취재한 적이 있는 소재였다.

바로 이 페샤와르에서 나는 커리어의 큰 전환점을 맞았다. 프리랜서 형태로 〈뉴욕 타임스〉의 일을 하게 된 것이다.

내가 일거리를 얻을 수 있었던 이유는 현지와 가까운 곳에 있다는 점 때문이었다. 큰 사건이 터지면 〈뉴욕 타임스〉는 보도를 위해 가장 뛰어난 특파원들을 파견하지만 사진기자는 프리랜서로 채용한다. 현지에 이미 〈뉴욕 타임스〉 담당자가 없는 경우에는 사진 편집자가 재빨리 적당한 사람을 찾아야 하기 때문에, 프리랜서 사진기자에게는 뉴스가 처음 터진 최초의 몇 시간이 매우 중요하다. 현장에 있어야 하고 연락이 가는 순간 전화나 메일에 응답할 수 있어야 한다. 또 "네, 하겠습니다"라고 말해야 한다.

나는 전쟁 전의 파키스탄 분위기를 전달하기에 내가 가장 적합하다는 사실을 〈뉴욕 타임스〉에 증명할 기회가 딱 한 번밖에 없음을 알고 있었다. 단순히 좋은 사진을 찍는다고 되는 것이 아니라, 〈뉴욕 타임스〉의 선임기자들과 작업도 조율해야 했다. 〈뉴욕 타임스〉 기자들은 항상 마감에 쫓기고 부담감을 느끼며 스트레스가 쌓여 있는 경우가 많다. 자기 기사가 1면에 실리는지 아닌지 신경쓰지 않는 척해도, 모든 〈뉴욕 타임스〉 특파원은 '1면'을 위해 처절하게 싸운다. 다른 신문사 소속 기자들과 경쟁하는 것은 물론, 같은 〈뉴욕 타임스〉 기자끼리는 더욱 치열하고 인정사정없이 경쟁한다. 따라서 사진기자에게 신경쓸 시간이 있는 기자는 거의 없다. 그래서 나는 내 나름대로 그날의 기삿거리를 좇았다. 동이 트기도 전에 일어나서 자정이 되어서야 잠자리에 들었다. 깨어 있는 시간에는 끊임없이 일을 했다. 적절한 시간에 적절한 장소에 있기 위해.

또한 나는 나만의 장점을 최대한 활용했다. 이전에 아프가니스탄을 방

파키스탄의 페샤와르에서 코란을 배우고 암송하는 여성과 소녀들. 2001년.

〈뉴욕 타임스 매거진〉에 실린 지하드 여성 시리즈. 2001년 11월.

문한 적이 있던 나는 다른 기자들과는 다른, 차별성 있는 취재를 할 수 있었다. 나는 내가 여자라는 점을 활용하여 여성들을 위한 마드라사스(이슬람 신학교)에 들어간 뒤 가장 독실한 파키스탄 여성들과 인터뷰하고 사진을 찍기로 했다. 나는 사진을 찍기 전에 충분히 대화하면서 상대방의 정치적, 종교적 신념을 파악했다. 국제문제를 좌지우지하는 미국 정부의 정책과 미국 자체에 대한 이들의 공공연한 적개심을 접한 것은 그때가 처음이었다. 그들은 9·11테러를 자랑스럽게 생각했으며 희생된 무고한 생명에 대해 아무런 회한도 보이지 않았다. 그들은 탈레반과 탈레반 교리에 동조하고 있었다. 자신들이 가지고 있는 거의 모든 적대감은 이스라엘-팔레스타인 분쟁에 뿌리를 두고 있다고 여겼으며, 그들에게 9·11테러는 오랜 시간에 걸쳐 이스라엘을 지원하고 팔레스타인 차별정책을 펼친 미국에 대한 보복이었다. 나는 이 여성들과의 대화를 통해 이슬람 세계 전체에 퍼져 있는 편견과 그로 인해 생겨난 서구를 향한 뿌리깊은 증오를 이해하게 되었으며, 아직도 9·11테러가 일어난 이유를 이해하지 못하는 독자들에게 설명해주고 싶었다.

또 나는 종교를 떠나 파키스탄 여성들이 어떻게 살아가고 있는지 독자들에게 전하고 싶었다. 미국 매체에서 보여주는 이미지는 머리에 스카프를 쓰고 검정색 긴 외투를 입은 여성들이 코란을 읽는 모습뿐이었기 때문에, 사람들은 이들의 믿음을 너무나 생소하고 이상하며 '이슬람적'인 것으로 치부하기 십상이었다. 하지만 독자들이 이들의 실제 모습을 알게 되고 이 여성들이 가족과 시간을 보내는 일상적인 모습을 보게 된다면 완전히 다른 인상을 받을지도 모르는 일이었다.

나는 사진을 통해 고정관념이나 오해를 타파하는 것, 직관과는 반대되는 이미지를 제시하는 것에 매력을 느꼈다. 파키스탄에서 일하는 동안 내 정치적 신념을 잠시 접어두고, 카메라에 담는 사람의 생각을 전달하는 메신저이자 통로가 된 것처럼 행동하는 법을 금세 배우게 되었다. 이는 두고두고 유익한 습관이 되었다. 내 모국에 대해 공개적으로 적개심을 표현한 것은 지하드* 여성들이 처음이었지만, 이들이 결코 마지막은 아니었다.

나는 다른 매체에서는 찾아보기 어려운 대상과 광경을 카메라에 담았으며, 〈뉴욕 타임스 매거진〉을 목표로 첫번째 기사를 구성해보기로 결심했다. 〈뉴욕 타임스 매거진〉은 신문과는 완전히 다른 별개의 매체였으며 편집자들도 달랐다. 〈뉴욕 타임스 매거진〉측에서는 내 제안을 받아들였다. 이것은 나에게 또하나의 중요한 분기점이었다. 처음으로 내 사진이 잡지에 실렸을뿐더러, 그 잡지는 양면에 걸쳐 강렬한 다큐멘터리 사진을 신기로 유명한 매체 중 하나였기 때문이다.

9·11테러 직후의 기간은 주저하지 않고 파키스탄과 아프가니스탄, 이라크와 같은 곳으로 향한 젊은 사진기자들이 이름을 알릴 수 있는 유례없는 기회였다. 9월 11일 이후의 몇 주간 탄생한 완전히 새로운 세대의 기자들은 테러와의 전쟁을 통해 훌쩍 성장하게 되었다.

• •

미국이 이 지역에 군사행동을 취할 날이 점점 가까워져가고 있었다. 국

* 이슬람교 전파를 위해 벌이는 이교도와의 전쟁을 뜻하는 말로, 이슬람교도에게 부과된 종교적 의무.

경 너머의 이슬람 동지들과 뜻을 함께하는 평범한 파키스탄 사람들은 우리 기자들을 이단자라고 조롱하는가 하면, 거리로 나서서 시위를 하기 시작했다. 부시 대통령 인형에 석유를 붓고 라이터로 불을 붙이며 "망해라, 미국 망해라!"라고 소리를 질렀다. 나는 이러한 시위의 한복판에서 오도 가도 못한 채, 수많은 남자들 가운데 텐트 같은 차도르를 쓴 몇 안 되는 여자들 중 하나였다.

아무리 이슬람 의상을 입고 머리카락 한 올 보이지 않더라도, 단순히 카메라를 들고 일하며 남자들의 세계를 침범하고 있다는 사실만으로 현지 남성들은 내가 외국인 여성이라는 사실을 알아챘다. 그들에게 내가 외국인 여성이라는 사실은 내 몸의 어디든 슬쩍 만질 수 있는 구실이 되었다. 이곳 남자들은 영화에서 본 내용을 바탕으로 외국인 여성을 판단했으며, 그 영화라는 것도 십중팔구 포르노였기 때문에 외국인 여자들은 개방적이고 쉽게 성관계를 갖는다고 생각했다. 나는 남자 동료들 앞에서 소란을 피우지 않으려고 노력했다. 내가 여자이기 때문에 특종 뉴스를 취재할 수 없다는 인상을 주고 싶지 않아 내 엉덩이를 더듬거나 움켜쥐는 손들을 무시하며 계속해서 사진을 찍었다.

부시 대통령 인형이 화염에 휩싸여버리자 동료들은 모습을 감추고 말았다. 나는 촬영에 집중하려 했지만 이제는 내 엉덩이에 붙어 있는 손이 몇 개가 아니라 수십 개에 달했다. 그리고 이제는 슬쩍 만져보는 것이 아니라 거칠게 움켜쥐는 수준이었다. 엉덩이에서 사타구니까지, 앞뒤로. 나는 계속 사진을 찍으려고 했다. 여성이라면 누구든 이 남성들에게 엄청난 분노를 느꼈을 것이다. 나는 한 손으로 카메라를 잡고 나머지 손으로 남자들의 손을 때려서 뿌리치려 했다. 아무 소용이 없었다. 그다음에는 뒤를 돌아 남자들의 눈을 똑바로 보면서 금지된 일, 죄악, 수치스러움을 의미하는 '하람'이라는 말을 내뱉어 그들의 행동이 이슬람 세계에서는 용납되지 않는다는 사실을 내가 분명히 알고 있음을 보여주려 했다.

하지만 그 방법도 통하지 않았다. 내 주위에는 미혼에다 성욕은 폭발한 상태이며, 일자리가 없고 교육도 받지 못한 수백 명의 남자들이 뿜어내는 아드레날린이 흘러넘쳤다. 이들은 중동지역에 대한 미국의 정책 때문에 서구세계를 미워했고, 머지않아 전쟁이 일어나려는 이 시점에서는 더 말할 것도 없었다. 여기저기서 인형이 불타고 있었다. 시위대는 소리쳤다. "미국과 함께 나가죽어라!" 내 엉덩이를 붙잡은 손은 열다섯을 헤아렸다. 나는 잠시 멈췄다가 무게 2.3킬로그램에 길이 30센티미터는 족히 되는 거대한 렌즈가 달린 카메라를 아래에 내려놓고는 내 엉덩이에 닿을 다음번 손을 기다렸다.

엉덩이에 무언가 감촉을 느낀 순간, 나는 뒤쪽으로 중학교 시절 배운 가라테 킥을 힘차게 찼다.

그러고는 뒤를 돌아보았다. "하람! 당신은 여자형제나 어머니도 없소? 파키스탄 이슬람교도 아니오? 다른 남자가 당신 여자형제나 어머니에게 이런 짓을 하도록 내버려두겠소?"

그리고 나는 렌즈로 바로 뒤에 있던 남자의 머리를 후려쳤다. 남자는 눈이 돌아간 상태로 비틀거렸다.

내 주변에 있던 남자들은 갑자기 동작을 멈추고 나를 바라보았다.

나는 카메라로 후려친 남자의 상태를 살피지 않고 얼른 다시 차가 있는 곳으로 뛰어갔다. 차 안의 남자 동료들은 내가 한 프레임이라도 담으려고 어떤 꼴을 겪었는지는 까맣게 모른 채, 상을 받을 만큼 근사한 사진이 찍혔는지 디지털카메라의 뒷면을 느긋하게 확인하면서 오후에 취재한 내용에 만족해하고 있었다.

• •

파키스탄 정부는 우리의 행보를 면밀하게 주시하기 시작했다. 그린스호텔에서는 기자 여러 명이 둘러앉아 이슬람 원리주의자나 탈레반 동조자들이 한밤중에 공격해올 가능성에 대해 이야기를 나누었다. 흥분되는 동시에 두려운 일이었다. 우리 중 몇 명은 호텔 여기저기를 돌아다니며 뒷문, 지붕, 객실 창문 등 탈출구를 찾았다. 나는 대사관에서 만났던 젊고 호기심 많은 모하메드를 떠올렸다. 그는 아프가니스탄으로 돌아갔을까? 싸우고 있을까?

눈을 휘둥그레 뜬 앨리사는 정신을 잃을 지경이었으며, 탈레반들이 지금이라도 이곳을 금세 덮칠 것이라고 굳게 믿고 있었다. 앨리사가 탈출구로 점찍은 곳은 객실 창문 바깥쪽에 불쑥 튀어나온 난간이었다. 탈레반이 온다면 좁은 난간을 따라 기어간 다음 1미터가량 떨어진 옆 건물로 건너뛰면 된다고 했다.

우리는 그것만으로 충분치 않기 때문에 변장도 필요하다고 생각했다. 그래서 파키스탄 여성 통역사에게 도움을 요청했고, 시장에 가서 파란색 부르카와 아프가니스탄 사람들이 난민캠프에서 신는 금색 고무신발을 구입했다. 통역사는 부르카를 입고 걷는 데에도 요령이 있다고 설명했다. 거대한 파란색 부르카만 쓴다고 해서 정체를 가릴 수 있는 것은 아니었다. 통역사는 부르카를 입고 걷는 방법을 가르쳐주었다. 우리 두 사람은 비좁은 호텔 방에서 눈언저리조차 보이지 않게 부르카를 두르고는 이쪽 벽에서 저쪽 벽까지 왔다갔다했다.

통역사는 우리에게 지시했다. "그렇게 당당하게 걷지 말고요. 어깨를 구부리세요. 눈은 땅을 향해야 하고요. 미국 여성들은 너무 자신감이 넘친다니까요. 겸손하게. 겸손한 태도를 잊지 마세요."

통역사는 우리가 오랜 기간에 걸쳐 쌓아온 자신감을 벗겨내려고 했다. 우리는 트럭 뒤쪽 짐칸에 오르는 것처럼 침대를 오르내리다가 발목에 걸린 부르카 때문에 바닥에 나뒹굴면서 초조한 웃음을 터뜨렸다.

• •

10월 6일, 미국의 아프가니스탄 공습이 시작되기 전날 밤에 욱스발에게서 메일을 받았다. "나는 피와 살이 있는 진짜 여자친구가 필요해. 인터넷 여자친구는 필요 없어."

정점을 찍으려던 내 커리어가 요란한 소리를 내며 추락했다. 나는 즉시 그에게 전화를 했다.

"제발, 욱스발." 나는 화가 날 때마다 더욱 더듬거리는 부족한 스페인어로 애원했다. "당신을 사랑해. 앞으로 몇 주만 더 여기 있으면 돼. 전쟁이 시작되려는 참이야. 집으로 곧 돌아갈게."

"싫어. 더이상 기다리기는 싫다고." 그가 날 기다린 지도 3주가 되어가고 있었다. 욱스발의 목소리는 차가웠다.

전화기에서 지직거리는 소리가 났다. 앨리사가 자고 있었기 때문에 나는 얼룩진 변기가 있는 작은 화장실에 틀어박혀 간청했다.

"제발, 자기야. 지금 〈뉴욕 타임스〉 일을 하고 있다고! 내 커리어를 생각한다면 여기서 취재하는 게 진짜 중요해. 몇 주 정도는 아무것도 아니잖아. 조금만 더 시간을 줘."

욱스발은 단호했다. "나는 매일 여기서 내 곁에 있어줄 여자친구가 필요해. 메일이나 전화로 만나는 여자친구가 아니라." 전화가 끊겼다.

내가 큰 소리를 내며 울음을 터뜨리는 바람에 앨리사까지 잠을 깨고 말았다. "왜 그래? 무슨 일이야?"

"방금 욱스발에게 차였어." 나는 이 말을 내뱉으면서도 스스로가 바보 같다고 느꼈다. 지금 미국이 전쟁에 돌입하려는 참인데 말이다.

"아니, 저런. 안타까운 일이네. 하지만 그 남자는 너무 신경쓰지 마……" 잠이 덜 깬 듯한 앨리사의 목소리는 점점 작아졌다. "다른 남자를 찾을 수 있을 거야. 만약 그 남자가 지금 네 생활방식을 이해하지 못한다면 앞으로는 더 심각해지기만 할 텐데, 뭐."

• •

미국은 아프가니스탄 공습을 개시했다. 페샤와르에 있는 기자들 중 현 시점에서 국경을 넘어 아프가니스탄으로 가려는 사람은 없었다. 우리가 아는 한, 아프가니스탄은 아직 탈레반 치하에 있었다. 탈레반 정권이 무너지기 전에 아프가니스탄으로 향하는 것은 자살행위였다. 하지만 우리는 머지않아 탈레반 정권이 무너지리라는 것을 알고 있었다.

공습이 시작된 다음날 아침, 나는 자주 발걸음을 하던 모스크로 가서 파키스탄의 이슬람 원리주의자 여성들을 카메라에 담았다. 하지만 모스크 안에 들어서는 순간부터 불편함을 느꼈다. 나는 사람들이 기자인 나를 미국이 펼치고 있는 해외 군사작전의 전파자가 아닌, 중립적인 관찰자로 보아줄 것이라 생각했다. 그러나 모스크의 입구에서 내가 사진을 찍었던 여성 중 한 명이 이렇게 말했다. "이봐요. 폭탄이 떨어지기 시작했어요. 미국인들이 우리 이슬람 형제들을 죽이고 있다고요. 당신 같은 미국인은 더이상 여기서 환영받지 못해요."

얼마 지나지 않아 나는 휴가가 필요하다는 이유로 그토록 원했던 〈뉴욕 타임스〉의 일거리를 포기하고 대략 1만 5천 킬로미터를 날아서 멕시코시티로 돌아갔다. 아파트 현관에서 룸메이트인 마이클이 어리둥절한 표정으로 나를 맞아주었다.

"여기서 뭐하는 거야? 탈레반이 곧 무너지려고 한다며?"

"지난주에 욱스발이 나를 찼어."

"그래서? 그것 때문에 집에 온 거야?"

나는 다음 비행기라도 잡아타고 파키스탄으로 돌아가고 싶었다. 스스로가 너무나 바보 같다는 생각이 들었다. "응, 그 사람 얼굴을 직접 봐야겠어."

나는 카메라가방과 짐을 내 방에 내려놓고는 운동복으로 갈아입고 냄새나는 싸구려 체육관까지 터덜터덜 걸어가서 중국산 계단오르기 운동기구에 올랐다. 내가 무슨 일을 저지른 거지? 너무도 혼란스러웠다. 더이상 가슴이 아프지도, 눈물이 나지도 않았다. 멕시코에 도착한 지 24시간이 지났지만, 욱스발에게 전화조차 하지 않았다.

욱스발은 친구를 통해 내가 돌아왔다는 소식을 듣고는 아무 일도 없었다는 듯이 우리집 현관에 모습을 드러내더니 나를 안아서 곧바로 침실로 향했다.

욱스발은 내가 그를 되찾기 위해 내 커리어에서 무엇을 희생한 건지 꿈에도 몰랐을 것이다. 그의 삶은 내가 떠날 때와 변한 것이 없었다. 낮에는 일을 하고 오후에는 자전거를 타며 밤에는 차가운 맥주를 마셨다. 나는 그를 미워하고 싶었지만 너무나 사랑했다. 그로부터 채 한 달이 지나지 않은 내 스물여덟번째 생일날 아침, 우리는 멕시코시티에서 TV를 통해 카불이 무너지는 광경을 지켜보았다. 나는 페샤와르에서 만났던 모든 기자들이 취재를 위해 앞다투어 국경을 넘는 광경을 상상했다. 나는 현장에서 너무나 멀리 떨어져 있었다. 멕시코로 돌아온 것이 과연 옳은 결정이었는지, 일이 내 사생활이나 내가 사는 곳 또는 살아가는 방식에 대한 결정에 이토록 큰 영향을 미치는 것이 과연 옳은 일인지 판단할 수가 없었다. 하지만 9·11테러 이후에 구입한 작은 TV로 카불의 몰락을 지켜보면서 마음이 편치 않은 것만은 분명했다. 여기는 내가 있어야 할 곳이 아니었다.

아프가니스탄에서 그때까지 유일하게 탈레반의 세력이 강한 곳은 칸다하르였다. 페샤와르에서와 마찬가지로 이제 기자들은 미국의 공격 후에 신속하게 현장에 진입할 수 있도록 칸다하르에서 가장 가까운 파키스탄의 도시 퀘타에 진을 치고 있었다. 나는 뉴욕에 있는 마셀에게 전화를 걸어 다시 현장으로 돌아가고 싶다는 의사를 전했다. 〈뉴욕 타임스 매거진〉은 나에게 일거리를 주었다. 나는 욱스발에게 오래 떠나 있지는 않겠다고 약속했다.

••

퀘타에서는 대략 백 명 정도 모인 새로운 집단의 기자들이 주변 환경과는 어울리지 않을 정도로 고급스러운 세리나호텔에 묵고 있었다. 이 호텔은 작은 이슬람 종파의 억만장자 지도자 아가 칸이 남아시아에 지은 호텔 중 하나였다. 우리는 느긋한 아침을 즐기거나 끔찍한 아프가니스탄 난민 캠프를 방문하면서 국경이 열리기를 기다렸다.

퀘타는 페샤와르보다 더욱 으스스한 곳이었다. 가게도, 영화관도, 심지어 산책할 만한 곳도 없었다. 술은 금지되었기 때문에 우리는 주로 차를 마셨고, 가끔씩 밀수해온 위스키를 물병에 담아 벌컥벌컥 들이켜기도 했다. 이란, 보스니아를 비롯해 여러 전쟁을 취재한 질 페레스Gilles Peress나 알렉산드라 불라Alexandra Boulat, 제롬 딜레이Jerome Delay처럼 세계적으로 유명한 사진기자들도 나와 같은 층의 복도 끝에 묵었다. 나는 유명인사들 사이에서 들뜬 마음으로 돌아다녔다.

어느 날 아침, 밥을 먹고 있는데 전화벨이 울렸다. 욱스발이었다. 나는 눈을 반짝였고, 일을 나가기 전에 잠시 식탁에서 물러나 그에게 사랑한다는 말을 퍼부었다. 다시 내 자리로 돌아오자 사진기자 질 페레스가 무표정하게 나를 바라보더니 이렇게 말했다. "남자친구 전화야?"

"네."

"남자친구 많이 사랑해?"

"네."

"남자친구 언젠가 바람피울 거야." 질은 이 말을 남기고 자리를 떴다.

나는 그의 말을 믿지 않았다. 그때 나는 아직 순진했다. 나중에서야 나는 질이 한 말의 의미를 알게 되었다. 이 일에 종사하는 한, 관계는 항상 외도나 소원함으로 끝난다는 것. 일과 관계를 양립하는 생활은 오래 지탱할 수 없었다.

• •

세리나호텔의 모든 기자들은 누구보다 빨리 현장으로 진입하여 칸다하르에서 몰락하는 탈레반의 마지막 소식을 전하고 싶어했다. 이러한 경쟁은 우리 모두에게 엄청난 부담으로 작용했고, 기자들은 무장한 탈레반 군사들이 퇴격하는 현장에 뛰어들거나 우리를 탈레반 군사들로 오인한 미군의 공습을 받는 등 여러 위험을 무릅써야 했다.

칸다하르 내부에 정보원을 가지고 있는 통역사와 운전사들은 전쟁 진행상황에 대해 끊임없이 새로운 소식을 전해주었다. 일부 기자들은 워싱턴에서 정보를 얻었다. 세리나호텔에서는 더이상 동료애를 찾아볼 수 없었다. 서로 다음날 일정을 공유하던 사진기자들도 입을 다물고 개인행동을 하기 시작했다. 모든 기자들은 칸다하르에 가장 먼저 진입할 수 있는 중요한 정보가 자신에게만 있어야 한다고 생각했다.

어느 날 저녁, 파키스탄 정부는 기자들이 아프가니스탄으로 떠나지 못하도록 호텔의 정문을 잠갔다. 나를 비롯한 〈뉴욕 타임스〉 소속 기자들은 몰래 울타리를 넘어 밖에서 우리를 기다리고 있던 차에 오른 뒤, 아프가니스탄 국경 바로 안쪽, 눈에 띄지 않는 곳에 위치한 안전가옥으로 향했다. 족히 50통은 되는 전화를 〈뉴욕 타임스〉의 뉴욕 사무실과 국방부에 걸어댄 끝에, 우리는 차를 타고 아프가니스탄에 입성하기로 결정했다.

우리 일행이 탄 차들은 과거에 몇 차례 방문한 나에게는 이미 익숙해진 끝없는 갈색 평지를 달렸다. 내가 탄 차에는 루스 프럼슨Ruth Fremson이라는 여성 사진기자와 다른 두 명의 남성 특파원이 있었지만 알 수 없는 미래에 대한 불안감 때문에 달리는 내내 대화는 거의 오고가지 않았다. 아프가니스탄 사람도, 미군도 눈에 띄지 않았다. 탈레반이 칸다하르를 떠났는지, 아니면 아직 남아 있는지는 아무도 몰랐다. 우리가 도착할 때쯤에는 탈레반이 떠나고 해방된 도시이기를 바랐지만, 실제로 어떤 상황이 벌어지고 있는지는 알 수가 없었다. 아프가니스탄은 폭탄을 맞지 않았을 때도 초토화된 곳처럼 보였으니까.

칸다하르 시내는 무정부상태였다. 거대한 사탕처럼 칼라시니코프 소총을 목에 주렁주렁 늘어뜨린 10대 소년들이 카투사 다연장 로켓탄발사기가 놓여 있는 비포장도로를 여기저기 누비고 다녔다. 반反탈레반 세력인 무자헤딘, 또는 탈레반이었다가 반대편으로 돌아선 남자들은 높이 틀어올린 터번을 쓰고 눈 주위에는 짙은 숯을 칠한 채 목과 등에 칼라시니코프 소총과 총알 꾸러미를 걸고 있었다. 모든 사람이 목적지도 없이 어슬렁

탈레반의 핵심거점인 칸다하르가 연합군에 의해 함락되었다. 2001년 12월.

거리며 더러운 차양이 펄럭거리는 가게들 앞을 서성거렸다. 나는 흡사 성경에 나오는 도시처럼 활기가 없는 아프가니스탄의 풍경에 익숙했지만, 여기저기 파괴된 건물과 무장한 사람들의 모습 덕분에 이제는 더욱 불길해 보였다.

〈뉴욕 타임스〉 기자들은 하루에도 몇 번씩 활기차게 따끈한 빵을 구워내는 빵집 위의 으슥한 호텔에서 몇몇 층의 방을 전부 빌렸다. 전쟁지역에서는 대다수 기자들이 대학 캠퍼스의 떠돌이 학생처럼 살아간다. 방은 물론 식사, 위성전화, 케이블 등 모든 것을 함께 공유하며, 보다 좋은 위치에 더 나은 숙소가 생기면 함께 이동하는 경우도 많다. 나는 〈뉴욕 타임스〉 일을 하는 루스라는 또 한 명의 여성 사진기자와 같은 방을 썼으며, 롤모델이 되어주는 그녀에게 감사했다. 루스는 현명했지만 거만하지 않았고, 동이 트기 전부터 일을 시작하여 땅거미가 진 후에도 오랫동안 일을 놓지 않았다. 그녀는 매일 밤마다 우리 방에 설치해놓은 위성전화로 내가 찍은 사진들을 뉴욕에 전송할 수 있도록 도와주었다. 우리 두 사람과 또 한 명의 여성 기자를 제외하면, 다른 여성 보도진을 본 기억은 없다.

나와 한 팀이 된 〈뉴욕 타임스 매거진〉 특파원은 미국을 돕고 있는 반탈레반 세력의 지도자이자, 이미 스스로를 칸다하르의 새로운 주지사로 임명한 굴 아그하 셰르자이를 취재하기로 결정했다. 하지만 그 역시 통치 과정에서 많은 사람의 목숨을 빼앗은 사람이었다. 나는 기자와 내가 한 팀을 이뤄 취재하면, 기자가 안전한 접근경로를 확보할 수 있도록 나를 도와주리라 생각했다. 기자들은 보통 기사에 곁들일 좋은 사진을 탐내기 때문이다.

원래 우리는 파키스탄에서 아프가니스탄으로 진입해 기자가 원하는 취잿거리를 공동으로 취재하도록 배정되었으나, 아프가니스탄에 도착했을 때는 우리 두 사람 사이의 갈등이 눈에 띄게 불거져 있었다. 그 기자와 나는 취재방식이 전혀 달랐다. 그는 오랜 시간을 들여 자세한 인터뷰를 해야 했고, 나는 거리로 나가 현지인들을 카메라에 담으며 탈레반 정권의 잔재를 기록해야 했다. 하지만 운전사나 통역사와 같은 현지 인력은 한정되어 있었다.

칸다하르에 입성한 후 며칠이 지났을 때, 우리는 탈레반의 정신적인 지도자인 물라 오마르의 거대한 저택으로 향했다. 연한 노란색의 건물에는 총탄 자국이 가득했고, 미군 특수부대는 오사마 빈라덴이 자금을 대는 것으로 알려진 모스크 옆의 안뜰에서 일급비밀이 담긴 것처럼 보이는 가방을 샅샅이 뒤지고 있었다. 주변을 빙빙 돌며 미군을 지켜보던 아프가니스탄 남성들은 나를 발견하자 외국인 여성의 민얼굴을 구경하기 위해 천천히 몰려들었다. 나는 그곳에서 눈에 띄는 존재였다. 특수부대원들은 대부분 1980년대 스타일의 라이방 선글라스를 끼고 못 보던 커다란 총을 든 채 저택의 잔재를 이잡듯이 뒤졌다. 나는 약간 떨어진 곳에 서서 특수부대원들을 사진에 담으며 그 장대한 광경에 푹 빠져들었다. 햇살은 아직 부드럽게 비치고 있었다. 나는 마침내 파키스탄을 벗어나서 역사적으로 중요한 순간으로 기록하고 있다는 데 더없이 흥분했다.

"기자님, 사진은 좀 자제하시죠?" 특수부대원 한 명이 이렇게 요청하자 나는 칸다하르의 파파라치라도 된 기분이 들었다. 이런 기분이 들 수 있다는 사실이 놀라웠다. "기자님…… 부대원들의 안전이 걸린 문제라서요." 그는 이렇게 설명하면서 총을 꽉 쥐고 자기 주변에 있는 아프가니스탄 사람들에게 파슈토어(대다수 아프가니스탄 남부 사람들이 사용하는 언어)로 몇 마디 소리를 질렀다. 나는 그가 끼고 있는 길쭉한 모양의 선글라스에 비친 내 모습을 보면서 어떻게 특수부대원이 무기 하나 없는 민간인 미국 여성인 나보다 자기 안전을 더 걱정할 수 있는지 의아해했다. 개의치 않고 계속 사진을 찍고 있는데 누가 어깨를 툭툭 쳤다.

어깨를 친 내 동료 기자는 말을 거칠게 내뱉기 시작했다. 내가 특수부대원들을 화나게 해서 짜증난다는 듯이 아직도 안 끝났느냐고 물었다. 그 정도로 긴장된 현장에서 사진을 찍고 있는 나를 방해하다니 이해가 가지 않았다. 비슷한 상황이었다면 나는 절대 그 기자의 인터뷰를 중간에서 끊지 않았을 것이다.

그다음에 그는 이제 따로 다녀야겠다고 말했다. 현지 인력을 함께 써야 하는 상황에서 나와 함께 일하기가 너무 힘들고, 내가 여자이기 때문에 자기도 덩달아서 제약을 많이 받는다고 말했다. 어쨌든 아프가니스탄은 남성중심 사회인데다 일반적으로 여성이 남성과 함께 일하거나 어울리지 않는 성분리 국가다. 그런데 그 기자는 운전사와 통역사를 한 팀 더 찾아서 따로 취재하러 다니자고 제안한 것이다. 정권이 무너진 이 상황에서 그게 어디 쉬운 일인가.

그 기자는 그 말을 남기고 멀어졌다. 나는 망연자실했다. 지금 이 시점에서 도대체 어떻게 다른 통역사와 운전사를 찾으라는 거지? 대거 입국한 해외 특파원들이 믿을 만한 현지 인력을 이미 싹쓸이한 상태에서.

내 생존본능이 발동했다. 나는 〈뉴욕 타임스〉팀의 통역사 중 한 명에게 셰르자이의 저택 안으로 들어갈 수 있게 해달라고 부탁했다. 통역사는 미소를 지었다. 마침 그가 셰르자이를 잘 알고 있었던 것이다.

나는 얼마 후 풍채 좋은 셰르자이의 곁에 앉아서, 틀림없이 평생 여성과 한자리에 앉아 식사해본 적이 없을 여러 명의 아프가니스탄 남성들과 함께 라마단 단식을 마무리하는 이프타르*를 함께하게 되었다. 셰르자이의 저택에는 어디든 양탄자가 깔려 있었고 가구는 찾아볼 수 없었으며 주변 마을에서 수많은 남자들이 새로운 지도자와 함께 단식을 마무리하기 위해 몰려와 있었다. 터번을 칭칭 두르고 손으로 음식을 먹으며 입에서 음식물이 흘러나오는 것도 아랑곳하지 않은 채 뚫어지게 나를 바라보는 그들은 마치 10세기에서 튀어나온 사람들 같았다. 나는 어떤 행동까지 허용되는지 확신하지 못한 채 최대한 셰르자이의 곁에 붙어 있었다. 그는 내가 사진을 찍도록 독려했다. 나는 망설이며 카메라를 들고 일단 낡은 양탄자 위에 펼쳐진 식탁에서 남자들이 식사를 즐기는 모습을 프레임에 담았다.

특파원이 들어왔을 때, 나는 여전히 주지사 옆에 앉아 있었다. 특파원은 나에게 보일 듯 말 듯 목례를 했다. 특파원이 등장하자 나는 좀더 대담해져서 방안을 여기저기 돌아다니며, 저녁식사를 마치고 마을 사람들에게 둘러싸여 다양한 방식으로 휴식을 취하는 셰르자이의 사진을 찍었다. 그의 사적인 모습을 보여주는 이 사진들은 스스로를 통치자라고 선언하고 결국에는 미국이 지지하게 될 군 지도자의 삶을 살펴볼 새로운 창구가 되어주었다. 담당편집자는 내가 찍은 진솔한 사진에 매우 흡족해했으며, 내가 어려운 환경 속에서도 취재하고 있다는 사실을 알아주었다.

* 이슬람교도들이 라마단 기간 중에 일몰 직후 단식을 끝내고 먹는 첫 만찬.

탈레반이 몰락한 후의 칸다하르. 아프가니스탄 남성들이 스스로를 주지사로 선출한 셰르자이의 맨션을 둘러싸고 앉아 있다. 2001년 12월.

아프가니스탄 청년들이 탈레반 몰락 이후 최초로 공공장소에서 음악을 듣고 있다. 2001년 12월.

이프타르를 마치고 지지자들과 함께 자리한 셰르자이. 2001년 12월.

몇 주가 지나 칸다하르에는 축제 분위기가 달아올랐고, 탈레반 치하에서는 금지되던 발리우드 음악이 시끄럽게 흘러나오는 스피커 주위로 수많은 남성과 소년들이 모여들었다. 때는 크리스마스였고 나는 이미 편집자에게 계속 이곳에 머물 수는 없다고 말해두었다. 나의 다른 삶, 즉 욱스발이 기다리는 집으로 돌아갈 때였다.

• •

욱스발은 오악사카해변에 있는 마을에서 우리가 함께 크리스마스 휴가를 보낼 계획을 세워두었다. 스카프를 온몸에 두르고 남자의 눈을 똑바로 쳐다볼 수도 없었던 아프가니스탄을 떠난 지 72시간도 되지 않아, 나는 해변에서 비키니를 입고 욱스발에게 키스하고 있었다. 파키스탄과 아프가니스탄의 열악한 환경에서 살아가는 수천 명의 난민들에게 3주간 둘러싸여 있다보니, 하루종일도 모자라서 밤새도록 대마초를 피우고 맥주를 마셔대는 멕시코인과 미국인들의 지루한 파티에 적응하는 데 애를 먹었다. 욱스발은 함께 서핑 교습을 받을 수 있도록 예약도 해두었다. 나는 기진맥진한데다 편모충 감염(십중팔구 대변으로 오염된 비위생적 음식 및 식수로 발생하는 고약한 위장병으로, 끊임없는 설사와 황 냄새가 나는 트림, 체중 감소를 유발하며 밤낮으로 잠을 설치게 한다) 때문에 몸이 약해진 상태였다. 하지만 나는 남자친구 곁을 떠나 있던 몇 주를 보상할 만큼 재미있고 배려심 넘치는, 일반적인 진짜 여자친구의 모습을 보여주기 위해 분발해야 했다.

하지만 그럴 수가 없었다. 머릿속에서 도저히 일을 지워버릴 수 없었다.

나는 활짝 웃으며 능숙하게 서핑을 즐기는 유연한 여자들을 감탄하며 바라보았다. 그들은 너무나 행복해 보였다. 밤이 되면 나는 와인 몇 잔을 마시고는 11시부터 숙소로 와서 잠을 청했다. 욱스발은 동틀 무렵까지 파티장에 머물렀다. 나는 공통점이 거의 없는 사람들과 어울릴 만한 힘이나 의욕을 도저히 긁어모을 수가 없었다. 그즈음 내 친구들은 대부분 나와 마찬가지로 국제정치, 세계정세, 뉴스속보에 집착하는 사진기자나 기자들이었다.

우리는 다투기 시작했다. 나는 욱스발의 주변에서 서성거리는 여자들을 질투했다. 그는 나의 일을 질투했다. 놀라울 정도로 낭만적이고 달콤한 시간을 보내다가도 서로를 지독하게 괴롭히며 싸우는 패턴이 반복되었고, 심지어 그때마다 내 안에 존재하는지도 몰랐던 불안정한 나 자신의 모습을 발견했다. 내가 절대 욱스발이 필요로 하는 여자가 될 수 없다는 사실은 알고 있었다. 다른 모든 남자들도 그럴까봐 두려웠다. 내 일은 항상 다른 모든 일보다 우선시될 수밖에 없었고, 그것이 내 일의 본질이었다. 뉴스가 터지면 나는 현장으로 달려가야 했고, 달려가고 싶었다. 사건이 터질 때 내가 현장에 없다면 다른 사진기자가 그곳에 있게 될 테니까 말이다.

내 친구와 가족들은 가끔씩 왜 사진기자들이 결혼이나 연인과의 관계를 원만하게 유지하기 위해 일거리를 좀 줄이지 않는지, 왜 집과 가까운 곳에 밝은 스튜디오를 차리고 사진을 찍는 다른 유형의 사진사가 될 수 없는지 묻는다. 솔직히 말해서 스튜디오 사진사와 사진기자의 차이는 정치풍자 만화가와 추상화가의 차이와 같다. 스튜디오 사진사와 사진기자의 유일한 공통점은 빈 여백을 가지고 작업을 시작한다는 것뿐이다. 두 일은 전혀 다른 종류의 재능과 성향을 요구한다. 긴급하게 짐을 싸서 비행기에 뛰어오른 뒤 전쟁과 기근, 인권문제를 취재하겠다는 의무감을 느끼는 것이 내 일이다. 내가 그런 일을 하지 않겠다는 것은 외과의사가 응급수술을 회피하거나 식당 종업원이 손님의 접시를 테이블로 나르지 않겠다고 거부하는 것과 마찬가지다. 하지만 환자가 사망하거나 손님이 불평하면 해고당하는 이들과는 달리, 나에게는 일을 제대로 하지 않더라도 지켜보는 상사가 없다. 내 임무를 소홀히 하면 나는 스스로를 해고하는 것이나 마찬가지다.

그렇다고 해도 나는 항상 욱스발을 행복하게 하기 위해 9·11테러 이후의 아프가니스탄을 떠나 서둘러 집으로 달려왔다. 나체의 여자들이 벽에 사슬로 묶여 있는 카불의 정신병원과 산악자전거를 타고 30킬로미터를 달리다가 멕시코의 반짝이는 개울에서 잠시 더위를 식힐 수 있는 여행 사이를 오갔다. 나를 그에게 맞추고 그가 즐기는 일들을 함께 즐기며 완벽한 여자친구가 되기 위해 노력했다.

어느 밤 멕시코 하늘에 유성우가 내린다는 소식을 들은 욱스발은 멕시코시티 외곽에 있는 이스탁시우아틀산에 올라 하늘에서 떨어지는 별을 보자고 제안했다. 일 때문에 반드시 산을 타야 하는 아프가니스탄이 아니라면 세상에서 가장 하기 싫은 일이 바로 재미를 위해 산에 오르는 일이었지만, 당연히 나는 동의했다. 욱스발은 신이 나서 텐트와 장비, 휴대용 난로를 챙기며 한 시간 안에 준비를 끝마쳤다. 우리는 정오쯤에 출발하여 3650미터 정도를 올랐다. 나는 더이상 발을 들어올리기조차 힘들 만큼 지쳤다. 관자놀이는 지끈거렸다. 고산병 증세까지 나타났다.

우리는 적당한 곳에 텐트를 쳤다. 페샤와르, 퀘타, 칸다하르에서 본 광경이 내 머릿속을 스치고 지나갔다. 내가 바라는 것이라고는 〈뉴욕 타임스〉 취재를 위해 남아시아로 돌아가는 것뿐이었다. 밤이 되자 욱스발은 깊이 잠든 나를 깨워서 무섭도록 추운 텐트 밖으로 끌어냈다. 하늘에서 별이 쏟아져내리는 가운데 그는 나를 품안에 꼭 안고 눈물을 흘렸다. 나는 그 아름다운 순간을 마음껏 즐겼으며 그곳에 있어서 너무나 행복했다. 하지만 몇 분이 지나자 추위가 몰려왔다. 욱스발과 함께 잠을 청하면서 내 마음은 다시 아프가니스탄의 산악지대로 날아갔다.

• •

2002년 가을, 멕시코시티에서 스물아홉번째 생일을 맞기 두 달 전인 어느 토요일 아침에 나는 노트북 앞에 앉아 있었다. 화면에는 야후 메일이 열려 있었다. 세실리아라는 이름의 여성이 보낸 비슷한 제목의 메일 수십 통이 화면 전체를 꽉 채우고 있었다. 사랑해. 사랑해. 사랑해. 가끔씩 보고 싶어, 라는 제목도 섞여 있었다. 나는 믿을 수 없는 심정으로 화면을 뚫어지게 쳐다보았다. 이 절절한 사랑 고백은 내가 한 것도, 나를 향한 것도 아니었다. 욱스발이 부주의하게 자기 메일을 내 노트북에서 열어본 뒤 닫지 않고 그냥 내버려둔 것이었다. 다른 여자가 그에게 보낸 메일들이었다. 욱스발은 나를 속이고 바람을 피우고 있었다.

한 시간 사이에 충격은 슬픔으로, 다시 분노로 바뀌었다. 나는 욱스발의 소지품을 전부 쓰레기봉투에 던져넣고 그의 물건을 모두 문 옆에 놓은 다음 "세실리아에 대해 알게 됐어. 내 노트북에 당신 메일을 열어놓고 갔더라. 월요일에 내가 돌아올 때까지 이 아파트에서 당신 물건을 전부 가지고 나가. 나한테 전화하지 마"라는 쪽지를 붙여두었다.

나는 몇 주 동안이나 음식을 입에 대지 못했다. 물과 주스도 억지로 마셨다. 낮이 지나면 뜬눈으로 지새우는 밤이 찾아왔다. 친구나 먼 친척에 대해 이야기할 때를 제외하면 우리 가족 중에 우울이라는 감정을 입에 올리는 사람은 없었다. 하지만 지금 나는 침대에서 나갈 수조차 없었다.

어느 날 밤, 잠을 이루지 못하던 나는 지난해에 내 커리어가 얼마나 성공적이었는지를 기억했다. 가장 큰 꿈 중 하나였던 〈뉴욕 타임스〉 취재를 위해 여러 차례 남아시아를 오갔고, 지속적으로 〈뉴욕 타임스〉 멕시코 지부장과 협업했으며, 매리언과 함께 〈보스턴 글로브〉 〈휴스턴 크로니클〉에 실릴 기사를 취재했다. 나는 너무나 행복했다.

"나에게는 일이 있어." 나는 혼잣말을 했다. 기운을 얻기 위해 입 밖으로 큰 소리를 내서 말해보기도 했다.

다음날 아침, 〈뉴욕 타임스〉 외신사진 편집자에게 전화를 걸어 프리랜서 사진기자가 필요한 지역이 있는지 물었다. 나는 멕시코시티를 떠나야 한다고 설명했다.

"알았어, 생각 좀 해볼게. 며칠만 시간을 줘." 편집자는 말했다.

한편 나는 욱스발의 가장 친한 친구인 옥타비오와 저녁식사를 했다. 그는 야후 메일함에서 알게 된 세실리아라는 여자와 욱스발이 몇 달 동안이나 바람을 피우고 있었다는 이야기를 들려주었다.

"어떤 여자야?" 나는 물었다.

"국영 전화회사인 텔멕스에서 비서로 일해."

나는 고개를 들었다. "핸드백이랑 신발을 같은 색으로 맞추는 스타일이야?"

세실리아는 일과가 예상 가능하고 항상 곁에 있을 수 있는 여자였다. 나는 월요일부터 금요일까지 9시에 출근해서 5시에 퇴근하며 주말 내내 시간을 낼 수 있는 비서와는 절대 경쟁할 수 없었다.

며칠 뒤 〈뉴욕 타임스〉 편집자에게서 전화가 걸려왔다. "좋은 생각이 있어. 신문사에서는 덱스터 필킨스Dexter Filkins를 전쟁이 일어날 때 금세 진입할 수 있도록 이라크와 가까운 이스탄불로 이동시키려고 해. 덱스터는 〈뉴욕 타임스〉에서 가장 뛰어난 특파원 중 한 사람인데 아마 사진기자가 필요할 거야."

"이스탄불에 주재할 사람이 필요하다고요?"

"맞아. 이스탄불."

나는 터키에 대해 아는 것이 없었다. 하지만 다행히 덱스터와는 인도에서부터 친하게 지낸 사이였다. 몇 달 지나지 않아 나는 멕시코 생활을 정리하고 전혀 연고가 없는데다 언어도 모르는 나라로 이주했다. 사실 상관없었다. 다음번 전쟁을 위해 가는 것이니까.

총알은 두렵지 않아

• 2003년 1월의 첫째 주, 옷가방 두 개와 카메라, 노트북을 들고 이스탄불로 건너간 나는 도착한 순간부터 외로움을 느꼈다. 밖에는 잿빛 이슬비가 내리고 있었으며 이스탄불의 건물들은 생각했던 것보다 훨씬 산업화되어 있었고 현대적이었다. 나는 서구 도시보다 훨씬 이국적이며 좁은 골목이나 미로 같은 돌담이 들어선, 성경에서나 등장할 법한 중동의 도시를 머릿속에 그렸다. 이스탄불의 1월은 추웠다.

나는 터키어로 '안녕하세요, 감사합니다, 부탁합니다, 안녕히 계세요' 같은 기본적인 인사말조차 할 줄 몰랐다. 아침과 점심으로는 깨가 뿌려진 '시미트'라는 동그란 빵을 먹었는데, 가는 곳곳마다 그 빵을 팔고 있는데다가 부끄러움 탓에 터키어로는 다른 음식을 주문할 수가 없었기 때문이었다. 내 방 TV에서는 터키어 채널만 나왔지만, 나는 계속 TV를 틀어놓으면서 어느 날 갑자기 연속극과 뉴스를 알아들을 수 있기를 바랐다.

나는 전쟁이 시작되기를 기다리고 있었다. 2월 초, 미국 국무장관 콜린 파월은 유엔 연설을 통해 사담 후세인이 대량살상무기를 보유하고 있다는 증거를 갖고 있다고 주장했으며, 우리 기자들은 그저 공격 개시일만 기다렸다. 미국의 아프가니스탄 공격은 어느 정도 9·11테러에 대한 정당한 보복조치처럼 보였던 반면, 이라크전쟁의 구실은 부시 정부가 억지로 꾸며낸 것이라고 생각하는 기자들이 많았다. 하지만 우리는 21세기 초반의 10여 년을 상징하게 될 전쟁을 눈앞에 두고 있었으며, 베트남전쟁을 취재했던 특파원들과 마찬가지로 미국의 미심쩍은 침략전쟁에 참여하는 자국 군인들 곁을 지키고자 하는 목적의식으로 가득차 있었다.

〈뉴욕 타임스 매거진〉은 나에게 이라크 북부에서 엘리자베스 루빈과 한 팀을 이루어 취재하는 임무를 맡겼다. 이곳은 후세인에 반대했던 쿠르드족이 모여사는 쿠르디스탄 지역으로, 미국의 개입을 지지했으며 미국의 입장에 동조하는 분위기였다. 나는 미국에 딱히 호의적이라고 할 수 없는 국가 이란에서 엘리자베스와 합류한 뒤 국경을 넘어 이라크에 입국할 예정이었다. 우리는 공격이 시작되기 몇 주 전에 이라크에 진입해 그곳에 머물면서 공격의 여파까지 취재할 계획이었다. 2003년에는 취재비 예산도 넘쳐났다. 편집자들은 내가 일어나는 사건을 온전히 취재할 수 있는 만반의 준비를 갖추도록 별다른 거리낌 없이 하루에 400달러씩 지불하면서 한 번에 한두 달 기간의 취재를 맡겼다. 그런 날들은 이제 다시 돌아오지 않을 것이다.

이라크전쟁은 내 커리어에서 처음으로 미군이 기자들에게 전쟁의 최전선에서 자신들과 '동행'할 수 있는 기회를 제공한 전쟁이었다. 따라서 나에게는 세 가지 선택지가 있었다. 미군 부대와 함께 사막을 통과하여 바그다드로 향한 뒤 전투광경을 카메라에 담는 방법, 또는 미군의 보호 없이 개인적으로 차를 빌려 이라크의 광활한 사막을 통과하는, 어찌 보면 다소 정신 나간 방법, 아니면 쿠르디스탄에서 취재하다가 후세인 정권이 무너진 후에 바그다드로 이동하는 방법이었다. 나는 마지막 방법을 선택했는데, 다른 많은 기자들의 생각과 마찬가지로 그것이 전투에 가장 적게 노출되는 방법이라 생각했기 때문이다. 그뿐만 아니라 세번째 선택지는 미군의 침략 이후에 발생할 인도주의적 위기를 취재하기에도 안성맞춤처럼 보였다. 만약 이라크 사람들이 이라크 남부를 떠나 북부로 향한다면 대규모 난민문제가 발생할 가능성이 높았기 때문이다. 게다가 나는 실제로 전투현장에 참여해본 적이 없었기 때문에 체력적으로도 군인들과 보조를 맞추어 이동할 수 있을지 확신하지 못했다. 그래서 주변 지역에서 취재하는 길을 택했다.

• •

이라크전쟁이 시작되기 몇 주 전에, 나는 〈뉴욕 타임스 매거진〉 취재 건으로 한국을 방문하여 남한으로 탈출한 북한 난민들의 사진을 찍었다. 취재중에 나는 사진에이전시 코르비스의 담당편집자인 스콧 브라우트에게서 메일을 받았다. 그의 역할 중 하나는 이라크로 향할 예정인 모든 코르비스 소속 사진기자들이 전투 및 화학전을 비롯하여 다가오는 전쟁을 취재하는 데 필요한 장비를 제대로 갖추고 있는지 확인하는 것이었다. 나는 아연해진 상태에서 그에게 답장을 보냈다.

발신	린지 아다리오
발신일	2003년 2월 11일 화요일, 오전 11시 25분
수신	스콧 브라우트
제목	RE: 방탄복

안녕하세요, 스콧.

머지않아 이라크로 떠날 준비를 하기 위해 방탄복을 사려고 하는데요. 이제는 안달이 나기 시작했어요. 제안해주신대로 AKE 전투복 매장에 전화를 걸었는데, 내가 한국에서 국제전화를 걸었다는 걸 알고도 삼 분 동안이나 기다리게 하더라고요. 그래서 전화를 끊었지요.

그다음에는 추천해주신 웹사이트를 살펴보았는데 꼭 한국어로 된 페이지를 읽는 것처럼 알아볼 수가 없더라고요. 탄도, 식스 포인트 조절 가능, 전술 방탄복. 도대체 내가 뭘 찾고 있는지도 모르겠어요. 군사용어에 익숙하지 않다는 점을 이해해주세요. 코네티컷에서 미용실을 하시는 부모님 슬하에서 자랐거든요.

미국에 있는 세컨드찬스에 전화해서 제가 사진기자이고, 미군과 함께 바그다드로 진격하거나 어떤 테러리스트, 부족 지도자들이 있을지 모르는 이라크 북부로 갈 예정이며, 총알보다는 파편을 맞을까 걱정하고, 너무 무거운 장비는 부담스러우며(세라믹판이면 무겁겠지요?), 수백만 달러를 쓰고 싶지는 않다는 것과(물론 언젠가는 제 목숨이 그 반의반만큼이라도 가치가 있어질지 모르지만),

제 신체 사이즈를 좀 말씀해주실 수 있을까요? (이런 정보까지 알려드려서 죄송해요. 오늘 열세 시간이나 촬영을 했고 지금 새벽 1시 반인데다 얼른 이 문제를 해결하고 싶은 마음뿐이라서……)

제 키는 155센티미터고 헬멧 사이즈에 필요한 머리둘레는 잘 모르겠고요. 당연히 가슴 사이의 거리도 재본 적이 없습니다. 로비로 내려가서 호텔 직원에게 줄자를 달라고 요청해볼 수는 있겠지만 새벽 1시 반에 이곳 프런트에 있는 사람들이 내 머리둘레를 잴 수 있는 도구를 줄 수 있을 것 같지가 않아요. 호텔 직원들이 내가 뭘 원하는지 이해하려면 사전을 펼치고 세 시간은 끙끙거려야 할 텐데, 이 새벽에 그걸 기다리느니 차라리 창밖으로 뛰어내리겠어요. 그러니까 대강 머리 크기는 중간 정도라고 해두죠. 조끼는, 제 허리가 29인치이고 가슴둘레는 34인치, 가슴은 큰 편이니 여기에 맞춰주세요.

그리고 〈뉴욕 타임스 매거진〉에서 〈뉴욕 타임스〉 터키 지부에 제가 사용할 수 있는 방독면과 화학물질 방호복이 있을지도 모른다고 하더라고요. 아마도 체격 좋고 건장한 남성에게 맞는 사이즈겠지만(대다수 종군기자들이 남자니까요), 지금 시점에서는 어차피 유독가스가 퍼지기 전 13초 안에 제 몸을 보호복 안으로 욱여넣을 수 있을 것 같지가 않기 때문에 상관없어요. 그리고 니콘 D1x 배터리 여분을 준비해주신 건 진짜 평생 감사할 거예요. 발 보호를 위해서는 말씀하신 따뜻한 양말을 준비했어요.

여러 가지로 감사합니다. 궁금한 것이 있으면 언제든 전화 주세요. 그리고 조끼는 구입하기 전에 가격을 좀 알려주시고요.

린지

이렇게 방탄복과 보호장비를 마련할 계획을 세우고 초조하게 뉴스를 지켜보는 사이에, 나는 조금이나마 사생활 비슷한 것을 누렸다. 나는 결국 아직도 나를 사랑하며 자신의 행동을 후회한다는 욱스발의 호소에 백기를 들고 함께 살기 위해 이스탄불로 그를 불러들였다. 이미 내 마음은 어느 정도 식어 있었지만 나는 너무나 외로웠고, 그는 끈질겼으며, 이번에야말로 욱스발은 우리 두 사람이 함께할 수 있는 미래를 계획하고 있었다. 업계에서 인정받는 화가들인 부모님과 비교할 때 그는 진로를 제대로 정하지 못한 것은 물론 예술적인 재능도 좀처럼 살리지 못했었다. 하지만 나를 만난 이후에 그는 사진을 찍기 시작했으며, 독학으로 영상작업을 배워 이스탄불에서 나와 함께 일할 수 있게 되었다. 나는 욱스발을 마중하러 공항으로 가서 우리가 살 집으로 데려왔으며 그에게 열쇠뭉치를 건네주었다. 다음날 아침, 나는 이란을 경유하여 앞으로 석 달간 머무를 이라크로 떠났다.

• •

테헤란에 도착하여 호텔 방문을 두드리자 엘리자베스는 반쯤 잠에 취해서 옷도 제대로 입지 않은 채 문을 열어주었다. 마감 때문에 거의 밤을 새우다시피 한 것이다. 나는 엘리자베스가 소위 '여성성'을 감추고 활동해야 하는 종군기자라는 직업을 가졌음에도 그토록 외모를 신경쓴다는 데 매우 놀랐다. 처음 커리어를 쌓기 시작했을 때 나는 항상 남자처럼 옷을 입었으며, 청바지나 군복 바지, 튼튼한 하이킹 부츠, 얌전한 모자를 착용했다. 검정, 갈색, 회색 이외의 옷은 거의 입지 않았고 최대한 여자 티가 나지 않고 눈에 띄지 않으며 옷을 입으려고 노력했다. 집에 돌아가면 딱 붙는 미니스커트와 하이힐을 착용하고 마치 중성처럼 지냈던 몇 달 동안을 보상받으려 했다. 나보다 이 일을 더 오래 해온 엘리자베스는 외모에 신경 쓰는 것이 자의식과 평정심을 유지하는 데 얼마나 중요한 역할을 하는지 깨달은 것 같았다. 당시 나는 남들이 말하는 '정상'적인 상태를 어느 정도 유지한다는 것이 얼마나 소중한지 알아채지 못한 상태였다.

우리는 육로를 통해 이라크 북부로 넘어갔다. 수십 명의 외국인 기자들이 우리보다 앞서 그 경로로 지나갔으므로, 우리는 두 나라의 경계에 있는 검문소를 별 어려움 없이 통과했다. 엘리자베스가 이란 관료들, 국경 경비대를 포함한 모든 사람들을 능란하게 상대하는 모습을 보는 순간, 나는 지난 10년간 보스니아, 코소보, 시에라리온, 우간다, 체첸공화국 등의 분쟁 지역에서 일해온 그가 과연 이런 취재에서는 잔뼈가 굵은 사람임을 알 수 있었다. 엘리자베스는 절대 심각한 태도를 취하지 않았으며 취재대상과 거리낌없이 웃음을 나누었다. 엘리자베스와 내가 긴 갈색머리를 휘날리며 키득거리면, 어딜 가든 사람들은 기꺼이 문을 활짝 열어주었다. 나는 우리가 남성들이 지배하는 곳에 있는 여성이라는 이유로 과소평가된 것인지 궁금했다. 이유가 무엇이든, 우리에게는 매우 유리하게 작용했다. 엘리자베스는 내가 만나본 기자 중에서도 가장 똑똑한 기자로 손꼽힐 만했다.

대략 백 명 정도의 외국인 기자들은 쿠르디스탄 도시들인 아르빌과 술라이마니야를 오갔고, 우리는 결국 술라이마니야에 정착했다. 술라이마니야는 넓은 대로가 중심을 관통하며 발전하고 있는 도시로, 도로 양옆에는 나지막한 콘크리트 건물과 중간 정도 높이의 현대적인 유리 건물이 번갈아가며 늘어서 있었다. 우리는 어둠침침한 로비와 1970년대식 가구가 놓여 있으며 대부분의 기자들이 묵고 있는 수수한 아슈티호텔에 짐을 풀었다. 비싼 호텔방보다 더 근사한 곳은 다른 모든 기자들이 진을 치고 있는 호텔이다. 이런 곳에서는 최신 소식을 금세 따라잡을 수 있고 저녁시간의 따분함도 덜 수 있다.

전쟁지역에서는 우정이 빠르게 형성된다. 우리는 보다 고급스러운 팰리스호텔에 묵고 있는 다른 기자의 호텔방으로 모여들었다. NPR 특파원인 아이번 왓슨Ivan Watson, BBC 월드라디오 기자인 퀼 로런스Quil Lawrence는 이미 이스탄불과 아프가니스탄에서부터 나와 안면이 있는 기자들이었다. 우리는 '유럽에서 보틀링'이라는 수상쩍은 라벨이 붙은 와인을 아슈티호텔에서 구입했다. 퀼은 가끔씩 살사 음악을 틀었고, 우리는 호텔방에서 몇 시간이나 격렬하게 춤을 추었다. 하지만 미국의 공습이 코앞까지 다가온 이 상황에서 자제력을 잃는 사람은 거의 없었다. 취재를 위해 이라크 북부에 파견 나온 사람들은 전부 주요 언론기관을 대표하고 있었으며, 매일 기삿거리를 만들어내야 한다는 부담감도 엄청났다.

나는 머지않아 엘리자베스가 꼭두새벽부터 한밤중까지 일하는 유형이라는 사실을 알게 되었다. 견디다못한 통역사와 운전사가 통사정을 할 정도였다. 엘리자베스에게 통역사와 운전사는 우리 두 사람과 마찬가지로 팀의 중요한 일원들이었다. 쿠르디스탄에 도착한 지 한 달 만에 열다섯 명의 운전사와 통역사가 우리를 거쳐갔다. 어떤 통역사는 실력이 좋았지만 지각을 밥먹듯 했다. 어떤 운전사는 운전은 잘했으나 차가 형편없었다. 또 어떤 통역사는 일하는 데는 문제가 없었으나 운전사와 사이가 좋지 않았다. 어느 날 저녁, 우리 일행이 외딴 마을에서 취재를 마치고 시내로 돌아오는 길에 타이어에 펑크가 났다. 우리 운전사는 타이어 교체하는 법을 몰랐다. 덕분에 미국이 이라크를 공격하기 몇 주 전인데도 캄캄한 길 한쪽에 앉아서 운전사가 타이어 교체법을 익힐 때까지 기다려야 했다. 우리는 그 운전사를 해고할 수밖에 없었다.

마침내 우리는 다슈티와 살림을 만나게 되었다. 다슈티는 아랍어, 쿠르드어, 페르시아어, 영어를 구사했고 차 뒷자리에서 내가 욱스발과 통화하는 소리를 듣고는 스페인어를 몰라 답답했는지 몇 주 만에 인터넷으로 약간의 스페인어까지 익혔다. 살림은 쿠르드족 청년으로 어떤 일에나 의욕적으로 임했으며 곧잘 말썽꾸러기 같은 웃음을 지었다. 살림은 끊임없이 연애 이야기를 했다. 엘리자베스와 나는 그들에게 연애에 대한 조언을 해주었으며, 그들은 우리가 취재할 수 있도록 도와주었다. 나는 두 사람에게 유대감을 느꼈고, 이는 오랫동안 지속되었다.

낮시간 동안 우리는 이라크 북부에 주둔한 미군의 동태를 살폈다. 수염을 붙이고 현지 사람들과 같은 옷을 입은 채 주변과 섞여 눈에 띄지 않으려 하는 특수부대원들을 관찰했다. 미군과 연합을 맺으려 하는 페시메르가* 군인들의 훈련 장면도 카메라에 담았다. 그리고 우리는 산속 마을에 숨어 있는 안사르 알 이슬람(이슬람의 지지자들)이라는 수니파 원리주의자 단체를 찾아나섰는데, 부시 정부는 이 단체가 후세인 및 알 카에다와 연계되어 있다고 주장하여 침략의 근거를 확보했다.

* 이라크의 쿠르드족이 결성한 민병대.

• •

침략은 3월 19일에 시작되었다. 모두가 잠든 한밤중에 제101공수사단을 필두로 한 미군이 낙하산을 타고 이라크 북부로 진입했다. 이라크 북부에서 미군은 대량살상무기나 후세인이 아닌 테러리스트, 특히 안사르 알 이슬람을 찾고 있었다. 미국이 이라크 북부 전역의 여러 마을과 군사지역에 수십 대의 크루즈미사일을 투하하는 바람에 쿠르드족 수백 가구가 이 지역에서 대피했다. 우리는 거의 매일같이 안사르 알 이슬람이 숨어 있다는 할랍자 주변 지역을 방문했다.

나는 군사용어를 잘 몰랐다. 크루즈미사일(사격거리 내에 정박해 있는 해군 군함에서 목표물을 향해 정밀하게 발사하는 미사일)이나 박격포(지상에 설치한 발사기를 통해 발사하는 폭탄), 로켓추진형 수류탄(어깨에 메고 발사할 수 있는 작은 로켓탄)이 뭔지도 잘 몰랐다. 로켓추진형 수류탄 소리가 나면 우리가 목표물이 되고 있다는 의미였다. 만약 크루즈미사일이 떨어지면 십중팔구는 미군이 투하한 것이었다. 나는 이러한 전쟁지식을 습득해야 했다. 누가 어떤 무기를 가지고 있으며, 그것이 어떻게 발사되고, 어디에 떨어지는지를 알아야 했다.

어느 날 아침, 여덟 명으로 구성된 기자단이 전날 밤의 공습으로 인한 민간인 사상자와 부수적 피해를 취재하기 위해 일찍부터 출발했다. 거대한 흰색 랜드크루저 여러 대에 나눠 탄 우리 일행은 〈뉴욕 타임스〉 〈뉴욕 타임스 매거진〉 〈워싱턴 포스트〉 〈로스앤젤레스 타임스〉와 몇몇 TV 및 라디오 채널 소속 기자들로 구성되었다. 우리는 구불거리는 길을 따라 꼭대기에 눈 덮인 산들이 병풍처럼 둘러싸고 있는 산기슭의 푸른 언덕을 달려 전운이 감도는 지역으로 향했다. 우리가 탄 차량에는 텔레비전을 뜻하는 'TV'라는 머리글자가 분명하게 표시되어 있었다. 이 지역은 친미 성향이 아니었다. 안사르 알 이슬람이 침투해 있는 보수적인 이슬람 마을 쿠르말로 향하는 이 길을 서구인들이 통과하는 것은 무척이나 위험한 일이었다. 안사르 알 이슬람이 산속의 본거지나 길 위에서 외국인 기자들을 공격할 가능성이 충분했기 때문이다. 수십 명의 민간인들은 짐칸이 노출된 트럭이나 사람을 가득 실은 자동차를 비롯하여 바퀴가 달린 것이라면 무엇이든 타고 피난길에 올라 있었다. 짐은 자동차 지붕에 위태위태하게 묶여 있었고 피난민들은 우리 일행을 스쳐가는 자동차의 창문에 얼굴을 기대고 있었다. 나는 1995년에 사진상을 수상한 루션 퍼킨스Lucian Perkins의 체첸 공화국 사진을 떠올렸다. 가족들과 함께 전쟁을 피해 피난하는 한 어린아이가 밴 뒤쪽 창문에 양손을 대고 있는 사진이었다. 그 사진은 오래전부터 내 마음에 아로새겨져 있었다.

우리는 검문소 근처에 차를 세우고 민간인들로부터 쿠르말의 상황에 대한 정보를 얻는 동시에 그들의 공포를 사진에 담고자 했다. 현지 주민들은 우리에게 방탄조끼를 절대 벗지 말고 당장 이 지역을 떠나라고 소리질렀다. 하지만 이 혼란 속에서도 분위기는 가라앉아 있었다. 서구와 연합한 쿠르드의 페시메르가 군대와 안사르 알 이슬람 사이의 총격과 박격포 발사는 멈춰 있는 상태였다. 우리는 현지 주민들의 조언을 받아들여 이 지역을 떠나기로 결정했다. 나는 차 쪽으로 돌아가다가 발걸음을 멈추었다. 필요한 사진은 다 찍었나? 나는 마지막으로 사진 몇 장을 더 찍기 위해 다시 달려갔다.

무장한 페시메르가 군인들이 가득 탄 픽업트럭이 내 쪽으로 다가왔다. 나는 어깨 위에 거대한 카메라를 올린 채 촬영하고 있는 키가 크고 훤칠한 TV카메라맨 옆에서 사진을 찍고 있었다. 그러다가 갑자기 가슴이 철렁 내려앉으며 도망가고 싶은 충동이 일었다. 나는 엘리자베스가 기다리고 있는 차로 달려간 뒤 차문을 잡아당겼다. 문은 쾅 소리를 내며 닫혔고 바로 쿵 하는 소리가 들려왔다.

뒤쪽에서 엄청난 폭발음이 일어나며 우리가 탄 차의 앞쪽 도로를 날려버렸다. 자욱한 연기 사이로 파편이 창문 위에 내려앉았다. 박격포 공격인가? 운전사는 즉시 차를 출발시켜 현장을 떴다. 차 뒤쪽에는 검은색 연기와 우리를 향해 불어오는 짙은 회색의 모래바람밖에 보이지 않았다.

"가! 가! 가! 어서 여기를 뜨자고! 얼른 갑시다!" 엘리자베스가 소리를 질렀다.

알았습니다, 알았어요, 간다고요! 나는 현장에 남아 계속 사진 찍을 생각은 꿈에도 해보지 못했다. 노련한 종군사진기자라면 그 자리에서 잔해, 부상자, 사망자들을 카메라에 담아야 한다고 생각했겠지만 당시 나는 어렸다. 그것이 내가 마주한 첫번째 폭탄이었다.

미국이 쿠르드족 군인들과 연합하여 알 카에다와 연계되었다고 알려진 원리주의자 단체를 상대로 전쟁을 일으킨 가운데, 쿠르드족의 페시메르가 군대가 안사르 알 이슬람의 영토에서 로켓을 발사하고 있다. 이라크 북부 할랍자 근처. 2003년 3월 30일.

우리는 폭발현장에서 몇 킬로미터 떨어진 곳에 차를 세웠고, 다른 차들은 우리 일행을 휭 지나쳤다. 녹아버린 바퀴 세 개에 뼈대만 남은 트럭이 폭탄에 맞아 온몸이 너덜너덜해진 사람을 뒤에 싣고 우리를 스쳐지나갔다. 우리는 트럭을 따라 시장으로 향했고, 그들은 기적적으로 아직 숨이 붙어 있는 그 사람을 다른 차로 옮겼다. 머리에 난 상처에서 뇌가 흘러나왔다. 그 사람은 내가 도망치기 전에 카메라에 담고 있던 페시메르가 군인 중 한 명이자 내가 이라크에서 본 첫번째 사상자였다.

병원에 도착하자 구경꾼, 간호사, 친척 들이 달려들어 부상자들을 체조 매트가 깔린 방으로 옮겼다. 피가 바닥에 흥건히 고이다못해 벽까지 튀었다. 의료용품은 가장 기본적인 것만 갖춰져 있었다. 입구를 통해 부상자들이 계속 들어왔다. 차량폭탄 때문에 폭발이 일어났다는 사람들의 이야기가 들려왔다. 내가 생각했던 것처럼 박격포가 아니었던 모양이다. 나는 아직 두 공격의 차이를 몰랐다. 폭발물을 가득 싣고 특정 목표물 근처에서 폭발시키는 차량폭탄이라면 충분히 'TV'라는 글자가 표시된 우리 일행의 랜드크루저를 목표로 삼을 수도 있었다.

나는 헛구역질이 나서 마치 방패처럼 카메라를 얼굴에 가까이 대고 계속 사진을 찍었다. 내 친구 아이번과 함께 일하던 통역사는 팔과 등 부분이 녹아내린 가죽재킷을 입은 채 얼굴과 가슴에 온통 피가 묻어 있었다. 나는 아이번에게 무슨 일이 일어났을지도 모른다는 생각에 공포에 질렸다.

"아이번은 어디 있어요?" 나는 그에게 물었다.

"저는 아이번이랑 따로 다녔어요." 그는 거의 말도 제대로 하지 못했다.

나는 병원 앞쪽으로 걸어나가서 엘리자베스를 찾았다. 엘리자베스는

이라크 북부 할랍자 근처의 검문소에서 안사르 알 이슬람 테러단체가 감행한 차량폭탄테러 직후,
민간인과 쿠르드의 페시메르가 군인들이 중상을 입은 동료 군인을 차에 옮기고 있다. 2003년 3월 22일.

오스트레일리아에서 온 TV리포터 에릭 옆에 서 있었는데, 그의 얼굴과 안경에도 핏자국이 보였다. 그 역시 충격을 받은 것 같았다.

"누구 위성전화 가진 사람 없나요?" 그는 아무런 대답도 기대하지 않는다는 듯이 허공에 대고 단조로운 말투로 말했다.

"무슨 일이에요? 같이 있던 분들은 다 무사한가요?" 우리는 의식과 무의식을 왔다갔다하는 듯 혼미해 보이는 그를 다그쳤다. 가까스로 정신을 차리려는 듯 그가 두 손을 앞쪽으로 내밀어 지휘자처럼 천천히 앞뒤로 흔들었고 우리는 입을 다물었다.

"잠깐만요. 잠깐만……" 그는 여전히 손을 앞으로 내민 채 말했다. "제 카메라맨이 죽었어요. 폴이 죽었다고요."

내가 도망치기 전에 내 옆에 서 있던 카메라맨이 바로 폴이었다. 그는 계속해서 촬영을 하다가 세상을 떠난 것이다.

에릭은 엘리자베스의 전화를 손에 들고는 우리를 쳐다보았다. "전화번호 좀 대신 눌러주시겠어요?"

나는 몸을 약간 뒤로 뺐다. 에릭이 나의 나약함을 감지할까봐 두려웠다. 상황이 실제로 보이는 것만큼이나 끔찍하다는 사실을 그가 알지 못했으면 했다.

그때 쿠르드족 택시운전사가 병원 입구에 차를 세우더니 뛰어내렸다.

"여기 혹시 기자 있소?"

나는 에릭과 그가 지금 걸려는 전화에서 벗어날 구실이 필요했다.

"여기 혹시 기자 없소?" 운전사는 다시 한번 소리쳤다. "내 트렁크에 기자의 시체가 있는데 도무지 어떻게 해야 할지 모르겠소."

들어보니 그 또한 도저히 내가 감당할 수 있는 상황이 아니어서 나는 다시 에릭과 엘리자베스 쪽으로 걸어갔다. 엘리자베스가 에릭이 불러주는 전화번호를 누른 뒤 다시 전화를 그에게 돌려주었다. 죽은 동료의 아내에게 건 전화였다. 자동응답기가 전화를 받았다. 에릭은 전화를 끊었다. 그는 다른 전화번호를 알려주었고, 이번에는 누군가 수화기를 들었다. 오스트레일리아에 있는 사무실이었다.

"여보세요, 나 에릭이야. 폴이 죽었어."

그게 전부였다.

나는 다시 병원으로 뛰어들어가서 손으로 얼굴을 가렸다. 전화 내용의 주인공은 나나 아이번, 엘리자베스일 수도 있었다. 나는 심지어 엘리자베스 가족들의 전화번호조차 알지 못했다. 우리는 차량폭탄이 폭발하기 몇 분 전까지 현장에 있었다. 급기야는 처음 보는 택시운전사가 트렁크에 사지가 절단된 동료의 시신을 싣고 와서 어떻게 해야 하느냐고 물어보는 판국이다. 제대로 운영되는 대사관이나 경찰, 외교관도 없으며 유일하게 드나들 수 있는 국경이라고는 이란과 인접한 이라크 북부의 국경뿐인 상황에서 이 나라에 전부 불법으로 입국한 우리가 어떻게 친구의 시신을 국외로 이송할 수 있단 말인가? 너무나도 당연해 보이지만, 나는 전쟁이 죽음을 뜻하며 기자들 역시 전쟁터에서 죽을 수도 있다는 사실을 미처 알지 못했다. 나는 스스로의 나약함과 눈물, 두려움에 부끄러움을 느끼며 병원 뒤쪽에 숨어서 과연 내가 이 일을 할 수 있을 만큼 강한 사람인지 확신하지 못한 채 흐느껴 울었다.

전쟁이 시작된 것이다.

• •

4월 초 어느 날, 나는 눈을 감고 침대에 누워서 좀처럼 누리기 힘든 휴식을 취하고 있었다. 갑자기 자동차 경적소리와 고함소리가 호텔 창문을 뚫고 들어왔다. 아마도 떠들썩한 결혼식 소리일 것이라 생각하며 침대 시트에 더욱 깊숙이 몸을 묻었다. 소란은 계속되었다. 나는 호텔 복도 저편에 있는 동료의 방 발코니를 통해 밖을 내다보았다. 술라이마니야 도시 사람들 전체가 우리 호텔 아래쪽 대로에 모여 있었다.

우리는 CNN을 틀었다. 화면 아래에 굵은 자막이 지나갔다. 바그다드가 무너진 것이다. 후세인이 몰락했다. 나는 얼른 옷을 걸쳐입고 카메라와 렌즈 주머니를 움켜쥔 다음 아래층으로 뛰어갔다.

밖에는 성조기와 쿠르디스탄 국기가 바람에 펄럭였고, 쿠르드족 출신 이라크 사람들은 부시 대통령 사진에 입을 맞추었으며, 아이들은 거대한 널빤지에 미국 국기의 색으로 그려놓은 B-52 폭격기 모형 아래에서 춤을 추고 있었다.

"아메에에에리카 최고! 조지 부시 최고!"

나는 이 전쟁에 반대하는 입장이었지만 짧은 순간이나마 내가 미국인이라는 것이 자랑스러웠다. 전쟁이 이토록 빨리 마무리 단계까지 갈 수 있다니 거의 불가능한 일처럼 보였다! 나는 앞으로 얼마나 더 이라크에 머물러 있어야 하는 것인지 궁금했다.

바그다드가 무너진 후, 우리는 이라크 북부와 바그다드 사이에 위치한 주요 도시 모술, 키르쿠크, 티크리트로 달려갔다. 주변 풍경도 녹색 산악지

〈뉴욕 타임스〉 이장욱 기자는 이라크의 후세인 정권이 무너지고 며칠 후에 키르쿠크의 미국-페시메르가 합동 군사기지의 의료시설에서 치료를 거부당한 아버지와 다친 아들을 카메라에 담고 있는 내 모습을 찍었다. 2003년 4월.

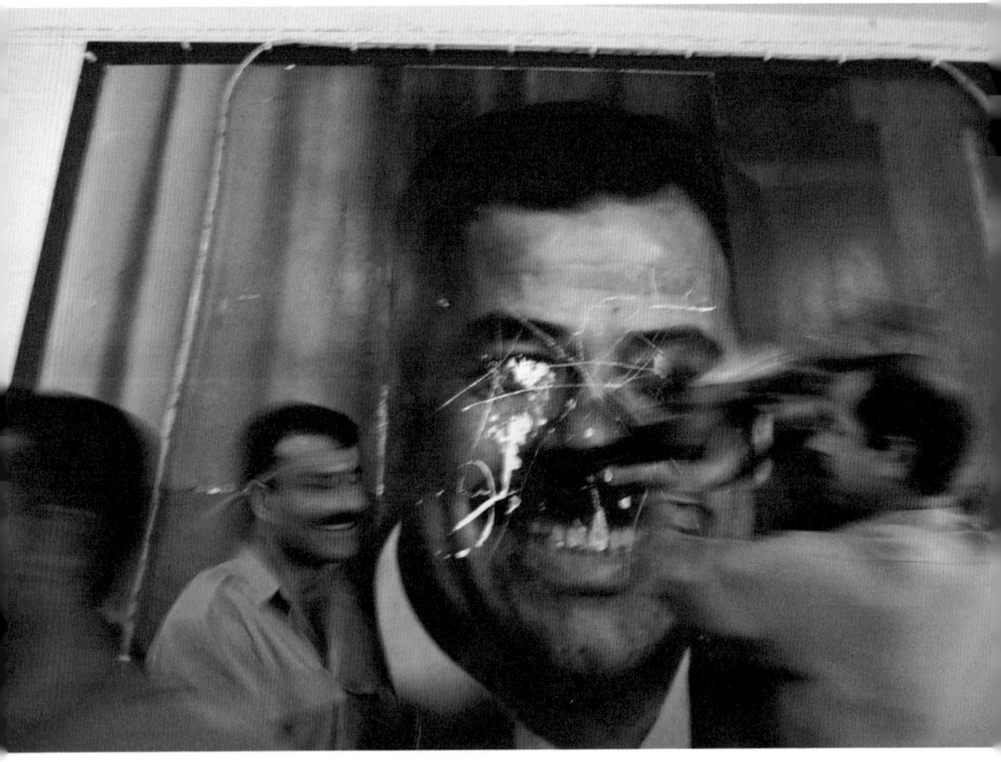

키르쿠크가 이라크 중앙 정부의 통치에서 해방된 후 페시메르가 병사들이 키르쿠크 정부 건물에 붙어 있는 전 이라크 지도자 후세인의 포스터를 훼손하고 있다. 2003년 4월 10일.

대에서 햇빛에 바랜 모래색의 네모난 건물들로 바뀌었다. 보통 가장 좋은 뉴스는 정권이 무너지고 도시가 언론에 개방된 이후의 며칠 사이에 건질 수 있는 경우가 많다. 우리는 언론 규제 때문에 접근이 불가능해지기 전에 앞다투어 취재에 나섰다. 감옥과 정보기관, 버려진 공장과 후세인의 궁전을 돌아다니며 기밀문서와 무기의 흔적, 화학전의 징후, 그리고 후세인 정권의 비밀에 대해 정보를 얻으려 했다. 누구나 마법과 같은 증거를 캐내는 장본인이 되기를 바랐다. 원래부터 실제로 존재하리라고는 생각지 않았지만, 그래도 모든 기자들이 한마음으로 대량살상무기를 찾고 싶어했다.

키르쿠크에서는 쿠르드족 사람들이 얼굴을 성조기의 색인 빨간색, 흰색, 파란색으로 칠하고 다녔다. 미군들은 뚜껑이 열린 군용 지프차 험비를 타고 장미 꽃잎과 키스를 받으며 도시를 가로질러 행진했다. 키르쿠크 시청은 미 육군의 임시본부가 되었다. 군인들은 로비에서 이미 훼손된 후세인의 거대한 초상화 아래쪽에 앉아 있었다. 내가 도착했을 때는 후세인의 눈 부분만 긁어낸 상태였지만 저녁때가 되자 뺨과 이빨까지 훼손되었다. 아침이 되자 얼굴이 있었다는 흔적조차 찾아볼 수 없었다.

이라크 사람들은 개미떼처럼 모든 건물에 몰려들어 가구와 집기를 끌어냈다. 사람들은 후세인 정권하에서는 가장 부유한 이라크 사람들만 소유하던 거대한 에어컨을 자전거에 싣고 거리를 질주했다. 머리에 가구를 이고 가는 사람들도 있었다. 의자, 소파, 침대, 탁자 들이 어슬렁거리며 거리를 걸어다니고 있는 것처럼 보였다. 젊은 청년들은 후세인 궁전 주변의 인공호수에서 수영을 했고, 가족들은 정원에서 한가로운 시간을 보내거나 으리으리한 궁전의 안마당을 구경했다.

모술에 있는 이라크 전 지도자 후세인의 궁전 주변에 조성된 인공호수에서 수영하는 아이들. 2003년 4월 29일.

이라크 도시 티크리트가 공화국 수비대의 통치에서 해방된 날, 후세인의 궁전 앞에서 면도하며 휴식을 취하고 있는 미국 해군들. 2003년 4월 14일.

우리는 모술로 가서 미국 제101공수사단의 사령관인 데이비드 퍼트레이어스David Petraeus 장군을 만났다. 제101공수사단은 인공호수와 식물이 무성한 정원으로 둘러싸인 후세인의 거대한 대리석 궁전들 중 한 곳에 기지를 세워놓고 있었다. 보안은 느슨했다. 당시 이라크인들은 미국인들을 환영했고, 미국인 역시 이라크인들을 좋아했다. 나는 통역사를 거치지 않는 대화가 너무나 그리웠던 나머지 고등학생 시절에나 쓰던 말투와 태도로 회귀하여 건장하고 꾀죄죄한 열여덟 살짜리 군인과 오후 내내 시시덕거리는가 하면, 닳고 닳은 〈맥심〉 잡지들을 들춰보기도 했다. 장미정원에는 따뜻한 음식이 나오는 카페테리아가 세워졌다. 수십 명의 고위 장교들이 발전기로 돌아가는 컴퓨터 화면과 위성방송 앞에 앉아 있었다. 미군의 침략 이후 수도와 전기조차 제대로 공급되지 않던 이 나라에서는 믿을 수 없는 기술력이었다. 이것은 승리의 상징이기도 했다. 후세인의 궁전 중 한 곳에 수백 명의 미군이 주둔하고 있었다.

나는 대략 서른 명의 군인들과 함께 묵는 거대한 방의 간이침대를 배정받았다. 그 방은 도시가 한눈에 보이는 넓은 테라스로 이어졌다. 나는 별들이 반짝이는 발코니로 나가서 사진을 전송하며 시원한 바람을 즐겼다. 오늘 하루도 만족스럽게 촬영했고, 다음날도 그럴 예정이었다. 나는 발코니에 홀로 앉아 미소를 지으면서 이러한 기분이 나를 영원히 지탱해주리라는 것을 깨달았다.

• •

바그다드로 몰려간 다른 언론 관계자들과는 달리, 〈뉴욕 타임스〉는 나에게 후세인 정권 붕괴 이후 몇 주 동안 이라크 북부 지역에 남아서 취재하는 임무를 맡겼다. 나와 함께 남게 된 살림은 엘리자베스와 함께 바그다드로 향한 단짝친구 다슈티가 보내오는 흥미진진하고 솔깃한 소식을 들으며 대리만족을 할 수밖에 없었다. 많은 쿠르드족 젊은이들에게 바그다드는 대도시의 삶을 경험할 수 있는 기회였다. 물론 대부분의 상점은 문을 닫았고 아직 전기도 제대로 공급되지 않았으며 아랍인과 쿠르드족들이 항상 사이가 좋은 것은 아니었지만 말이다. 성경험이라고는 위성방송을 통해 잠깐씩 엿본 포르노가 전부인 다슈티와 살림에게 바그다드의 여성들은 어마어마한 관심거리였다.

"제발 우리 바그다드로 가면 안 되나요?" 살림은 매일같이 졸랐다. "다슈티가 그러는데 바그다드에는 예쁜 여자들이 진짜 많대요!"

"살림, 나는 지금 여기에 배치되어 있어요. 회사에서는 내가 모술에 있어야 한대요. 이 취재가 끝나야 바그다드로 갈 수 있어요." 나는 통역사가 여자를 만날 수 있도록 해주기 위해 내 일을 희생할 생각은 없었다. 하지만 통역사들과 이렇게 사적인 대화를 나누는 관계가 아주 일반적인 것임을 배우게 되었다. 우리는 이들과 거의 매일 함께 살다시피 하며, 가족이나 다름없는 사이가 되는 경우가 많다. 내 일생에서 이토록 밤낮을 가리지 않고 오랫동안 함께 시간을 보내며 내가 원하는 것만큼이나 상대방의 바람, 어려움, 필요한 것을 걱정했던 사람들은 거의 없다.

다슈티는 하루에도 몇 번씩 살림에게 전화를 걸어왔다. "내 친구가 이 환락가에서 네 명의 자매들을 소개해줬어…… 네 명 다 만나봤지…… 네가 오면 만날 수 있게 준비해놓을게."

머지않아 나는 엘리자베스와 함께 다른 건을 취재하기 위해 바그다드로 떠나기로 했다. 떠날 준비를 마친 살림은 너무나 들뜬 나머지 조수석에서 잠시도 가만있지를 못했다. 황량한 사막을 가로지르는 끝없는 고속도로를 따라 운전하는 도중에, 내 위성전화는 다슈티에게서 온 전화로 시끄럽게 울렸다. "자매들은 살림을 맞을 준비가 되어 있어요!"

다슈티는 능력 있는 가이드답게 마치 취재를 위한 인터뷰를 준비하듯 친한 친구를 위해 준비를 마쳐두었다.

나는 약간의 책임감을 느꼈다. 나는 지난 두 달간 평범한 삶과는 담을 쌓고 살아왔다. 운전사를 수배하고, 자동차 예비 타이어와 여분의 석유를 준비하고, 위성신호를 잡기 위해 남향으로 창이 난 호텔방을 찾아 헤매고, 이른아침의 부드러운 햇빛과 긴 그림자를 충분히 이용하기 위해 불과 세 시간 정도밖에 눈을 붙이지 못했다. 바그다드에 가까워지면서, 내 생각과 책임감의 주제는 살림과 그의 첫 경험으로 옮아갔다.

여자와 키스해본 적도 없고 누가 자기 앞에서 연애 이야기만 해도 흥분해서 몸을 부들거리는 스무 살 쿠르드족 청년에게 도대체 어디서부터 성교육을 시작해야 할까? 나는 일단 콘돔과 에이즈에 대한 이야기부터 시작했다.

"이라크에는 에이즈가 없어요." 그가 말했다.

"음, 알았어요. 그런데 뭘 어떻게 해야 하는지는 아는 거죠?" 내 목소리는 점점 작아졌다. 나를 결혼도 하지 않은 처녀라고 알고 있는 이슬람교도 남성에게 전희를 설명할 수는 없었다. 그래서 그냥 내버려두었다. 그저 살림이 이른아침 해가 뜰 때 늦지 않게 일하러 나타나기만을 바랐다.

• •

나는 몇 달 동안이나 바그다드에 도착할 날을 고대하고 있었지만, 많은 외국인 기자들이 묵고 있는 함라호텔에 도착했을 때쯤에는 새로운 도시에 적응할 에너지조차 남아 있지 않았다. 2003년의 바그다드는 번성하는 도시였다. 후세인 치하 때 갖춰둔 도로와 전기, 수도 인프라가 적절히 있었고, 자연을 접할 수 있는 공원과 회원제 클럽들이 있었으며, 티그리스강 주변에는 해산물 식당이 늘어서 있었다. 아프가니스탄과 달리 이라크 국민들은 교육 수준이 높았다. 바그다드에 있는 대학에 진학하기 위해 중동 여러 지역에서 아랍인들이 모여들 정도였다. 처음 몇 주 동안, 삶은 놀라울 정도로 평소와 비슷하게 흘러갔다. 시내는 딱히 위험하다고 느껴지지 않았다. 시민들이 자유롭게 돌아다녔고 상점도 영업을 했으며, 거리에는 자동차가 돌아다녔다. 전기와 수도는 일부 지역에만 공급되었다.

엘리자베스와 나는 함라호텔 건너편에 있는 알 자드리야라는 주거지역에 아파트를 빌렸다. 처음에는 대다수 기자들의 사교활동이 함라호텔의 수영장 주변에서 이루어졌다. 맥주나 와인을 마시면서 〈크리스천 사이언스 모니터〉의 근육질 특파원 스콧 피터슨Scott Peterson이 손바닥만한 검정색 수영복을 입고 비상계단에서 턱걸이하는 모습을 지켜보았다. 한 달에 몇 번씩은 금발에 자그마한 체구, 활달한 성격인 캘리포니아 출신의 말라 루지츠카Marla Ruzicka가 모든 기자들과 보안 제약이 없는 국제구호활동가들을 위해 살사파티를 열었다. BBC 특파원 퀼과 나는 쉬지도 않고 몇 시간 동안이나 빙글빙글 춤을 추다가 각자의 방으로 돌아가곤 했다.

초반에 열렸던 어느 여름밤의 파티에서는 한 특파원이 "전쟁이 시작된 이후 사랑하는 사람과 헤어진 사람?"이라고 물었는데 방에 있던 거의 모든 사람이 손을 들었다. 탈레반이 몰락한 이후 많은 특파원들이 이혼했고, 후세인 정권이 무너진 이후에도 수많은 이혼 소식이 들려왔다. 우리를 사랑하는 사람들은 기다리는 데 지쳤고, 충분히 그럴 만했다. 많은 배우자들이 우리에게 바람피우는 거 아니냐고 추궁했지만, 우리는 일과 바람피우는 경우가 더 많았다. 9·11테러 직후의 시기만큼 종군기자들이 전적으로 일에 몰두한 기간은 없었다. 물론 기자들 일부가 기자라는 직업적 특성을 악용해 이중생활을 했던 것도 사실이다. 집은 일종의 평행우주였다. 이 짜릿하고 일시적인 삶과 대비되는, 항상 그 자리에 존재하는 실제 생활로서 말이다.

나는 방으로 돌아가면 항상 욱스발에게 전화를 했다. 그날 있었던 일을 자세히 이야기하며, 멀리 떨어져 있어도 내 삶의 일부를 그와 함께 공유하려 했다. 하지만 내 마음이 그를 그리워하는 것과는 별개로, 나의 열정은 바그다드로 옮아갔다. 나는 끊임없이 터지는 뉴스에 몰입하여 너무나 바쁜 시간을 보냈고, 이라크에 온 마음이 사로잡혀서 바로 곁에 없는 대상에게 많은 시간을 할애할 수 없었다.

후세인 정권이 무너진 직후에 가장 힘들었던 부분은 무엇을 먼저 취재할지 우선순위를 정하는 것이었다. 독재자의 비밀이 바그다드의 거리로 쏟아져나온 것이나 다름없었다. 우리는 진실을 보도해야 했다.

바그다드에서 남쪽으로 100킬로미터 떨어진 알 마하윌이라는 거대한 공동묘지에서는 수많은 사람들이 땅에서 파낸 수십 구의 시체와 구덩이 사이를 비틀거리며 돌아다녔다. 각 시신의 잔해, 찢어진 옷, 머리카락이 담긴 비닐백이 일렬로 나란히 놓여 있었다. 그중 일부에만 신분증이 들어 있었고, 나머지는 신분증조차 없었다. 검은색 아바야*를 두른 여성들이 이 무덤 저 무덤을 서성거리며 눈물 흘리고 소리지르는가 하면 팔을 하늘로 추켜올렸다. 이들은 1991년 시아파 봉기 당시 후세인 충성파에게 처형당한 실종자들의 아내, 자녀, 어머니였다.

나는 도저히 사진을 찍을 수 없었다. 어디서부터 시작해야 할지 도무지 알 수가 없었다. 감히 그들의 감정을 상상해보려고 노력했다. 통곡하는 여성들의 모습은 극적인 광경이었지만, 이전에도 공동묘지에서 본 적 있는 다소 진부한 모습이기도 했다. 정지된 사진으로는 절대 내가 목격하고 있는 감정의 깊이를 전달할 수 없었다. 신원을 확인해주는 천조각만 남은 비닐백 안에서 부패해버린 사랑하는 사람의 모습을 수십 년이 지나 목격하는 비통함을 과연 단 한 장의 프레임 안에 전달할 수 있을까? 멘토인 베베토의 말이 내 귀에 울렸다. 관찰해, 인내심을 가지고. 목에 건 카메라가 배에 부딪히는 것을 느끼며, 나는 먼지를 헤치고 터덜터덜 걸으면서 여성들의 비통함을 온전히 담을 수 있는 최적의 순간을 기다렸다. 이라크에 온 뒤 석 달 동안, 단 하루도 쉬지 않고 일했다. 이날은 지난 시간이 충분히

* 히잡의 종류 중 하나로 온몸을 가리는 긴 천.

바그다드 남쪽의 집단 매장지에서 수습된 수많은 유해 사이를 걸어가던 이라크 남성이 벽에 기대 서 있다. 후세인 정권이 몰락한 후 이라크 전역의 집단 매장지에서 수습된 수천 구의 유해는 과거 독재정권이 저지른 잔혹하고 끔찍한 만행을 적나라하게 보여주었다. 2003년 5월 29일.

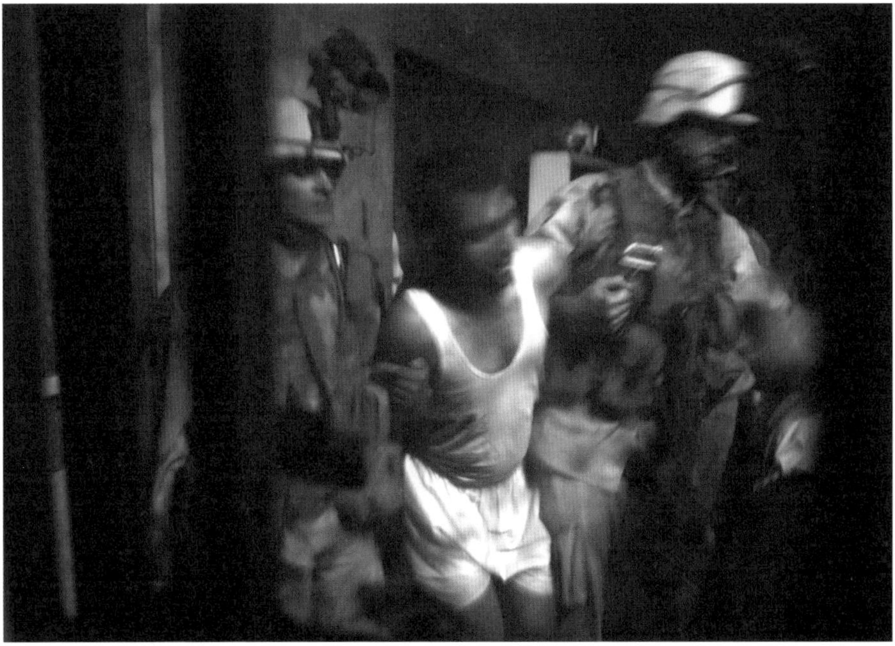

이른아침에 미군이 발라드 근처의 건물에서 발견된 이라크인을 억류하고 있다. 미군 정보부는 이 남자를 후세인을 지지하던 바스당 소속으로 지목했다. 제4보병사단의 미군들은 군사력을 과시하고 산발적으로 일어나는 이라크측의 공격에 보복하기 위해 실시하는 대대적인 야간 공습과 순찰에 참여했다. 공습은 티그리스강을 따라 바스당의 근거지이자 후세인의 뿌리깊은 지지기반으로 추정되는 바그다드 북쪽의 티크리트까지 이어졌다. 2003년 6월 29일.

가치 있었음이 증명된 하루였다. 전쟁의 정당성에 대해 내가 가지고 있던 모든 의심이 일시적으로나마 가라앉았다. 나는 부시 대통령이 이라크 침략을 위한 근거를 날조해냈음을 알고 있었지만, 이날만은 그 사실이 크게 중요치 않았다.

• •

후세인이 정권에서 물러난 지 두세 달 만에 이라크는 무너져내렸다. 수십 년 동안 억압받으며 불만을 감추어온 국민들이 갑자기 마음껏 의사를 표현할 수 있게 된 것이다. 수많은 이라크 사람들이 돈을 인출하려고 은행 밖에서 몇 시간씩 줄을 서서 기다리다가 더이상 참지 못해 소리를 지르거나 거칠게 사람을 밀치고 은행 안으로 들어가려 했다. 그러면 미군은 군중 위에서 무기를 발사하거나 자신들이 '해방'시키고자 했던 바로 그 사람들을 주먹으로 치기 시작했다. 약탈꾼들이 거리를 활보하면서 전선을 끊어놓는 바람에 도시 여기저기에 화재가 일어났고 검문소가 우후죽순처럼 생겨나기 시작했다.

상식적으로 이해할 수 없는 일들뿐이었다. 미군은 국립박물관의 약탈은 수수방관했지만 사담 후세인의 아들인 우다이 후세인과 쿠사이 후세인이 소유하고 있던 사자들은 보호했다. 미군은 하트 모양의 소파로 장식되어 있으며 여기저기 포르노물이 흩어져 있는 두 형제의 침실을 언론에 자랑스럽게 공개했지만, 실상은 수도나 가스, 전기와 같은 기본적인 인프라도 제대로 운영되지 않는 상태였다. 초강대국도 기본적인 삶의 질을 보장해

줄 수는 없었다. 그러다가 연합군 임시행정처CPA, Coalition Provisional Authority의 책임자 폴 브레머가 이라크 군인들 전체를 해고하고 군대를 해산시켜 버리자, 수천 명에 달하는 정예 군인들은 순식간에 직업을 잃고 가족을 부양할 수 없게 되어 분노를 터뜨렸다.

어느 날 아침, 나는 이글거리는 뜨거운 태양 아래에서 동요하는 이라크 사람들을 마주쳤다. 그들은 요리에 사용할 프로판 가스 탱크를 채우기 위해 기다리고 있었다. 더운 날씨에 벌써 몇 시간 동안 줄을 선 탓인지 인내심이 바닥난 사람들은 서로를 밀치고 있었다. 미군은 그들에게 이상한 형광녹색 가스를 제공했고 검은 아바야를 두른 여성들이 서로 밀치며 미군 탱크를 두들겨대고 있었다. 철조망 뒤에 줄선 남자들은 짜증이 머리끝까지 치솟아 있었다. 미군들은 목에 핏대가 설 때까지 군중에게 소리질렀다. 나는 그 아수라장을 카메라에 담았다.

갑자기 이라크 남자 한 명이 줄 밖으로 뛰쳐나왔다. 미군 몇 명이 그 남자를 잡아서는 땅에 패대기쳤다. 한 군인이 그 남자의 가슴을 무릎으로 누르자 다른 군인이 그의 얼굴을 때리기 시작했다. 이라크 사람들은 항의하며 소리를 질렀다.

그 광경에서 대략 2.5미터 정도 떨어진 곳에 있던 나는 눈앞에 펼쳐지는 광경에 충격을 받은 채 무릎을 꿇고 사진을 찍었다. '이라크 사람들을 해방시킨다'라는 대의명분은 도대체 어디로 갔는가? 군인들 중 한 명이 나서서 이 말도 안 되는 짓을 멈춰주기를 기다리는 사이, 아바야를 쓴 어떤 나이든 여성의 모습이 내 카메라 렌즈의 오른쪽 귀퉁이에 잡혔다. 그 여성은 대략 60세 정도 되어 보였다. 여성은 머리 위로 프로판 가스 탱크를 들

어올리더니 몸을 숙이고 있는 미군의 목 뒤쪽에 내리쳤다. 나는 계속 셔터를 눌렀다. 아무도 내 존재를 눈치채지 못했다.

미국인들은 아랍 문화권에서 명예와 존중이 어떤 가치를 가지고 있는지 이해하지 못했다. 이슬람 국가는커녕, 해외여행조차 해본 적이 없는 대다수 젊은 미군들은 아랍 문화권에 대한 기본 상식을 갖추는 것이 임무에 도움이 될 수 있다는 사실을 이해하지 못했다. 10대 후반이나 20대 초반의 앳된 미군들은 야간순찰을 돌 때, 남성, 여성, 아이 들이 꽉꽉 들어찬 차를 세우고는 차 안으로 손전등을 비추며 "당장 차 밖으로 나와!"라거나 "어딜 가는 거야?"라고 소리를 질러댔다. 완전무장을 한 미군이 밤늦은 시간에 민가를 급습하여 남자들을 바닥에 눕히고 코앞에서 영어로 소리지르면서 손목을 묶어둔 채 심문하기도 했다. 미군은 통역사조차 대동하지 않는 경우가 많았으며, 그동안 그 집 가족들은 출입구에 서서 공포에 떨어야 했다. 또한 미군은 잠옷을 입고 베일도 쓰지 않은 여성들에게 손전등을 비추거나 더러운 신발로 가정집을 저벅저벅 걸어다니며 이라크 사람들의 양탄자와 존엄성을 더럽혔다. 외국인이 아내의 베일 쓰지 않은 모습을 보았다는 사실은 아랍 남성에게 엄청난 가문의 수치이자 불명예이며, 복수를 다짐하게 되는 일이다.

• •

5월이 되자 이라크에서 체류한 기간도 이미 세 달이 되어가고 있었다. 최전선에서의 삶에 점차 익숙해졌고, 이제는 오히려 바깥세상이 어색하게 느껴지기 시작했다. 어느 날 대학시절 룸메이트였던 비네타에게서 메일을 받았다. 오랫동안 알고 지낸 다른 많은 친구들과 마찬가지로 비네타는 여전히 뉴욕에 살고 있었다. 비네타의 메일은 이렇게 시작되었다.

오늘 신문을 읽으면서 센트럴파크의 연못 근처에 앉아 있었어……

나는 읽기를 멈추었다. 사람들은 실제로 공원에서 신문을 읽으며 휴식을 취하는구나. 내가 마지막으로 그런 아침시간을 보낸 때가 언제였는지 기억조차 나지 않았다. 아침에 눈을 뜨자마자 허겁지겁 옥상으로 뛰어가서 아침에 일어난 포격으로 연기가 나지 않는지 살펴보거나, 끈으로 묶여 나란히 놓여 있는 비닐백들을 살피며 아들의 유해를 찾는 비통한 여성의 뒤를 따라다니지 않는 날이 언제였던가. 솔직히 말하면 마지막으로 종이 신문을 내 손에 쥐거나 눈으로 본 것이 언제인지도 가물가물했다.

며칠 뒤 나는 이라크를 떠났다. 휴가가 너무나 절실했고 터키에서 내가 돌아오기만을 기다리고 있는 욱스발을 만나야 했다. 나는 차를 타고 이라크를 가로질러 술라이마니야로, 그리고 다시 터키 동부로 건너갔다. 하지만 이제는 집으로 가는 것이 또하나의 집을 떠나는 것처럼 느껴졌다.

이스탄불에서 나는 한가로운 아침시간을 보냈다. 최대한 늦게까지 잠을 잤다. 아침햇빛, 그림자, 알람시계, 차량폭탄에 스트레스받을 필요가 없었고, 운전사가 제시간에 모습을 드러낼 것인지도 신경쓸 필요가 없었다. 커피는 직접 내려 마셨고 룸메이트나 집을 함께 쓰는 사람의 음악취향을 신경쓸 필요 없이 빌리 홀리데이와 니나 시몬의 음악을 들었다.

욱스발과 나는 오후시간에 사랑을 나누었지만 서로 생활리듬이 달랐다. 욱스발은 예전과 달라진 바 없었지만 내 상태는 좀더 복잡했다. 욱스발은 이스탄불의 햇빛을 받으며 즐겁게 돌아다녔고, 나는 이라크 바깥에서는 삶이 이전과 똑같이 흘러가고 있다는 사실을 믿을 수 없어하며 우리에 갇힌 동물처럼 지냈다. 화려한 색깔의 옷으로 치장하고 가슴골이나 다리를 훤히 드러낸 주변의 터키 여성, 그리고 외국인 여성들을 보며 경이로움을 느꼈다.

이스탄불로 돌아온 뒤 며칠 지나지 않은 어느 날, 나는 서랍에서 금테 선글라스를 낀 금발 여성의 사진들을 발견했다. 그 여성은 부드러운 햇살 아래에서 교태를 부리며 카메라를 응시한 채 우리 아파트 창밖 거리를 오가는 빨간색 전차에 앉아 있었다. 그 눈빛은 나도 알아챌 만큼 친밀함을 담고 있었다.

"누구야?" 나는 물었다.

"아, 클라우디아야." 욱스발은 별것 아니라는 듯 말했다. "터키어 수업을 같이 듣고 있어……." (나는 그 여성이 터키 사람이라고 생각했지만 사실 멕시코 사람이었다. 세 달 안에 이스탄불에서 멕시코 여성을 찾아내서 정복할 수 있는 사람은 욱스발밖에 없을 거다.)

내 머릿속에는 터키어 수업료를 낸 사람이 나라는 생각이 스쳤다. 내 아파트, 내 침대, 내 이불 위에서 뒹굴었겠지. 전부 내 돈으로.

나는 사진을 내려놓고 그를 바라보았다. 그 난리를 다시 겪을 기력이 없었다. "매력적인 여자네." 나는 말했다. 욱스발도 내가 그들의 관계를 눈치챘음을 깨달았다. 그리고 우리 두 사람 모두 내가 더이상 그 문제에 대해 개의치 않는다는 사실도 알고 있었다. 우리에게는 이런 관계가 맞았다. 나는 바그다드를 비롯하여 새로운 곳으로 이동하는 삶의 리듬이 앞으로도 영구히 지속되리라는 것을 알았기 때문에 욱스발과의 관계도 있는 그대로 받아들이기로 했다. 오랫동안 타국을 전전하다가 텅 빈 아파트로 돌아오고 싶지는 않았다. 비록 내가 몇 달씩 집을 비우는 동안 그가 다른 여성과 데이트를 한다는 사실을 알게 되었지만, 그의 바람기는 내가 선택한 일과 삶의 방식을 지키기 위한 타협점 중 하나라고 생각하기로 했다. 우리는 다음날 아침 낭만적인 주말을 보내기 위해 터키의 한 해변으로 여행을 떠났다. 3주 후에는 내가 이해할 수 있는 세계로 돌아간다는 기쁜 마음으로 다시 이라크로 향했고, 엘리자베스와 함께 취재에 임했다. 이라크에서는 서랍에서 모르는 여자의 사진을 발견할까봐 걱정하거나, 현재 일어나고 있는 전쟁에 왜 아무도 신경쓰지 않는지 의아해할 필요가 없었다.

••

이라크에 돌아가자 전쟁의 양상은 변해 있었다. 미국이 보다 공격적인 태도를 취하자 이라크 사람들은 사제폭탄으로 보복했다. 미국인에 대한 사제폭탄테러를 처음으로 목격했을 때, 나는 이라크 운전사가 '순회'하는 차를 타고 있었다. 이 '순회'라는 말은 동료 사진기자인 주앙 실바가 만들어낸 말로, 기삿거리가 별로 없을 때 사진에 담을 만한 거리풍경을 찾기 위해 목적지도 없이 차를 타고 다닌다는 의미다. 이렇게 '순회'하고 있는데, 다리 밑에서 화염에 휩싸인 험비가 보였다.

"〈뉴욕 타임스〉…… 사진기자입니다…… 미국 사람이에요…… 기자라고요……" 나는 도로 반대편에서 이라크 사람들에게 소리를 질렀다. 나는 사람들이 내가 기자라는 사실을 알기 전까지는 사진을 찍으려 하지 않았다. 팔레스타인호텔 발코니에서 목숨을 잃은 〈로이터〉 사진기자의 사건을 통해 긴 렌즈가 로켓추진형 수류탄으로 잘못 보일 수도 있음을 알게 되었기 때문이다.

나는 길을 건너 미군 병사들이 있는 쪽으로 뛰어가 말했다. "유감입니다. 지휘관과 이야기를 좀 할 수 있을까요? 어느 부대세요?" 군복에 수놓인 패치로 그들이 제82공수사단 소속임을 알 수 있었다. 나는 무엇이든 허가해줄 수 있는 사람은 오직 지휘관뿐임을 알고 있었기 때문에 시간을 낭비하고 싶지 않았다. 나는 기자증을 꺼내 보여주었다. 미군과 관련된 현장에 접근하기 위해 꼭 필요한 미군 발행 기자증을 마침내 손에 넣은 참이었다. 이것은 연합보도본부Coalition Press Information Center에서 발행하는 간단한 사진기자증으로, 이라크에서 임시정부 역할을 하는 미국 관계자들이 해당 기자의 신원조사를 마쳤음을 확인해주는 신분증이었다.

젊은 군인은 코웃음을 치면서 내 소속기관 이름을 다시 한번 읽었다. "아, 〈뉴욕 타임스〉." 군인들은 기자들이 전부 전쟁을 반대하는 좌파라고 생각했다. 지휘관이 도착했고 그는 촬영을 허가해주었다. 나는 어느 정도 떨어진 곳에서 사진을 찍기 위해 다시 고속도로를 건너 뛰어가며 현장과의 적당한 거리를 확보했다.

나는 사진을 찍기 위해 카메라를 들었고, 검게 그을린 탱크와 보초를 서고 있는 군인 몇 명을 프레임에 담았다. 프레임 안에는 방금 내가 지휘관에게 촬영허가 받는 것을 지켜본 후 길 건너편까지 나를 엄호해주고 다시 자기 자리로 돌아간 세 명의 군인들도 포함되어 있었다. 그들은 마치 나를 처음 보는 사람처럼 바라보더니 총을 수평으로 들어올리고는 가늠구멍에 눈을 갖다댔다. 그들은 나를 겨냥하고 있었다. 나를? 나는 카메라의 뷰파인더를 눈에 갖다댄 채 온몸을 부들부들 떨었다. 나와 같은 나라 사람인 저 군인들이 진짜로 나를 죽이려는 것일까? 자신들의 동포 중 하나, 아니 우리 동포 중 하나가 희생되는 장면을 카메라에 담고 있었다는 이유로? 나는 눈을 프레임에 고정시키고 잠시 멈추었다. 혹시 누가 먼저 겁을 내고 피하는지 겨루는 치킨게임인가? 나는 카메라 셔터를 세 번 눌렀다.

"이 나쁜 년!"

군인들 중 한 명이 미친듯이 손을 흔들며 나를 향해 소리를 질렀고, 그의 총은 한쪽 팔에 매달려 덜렁거리고 있었다.

"당장 여기서 꺼져! 이 나쁜 년아." 군인은 다시 한번 소리쳤다. 그는 들고 있는 M16 자동소총을 공중에서 흔들어댔다. 다른 군인들은 아직도 나에게 총구를 겨누고 있었다. 그들은 그 순간 나에게 총을 쏘고 내가 기자인 줄 몰랐다는 핑곗거리를 만들어낼 수도 있었다. 나 역시 그것을 알고 있었다. 나는 다시 자동차로 돌아갔다. 미국인들은 이라크에 민주주의를 전파하려 했다. 하지만 그 민주주의는 사실 바깥세상에는 보여주고 싶지 않은 것을 검열할 수 있는, 한쪽에게만 편리한 형태의 민주주의였다. 이라크 반란군들은 계속해서 미국인을 공격하기 시작했고, 이렇게 공공장소에서 벌어지는 여러 사건을 카메라에 담을 충분한 권리가 있는 미국인 기자

제4보병사단 제3여단 제68기갑연대의 제1대대. 소속 미군이 이라크 바그다드 북쪽 발라드 공군기지 근처를 야간 순찰하던 도중 이라크인들을 일시적으로 억류 및 수색하고 있다. 이 사진을 찍은 직후, 한 이라크 민간인이 미군을 노리고 도로에 설치해놓은 것으로 추정되는 원격조정 폭탄을 밟는 사건이 일어났다. 이 폭발사고로 해당 이라크 민간인은 크게 다쳤다. 2003년 6월 27일.

들조차 검열의 벽에 부딪히게 되었다. 우리는 총을 든 사람들이 외부에 보여주고 싶어하는 광경만을 취재해야 했다.

• •

후세인의 몰락 이후 미미하게 찾아왔던 평화가 급속도로 붕괴되던 2003년 여름, 나는 이라크에서 대부분의 시간을 보냈다. 폭격은 점점 더 잦아졌고 나 역시 폭력에 점차 익숙해졌다. 그해 11월, 나는 오랫동안 머물렀던 이라크에서 이스탄불로 돌아왔고 내 서른번째 생일 다음날 아침에는 술에 취해 욱스발의 품안에서 잠들어 있었다. 갑자기 익숙한 폭탄 소음이 나를 깨웠다. 이라크에서 익히 듣던 소리였다. 하지만 나는 소리를 믿지 않았다.

욱스발이 나를 흔들었다. "폭탄소리야!"

"제정신이야?" 나는 짜증이 났다. 폭탄소리가 어떤 건지 잘 알지도 못하면서. "여기는 이스탄불이야." 나는 고작 몇 시간 전에 마지막 와인잔을 비운 참이었다.

욱스발은 침대에서 뛰쳐나와 거실로 뛰어가더니 목을 쭉 빼고 연기를 찾기 시작했다.

"공기 중에 파편이 있어. 폭탄이라고. 카메라 챙겨."

채 몇 분도 지나지 않아 우리는 문밖으로 뛰어나왔다. 우리집에서 도로 하나만 건너면 현장이었던 덕분에, 내가 가장 빨리 폭발현장에 도착했다. 평소 이 구시가의 좁은 거리는 거대한 19세기 건물들의 그림자에 가려 어두웠지만, 오늘은 빛줄기와 함께 자욱한 먼지에 싸여 있었다. 건물들의 외벽이 뜯겨나간 상태였다. 폭탄의 잔해 속에는 피투성이가 된 시체들이 뒤틀리고 반쯤 옷이 벗겨진 채 누워 있었다. 부러진 파이프에서 물이 뿜어져나와 사방으로 흩어졌고, 그을음과 재가 도로와 주변 건물을 덮고 있었다. 금속 기둥과 나무조각들이 도로 연석 건너편까지 떨어져 있었다. 터키 남성들이 서서히 모여들기 시작했다. 나는 사진을 찍었다.

어떤 사람의 시체가 보도 건너편에 누워 있었다. 머리가 없었던 탓에 처음에는 사람 시체인지도 몰랐다. 상점 입구에서 폭탄을 맞아 마치 날아간 것처럼 보이는 어떤 남성의 시체도 있었다. 셔츠와 구두는 아무런 손상 없이 그대로였지만 바지는 사라진 채 없었고, 격자무늬의 파란색 사각 팬티만 남아 있었다.

나는 터키 경찰이 출동하여 현장에서 우리를 몰아내기 전에 재빨리 사진을 찍었다. 임시 들것에 부상자를 실은 사람들이 서둘러 내 곁을 지나갔다. 들것에 실린 사람은 거의 의식이 없었고, 얼굴은 새파랗게 질려 있는데다 다리의 상처에서는 피가 흘러내리고 있었다. 경찰은 현장에 도착하자마자 여자인 나에게로 왔다. 중동에서는 현장에서 가장 먼저 쫓겨나는 사람이 항상 나였다. 나는 사진을 전송하기 위해 서둘러 집으로 향했다.

알 카에다가 이 폭탄테러의 배후에 자신들이 있다고 선언했다. 목표물은 우리집 근처의 유대교 회당이었다.

며칠 후, 우리집에서 이십 분 정도 떨어진 지역에 있는 영국계 은행인 HSBC 본사가 폭탄의 희생물이 되었다. 웍스발과 나는 이번에야말로 만반의 준비를 하고 카메라를 챙겨서 거리 끝에 있는 택시승차장으로 향했다.

그사이 오른쪽 방향으로 고작 수백 미터밖에 떨어지지 않은 곳에서 거대한 폭발음이 들려왔고, 우리는 카메라를 꺼내서 막 피어오르는 연기와 파편이 맑고 푸른 하늘을 뒤덮는 광경을 지켜보며 열심히 셔터를 눌렀다.

간발의 차이로 죽음을 모면해 충격받은 행인들은 폭발현장을 피해 우리 쪽으로 달려왔다. 그들의 얼굴은 공포로 일그러져 있었으며 몸에 피가 튀어 있는 사람들도 있었다. 욱스발은 즉시 폭탄테러범들의 목표물이 영국 영사관임을 알아챘다.

또 한번 폭탄이 터졌다. 현장의 모든 사람들은 그 자리에 그대로 서 있었다. 양복을 입은 한 남자는 전면이 날아간 상점 건물의 2층 창문가에서 있었다. 벽돌 더미, 산산이 부서진 보도, 먼지와 잿더미 아래 부상당한 사람들의 몸이 여기저기 나뒹굴고 있었다. 생존자들은 그들의 맥박을 확인했다. 영국 영사관의 외벽이 무너지면서 자동차 한 대를 덮쳤고, 수십명의 사람들이 건물 잔해 아래에 깔린 자동차를 파내기 위해 정신없이 뛰어다니고 있었다.

나는 현장을 계속 카메라에 담으면서 경찰을 피하려고 노력했다. 경찰은 또다시 나를 밀어냈다. 나는 다른 각도에서 촬영을 시도했다. 이미 내가 할 수 있는 최대치로 사진을 찍었음을 알고 있었지만 이것은 세계적 규모의 테러행위였다. 경찰은 계속해서 여자인 나를 경계하며 주시했다. 나는 여러 명의 터키인 남자 사진기자들이 현장에서 자유롭게 사진을 찍고 있는 모습을 지켜보았다. 욱스발도 그 안에 있었다.

갑자기, 절실하게 어머니에게 전화를 걸고 싶어졌다. 나는 카메라가방 안에 손을 넣어 핸드폰을 찾았다. 하지만 핸드폰은 어디에도 없었다. 죽음과 공포의 현장 가운데에서 누군가 내 핸드폰을 훔쳐간 것이다. 피범벅이 된 시체들이 시멘트 바닥에 누워 있는 현장에서. 그 생각이 들자 나는 무너져내렸다. 속이 뒤집히도록 욕지기가 났다. 나는 공중전화 부스로 걸어가서 그 안에 들어간 후 문을 닫아버렸다. 눈물이 멈추지 않았다. 이스탄불은 나의 안식처가 아니었다. 내가 알게 모르게 일과 일상 사이에 쳐놓은 경계가 마침내 무너져내린 것이다.

차량폭탄테러 직후의 영국 영사관 정면. 이 테러로 로저 쇼트 이스탄불 주재 영국 총영사를 포함해 17명이 목숨을 잃었다. 2003년 11월 20일.

저 여자에게
해치지 않을 거라고 말해

• 2004년이 되자 바그다드의 거리가 이스탄불보다 더 익숙해졌다. 나는 바그다드를 내 집이라고 생각하게 되었다. 바그다드의 〈뉴욕타임스〉 지국은 침실이 2층에 4개, 1층에 2개, 지하실에 2개 마련되어 있는 이층집이었다. 2층에 있는 침실들은 햇빛이 잘 비치는데다 그중 두 개는 야외 발코니와 연결되어 있었다. 방도 큼직해서 다섯 명 정도 묵을 수 있었으며, 누가 무엇을 취재할 것인지 결정하는 지국장과 서너 명의 사진기자들, 그리고 통역사나 운전사가 함께 지냈다. 검문소와 폭탄테러 방어벽 너머의 악명 높은 '그린 존Green Zone'에 거주하는 미 정부 관계자들과는 달리, 기자들은 '레드 존Red Zone'이라 불리는 시내에서 이라크 민간인들과 함께 살았고, 모든 것을 이라크 사람들에게 의존했다. 지국의 1층에는 식당과 사무실이 있었으며, 이라크인 직원과 해외 특파원들이 바쁘게 통화하거나 컴퓨터 앞에 붙어앉아 일했다. 부엌은 풍채 좋은 게이 이라크

인 요리사와 그만큼이나 후덕한 여자 청소부가 장악하고 있었으며, 나중에 우리는 이 청소부가 운전사 중 한 명과 은밀한 관계라는 사실을 알게 되었다. 내가 부엌에 들어갈 때는 오직 아침 취재 전 커피를 내리거나 바나나를 집어들기 위해서였다. 나머지 식사는 식탁에 차려졌고, 우리는 보통 매일 저녁 한자리에 앉아 식사를 했다.

옥상은 나름대로 역할이 있었다. 폭격이 잦아지면 우리는 전부 계단을 세 칸씩 뛰어오르며 옥상으로 올라가 어느 쪽에서 연기가 올라오는지 살폈고, 폭발의 규모가 커 보일 경우에는 즉시 운전사를 불러 준비된 차를 타고 달려나갔다. 기자와 사진기자들은 관계자가 테이프를 둘러 현장을 봉쇄하고 경쟁 언론사가 중요한 정보를 입수하기 전에 최대한 빨리 현장에 도착해야 한다. 기자들에게는 지극히 평범한 일이다. 하지만 이렇게 자주 급작스러운 폭발이 일어나서 출동해야 하는 것은 절대 평범한 일이 아니었다. 폭발이 일어날 때마다 이쪽으로 우르르, 저쪽으로 우르르 몰려다니는 이곳에서는 삶이 핀볼 기계처럼 느껴졌다. 특히 부시 대통령이 '이라크 주요 군사작전은 이미 종결되었다'고 선언한 후, 전쟁이 결코 빠른 시일 내에 끝나지는 않을 것임을 깨달은 우리는 싸구려 스텝머신과 벤치프레스, 역기 몇 개를 옥상에 가져다놓고 임시체육관을 만들었다. 바그다드에서는 1년 내내 비가 거의 내리지 않았다.

결국 〈뉴욕 타임스〉 지국은 집 주위에 콘크리트로 5미터가 넘는 높이의 폭탄 방어벽을 세우고, 열다섯 명의 무장한 이라크 경호원들이 24시간 보초를 서는 요새가 되었다. 우리는 요르단에서 값비싼 러닝머신을 수입했다. 우리의 삶은 이 도시를 사랑할수록 점점 더 차단되고 분리되었다. 함라호텔의 수영장에서 어울리거나 살사파티를 하던 때와는 달리, 우리는 취재를 나갈 때가 아니면 실내에 머물렀다. 취재를 나가는 일 자체도 점차 줄어들었다. 바그다드는 심지어 취재하기조차 너무 위험한 곳이 되었다. 우리가 탄 차가 고장나거나 취재 도중 문제가 생길 경우에 대비하여 취재하러 나갈 때마다 차를 한 대 더 수배하고, 또 한 명의 운전사와 두 명의 무장한 경호원을 태워 뒤따르게 해야 했다. 이쯤 되자 우리는 자연스럽게 대부분의 자유시간을 〈뉴욕 타임스〉 특파원들과 함께 보냈다.

한 동료가 전쟁지역의 기자들은 연애를 할 수 있는 무임승차권을 받게 된다는 이야기를 한 적이 있다. 면죄부와 딱 한 번의 실수, 딱 한 번의 후회, 고개를 들 수 없는 딱 한 사람. 바그다드에서도 꽤나 많은 사람들이 관계를 가졌다. 많은 기자들이 바람을 피웠고, 사랑에 빠졌으며, 외로움을 사랑으로 착각했다. 나 역시 그런 판단 착오에서 자유롭지 않았으며 전장의 긴장감과 진정한 연애 감정을 혼동했다. 사실 대다수 남성 종군기자들은 집에서 몇 달씩 기다리는 아내나 충실한 애인이 있던 반면, 대다수 여성 특파원과 사진기자들은 속수무책으로 혼자 지내다가 현장이나 집으로 돌아갈 때만 잠깐씩 연애를 했다. 게다가 일에 대한 열정을 개의치 않는 사람 또는 끊임없는 취재 일정에 거부감을 느끼지 않는 사람을 찾아야만 했다.

나는 미국 남성과 데이트해본 적이 없었다. 심지어 영어를 모국어로 사용하는 남성을 사귀어본 기억조차 없었다. 하지만 잦은 폭격, 사무실에서 커피와 바나나로 때우는 이른 아침식사, 바그다드를 활보하는 차량 뒷좌석에서 취재하며 보내는 기나긴 날들, 가령 결혼식과 장례식에 참석하거나 알 만수르 놀이공원에 몰래 들러 대관람차를 타고 바그다드 시내를 내려다보는 나날 속에서 나는 동료와 사랑에 빠지고 말았다.

매슈는 애틀랜타에서 이라크로 파견된 기자였다. 가지런한 흰 치아가 드러나는 미소와 밝은 갈색 머리카락, 각진 턱, 해외 특파원답게 까칠한 수염을 기른 그는 그야말로 전형적인 미국인이었다. 매슈는 지문이 번져 있는 무테안경을 썼다. 친근함으로 자신의 야심을 가리려는 듯 항상 웃는 얼굴이었다.

우리는 합이 잘 맞는 팀이었다. 우리가 취재하는 기사들은 대부분 1면에 실렸다. 몇 달 동안이나 함께 기사를 만들고, 아이디어에 대한 이야기를 나누고, 서로를 격려하면서 계속 붙어다녔다. 야외 발코니를 통해 몰래 이 방에서 저 방으로 넘어다니면서, 밤늦게까지 잠자리에 들지 않고 마감시간까지 그가 작성한 기사의 첫 문장을 검토했다. 우리 두 사람은 같은 문화권에서 자라났으며 유머코드도 비슷했고 일에 대한 열정도 꼭 닮아 있었다. 삐걱대는 욱스발과의 관계와는 달리, 매슈와는 너무나도 쉽게 가까워졌다. 각자의 연인과 가까스로 관계를 유지하고 있었던 매슈와 나는 서로에 대한 감정이 깊어지면서 연인과의 관계가 지속되리라고는 생각지 않았다.

욱스발이 나를 만나러 바그다드로 왔을 때 나는 예전처럼 그를 맞았다. 오랫동안 엄청난 긴장 속에서 취재하는 와중에 그가 왕자님처럼 바그다드에 온 것은 너무나 낭만적인 일이었다. 하지만 아무런 감정도 일어나지 않았다. 나는 욱스발에게 다시 이스탄불로 돌아가서 짐을 챙겨 멕시코시티로 돌아가라고 말했다. 수중에 있는 2500달러 정도의 현금도 멕시코로 돌아갈 여비에 보태라고 전부 건네주었다. 욱스발은 이 얼마 되지 않는 작별수당을 받고 사라졌다. 나는 몇 년 만에 처음으로 자유로워졌다고 느꼈다.

• •

매일 두세 번씩 폭탄 소식이 들려왔다. 우리는 폭탄에 익숙해졌다. 위험에 대한 내 판단기준은 점점 더 왜곡되기 시작했다. 나는 두려움이라는 감각을 잃게 되었다. 이제 나는 폭발현장에서 도망가기는커녕, 그쪽을 향해 달려가게 되었다. 나는 그저 오랫동안 남게 될 전쟁의 이미지를 카메라에 담아 신문의 1면을 장식하고, 미국의 정책입안자들이 이라크를 침략하기로 한 자신들의 결정이 어떤 결과를 낳았는지 보게 하고 싶었다. 어떤 대가를 치르더라도.

미군을 향한 차량폭탄과 거리공격의 빈도가 갈수록 잦아지자 미군은 공포에 휩싸인 나머지 거의 맹목적으로 선제공격을 하기 시작했다. 미군은 도로 여기저기에 영어로 '정지'라고 쓴 푯말을 세운 후 임시검문소 앞에서 정지하지 않는 차량을 향해 무조건 총을 발사했다. 이라크인 중에는 영어를 전혀 모르는 사람들도 있었지만 미군들은 개의치 않는 것 같았다. 나는 불과 이십 분 사이에 똑같은 검문소에서 두 가족이 전원 몰살당하는 광경을 목격했다.

이라크 반란군들은 점차 체계를 갖춰가기 시작했으며, 자국을 침략한 미국인들에 대해 새로운 종류의 분노를 드러내기 시작했다. 3월 말에는 이라크 서부의 도시 팔루자에서 반란군이 미국의 민간용병업체인 아메리칸 블랙워터의 계약용병들을 살해하고 시체에 불을 붙인 다음 전깃줄로 묶어 다리 위에 매달아놓는 사건이 일어났다. 이 팔루자 참사는 전쟁의 전환점처럼 보였다. 군인들에게 폭탄을 투하하고 달아나는 것과 민간인들의 시신을 훼손하고 그 참혹한 광경을 전 세계가 볼 수 있도록 하는 것은 완전히 다른 문제였다.

어느 날 아침, 나는 망토 같은 아바야를 입고 이라크식 히잡인 검은색 헤드스카프를 두른 후 매슈와 함께 차 뒷좌석에 몸을 실었다. 나는 위험의 정도를 바탕으로 얼마나 보수적인 옷차림을 할 것인지, 즉 신체를 어느 정도 가릴 것인지 가늠하는 경우가 많았다. 그날은 밀수업자들의 경로를 이용할 예정이었기 때문에 최대한 몸을 가리고 얼굴만 겨우 나오는 히잡을 선택했다. 우리는 라마디 근처에서 미국 헬기가 추락한 사건을 취재하기로 결정했다. 담당 운전사 및 경호원들과 함께 지도를 연구하고 다른 기자들과 운전사들에게도 조언을 구했다. 라마디로 가려면 팔루자를 거쳐야 했지만, 해군이 팔루자 포위작전을 위해 모든 주요 도로를 폐쇄한 상태였기 때문에 샛길을 이용하기로 했다.

덥지도 춥지도 않은 2004년 4월의 맑은 봄날이었고, 나는 이른아침에 바그다드 인근의 사드르시市에서 미국인들에게 살해당한 시아파 남성의 장례식에 사진을 찍으러 다녀온 참이었다. 나는 바로 다시 길을 나섰다. 구부정하게 섰을 때도 키가 193센티미터나 되는 우리 운전사 왈리드의 커다란 머리가 우뚝 솟아 있었다. 수니파인 그의 가족은 라마디 근처 출신이었기 때문에 취재에 큰 도움이 되었다. 이라크에서는 부족이 무엇보다 중요한 의미를 갖는다. 그날 통역을 맡은 팔레스타인 출신의 칼리드도 수니파였다. 채 스무 살이 안 되어 보이는 칼리드는 외국인 억양이 없는 자연스러운 영어로 누구에게나 자랑스럽게 스스로를 '뚱보 칼리드'나 '믿음직한 칼리드'라고 소개했다. 칼리드는 자기 노트북으로 미국 영화를 보거나 세계 어느 지역에 있는지 알 수 없는 여성들과 끊임없이 인터넷 채팅을 하거나 우리가 거부하지 않는 한 계속 농담을 던졌다.

우리는 11시에 출발하여 바그다드 외곽에 있는 아부그라이브 교도소를 지나 서쪽으로 향했고, 간이 음료판매대 외에는 별다른 특징이 없는 작은 마을들과 키 작은 작물이 자라고 있는 녹색의 밭, 야자수로 둘러싸인 키 큰 풀밭을 지났다. 길은 포장되어 있지 않아 울퉁불퉁했지만 주변은 고요했다. 우리는 뒷좌석에서 서로 바짝 다가앉았다. 나는 바그다드를 탈출하여 농작물이 무성한 농장들을 가로지르는 호젓한 좁은 도로를 달려간다는 것이 기뻤다. 매슈는 마을이 무척 평화로워 보인다고 했고, 나는 목적지에 도착할 때까지는 안전하다는 이야기를 하면 안 된다고 농담을 던졌다. 정오가 다가오자 하늘이 밝게 빛났지만 햇볕은 뜨겁지 않았다. 우리는 시골지역을 지나고 있었는데, 사실상 농장들이 모여서 마을을 이루고 있어서 중심가는 찾아볼 수 없었고 농장들을 에두르는 길이 나 있을 뿐이었다. 왈리드와 칼리드는 자기들끼리 이야기하고 있었는데, 본인들이 걱정하는 바를 우리가 듣지 못하게 할 때 자주 그런 식으로 이야기하곤 했다.

그러다가 갑자기 두 사람이 조용해졌다. 나는 AK-47 소총을 든 이라크 사람들 몇 명이 길 옆쪽에 서 있는 것을 발견했다. 이제는 미군이 세운 검문소가 너무나 많은 이라크의 도로와 지역을 통제하고 있었기 때문에 검은 옷을 입고 AK-47 소총을 든 남자들의 존재가 의미하는 것은 딱 한 가지였다. 무법지대. 이 지역에는 미군이 없다.

"우리는 지금 밀수업자들이 다니는 경로로 가고 있어요." 칼리드가 말했다.

두려움을 감추면서 그가 하려던 말은 우리가 돌아가야 한다는 것이었다. 우리는 다시 한번 사전에 정해놓은 알리바이들을 점검해보았다. 무슨 일이 있어도 나는 이탈리아 사람이고 매슈는 그리스 사람이었다. 어떤 상황에서도 우리가 미국인이라는 사실을 밝혀서는 안 된다. 총을 든 사람들이 많았다. 이미 너무 늦어버렸다.

우리 차가 모퉁이를 돌자 여위고 지저분한 차림의 남자가 손에 총을 들고 내가 앉아 있는 쪽 창문으로 걸어왔다. 그는 우리 차를 바라보았다. 수니파 장악 지역에 들어온 외국인 두 명. 반란군의 심장부를 뚫고 지나가는 서방의 원수들이라니. 나는 전형적인 미국인 분위기를 풍기는 매슈를 보고는 무릎에 두었던 숄을 집어 그의 머리에 둘러주었다. 하늘색 미니밴이 우리 차 앞쪽으로 달려와 길을 막았다. 수십 명의 무장한 남자들이 새롭게 찾아낸 먹잇감에 신경을 곤두세우고 눈을 번뜩이며 우리 차 주변을 빙 둘러쌌다.

"우리 여기서 죽을 거 같아." 나는 말했다.

나는 9·11테러 이후 카불과 잘랄라바드를 잇는 도로에서 매복공격을 당했던 기자들 네 명을 떠올렸다. 그들은 모두 살해당했다. 이제는 바그다드에서 약 사십 분 거리인 가르마라는 마을에서 총을 든 남자들에게 둘러싸인 우리 차례였다.

더이상 녹색 들판이 눈에 들어오지 않았다. 남자들은 칼리드와 왈리드 쪽의 차문을 열고 두 사람을 차 밖으로 끌어낸 다음 어딘가로 끌고 갔다. 우리 쪽 차문은 잠겨 있었으며 창문은 얼굴에 빨간색과 흰색 또는 검은색과 흰색 패턴의 카피예*를 두른 남자들 때문에 시야가 가려 밖이 보이지 않았다. 남자들은 소리를 지르며 탄창에 가득 든 총알을 전부 공중으로 발사했다. 우리 차는 방탄 처리가 된 무장차량인데다가 창문은 백과사전만큼이나 두꺼웠지만, 이 마을에 쌓여 있는 엄청난 무기에는 속수무책일 터였다. 기껏해야 스무 살 정도로 보이는 한 청년은 로켓탄발사기를 등에 멘 채 잔뜩 흥분한 모습으로 본인이 폭발하기라도 할 것처럼 부들부들 몸을 떨어댔다.

"우릴 죽일 것 같아." 나는 말했다. "우릴 죽일 거야." 다른 말은 생각나지 않았다. 우리는 완전히 무방비상태였다.

남자들 몇 명이 AK-47 소총의 끝부분으로 매슈가 앉아 있는 쪽 차문을 툭툭 두들겼다.

"문 열지 마. 제발 문 열지 마." 내가 말했다.

칼리드는 130킬로그램이 넘는 육중한 몸으로 땀을 뻘뻘 흘리며 창문으로 다가와서는 헐떡이며 이렇게 말했다. "매슈, 차 밖으로 나오세요."

그들은 남자를 원했다. 매슈가 잠긴 문을 열자 남자들은 총을 매슈의 가슴에 겨누며 그를 차 밖으로 끌어냈고, 나는 뒷좌석에 홀로 남았다. 두 명의 남자가 나에게 총을 겨눈 채 차문 옆을 지키고 있었지만, 도대체 뭘

* 아랍 남성들이 머리에 쓰는 사각형 두건.

어떻게 해야 하는지 혼란스러워하는 것이 분명했다. 나는 지중해 출신처럼 보이는 미국 여성이었고 몸 전체에 아랍 의상을 두르고 있었다. 이 여자는 이라크 사람인가? 이슬람교도인가? 아랍어는 할까? 나는 까무잡잡한 올리브색 피부와 아몬드형 눈을 가진 덕분에 지금까지 여러 나라에서 상대적으로 현지인들과 잘 섞여들 수 있었다. 지금 이 납치범들도 내가 어느 나라 출신인지 좀처럼 판단을 못하는 것이 분명했다.

나는 차에서 내린 매슈가 파란색 미니밴 쪽으로 끌려가는 광경을 지켜보았다. 수니 삼각지대*에서 홀로 납치된 미국인 남성이라니. 매슈는 고문을 당할 것이고, 아마도 목숨을 잃을 터였다. 이 상황을 타개할 유일한 방법은 한 팀으로 행동하는 것이었다. 우리는 지금 여성과 아이들을 가장 존중하는 이슬람 문화권에 있었다. 나는 차 밖으로 뛰어나온 다음 3미터 정도를 걸어서 길 한복판에 잡혀 있는 매슈 쪽으로 다가갔다. 총을 든 남자들은 나를 보고 약간 놀란 것 같았다. 나는 양손 둘째손가락을 서로 문지르면서 나름대로 남자와 여자가 맺어지는 모습을 상징하는 임시 수화까지 만들어가며 그가 내 배우자임을 필사적으로 전달하려 했고, 영어로 이렇게 말했다. "이 사람은 내 남편이에요. 저는 이 사람 곁을 떠나지 않을 겁니다." 그들은 영어를 알아듣지 못했지만 나를 떼어낼 수 없다는 사실만은 이해했다. 그들 중 반쯤은 나를 끌고 반쯤은 내 뒤를 따르며 미니밴에 앉아 있는 내 '남편' 곁으로 데려갔다.

왈리드와 칼리드는 아직도 밴 밖에서 일어나는 아수라장에 휩쓸려 있었다. 나는 길에 대각선으로 주차되어 있는 밴 안으로 들어가 매슈 옆에

* 수니파 이슬람교도가 집중된 이라크 바그다드 북서쪽 지역.

앉았다. 밴의 조수석 쪽 미닫이문은 열려 있었다. 앞좌석에서는 마스크를 쓴 두 남자가 우리 쪽을 향해 총을 겨누고 있었다. 나는 자기최면이라도 걸어서 히스테리상태에서 벗어나려는 듯 손가락으로 이마의 양옆을 문지르며 끊임없이 "맙소사"라는 말을 되뇌었다. 매슈는 침착했다. 순간 카메라, 허리에 두르는 전대, 노트북, 미국 여권 두 개, 신분증, 위성전화를 비롯한 내 모든 소지품을 우리 차에 두고 왔다는 사실을 깨달았다. 나는 최소한 여권만은 가져올 수 있기를 바라면서 위를 올려다보았지만, 빨간색과 흰색 카피에로 얼굴을 휘감은 어떤 반란군이 마을의 큰 도로를 따라 우리 자동차를 몰고 사라지는 광경이 눈에 들어왔다.

내 카메라를 다시 사용할 수는 있을까? 내가 마지막으로 찍은 사진들은 뭐였지? 괜찮은 사진들이었나? 누군가 그 사진들을 볼까? 그걸 알게 될 때까지 내가 살아 있기는 할까?

내 여권. 세상에, 내 미국 여권. 어쩌면 이렇게 멍청할 수가 있지?

"세상에, 맙소사, 이럴 수가." 나는 이마를 문지르며 속삭였다. 나는 눈을 감고 있으려고 노력했다. "여권 말이야. 세상에, 세상에."

미니밴은 마을의 큰길을 따라 달리기 시작했고, 어떤 집의 뒤쪽에 멈춰 섰다. 마스크를 쓴 수십 명의 남자들이 무기를 위로 치켜들고는 우리 차 주변으로 모여들었다. 차문이 옆으로 열리고 침착한 표정의 싸구려 앰버 비전 선글라스를 낀 우두머리가 차 안으로 들어왔다. 우리를 죽일 사람처럼 보이지는 않았다.

그는 더듬거리는 영어로 천천히 자신이 마을의 지휘관이라고 소개한 뒤, 칼리드에게 통역을 요청했다. 매슈는 침착하고 진지하게 모든 질문에 대답했다. 내 머릿속에는 우리 여권에 대한 생각뿐이었다.

"어디서 왔소?"

"그리스와 이탈리아입니다."

"미국인이오? 다국적 연합군과 같은 편이고?"

"우리는 그리스와 이탈리아 사람이고 연합군과 같은 편은 아닙니다."

"여권을 좀 봅시다."

"여권은 바그다드에 놓고 왔어요. 지금은 여권이 없습니다." 매슈는 거짓말을 했다.

나는 이들이 여권을 찾아내고 우리를 죽일 것이라 확신했다.

"여기는 무슨 일로 왔소?"

"기자들이라 취재를 하기 위해 이곳에 왔습니다. 미군이 팔루자 주변 도로를 전부 폐쇄한데다, 우리는 이쪽 입장에서도 취재를 하고 싶었거든요. 여러분들을 위해 이곳에 왔습니다. 민간인들의 죽음, 그리고 미국인들이 이라크 사람들에게 어떤 짓을 하고 있는지 보도하고 싶습니다."

진실은 항상 설득력 있게 들리는 법이다. 나는 머리를 아래로 숙이고 계속 관자놀이를 문질렀다. 그렇게 하면 마음을 가라앉히고 살아남는 데 집중할 수 있었다.

"기자증은 어디 있소? 어느 언론사 소속이요?"

"기자증은 우리 차 안 가방에 있습니다. 〈타임스〉 소속이지요." 매슈는 '뉴욕' 부분을 생략했다.

나는 물었다. "우리 차를 다시 가져다주면 안 될까요?"

"어디 살고 있소?"

"우리는 언론사 지국에 살고 있어요. 바그다드에 있는 주택입니다."

"그게 어디요? 전화번호는 뭐요?"

그는 매슈의 투라야 위성전화를 받아들었다. 전 세계의 반란단체와 기자들은 모두 자그마한 위성전화를 가지고 다녔으며, 이 전화만 있으면 런던의 동쪽, 마다가스카르 상공 위에 떠 있는 위성보다 북쪽에 있는 곳이라면 세계 어디로든 전화를 걸 수 있었다. 위성전화 덕분에 기자들은 모바일 네트워크가 연결되지 않는 외딴 지역에서도 업무를 볼 수 있었다. 지휘관은 갑자기 우리와 함께 있는 팔레스타인 출신 이라크 사람인 통역사 칼리드를 믿지 못하겠다는 판단을 내렸는지 직접 지국의 전화번호를 누르기 시작했다. 불쌍한 칼리드는 너무나 겁에 질려 땀을 뻘뻘 흘리며 말을 더듬거렸다. 지휘관은 두 마디도 입 밖에 제대로 내지 못하는 칼리드에게 혹시 거짓말을 하고 있는 것은 아니냐며 계속해서 추궁했다. 그들은 자기측 통역사인 가레이브를 데려왔는데, 팔레스타인 출신 영국인인 가레이브는 기자로 일하고 있다고 주장했지만 반란군의 일원임이 분명했다. 그의 머리는 대걸레처럼 더부룩했고, 눈동자는 초조함에 흔들리고 있었다. 그들은 칼리드에게 차 밖으로 나가라고 지시했고, 지휘관과 가레이브는 말을 이어갔다.

"〈타임스〉 지국의 전화번호가 어떻게 되오? 그리고 정확히 어디에 있소?"

그들은 우리가 미국이 이끄는 연합군에 동조하고 있는지, 진짜로 '그린존' 밖에 살고 있는지, 진실을 말하고 있는지 확인하려는 것 같았다. 매슈는 건물이 티그리스강 유역의 팔레스타인호텔 근처에 있다고 설명했으며,

지국의 전화번호를 알려주었다. 그들은 전화번호를 눌렀지만 실제로 통화를 하지는 않았다.

가레이브는 다시 물었다. "당신들 어디서 왔다고?"

우리는 지금까지 한 말을 고수했다.

"국적에 대해 거짓말을 했다면 그냥 솔직히 말하시오. 그냥 사실을 말하면 돼."

나는 땀을 흘리기 시작했다. 나는 그가 우리를 풀어줄 것이라 확신하고, 마침내 턱을 치켜들면서 지휘관과 미심쩍은 통역사의 눈을 똑바로 바라보았다.

"거짓말이 아닙니다." 나는 단호하게 말했다.

가레이브의 표정은 부드러워졌다. 그는 우리에게 자신 역시 기자이며 다른 영국인 기자와 함께 반란을 취재하고 있다고 말했다. 나는 그가 결코 제대로 된 기자일 리 없다고 확신했다.

지휘관은 나에게 가르마에 도착한 후에 찍은 사진이 있느냐고 물었다.

나는 없다고 대답했다.

매슈는 지난 몇 달간 이라크에서 찍은 사진들이 들어 있는 자동카메라를 가지고 있었고, 우리가 미국인들이 아닌 이라크인들과 함께 시간을 보냈음을 증명하기 위해 그 카메라를 지휘관에게 보여주었다. 지휘관은 메모리카드에 담긴 사진들을 넘겨보았다. 샤이마와 알리의 결혼식, 바그다드의 한 도로 옆에서 웃고 있는 매슈, 팔루자에서 용병들이 살해당한 날 촬영한 사진들. 거기 담긴 추억.

바로 그 순간, 우리가 타고 왔던 차가 도착했고, 지휘관은 나에게 밖으로 나가서 소지품을 가져오라는 몸짓을 했다. 다리가 후들거렸다. 나는 소지품을 전부 두 팔에 안았다. 신분증과 여권 하나, 카메라가 들어 있는 전대와 노트북, 위성전화, 가끔씩 현장에서 비자를 신청할 때 필요해서 가지고 다니는 2년짜리 미국 여권이 들어 있는 배낭이었다. 우연인지 2년짜리 여권은 배낭의 안쪽 주머니 깊숙한 곳에 들어 있었다. 나는 매슈의 소지품도 챙겼다. 마스크를 쓴 사람들은 뚫어질 것 같은 눈빛을 쏘아댔으며, 여전히 내 정체를 어리둥절하게 생각한 채 내가 짐을 우리 차에서 다른 차로 옮기는 모습을 지켜보았다.

지휘관은 그들에게 나를 도와주라고 잔소리를 했다.

나는 미니밴 근처에 가방을 내려놓고는 다시 매슈 옆으로 가서 앉았다. 지휘관은 우리에게 총을 겨누던 남자들과 함께 잠시 자리를 떴다. 매슈는 자기 여권을 나에게 슬쩍 건네주었고, 나는 그의 여권을 내 여권과 함께 아바야 아래에 입고 있는 속옷 안으로 밀어넣었다. 나는 이라크에서 엘리자베스와 내 머리에 총구가 겨눠졌을 때 내 속옷 안에 숨겨둔 7천 달러가 무사했던 일을 생각했다. 그들이 절대 건드리지 않을 딱 한 군데의 장소가 바로 내 속옷 안이었다.

지휘관과 보초들은 다시 돌아왔고, 지휘관은 내 가방에 들어 있는 카메라들을 보면서 내가 정말로 전문 사진작가라는 점에 만족해했다. 그는 카메라 두 대에 들어 있는 메모리카드의 내용을 보고 싶다고 했다. 내가 그날 아침 6시에 일어나 사드르시로 향한 뒤 카메라에 담은 것은 무크타다 알 사드르의 집무실 밖에서 또다른 반란군인 마흐디 군인들이 얼굴에 천을 두르고 무기를 하늘 높이 들어올린 채 춤을 추는 광경이었다.

"이게 어디요? 언제 찍은 거요?" 지휘관은 관심을 보였다.

미군이 그 전날 바그다드의 사드르시에서 몇 명의 목숨을 빼앗았던 터라, 나는 그날 아침 사드르시에서 새벽부터 거행되는 장례식과 시위 현장을 찍으러 갔다고 설명했다.

"기자증은 어디 있소?"

나는 가방 안으로 손을 뻗어 터키와 멕시코에서 받은 기자증을 꺼냈다. 처음 미니밴으로 끌려올 때 양말 안에 기자증을 숨겨두었던 매슈는 신발을 벗고 〈뉴욕 타임스〉 기자증을 꺼낸 후 지휘관에게 건네주었다. 그는 우리가 건넨 기자증들을 살펴보았다. 기자증을 본 후에도 그들은 우리의 국적을 다시 물어보지 않았다.

상황은 나아지고 있었고 나는 마침내 눈을 똑바로 뜬 뒤 차 내부를 둘러보았다. 총을 든 남자들은 아직 앞좌석에 앉아서 무기를 겨눈 채 우리만 뚫어지게 바라보고 있었지만, 오른쪽에 있는 남자가 살짝 긴장을 푸는 것이 내 눈에 들어왔다. 나는 몇 초 동안 그를 바라본 다음 희미한 미소를 지어 보이고는 손가락을 다시 관자놀이에 갖다대고 눈 옆쪽을 문질렀다.

매슈는 낮은 목소리로 중얼거렸다. "이마 좀 그만 문질러. 긴장 풀라고."

"가만있어. 난 초조하다고. 그리고 자기들이 여자를 초조하게 만들고 있다는 사실을 저쪽이 아는 편이 나아." 나는 말했다.

칼리드가 다시 차 안으로 들어왔고, 나는 익숙한 그의 넉넉한 체구가 가까이에 있다는 생각에 안도했다. 총을 든 사람 중 한 명이 큰 소리로 무언가를 외쳤고, 칼리드는 그 말을 통역해주었다. "저 여자에게 우리가 해치지 않을 거라고 말해."

내 말이 맞지? 나는 생각했다. 이마를 문지른 것이 효과가 있었다.

집안에서 어떤 남자가 주먹보다 약간 큰 찌그러진 은색 그릇을 가지고 나와 지휘관에게 건네주었다.

지휘관은 물이 뚝뚝 떨어지는 그릇을 매슈와 나에게 내밀었다. "드시오."

이라크에서 물을 권하는 것은 환대의 표시로, 이 상황은 적이 손님으로 바뀌는 결정적 순간을 뜻했다. 나는 한 모금 마신 후 매슈에게 그릇을 건네주었다. "최대한 많이 마셔."

나는 우리가 살아남으리라는 것을 알았다.

지휘관은 새로 친구들을 사귀게 되어 기쁘다는 듯 이렇게 말했다. "이라크식 환대의 표시로 펩시콜라를 대접하고 싶소."

우리는 미소를 지었다.

그가 집안에서 펩시콜라를 가지고 나오기 전에, 우리 자동차를 둘러싸고 있던 남자들은 전부 흩어져 본부 내 여기저기를 돌아다니기 시작했다.

"우리는 근처에 있는 해군기지를 공격할 예정이오." 지휘관은 자랑스럽게 말했다. "지켜보시오. 로켓을 발사할 테니."

그의 입에서 이 말이 제대로 나오기도 전에 고막을 찢을 듯한 폭발음이 우리 머리 위 대기를 뒤흔들었고, 주변이 소란해졌다. 지휘관은 우리에게 즉시 마을을 떠나라고 지시했다.

• •

가레이브는 우리가 마을을 빠져나갈 수 있도록 안내해주었다. 우리는 미니밴을 타고 다시 큰길로 나왔지만 이미 도로는 아비규환이었다. 몇몇 반란군들은 로켓탄발사기 주변에 모여서 연속으로 로켓탄을 쏘아올렸다. 칼라시니코프 소총을 하늘로 치켜들고 총알을 발사하는 사람들도 있었다. 그들은 더이상 우리에게 관심이 없었다.

왈리드는 다시 우리 차 운전석에 앉아서 우리가 미니밴에서 길 한쪽에 세워놓은 방탄 차량으로 옮겨타기를 기다리고 있었다.

소지품을 움켜쥐고 왈리드가 기다리고 있는 도로 건너편으로 가려다가, 나는 갑자기 몸을 돌렸다.

"지휘관님!" 나는 방금 전 우리에게 떠나도 좋다고 허락해준 앰버 비전 선글라스를 낀 남자를 불렀다. "사진을 찍어도 될까요?"

그는 나를 빤히 바라보았다. "안 돼! 가라고. 지금!"

"하지만 전 기자입니다. 그리고 지금 미군을 공격하고 있잖아요."

당돌한 요청에 나조차도 약간 충격을 받았지만, 한번 더 생각해보기도 전에 튀어나온 말이었다. 우리는 진심으로 이라크 반란군 입장에서 취재하려 했고, 강렬한 사진이 나올 만한 전장의 한복판, 즉 반란군의 본거지에 들어와 있었다. 허락을 얻을 가능성은 절반 정도라고 생각했지만 만약 물어보지 않았다면 스스로에게 실망했을 것이다.

지휘관은 미소를 지었다. 그러고는 고개를 저었다.

나는 다시 차가 있는 쪽으로 뛰어갔다.

이번에도 가레이브가 마을을 빠져나가는 길을 안내해주었다. 그의 차는 수상쩍을 정도로 느리게 움직였다. 도로를 따라 200미터 정도 갔을 때, 가레이브의 운전사가 길 한쪽에 차를 세우더니 밖으로 나와서 왈리드와 칼리드에게 몸짓을 했다. 매슈와 나는 뒷좌석에 앉아서 두려운 나머지 한마디도 못 하고 있었다.

"당신들은 오늘밤에 떠날 수 없소. 마을에서 하룻밤을 보낸 뒤 아침에 떠나시오."

"말도 안 돼." 매슈는 초조함과 불안감에 화를 내기 시작했다. "우리는 떠날 거야. 지휘관이 가도 된다고 했잖아. 이미 풀려났다고. 우릴 보내줘!"

가레이브는 반란군이 방금 미군을 공격했기 때문에, 만약 미군이 반격하여 이 마을이 공격받는다면 미군에게 폭격위치를 가르쳐준 사람이 우리라고 마을 사람들은 생각할 것이라고 말했다.

매슈는 점점 더 화를 냈다. "웃기는 소리. 우리는 갈 거야. 여기서 하루 자고 갈 생각은 없다고. 절대로."

나는 부드럽게 속삭였다. "선택권이 없는 것 같아. 우리 납치됐잖아. 기억 안 나?"

가레이브는 나를 차 밖으로 불러냈다. 그는 내 쪽으로 몸을 기울이며 말했다. "당신 친구한테 진정하고 입 좀 다물라고 하는 게 좋을 거야."

나는 그에게 사과하고 우리가 겁에 질렸다고 말했다.

"그냥 조용히만 있으라고 해. 저 친구가 내 화를 돋우니까."

나는 칼리드와 왈리드 쪽으로 몸을 돌렸다. "여기는 당신들 나라이고, 문화권이에요. 우리보다 상황을 훨씬 잘 이해하겠죠. 우리가 어떻게 해야 할까요?"

"우린 떠난다고." 매슈가 다시 한번 말했다.

"매슈, 가만 좀 있어봐. 칼리드와 왈리드가 어떻게 해야 할지 말해줄 거야. 이 둘은 아랍어를 하고 이 사람들에 대해서도 잘 알잖아. 의견을 따르는 게 좋아. 사실 우리한테는 별다른 선택권이 없어."

"만약 여기서 하룻밤을 잔다면 저들이 아침에 우릴 죽일 거야." 매슈는 이성을 잃어가고 있었다. "저들에게 생각하고 계획을 짤 시간이 생긴다고. 우리를 죽일 게 틀림없어."

매슈의 말이 옳을 수도 있었다.

"저는 저들이 하라는 대로 해야 한다고 생각해요." 칼리드가 말했다. "저들은 우리가 바그다드 어디에 사는지 알고 있어요. 그리고 가레이브 말에 따르면 미군이 실제로 반격할 경우 이 마을 사람들이 〈뉴욕 타임스〉 지국에 폭격을 가할 수도 있대요."

우리는 차문을 닫았고 가레이브 역시 다시 자기 차에 올랐다. 우리는 좁은 길을 따라 점점 더 가르마의 깊숙한 주거지역으로 들어갔다. 어떤 집 앞에 차가 멈추자 거의 즉시 문이 활짝 열렸고, 우리는 곧바로 거실 출입구 앞에 도착했다. 바깥에는 우리가 있었던 흔적조차 남지 않았다.

작은 키에 다부진 체격, 깔끔하게 손질한 수염, 전쟁의 피로가 드러나는 짙은 갈색눈을 한 집주인이 진입로에서 우리를 맞아주었다. 가레이브는 이 새로운 억류자에게 우리를 인도하고는 모습을 감추었다.

안으로 들어가자 바닥에는 양탄자가 깔려 있고 벽에는 속을 잔뜩 채운 긴 쿠션들이 기대어 놓인 전형적인 이라크 거실이 펼쳐졌다. 나는 이라크에 꽤나 오래 머물렀기 때문에 그들이 나를 남자들에게서 떼어내 영어는 한마디도 못하는데다 결혼과 아이에 대한 따분한 질문만 던져댈 여자들이 있는 방으로 데려갈 것임을 알고 있었다. 나는 우리 목숨이 위태로운 순간에 그런 일상적인 대화를 해야 한다는 것 자체를 참을 수가 없었다. 예상대로 그들이 나에게 여자들이 있는 방으로 데려다주겠다고 제안했을 때, 나는 정중하게 거절하며 남편 곁에 있고 싶기 때문에 남자들과 같은 방에 있겠다고 설명했다. 나는 그저 일행과 같이 있고 싶었다. 많아봐야 여덟 살 정도 되어 보이는 집주인의 아들이 우리에게 차와 쿠키를 가져다주었는데, 이라크에 억류된 상태에서 이런 접대를 받는 것이 참으로 아이러니했다.

매슈와 나의 역할은 바뀌어 있었다. 나는 침착했고, 우리가 살해될 거라고 확신한 매슈는 공포에 질려 정신을 잃을 지경이었다. 시간은 오후 5시, 몇 시간만 더 지나면 해가 지고 길이 어두워지기 때문에 가르마에서 바그다드로 돌아가는 것이 불가능해진다. 매슈는 거의 입을 다물어버렸다. 우리는 바닥에 앉아서 차를 마셨다. 나는 우리를 억류하고 있는 집주인에게 가족 이야기를 물었다. 밖은 점점 어둑어둑해졌다. 거실이 좁은 탓에 더 거대해 보이는 왈리드는 집주인과 잡담을 나누었다. 나는 앰버 비전 선글라스를 쓴 지휘관이 돌아오기를 바랐다.

한 시간 후, 가레이브는 처음 보는 다른 영국인 기자와 함께 돌아왔다. 우리가 추정해볼 수 있는 것은 애초에 그 영국인 기자를 반란군 조직에 침투시킨 가레이브와 달리, 우리는 초대를 받거나 신원이 검증되지 않은 상태에서 우연히 반란군을 만나게 되었다는 정도였다. 그래서 그 영국인 기자는 자유롭게 취재하는 반면 우리는 억류된 것인지도 몰랐다. 그 영국인 기자는 우리가 억류되어 있다는 사실을 모르는 듯 마치 술집에서 같이 맥주를 한잔하듯이 우리에게 말을 걸었다. 멀리서 박격포, 로켓탄, 소총을 발사하는 소리가 들려왔고, 가레이브와 영국인 기자는 반란군 입장에서 전투를 취재하러 가는 참이었다. 매슈와 나는 우리도 함께 가도 되느냐고 물었다. 그는 거절했다.

그 영국인 기자는 아무 생각이 없는 건지 아니면 멍청한 건지, 우리에게 가볍게 물었다.

"그래, 당신들은 미국 어느 지역 출신이오?"

나는 눈을 서릿발같이 뜨고 그를 바라보았다. "우리는 미국 사람이 아니에요. 저는 이탈리아 출신이에요."

다행히도 가레이브는 왈리드, 칼리드와 이야기하고 있었다. 나는 그 영국인 기자에게 '아메리카'나 '미국'이라는 단어를 언급하지 말라는 몸짓을 했다. 눈치 없는 그 기자를 없애버리고 싶었다.

나는 우리가 근처 해군기지에서 날아오는 공습의 희생양이 될 확률이 어느 정도인지 궁금했다.

가레이브와 영국인 기자는 취재를 떠났고, 우리는 두 사람에게 어두워지기 전에 돌아오라고 애원했다.

시간은 조금씩 흘러갔고 우리를 억류하고 있는 집주인은 점차 말이 많아졌다. 그는 우리에게 이라크에서 어떻게 지냈느냐고 물었고, 매슈와 내가 이라크를 광범위하게 여행했고 내가 전쟁이 일어나기 훨씬 전부터 이라크에 주재했으며, 현지인들에게 호의적일 뿐만 아니라 미국의 이라크 점령에 반대한다는 이야기를 듣고는 흐뭇해했다. 어느 시점이 되자 집주인은 무법자들이라는 의미의 구어인 알리 바바스와 이라크 점령에 대항해서 싸우는 반란군의 근본적인 차이를 설명하며 혼자 열변을 늘어놓기도 했다. 철학적인 토론을 하기에 이보다 안성맞춤의 때는 없었다. 집주인은 알리 바바스가 반란군들의 평판을 나쁘게 한다며 걱정했다. 나는 가르마와 아주 가까운 곳에서 총을 든 사람들에게 억류된 적이 있었으며, 그들은 이 마을 사람들과는 전혀 달랐다는 이야기를 했다. 집주인은 반란군이 나쁜 사람들은 아니지만, 미국의 적대감과 폭력에 선동되고 모욕을 당하여 이제는 돌이킬 수 없는 상황이 되어버렸다고 말했다.

"한밤중에 집에 쳐들어와서 집안 여자들에게 손을 대고 재산을 훔쳐가는 남자가 있다면 당신은 맞서 싸우지 않겠습니까? 당신네 나라에서 누가 당신을 모욕하면 어떨까요? 상대방과 싸우지 않겠습니까?"

우리는 둘 다 고개를 끄덕였다.

매슈는 너무나 스트레스를 받은 나머지 내 옆에 눕더니 급기야는 이 상황에서 깜빡 잠에 빠져들기 시작했다. 나는 한 가지 생각이 떠올라 매슈에게 속삭였다. "저 사람들한테 내가 임신중인데 몸이 좋지 않다고 말하면 될 거야. 우리한테 아이가 있다고 생각하면 혹시 풀어줄지 몰라. 안 그래?" 매슈는 눈을 감았다.

이슬람 문화권에서는 여성이 낯선 남성들 앞에서 눕는 것이 예의에 어긋나기 때문에 나는 잠든 매슈를 부러워하며 자세를 꼿꼿이 하고 앉아 있었다. 매슈 옆에 몸을 웅크리고 누워 바그다드의 숙소 창밖에서 울어대는 익숙한 새소리를 들으며 잠을 깨고 싶은 마음이 간절했다.

우리를 억류하고 있는 집주인은 자신의 아내를 만나보겠느냐고 묻고는, 어두운 방을 지나 그의 아내가 의자에 앉아서 집 앞에서 놀고 있는 아이들을 바라보고 있는 부엌으로 나를 안내했다. 그의 아내는 새로운 말동무가 생겨 뛸듯이 기뻐하며 의자에서 일어났고, 남편은 자리를 뜨면서 우리 두 사람에게 친해질 시간을 주었다.

나는 이와 비슷한 일을 셀 수도 없이 겪었으며, 내가 구사하는 아랍어는 지극히 기초적인 수준에 불과했지만 여성들과 의사소통하는 데는 몇 단어면 충분하다는 것을 알고 있었다.

"결혼했나요?"

"네." 나는 매슈가 자고 있는 옆방을 가리켰다.

"아이는요?"

나는 임신부처럼 복부를 감쌌다. 내가 임신했다는 루머를 퍼뜨리려면 집주인의 아내부터 시작하는 것이 제일 효과적이라고 생각했다.

그녀는 나를 바라보더니 외국인을 한 번도 만나본 적이 없던 대다수 여성들과 마찬가지로 아바야 안에 입은 내 옷과 몸을 보고 싶어했다. 내 검은색 망토를 젖히고 그 안에 입은 딱 붙는 청바지와 티셔츠를 본 그녀는 미소를 지으면서 내 허벅지를 두드리더니 손으로 내 복부를 문질렀다.

갑자기 그녀의 두 아들이 깔깔거리며 부엌으로 들어왔다. 아이들은 내 오른쪽에 있는 거울 앞에 서더니 다른 마을 남자들처럼 얼굴에 카피에를 여러 번 둘렀다. 옷 입기 놀이를 하는 모양이었다.

이제 밖은 거의 어둑어둑해졌고, 미군에 대한 공격의 진척상황을 살피러 갔던 가레이브는 숨을 헐떡이며 돌아왔다. 그는 집주인을 부르더니 현관을 통해 다시 밖으로 나갔다. 잠에서 깨어나 앉은 매슈는 정신을 제대로 차리지 못한 채 최후를 각오하고 있었다.

우리가 앉아 있는 거실 문이 살짝 열려 있어서 그 틈새와 작은 창문을 통해 집주인의 모습이 눈에 들어왔다. 그는 전신에 검은 옷을 걸치고 등에 칼라시니코프 소총을 멘 낯선 남자와 협상하고 있었다. 두 사람은 우리의 운명에 대해 논의하고 있는 것이 분명했고, 서로 의견이 맞지 않는지 옥신각신하는 모습이었다. 매슈는 다시 한번 우리가 살아남지 못할 것이라고 확신했다.

그때 집안으로 들어온 가레이브가 이제 떠나도 된다고 말해주었다. 그 전에 위성전화로 바그다드 사무실에 전화해서 우리 신분이 맞는지만 확인하겠다고 했다.

우리는 어떤 일이 벌어질지 몰라 밖으로 나가 차 옆에서 기다리고 있었다. 진입로 문이 열리고 가레이브가 매슈에게 다시 한번 위성전화와 언론사 지국의 전화번호를 달라고 했다. 집주인과 가레이브 사이에 어떤 긴장감이 감도는 것을 분명히 느낄 수 있었다. 우리를 어떻게 처리할지와 관련하여 의견이 다른 것 같았다.

검은 옷을 입은 남자가 다가오더니 우리를 바라보았다.

"나는 외국인 여자와 결혼하고 싶소." 그는 내 눈을 똑바로 바라보면서 치열이 고르지 못한 지저분한 이빨을 드러내고 웃었다. 칼리드는 그 말을 통역해주었다.

"감사합니다." 나는 손을 가슴에 얹으며 말했다. "하지만 저는 이미 결혼을 했습니다. 저는 언니가 세 명 있습니다…… 다음에 제가 여기 오게 되면 언니들 중 한 명을 소개해드릴 수도……"

그때 갑자기 집주인이 우리 쪽으로 몸을 돌리더니 다시 차에 타라고 지시했다. "다들 차에 타!" 집주인이 가레이브의 권력 자랑을 더이상 참을 수 없었던 모양이었다.

그는 나에게는 밖에서 보이지 않도록 뒷좌석 바닥 쪽으로 몸을 낮추라고 한 뒤, 덩치가 큰 칼리드와 매슈는 뒷좌석, 왈리드는 조수석에 타라고 지시했다. 그리고 카피예를 얼굴에 두르더니 운전석에 올랐다. 차가 진입로를 빠져나가는 것이 느껴졌고, 일 초가 다르게 하늘이 어두워지는 가운데 우리는 천천히 마을을 통과하여 바그다드로 가는 큰 고속도로를 향해 달려갔다. 바깥 광경이 간신히 보일 정도로 머리를 내밀었더니 반란군이 거의 3미터에 한 명씩 길 옆쪽에 무기를 들고 대기하는 광경이 눈에 들어왔다. 집주인은 다음에 미군이 마을을 습격할 경우에 대비하여 반란군이 참호를 파고 폭발물을 설치하고 있다며 자랑스럽게 설명해주었다.

우리는 바그다드로 이어지는 고속도로에 도달했다. 집주인은 왈리드의 어깨를 툭 치더니 운전석에 앉으라는 몸짓을 하고는 차에서 뛰어내린 후 길을 건너 다시 마을 쪽으로 향했다. 우리를 억류하던 사람이 우리 목숨을 구해준 것이다.

우리는 집으로 향했다.

나는 차에 앉아서 어둑해진 들판 위로 태양이 지는 모습을 바라보았다. 우리는 미신이라도 믿는 양 침묵 속에서 차를 몰았다. 집에 도착할 때까지 아무도 우리의 운명에 대해 언급하려 하지 않았다. 핸드폰은 아직 신호가 잡히지 않았고, 그렇다고 해서 길 옆쪽에 오랫동안 차를 세우고 위성전화로 전화를 걸 생각은 감히 하지도 못했다. 매슈와 나는 더이상 왈리드와 칼리드 앞에서 우리 두 사람의 감정을 보여주는 것을 창피하다고 생각지 않은 채 손을 꽉 쥐고 있었다. 어떻게 지났는지 모르게 사십 분이 경과했고, 바그다드 외곽에 입성하자 왈리드의 전화가 울리기 시작했다. 왈리드는 사랑과 애정을 나타내는 전형적인 아랍어 표현들을 연발했다. "아유니(내 눈이여), 하빕티(내 사랑), 갈비(내 심장)."

내 머릿속은 부모님 생각으로 가득했다. 제발 부모님이 아무 소식도 듣지 못했기를 바랐다.

• •

〈뉴욕 타임스〉 지국에 도착했을 때 건물 바깥쪽에는 대략 직원들 스무 명이 모여 있었다. 그 가운데 사무장인 바심이 우리 쪽으로 다가왔다. 이슬람 문화권에서 남성과 여성 사이에 지켜야 할 격식은 전부 온데간데없이 사라지고, 우리는 한 명씩 서로 얼싸안기 시작했다. 이미 날은 어두워졌지만 바심이 대견한 마음에 아이처럼 울고 있음을 알 수 있었다. 그가 우는 모습을 보자 지난 몇 시간 동안의 긴장이 풀리면서 나 역시 눈물이 터져나왔다.

"부모님이 뉴욕에서 여러 번 전화하셨어. 전화해드려." 한 동료가 전해주었다.

나는 즉시 옥상으로 올라가서 탁 트인 하늘과 별들을 바라보았다. 이곳은 내가 이라크에서 위안을 얻을 수 있는 몇 안 되는 장소였다. 손이 너무 떨려 전화번호를 누를 수 없었다. 목은 바짝바짝 마른데다 갈라지는 소리가 났다. 심지어 어린 시절부터 머릿속에 각인된 부모님의 전화번호조차 기억이 나지 않았다. 나는 핸드폰의 주소록을 넘기면서 '어머니'를 찾았고 어머니에게 먼저 전화를 걸었다. 전화는 음성사서함으로 연결되었지만, 어머니의 목소리가 흘러나오자 나는 울음을 터뜨렸다.

그다음에는 주소록에서 '아버지'를 찾았다. 아버지는 절대 전화를 받으실 분이 아니다. 오늘이 무슨 날이었더라? 수요일이지. 일하고 계시겠군. 나는 미용실로 전화를 걸었고, 이제야 기억력이 되살아나기 시작했다. 핸드폰에서 미용실 안내 담당 직원의 째지는 목소리가 들려왔고, 내 입에서는 잠시 아무 말도 나오지 않았다.

"우리 아버지 거기 계세요?" 우리 아버지가 누군지는 알겠지, 안 그래? "필립 씨 계세요?"

"아, 네, 따님이구나. 계세요." 직원의 목소리가 다급해서 그 직원 역시 내 일을 알고 있음을 직감했다. 그 순간 부모님께 너무나 많은 걱정을 끼쳐드렸다는 죄책감이 몰려왔다.

아버지는 전화를 받았지만 한마디도 못 하셨다. 그저 나처럼 한 문장이라도 뱉어보려고 애쓰며 훌쩍이는 소리만 들려왔다. 아버지가 일말의 감정이나마 드러내는 순간을 목격한 것은 이번이 거의 처음이었다. 말을 잇지 못하는 아버지에게서 나에 대한 사랑이 느껴졌다.

"아버지? 아버지? 괜찮아요. 저 무사해요." 나는 너무나 심하게 울고 있었기 때문에 말이 제대로 나오지 않았지만 아버지에게 의연한 모습을 보여드리고 싶었다.

"세상에, 우리 딸. 집으로 와라. 제발 집으로 돌아와."

나는 흐느끼면서 어두운 하늘을 올려다보았다. "알았어요. 금방 집으로 갈게요."

아버지에게는 집에 가겠다고 약속했지만, 신문사가 이라크에서 철수하겠느냐고 물어보았을 때 나는 그 제안을 받아들이지 않았다. 종군사진기자의 업무에는 트라우마가 따를 수밖에 없음을 알고 있었기 때문에 스스로의 반응을 통제할 수 있는 사람이 되고 싶었다. 나는 내 감정을 충분히 돌아보며 그 감정들이 어떤 의미인지 이해해보려 했다. 납치에 대한 나의 반응이 하나의 도피수단이 되기를 바라지는 않았다. 매슈와 나는 여러 방안을 논의해보았고, 결국 1~2주 정도 이라크에 더 머물다가 떠나기로 했다. 충격을 받기는 했지만 내 인생의 사명이 되어버린 이 일을 단념할 생각은 없었다. 나는 두려움을 내가 선택한 여정에 수반하는 부산물로 받아들이기로 했다.

그러나 유언장은 작성했다. 납치사건을 겪으면서 나는 처음으로 진짜 죽을지도 모른다고 생각했고, 언젠가는 죽는다는 사실을 마침내 받아들이게 된 것이다. 비록 내 재산이라고는 사진들이 전부였지만 그 일이 있은 후, 2004년 늦은 봄에 나는 친구를 만나서 현금재산은 어머니께 물려주고 내 사진의 전매로 인한 수익은 조카들에게 물려준다는 유언장을 작성했다. 문구는 모두 작성이 끝났지만 최종적으로 서류에 서명해야 했다. 두 명의 증인이 필요했기 때문에 새로운 사진에이전시인 코르비스의 편집자 두 명에게 배석해줄 것을 부탁했다.

유언장에 서명하는 날, 코르비스 사진에이전시에는 마침 사진기자들이 이라크로 가져갈 새 방탄복이 배송된 참이었다. 나는 방탄조끼와 헬멧을 착용해보았다. 왠지 그렇게 보호장구를 착용한 상태에서 유언장에 서명하면 운이 더 좋을 것 같았다. 길조가 되겠지, 스스로에게 되뇌었다.

그래서 나는 방탄조끼를 입고 왼손에는 헬멧을 든 채 인생 최초의 유언장에 서명했다.

• •

매슈와 나는 너무나 많은 일을 함께 겪었지만, 이제 우리에게 닥친 문제는 이라크를 떠난 후 우리 관계의 행보였다. 나는 취재가 끝난 후 집에 가서 남자친구와 시간을 보내거나 현장에서 남자친구를 사귄 적은 있었지만, 완전히 동떨어진 이 두 세계를 합쳐보려는 시도는 해본 적이 없었다. 게다가 그토록 많은 일을 함께 겪은 이 시점에서, 우리 두 사람이 각자의 오래된 연인에게 돌아가는 모습도 상상할 수 없었다.

우리는 수많은 기자들이 각자 집으로 향하기 전 천 수짜리 고급 시트에 몸을 감싼 채 현지 연애 상대와의 관계를 정리하는 요르단의 포시즌스 호텔의 호화스러운 방에서 마지막 주말을 보냈다. 브런치 식당은 마치 모든 불륜 커플의 전시장 같았다. 그후 매슈는 미국에 있는 집으로 돌아갔고, 나는 잔잔하고 푸른 바다에 뛰어들어 수영하며 긴장을 풀기 위해 혼자 태국으로 여행을 떠났다.

태국의 작은 섬들 중에서도 유독 자그마한 사무이섬에서, 마른 체구에 가죽 같은 피부, 움푹 팬 볼에 화려한 장식의 룽기*를 걸친 서울이라는 태국인 뱃사공은 내가 묵고 있는 오두막집 앞에서 기다리다가 나를 근처에 있는 적막한 작은 섬으로 데려갔다. 그 섬은 오염되지 않은 모래사장이 길

* 동남아시아 지역에서 허리에 감아 발목까지 내려오게 입는 옷.

게 펼쳐져 있었고, 투명하고 고요한 청록색 바다가 주위를 둘러싸고 있었다. 서울은 영어를 잘하지 못했고 나는 매일같이 그와 잡담을 나눌 필요가 없어서 기뻤다. 나는 불안감, 스트레스뿐 아니라 죽음의 문턱 앞에서 돌아와서인지 마음이 텅 빈 것 같은 공허함마저 느꼈다. 몇 달 동안이나 내 핏줄을 타고 세차게 흘렀던 아드레날린이 사라지자 나는 방향을 잃고 갈팡질팡했으며, 다른 사람들의 이야기로 머릿속을 채우고 내 경험을 지워버리기 위해 끊임없이 책을 읽었다. 가슴이 아팠다. 서울은 매일 아침 나를 데리러 와서 외로운 해변에 내려놓았고, 하루종일 책을 읽거나 수영을 하다보면 그는 오후 3시쯤 돌아와 다시 오두막까지 데려다주었다. 나는 이 특별서비스에 대한 대가로 그에게 약 5달러에 해당하는 비용을 지불했다.

태국에서 지낸 지 5일째 되던 아침, 매슈가 나에게 돌아올지, 아니면 고향에 있는 오랜 연인 곁에 머물지를 생각하며 내내 어지러운 마음을 달래고 있는 나에게 서울이 말을 걸었다.

"마담?"

"네, 서울." 나는 잠깐 눈을 그에게 돌리면서 대답한 후 다시 수평선을 멍하니 바라보았다.

"왜 남편 없어요?" 서울은 물었다.

나는 서울 쪽으로 몸을 돌리고는 웃었다. "나는 바빠요, 서울. 남편을 둘 시간이 없어요."

그로부터 1년 후, 몇 달 동안이나 두 여자 사이에서 흔들리던 매슈는 결국 첫사랑과 결혼식을 올렸다. 그는 익숙함과 안전함을 선택했고, 자신이 진정으로 사랑하는 여성과의 삶으로 돌아갔다. 현실적으로 내가 남자에게 제공할 수 있는 것은 정열적인 불륜, 또는 장기 취재 사이마다 생기는, 기껏해야 한 달에 며칠 정도의 시간뿐이었다. 전쟁터에서의 낭만적 감정은 일상적으로 흐르는 긴장감 때문에 더욱 고조되는 경향이 있다. 이라크에서 연인과 함께 보낸 한 달은 전쟁이 없는 곳에서의 여섯 달과 같다. 이라크가 아닌 다른 곳이었다면 우리의 사랑은 절대 꽃피지 못했을 것이다.

• •

나는 이듬해에도 여러 번 이라크로 돌아갔고, 취재 범위를 점차 넓혀가기 시작했다. 2004년 이스탄불에 머물던 나는 〈라이프〉지로부터 부상당한 미군들의 사진을 유례없는 조건으로 자유롭게 찍을 수 있게 해주겠다는 연락을 받았다. 조니 드와이어Johnny Dwyer라는 기자의 아버지와 할아버지는 둘 다 공군 의무병 출신이었다. 우리는 전장에서 부상당한 수백 명의 군인들이 독일 람슈타인에 있는 미국 소관의 병원으로 이송되기 전에 머무는 발라드 공군기지의 야전병원에서 5일간 취재했다. 내가 기억하는 한, 군대에서 이런 식으로 부상당한 병사들을 사진에 담을 수 있는 기회를 기자들에게 마련해준 적은 없었다. 전쟁으로 인한 인명 피해는 늘 철저하게 숨겨져왔다.

군대에서 취재할 때는 사전에 동의하지 않은 사람의 사진은 찍지 않거나 인터뷰를 시도하지 않는 것이 규칙이다. 나는 사진을 찍은 모든 군인에게서 서명한 동의서를 받아야 했고, 의식이 없는 환자의 경우 사진을 찍어도 해당 군인이 의식을 되찾고 동의서에 서명할 때까지 그 사진을 게재할 수 없었다. 내가 찍은 군인들은 대부분 전장에서 바로 실려온 해병대원들이었으며, 대부분 동의서에 서명해주었다. 사실 미국을 지키기 위한 자신들의 헌신이 〈라이프〉지에 기록된다는 점이 너무나 기뻤던 그들이 오히려 나에게 사진을 찍어달라고 애원하는 경우도 적지 않았다. 검열은 사진에 찍히는 군인들이 아닌, 윗선에서 이루어졌다.

나는 마침내 지금까지 사진으로 담지 못했던 광경을 찍게 된 셈이었다. 나는 이 여러 장의 사진이 미국인들에게 이라크전쟁의 실상을 깨우쳐주리라 확신했다. 미국인들이 이 모습을 보면 미군의 이라크 주둔에 항의할 거라 생각했다. 지금까지 미국인들이 본 적 없는 광경들이었다.

관련 기사는 우리가 11월 중순에 취재를 마치고 집으로 돌아간 직후 게재될 예정이었지만, 〈라이프〉지는 11월의 부시 대통령 재선, 1월의 취임 연설을 거칠 때까지, 몇 주가 아니라 몇 달이 지나도록 기사 게재를 보류했다. 그리고 2월에 〈라이프〉지의 사진 담당편집자에게서 메일을 한 통 받았다. 그 메일에서 편집자는 유감스럽게도 〈라이프〉지가 팔루자에서 부상당한 군인들의 사진에세이를 게재하지 않기로 결정했다고 설명했다. 사진들이 미국 대중에게 공개하기에는 너무 '현실적'이라는 단순한 이유였다.

나는 프리랜서 사진기자였다. 내 사진에 대해 자신감을 갖고 적극적으로 주장을 펼치면서도 편집자들이 나와 다시는 일하기 싫을 정도로 까다롭게 구는 것은 삼가기 위해 아슬아슬한 적정선을 지키고 있었다. 나는 그 어떤 기자에게도 이 정도의 수준으로 발라드의 부상 군인들을 찍을 기회가 주어지지 않는다는 것을 알고 있었고, 군인들이 자신의 이야기가 공개되기를 열렬히 바랐기 때문에 사진을 공개하지 않기로 했다는 소식을 듣고는 처참한 심정을 금할 수 없었다.

결국 그 사진들은 〈뉴욕 타임스 매거진〉에 게재되었으나, 나는 이라크에서 그렇게 몇 달을 보낸 후 무언가 다른 변화가 일어났음을 깨달았다. 이제 나는 스스로 내 목숨을 걸고 대중에게 깨우침을 줄 수 있는 이야기를 취재하는 사진기자가 되었다. 나는 사람들이 생각하고 마음을 열게 하는 것은 물론, 이라크에서 벌어지는 전반적인 일들을 사람들에게 보여주어서 저마다 미군의 이라크 주둔 지지 여부에 대한 판단을 내릴 수 있도록 돕고 싶었다. 내가 죽을 위험을 무릅쓰고 찍어온 사진이 뉴욕의 푹신한 사무실 의자에 앉아 있는 사람들에게 검열당할 때마다 머리끝까지 분노가 차올랐다. 이들은 사람들이 보기에 너무 가혹한 것이 무엇인지를 제멋대로 결정했으며, 대중들이 미국 젊은이들이 싸우고 있는 전장에서 어떤 일이 벌어지고 있는지 볼 수 있는 기회를 앗아가고 있었다. 팔루자의 부상 군인 이야기 같은 사건을 취재할 때마다 나는 눈물이 차오르고 감정적으로도 약해졌지만, 집으로 돌아올 때마다 현장으로 돌아가야겠다는 생각은 더욱 굳어질 뿐이었다.

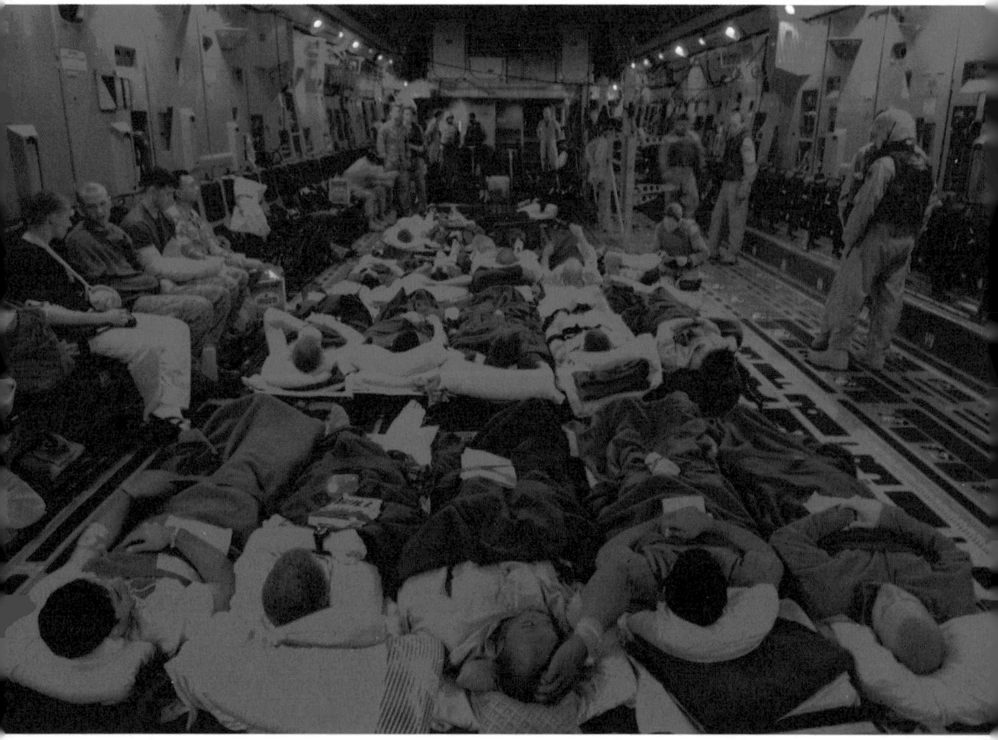

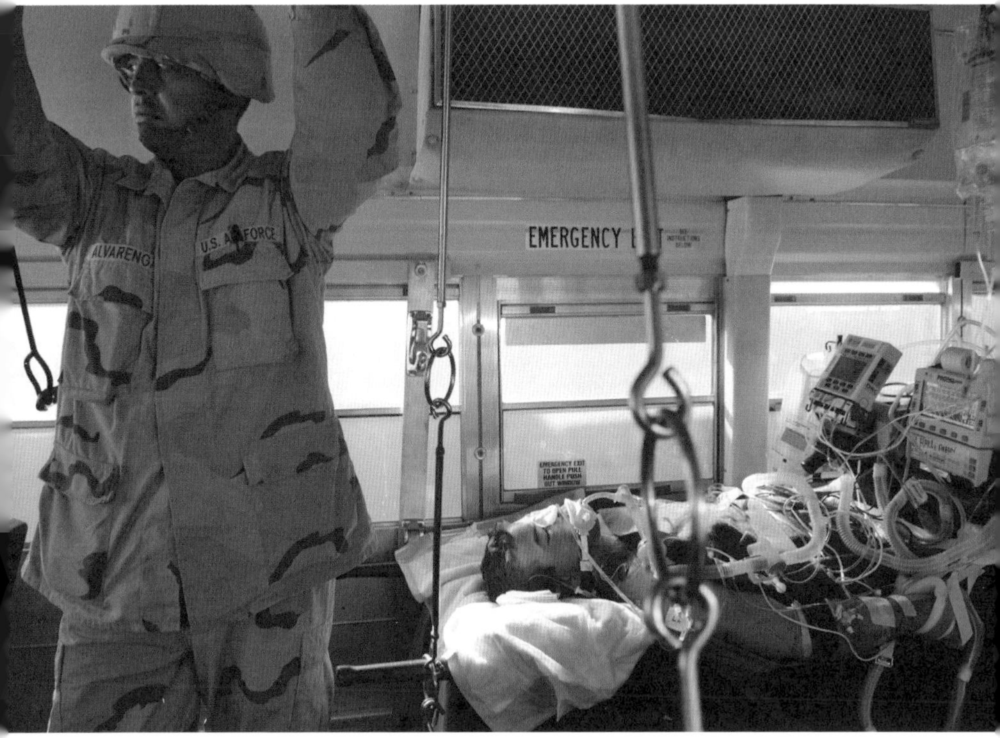
ALVARENG
U.S. AIR FORCE
EMERGENCY EXIT
EMERGENCY EXIT
TO OPEN PULL
HANDLE PUSH
OUT WINDOW

IT'S WHAT I DO

3부

내 삶의 균형을 찾아

수단, 콩고, 이스탄불,
아프가니스탄, 파키스탄,
프랑스, 리비아

Lynsey Addario

여성은 출생지의 피해자

〈라이프〉지의 일을 맡기도 전이었던, 서른 살이 되던 해 나는 미국이 벌이는 테러와의 전쟁 취재에서 한 발짝 물러서기 시작했다. 2004년 여름에 나는 권력이 이라크 사람들의 손으로 이행되는 과정을 취재했으며, 이제는 이라크를 떠날 때임을 깨달았다. 매일 전력투구해야 하는 뉴스속보 사진촬영과는 다른 분야로 진출해보고 싶었다. 현장을 뛰어다니면서 신속하고 효율적으로 일하는 법은 배웠지만, 폭력과 각종 규제가 넘쳐나는 2004년 하반기의 이라크에서 새로운 시도를 해보거나 사진작가로서의 성장은 기대하기 어려웠다. 내가 다른 유형의 사진을 찍을 수 있는지 알아보고 싶었고, 그러기 위해서는 다른 지역으로 가야만 했다. 이제는 이라크와 젊은 시절의 자멸적인 연애행각에서 벗어날 때였다. 나는 몇 년 만에 처음으로 남자친구 없는 독신이 되었고, 새로운 도전을 위한 만반의 준비도 되어 있었다.

나는 아프리카로 눈을 돌렸다. 나는 오랫동안 아프리카야말로 사람들, 이야기, 빛, 색상, 열기, 냄새, 먼지, 때, 그리고 사진에 푹 빠질 수 있는 대륙일 것이라 상상했다. 하지만 9·11테러 이후 이라크와 아프가니스탄에서 벌어지는 전쟁에 정신없이 매여 있었기 때문에, 〈뉴욕 타임스〉 특파원 소미니 센굽타가 수단의 다르푸르 지역에 대한 메일을 보내주기 전까지 아프리카는 머나먼 꿈에 지나지 않았다. 다르푸르 분쟁은 2003년에 주로 아프리카계 흑인들로 구성된 반란군이 제도적으로 자행된 인종차별주의와 아랍계 주민만을 위한 친이슬람 정책을 시행한 것에 항의하여 수단 정부를 공격하면서 시작되었다. 수단 정부는 무자비하게 보복했다. 구식 러시아산 항공기 안토노프로 다르푸르 전역에 공습을 퍼부어 자국민을 공격했고, 말을 탄 아랍계 무장민병대 잔자위드를 보내 마을 사람들을 강간하고 살해했으며 민가를 약탈했다. 분쟁은 부족의 처우에 대한 것이기도 했지만 육지와 바다의 접근권한과 관련된 것이기도 했다. 전쟁은 민족, 종교, 국가적 증오뿐만 아니라 자원을 둘러싸고 일어나는 경우가 많다. 푸르족, 마살리트족, 자가와족 출신의 다르푸르 사람들은 수단해방군SLA, Sudanese Liberation Army과 정의평등운동JEM, Justice and Equality Movement이라는 두 개의 주요 반란단체를 조직하여 아랍 정부의 공격에 맞서 싸웠다. 2004년이 되자 반란군은 수단 정부와 전면전에 돌입한 상태였고, 민간인들이 이웃 국가인 차드로 피난할 수 있도록 돕는 한편, 몰래 국경을 넘어 수단의 다르푸르 지역으로 진입한 기자들과 전략적으로 협력하여 여기저기 시체가 널려 있고 숯처럼 그을린 시골지역의 모습을 보도할 수 있도록 지원했다.

다르푸르 분쟁은 아프리카에서 처음 취재를 할 수 있을 뿐 아니라 인도

주의적인 시각에 보다 중점을 둘 수 있는 절호의 기회였다. 나는 〈뉴욕 타임스〉와 〈타임〉지에서 지속적으로 일거리를 받고 있었고, 이라크에서 장기간 체류할 때는 신문사에서 체재비용을 모두 지불했기 때문에 약간의 돈까지 저축할 수 있었다. 성인이 된 이후 다음번 일거리나 취재에 필요한 비용 때문에 전전긍긍하지 않게 된 것은 이때가 처음이었다.

그 당시에는 수단이라는 나라가 나에게 얼마나 중요한 의미를 갖게 될지 알 도리가 없었다. 나는 그후 6년 동안 계속해서 수단을 방문했고, 수단 그리고 수단 사람들과 깊은 유대관계를 형성하게 되었다. 아프리카에서의 취재는 나의 커리어, 그리고 나의 인생을 바꾸어놓았다.

• •

소미니와 나는 차드의 수도인 은자메나에서 만나 수단 국경에서 가까운 차드의 아베셰 지역으로 향했다. 우리가 탄 프랑스 군용기의 조종사 둘은 끝내주게 잘생긴 미남들이었다. 그들은 우리를 조종석으로 초대하여 군용기 앞유리 너머로 펼쳐지는 광활한 사막을 구경할 수 있게 해주었다. 사람이 살지 않는 미개척지가 그토록 끝도 없이 펼쳐진 광경을 본 건 이번이 처음이었다. 조종사들은 조종실력을 과시하려는 듯 항공기를 좌우로 기울였고, 결국 나는 비행 후반부 내내 봉투에 속을 게워냈다. 남자친구와 갓 헤어지고 독신이 된 베테랑 사진기자로서 잘생긴 군인들에게 좋은 인상을 주려던 계획은 물거품이 되고 말았다.

아베셰에 도착하여 유엔 게스트하우스에서 하룻밤을 보낸 다음 우리는 사륜구동차량을 타고 다르푸르에서 국경을 넘어온 수많은 난민들이 머물고 있는 바하이라는 시골마을로 출발했다. 2004년 중반, 난민캠프에 인프라라고 할 만한 것은 거의 없었다. 유엔난민기구와 국제구호단체는 갑자기 몰려드는 수만 명의 난민들로 어쩔 줄 모르는 상태였기 때문에, 대부분의 난민들은 대피소나 식량을 확보하지 못한 채 비정부단체가 사막에 설치해놓은 응급 물주머니를 통해 식수만 충당하고 있었다.

바하이로 향하는 도중에 나는 이쪽부터 저쪽까지 모래 외에는 아무것도 보이지 않는 이 수평선을 따라 이동하는 것이 난민들에게 얼마나 가혹한 일인지 깨달았다. 가끔씩 최소한의 그늘을 제공해줄 정도의 관목이 있거나 임시텐트가 세워져 있으면 극도로 쇠약하고 영양실조상태가 된 해골 같은 사람들이 눈에 공포가 가득 서린 채 모여 있었다. 난민캠프에 막 도착한 사람들은 햇빛을 가리기 위해 누더기를 걸쳐놓은 앙상하고 키 작은 나무 아래에 자리를 잡았다. 굶주림과 갈증에 지친 그들은 구걸하거나 움직일 힘조차 없어 보였다. 내 머릿속에서는 그 순간 제임스 나트웨이James Nachtwey의 소말리아 기근 사진, 톰 스토더트Tom Stoddart의 남수단 사진, 인간의 상황을 나타내는 살가두의 풍경 사진, 돈 매컬린Don McCullin의 비아프라 기근 사진 등 이 광경과 비슷한 사진들이 떠올랐다. 물론 다르푸르에 기근이 찾아온 것은 아니었지만, 나는 처음으로 먹을 것도 없고 피난 때문에 몸이 너무나 쇠약해져 제대로 걷지도 못하는 사람들을 보게 되었다.

사막에 세워진 난민캠프를 살피다보니 영양상태가 좋은 건강한 백인 여성이 비참한 난민들 사이를 돌아다니고 있다는 자의식이 들었다. 이곳 사람들은 내가 외국인 기자라는 사실을 이해해주었지만, 나는 어떻게 하면 난민들의 존엄성을 손상시키지 않고 사진을 찍을지 고민했다. 이곳의 비극을 이라크의 참상과 비교하는 것은 너무나 자연스러운 수순이었지만, 사실상 비교가 불가능했다. 이라크와 다르푸르는 완전히 다른 두 개의 세계였다. 하지만 나의 역할은 언제나 같았다. 조심스럽게 다가가서 경의를 표하며, 대상이 불편함을 느끼거나 객체화된다는 기분을 최대한 받지 않는 한도 내에서 심층취재를 한다. 나는 항상 상대방 문화권의 인사법을 사용하며 얼굴에는 미소를 띠고 조심스럽게 다가간다. 수단에서는 아랍어를 사용했기 때문에 인사법은 나에게도 익숙했다. "살람 알라이쿰(신의 평화가 당신에게)"라고 인사한 뒤, 간단한 아랍어로 "안녕하세요? 저는 기자입니다" "사진을 찍어도 될까요? 괜찮아요?"라고 말했다.

그러면 그들은 고개를 끄덕이거나 웃어 보였다. 절대 거절하는 법이 없었다.

다르푸르 분쟁은 급박하게 전개되고 있었고, 국제사회는 '집단학살'이라는 용어를 사용하기 시작했다. 그 시점에서 난민들의 사진을 찍는 사진기자는 거의 없었다. 나는 이라크에서 사진기자들이 찍은 처참한 사진들로 미국의 정책입안자와 시민들이 이라크 침략 전쟁이 실패였음을 인식하게 만드는 과정을 지켜본 적이 있었다. 나는 수단에서 찍은 가슴 찢어지는 사진들이 특히 〈뉴욕 타임스〉 1면에 실린다면 유엔과 비정부단체가 이곳의 위기 상황에 보다 시급하게 대응하는 계기가 되어줄 거라고 생각했다. 수단 정부가 다르푸르에서의 악행을 계속해서 부인하는 가운데, 사진기자들은 역사적 진실을 기록할 수 있었다.

• •

수단 정부는 다르푸르를 방문하려는 기자들에게 비자를 발급해주지 않았기 때문에 당시에 다르푸르 분쟁을 취재하는 유일한 방법은 차드에서 불법으로 입국하는 것뿐이었다. 기자들은 수단해방군과 함께 국경을 넘는 경우가 많았는데, 사실 수단해방군은 자금을 거의 지원받지 못했기 때문에 가용할 수 있는 물자도 최소한에 불과했다. 다만 수단해방군의 지도자들은 언론보도가 자신들의 대의명분에 도움이 될 수 있음을 이해할 만큼 현명했고, 남아 있는 모든 자원을 동원하여 기자들이 다르푸르로 향할 수 있도록 도왔다.

대다수 반란군들과 마찬가지로 이곳 반란군들도 낡은 칼라시니코프 소총을 사용했다. 열 명 넘는 병사들이 고장나기 직전의 트럭 한 대를 함께 사용하는 경우가 많았다. 수단해방군은 물자가 부족했기 때문에 네 명의 외국인 기자들을 한 팀으로 구성해 다르푸르로 안내했고, 이는 독점보도를 위해 서로 경쟁하는 기자팀들 사이에 불을 붙이려는 의도가 분명했다. 나와 소미니, 프리랜서 사진기자인 제하드 은가Jehad Nga, 〈워싱턴 포스트〉의 자히 치크웬디우Jahi Chikwendiu가 한 팀이 되었다. 우리는 그야말로 가지각색의 기자들로 구성된 팀이었다. 자히는 카리스마가 넘치고 재능이 뛰어난 아프리카계 미국인 사진기자로, 아프리카 전역을 광범위하게 여행했고 반란군을 만날 때마다 활짝 웃으며 '내 형제'라고 부르는 사람이었다. 제하드는 183센티미터가 넘는 키에 몸무게는 나와 별다를 바가 없었으며, 평소에는 말을 거의 한마디도 하지 않았다.

우리의 계획은 차드의 국경 근처까지 차를 타고 간 다음, 거기서 도보로 차드와 수단 사이의 황무지 몇 킬로미터를 이동해 다르푸르에 있는 반란군들과 합류하는 것이었다. 다르푸르에 머무는 동안은 모든 짐을 등에 지고 다녀야 했으므로 짐을 최소화하기 위해 렌즈와 배터리, 옷, 신발, 그리고 바보같이 물 몇 병까지 빼냈다. 그러고는 사헬*을 건너는 5일간의 여정을 시작했다.

열기는 무자비할 정도였다. 사막의 태양 아래에서는 각자가 등에 진 최소한의 짐도 천 근처럼 느껴졌다. 출발한 지 얼마 되지 않아 우리는 낙타 몇 마리를 끌고 있는 유목민들을 만났고, 그들은 친절하게도 낙타의 등에 물, 텐트를 비롯한 우리의 짐을 실어주겠다고 제안했다. 인간과 동물이 작은 대열을 이룬 우리 일행은 사막을 터벅터벅 걸어 이동했다. 유목민들은 세 시간이 넘게 걷는 동안 모두 물 한 모금 마시지 않았다. 나는 가지고 있던 물 중 두 병을 비웠다. 물을 더 가져왔어야 했다.

우기와 우기가 끝난 직후 사헬에는 흙탕물 개울이 생겨 마치 동맥처럼 사막의 표면을 흐른다. 와디**의 물은 갈색이었고 끈적거리는데다 즉각 설사를 일으킬 것이 분명했지만 그 물을 마시고 싶다는 생각마저 들었다. 가슴 높이 정도의 흙탕물이 흐르는 작은 하천 유역에 도착했을 때, 우리와 함께 이동한 임시가이드들은 인간사슬을 만들어 우리의 소지품을 강 한쪽에서 다른 쪽으로 전달해주었다. 나는 신발을 벗고 발가락을 진흙에 푹푹 담그며 여권과 카메라를 머리 위로 높이 들어올리고 하천 반대편으로 건너갔다.

* 아프리카 사하라사막의 주변 지대.

** 건조한 지역에서 평소에는 말라 있다가 큰비가 지나고 나면 물이 흐르는 간헐하천.

GINAL

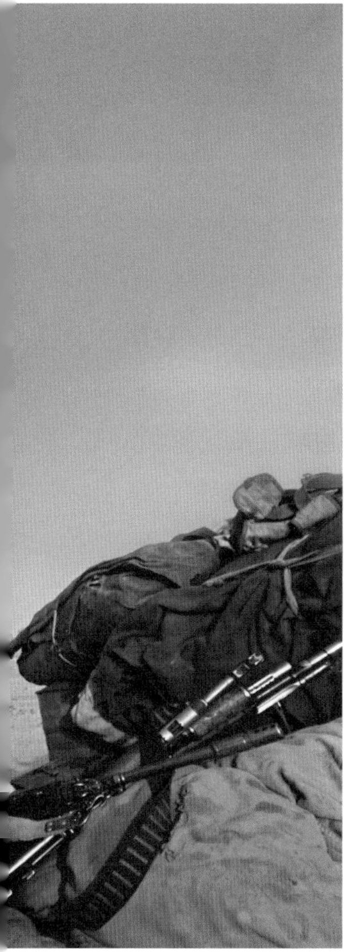

수단의 반란군 장악 지역으로 몇 킬로미터 진입하여 하천 반대편에 도착한 우리는 수단해방군을 만났다. 대부분 몸이 날쌘 근육질의 젊은이들로, 대다수는 밝은색 터번과 미네소타의 굿윌 매장에서나 구할 수 있을 법한 낡은 농구복이나 미제 티셔츠를 입고 있었다. 차드를 떠날 때 약속을 받았던 '자동차'는 낡은 픽업트럭이었고, 바퀴와 뼈대를 제외한 거의 모든 부분이 떨어져나간데다 반란군 병사 열일곱 명의 무게로 푹 꺼져 있었다. 반란군들의 옷, 침구, 냄비와 팬, 거대한 물병, 가솔린, 칼리시니코프 소총 들이 트럭 짐칸 바닥에 1.5미터 높이로 쌓여 작은 산을 이루고 있었고, 트럭 옆쪽에 묶어둔 밧줄을 얼기설기 둘러 이 짐들을 고정해놓은 상태였다. 그들은 우리에게 어서 타라고 손짓했다. 조잡한 밧줄에 우리의 소중한 목숨을 맡긴 채 텅 빈 공간을 향해 사막을 헤치고 나아가면서, 나는 얼마나 오래 이 자동차 여행을 버틸 수 있을지 궁금했다.

나는 이라크에서 배운 피진* 아랍어를 사용하여 반란군들과 이야기했고 소미니는 프랑스어로 대화를 시도했지만, 대부분 그때그때 생각

나는 대로 손짓 발짓으로 의사소통을 했다. 밤에는 반란군이 자는 곳에서 잠을 청하면서, 우리가 횡단하고 있는 지역에서는 찾아보기 어려운 아름답고 무성한 아프리카 나무 아래에서 휴식을 취할 수 있기를 바랐다. 소미니는 친절하게도 자기 텐트를 함께 쓸 수 있도록 해주었다. 차드에서는 벌레가 내 피부에 독을 쏘는 바람에 아침에 일어났더니 팔 아래위로 기다란 물집이 잡혀 있기도 했다. 자히는 일인용 텐트를 가지고 와서 우리 텐트 옆에 쳤다. 딱한 제하드는 트럭 조수석에 꼿꼿이 앉은 채 잠을 청하면서 굶주린 모기떼의 밥이 될 수밖에 없었다.

둘째 날, 물이 턱없이 부족했지만 가까운 곳에는 우물이 없었다. 우리는 다르푸르에 생수를 살 수 있는 곳이 있으리라 생각했다. 바보 같은 생각이었다. 우리가 지나치는 마을에는 제대로 된 가게가 없었고, 날씨는 마치 드라이어를 얼굴과 목구멍에 가져다댄 것처럼 뜨겁고 건조했다. 소미니, 제하드, 자히, 그리고 나는 '식량 주머니'라는 것을 만들어 차드에서 가져온 파스타, 참치캔, 영양바와 비스킷, 설탕이 잔뜩 든 파인애플과 오렌지맛 음료분말 등의 음식들을 모아 넣어두었다. 식량은 충분치 않았고 우리는 계속 배가 고프고 목이 말랐다. 나는 다르푸르에서 벌어지는 일들이 집단학살인지 내전인지 확인하려던 우리 일행이 취재를 하기도 전에 전부 탈수증에 걸려 사막 한복판에서 최후를 맞게 될 것이라 생각했다.

우리는 사헬을 횡단하며 조금씩 나아갔다. 대략 5킬로미터마다 트럭이 모래밭에 빠지는 바람에 바퀴가 공회전을 하며 점차 깊은 구렁으로 빠져들었다. 오래된데다가 너무 많은 사람을 실은 탓에 단순히 트럭이 고장을

* 서로 의사소통이 되지 않는 사람들 사이에서 형성된 혼합어.

일으키기도 했다. 그러면 반란군 중 한두 명이 1965년에 사용하던 것 같은 구식 스크루드라이버나 장비로 모터를 손보았다. 그동안 우리는 사막 한 가운데에 몇 시간이나 앉아 있었고, 다른 사람들은 행복한 표정으로 모래 위에 팔다리를 벌리고 누워 있었다. 어떤 사람들은 토핑이 없는 오트밀처럼 보이는 곡물요리인 아시다를 큰 그릇에 담아놓고 함께 먹었다. 몇 명은 근사한 점심식사가 될 가젤을 사냥하기도 했고, 낮잠을 자는 사람들도 있었다. 기적처럼 트럭은 항상 다시 시동이 걸렸지만, 고대유물 같은 픽업트럭으로 북서쪽에 있는 다르푸르까지 32킬로미터 정도를 이동하는 데만 거의 3일이 걸리고 말았다.

반란군들은 흐르는 물이 보일 때마다 멈춰서 갈색 진흙이 섞인 물을 물통에 채웠지만, 우리 같은 카와자, 즉 외지 백인들이 그렇게 하다가는 생명이 위태로워질 게 뻔했다. 우리는 가져온 물 몇 병을 인원수대로 나눈 뒤 도대체 어찌해야 할지 막막해했다. 피로와 무기력, 두통과 같은 탈수증세가 우리를 괴롭혔다. 나는 물을 찾는 데 집착하게 되었다. 수도나 우물, 깨끗한 개울물처럼 물을 얻을 수 있는 곳이 전혀 없는 상황에 처한 것은 처음이었다. 태양은 우리의 흰 피부 위로 계속 내리쬐었고, 우리가 땀흘리는 속도보다 수분이 몸에서 증발하는 속도가 더 빨랐다. 반란군들은 개울에서 진흙투성이 물을 마시느라 우리가 물과 어느 정도라도 비슷한 것을 얼마나 간절히 바라는지 알아채지 못했다. 그저 우리가 비워버린 물병을 조금씩 훔쳐갈 뿐이었다. 다르푸르에서 플라스틱은 금과도 같았고, 현금은 사실상 아무런 가치가 없었다.

3일째 되는 날, 마침내 우리는 시게카로라는 반란군의 본거지에 도착했다. 시게카로는 끝없이 펼쳐진 텅 빈 모래밭 중간중간에 짚으로 지붕을 엮은 오두막 몇 개와 가향加香 음료분말, 소금과 설탕, 파스타 정도를 파는 구멍가게 하나뿐인 작은 마을이었다. 말라버린 수로가 마을의 가장자리를 두르고 있었으며, 마을 여기저기에 자라난 나무들은 자연 화장실을 가려주는 역할을 했다. 물은 없었다.

수단해방군은 시게카로에 작은 훈련소를 운영하고 있었으며, 우리는 야영을 하면서 이른새벽과 해질 무렵, 대열에 맞춰 선 병사들이 훈련하는 광경을 카메라에 담았다. 우리를 여기까지 데려온 반란군들은 각자 소속 분대로 돌아가서 휴식을 취했다. 나는 피를 찾아 헤매는 뱀파이어처럼 물을 찾아 마을을 돌아다녔다. 물을 들고 있는 사람이 있었다면 설사 어린아이라도 덮쳤을지 모른다. 그러다가 이렇게까지 반가울 것이라고는 생각지도 못한 글귀를 만났다. '세이브 더 칠드런Save the Children.'

우물이었다! 내 눈을 믿을 수가 없었다. 우물 모서리에 기대서 실제로 물이 있는지 살펴보니 오랫동안 고여 있었던 우물물이지만 사막을 흐르는 흙탕물보다 천 배는 깨끗해 보였다. 내 고향인 코네티컷의 웨스트포트라는 작은 마을에서 출발한 구호단체 '세이브 더 칠드런'이 우리 일행을 탈수에서 구해준 것이다.

우리는 오후 내내 정수장치를 만들었다. 자히와 제하드는 양동이와 마을 사람 중 딱 한 명의 여성만 가지고 있던 요리용 냄비를 빌려왔고, 우리는 매일 다섯 시간씩 마을 사람들의 도움을 받아 우물물을 길은 다음 끓여서, 이상하게도 자꾸 우리 짐 속에서 사라졌다가 트럭 뒤쪽 반란군들의 소지품 사이에서 발견되는 플라스틱병에 물을 부었다.

대부분의 반란군들은 초등학교 졸업 이후로 정식 교육을 받지 못했지만, 단파 라디오를 통해 BBC 뉴스를 듣는가 하면 유엔부터 미국의 고위 공직자, 수단 쪽 관계자들까지 다르푸르 분쟁과 관련된 국제적인 인물들의 이름을 줄줄 말할 수 있었다. 그들은 우리에게 전소되어 숯덩이만 남거나 약탈당하고 버려진 마을들의 황폐한 광경을 비롯해 아직 많은 외국인 기자들이 접하지 못한 전쟁의 참혹한 결과를 앞다투어 보여주려고 했다. 어떤 마을에서는 새까맣게 탄 냄비가 검게 그을린 마을의 잔재 가운데에 덩그러니 놓여 있기도 했는데, 나는 그 광경을 보고 잔자위드에게 쫓겨 집을 버리고 도망가던 마을 사람들의 두려움, 그리고 그 과정에서 강간당한 수많은 여성들의 공포를 상상만 할 수 있을 뿐이었다. 바닥에는 여기저기 해골이 흩어져 있었으며 뼈 사이에 가죽과 같은 피부가 걸쳐져 있거나 살점이 일부 남아 있는 등 각기 다른 상태의 시체들이 부패해가고 있었다. 옷을 입고 있는 시체도, 그렇지 않은 시체도 있었지만, 대부분 신발은 누군가 벗겨 가져간 상태였다. 전쟁지역에서 좋은 신발은 항상 귀중한 자원이었다.

가끔씩 우리는 차드에 있는 안전한 난민캠프로 피난하는 마을 사람을 만나기도 했다. 뜨거운 여름 태양 아래서 먼 거리를 힘겹게 걸어가는 여정이었고, 대부분의 피난민들은 하루 중 태양이 가장 뜨거운 시간 동안 잔자위드의 눈에 띄지 않기 위해 기껏해야 심리적인 보호막밖에 되지 않는 앙상한 나무들 사이에서 몸을 웅크리고 있었다. 모든 사람이 공포에 질려 있었다.

어느 날 우리는 어떤 마을에 들렀는데, 트럭 뒤쪽에서 내려 사진을 찍는 나를 대략 세 살 정도 되는 어린 소녀가 한번 바라보더니 공포에 질려 소리지르기 시작했다. 그 소녀는 뒤돌아 저쪽으로 도망가기 시작했다. 나는 어리둥절했다.

"무슨 일이죠?" 나는 우리와 함께 있던 통역사 모하메드에게 물었다.

그 소녀의 여자친척들은 웃고 있었기 때문에 나는 더 영문을 알 수 없었다.

"저 아이가 카메라를 무서워하나요?" 나는 물었다.

"아닙니다." 모하메드가 설명했다. "기자님 피부가 서양인치고는 갈색에 가까워서요. 저 아이는 기자님이 아랍인이라고 생각한 거죠."

이탈리아계 미국인다운 내 올리브색 피부가 골칫거리가 된 적은 한 번도 없었다. 나는 경악하여 계속 도망가는 어린 소녀의 모습을 지켜보면서 그 아이가 아랍계 민병대 손에 의해 행해졌던 잔학행위를 얼마나 여러 번 목격했을지 생각했다.

그후 5년 동안 나는 〈뉴욕 타임스〉 〈뉴욕 타임스 매거진〉 그리고 나중에는 게티이미지의 보조금을 받아 매년 한 달 정도씩 다르푸르에 머물렀다. 수단의 상황이 점차 악화되고 수단 정부가 기자들의 비자 발급을 더 엄격하게 규제하기 시작하면서 합법적으로 수단에 입국하는 것이 거의 불가능해졌다. 그러나 다르푸르 분쟁 취재의 장애물은 비자뿐만이 아니었다. 수단의 관료주의는 거의 극복 불가능에 가까웠다. 나는 비자신청서와 서류를 준비하고 끈기 있게 기다렸으며, 2004년부터 2009년까지 수단의 내전을 지속적으로 취재하는 극소수 사진기자 중 한 명이 되었다.

다르푸르는 내가 분쟁의 성격을 속속들이 이해하고, 관련 세력들이 어

떻게 움직이며, 주어진 시스템 안에서 어떻게 내 일을 해낼 수 있는지 파악한 취재지 중 하나였다. 몇 년에 걸쳐 나는 난민들의 곤경과 불타고 있는 마을, 약탈당한 가정, 강간의 희생자들을 사진에 담았다. 내가 찍은 사진이 〈뉴욕 타임스〉와 〈뉴욕 타임스 매거진〉에 실렸고, 동료 기자들이 작성한 훌륭한 기사와 내 사진의 조합은 독자와 유엔 및 국제구호활동가, 정책입안자들로부터 상당한 반향을 불러일으켰다. 지속적인 취재와 그 취재 내용에 대한 국제사회 반응 간의 관계를 실제로 관찰할 수 있었던 몇 안 되는 사례였다.

타국의 침략으로 촉발된 이라크나 아프가니스탄의 분쟁과는 달리, 나는 다르푸르에서 정부가 자국민을 죽이는 유형의 전쟁을 경험했다. 처음에는 대량학살로 시작되었지만 결국 내란으로 이어졌고, 양측 모두 살인, 강간, 약탈에서 자유로울 수 없었으며 전쟁과 관련된 모든 진영이 잘못을 저질렀다.

세월이 지나면서 나는 같은 광경을 거듭해 취재할 때 최대한 창의력을 발휘하기 위해 노력했다. 전형적인 〈뉴욕 타임스〉 독자층이 아닌, 시각 예술을 선호하는 독자들의 관심을 끌어보기 위해 가끔씩은 초점이 맞지 않는 상태에서 난민캠프를 촬영하여 추상적인 느낌을 내기도 했다. 분쟁 그 자체는 추했지만 내 사진의 피사체들은 화려한 색의 옷을 입은 아름다운 사람들이었으며, 이들은 계속되는 어려움에도 불구하고 이를 드러내며 활짝 웃었다. 수단 사람들은 다정하고, 친절하며, 회복력이 뛰어났고, 나는 그것을 사진을 통해 보여주고 싶었다. 분쟁지역에서 아름다운 사진을 찍으려고 노력하는 것이 다소 역설적으로 느껴지기는 했지만, 다르푸르에서 찍은 추상적인 사진이 독자들로부터 흔치 않은 반응을 이끌어낸다는 사실을 알게 되었다. 언젠가부터 나는 몇천 달러를 줄 테니 모래폭풍 속에 서 있는 반란군이나 도보로 사막을 횡단하는 희미한 난민 사진을 아트프린트로 판매하라는 요청을 받기 시작했다.

그토록 절망적인 상황에 놓인 사람들의 사진을 이용하여 돈을 버는 행위에 대해 내 나름대로의 갈등도 있었다. 하지만 사진기자로 일하며 입에 풀칠하기 위해 고생했던 그 모든 세월을 생각했고, 내가 설사 사진으로 돈을 벌더라도 그 돈을 바로 다시 일하는 데 투자할 것임을 알고 있었다. 전장 속에서도 아름다움을 발견해 전달하려 한 것은 독자들이 끔찍한 사진 때문에 페이지를 넘기거나 다른 곳으로 눈을 돌리지 않도록 하는 기술이자 내 나름의 노력이었다. 나는 독자들이 기사에서 눈을 떼지 않고 더 자세히 읽기를, 더 많은 의문을 가지기를 바랐다.

• •

나는 이렇게 꾸준히 다르푸르를 방문하는 동시에 2006년부터는 또하나의 내전을 취재하기 위해 자주 콩고로 향했다. 내전은 콩고 동부에서 일어났으며, 수십만 명의 민간인들이 자신이 살던 마을에서 쫓겨나 북키부와 남키부 전역에 있는 포화상태의 난민캠프에서 거주하고 있었다. 정부군과 반란군 양쪽에서 공격을 받은 끝에 수백만 명이 목숨을 잃었고 헤아릴 수 없이 많은 콩고 여성이 성폭행을 당했다. 군인들은 권력을 강화하는 방식의 일환으로 영역 표시를 하고, 가족의 유대를 끊어놓으며, 민간인들

스무 살 카힌도가 콩고 동부 북키부의 카냐바용가라는 마을에서 강간으로 태어난 두 아이와 함께 집에 앉아 있다. 카힌도는 본인이 르완다 병사들이라고 주장하는 여섯 명의 인테라함웨에게 납치되어 거의 3년간 갇혀 있었다. 납치범들은 지속적으로 카힌도를 강간했으며, 카힌도는 첫아이를 숲속에서 낳았고 탈출했을 때쯤에는 두번째 아이를 임신하고 있었다. 2008년 4월 12일.

을 협박하기 위해 여자들을 강간했다(강간당한 여성은 가족으로부터 배척당하는 경우가 많다). 강간범들은 집단강간을 자행하고 무기를 사용하여 피해자의 국부에 상처를 냈다. 체내가 손상된 피해자들은 결국 대변과 소변이 새는 누공瘻孔에 시달려야 했다. 또한 피해자 가족들에게 억지로 강간 장면을 지켜보게 했다. 도저히 참을 수가 없는 끔찍한 이야기들이었다. 사진기자인 내가 콩고의 여성들을 위해 할 수 있는 일이라고는 그들의 이야기를 기록하는 것뿐이었다. 나는 이들의 곤경을 널리 알려 피해자들이 어떤 식으로든 보호받기를 바랐다.

나는 2008년에 예술과 미디어에 비친 여성 및 성 문제를 연구하는 컬럼비아칼리지시카고의 엘런스톤벨릭연구소의 보조금을 받아 다시 콩고를 방문했고, 〈콩고/여성Congo/Women〉이라는 순회 전시회를 위해 전쟁무기로 사용되는 성폭력의 실태를 기록에 담았다. 론 하비브Ron Haviv, 제임스 나트웨이, 마커스 블리스데일Marcus Bleasdale 등의 동료 사진기자들이 콩고에서 찍어온 사진으로 구성된 이 전시회는 미국과 유럽의 20개가 넘는 도시를 순회했고, 성폭력 피해를 당한 콩고 여성들이 누공을 치료하기 위한 수술을 받을 수 있도록 기금을 모금했다. 다르푸르 취재를 위해 게티이미지에서 보조금을 받은 것은 이보다 몇 달 후였기 때문에 이것은 내가 처음으로 받은 보조금이었고, 동시에 마감과 뉴스속보 취재라는 의무에 구애받지 않고 현장에 가서 온전히 하나의 프로젝트에 집중할 수 있었던 첫 사례였다.

나는 2주 동안 북키부와 남키부를 횡단하면서 성폭력에 희생된 여성들을 인터뷰하고 사진을 찍으며 그들의 이야기를 기록했다. 나는 너무나 많은 여성들이 자신의 경험을 공개적으로 이야기하는 데 동의했다는 사실이 놀라웠다. 일부 여성들은 성폭력을 당한 후에 어떻게 에이즈에 감염되었는지 이야기했다. 또 어떤 여성은, 강간을 당했다는 사실을 남편이 알게 된 후 어떻게 자신을 버렸는지 털어놓기도 했다. 납치되어 몇 년 동안 '위안부'로 살아가면서 강간범들의 아이를 강제로 임신했던 일을 이야기하는 여성들도 있었다. 나는 아이 출생의 전후 사정과는 관계없이, 태어난 아이들을 극진히 사랑하는 이곳 모든 여성들의 성숙함과 자애로운 마음에 놀라움을 금할 수 없었다.

그 많은 여성들이 출생지의 피해자였다. 아무것도 없는 환경에서 태어난 이들은 십중팔구 또다시 아무것도 없는 환경에서 세상을 떠나야 했다. 농사를 지어 가까스로 생계를 유지했으며 가족과 아이들에 대한 헌신으로 삶을 이어나갔다. 대부분의 사람들이 글로도 접해볼 수 없었을 곤경과 트라우마를 견디며 인생을 헤쳐나간 수많은 아프리카 여성들이 있었다. 이들을 인터뷰하면서 나는 여성들을 향한 끔찍한 증오와 폭력을 목격하고 도저히 견디지 못해 울음을 터뜨리기도 했다.

• **비비안**

비비안은 아이 셋을 낳았으나 아이들 중 한 명을 영양실조 또는 에이즈, 아니면 두 가지 모두의 이유로 막 잃은 상태였다. 비비안은 돈을 벌기 위해 일을 하다가 겪은 어려움과 최근에 딸을 잃은 고통을 털어놓았다. 어떤 여성이 비비안에게 산길을 따라 카사바cassava* 가루를 운반하면 돈을 주겠다고 제안했고, 비

* 탄수화물이 풍부한 열대지방의 구황작물.

비비안(28세, 남키부 거주)

비안은 바로 그 산 속에서 남자 세 명을 만났다. 도망칠 수도 없었다. 남자들은 3일 동안 비비안을 잡아놓고 여러 차례 강간했다. 먼 곳에 갔다가 돌아온 남편은 비비안이 납치되어 강간당했다는 이야기를 듣고는 그녀를 버렸다. 그후 비비안은 자신이 에이즈에 감염되었으며 임신했다는 사실을 알았다. 당시 대나무처럼 삐쩍 마른 비비안은 임신 8개월이었는데 당장 다음날 배 속의 아이를 출산한다고 해도 산파 비용조차 지불할 수 없었다. 심지어 설탕조차 없었다. 비비안이 가진 것이라고는 남자들이 남겨놓은 질병뿐이었다. 나는 비비안에게 에이즈 치료약을 먹고 있느냐고 물었고, 비비안은 짙은 자주색 가방을 열어 알약 몇 개와 점심으로 먹을 감자 한 알을 보여주었다. 비비안은 이제 성매매로 생계를 유지하고 있었으며, 자신이 우는 이유도 그것 때문이라고 밝혔다.

• 뷰밀라

현관문을 두드리는 소리가 들렸을 때 뷰밀라는 자고 있었다. 르완다 공용어인 키냐르완다어를 사용하는 남자들 아홉 명이 현관문을 발로 차서 연 다음 집으로 들어와서 옷과 밧줄로 뷰밀라와 아이들의 손을 묶고 도둑질을 했다. 뷰밀라의 남편은 집에 없었다. 침입자들은 뷰밀라의 손을 풀어준 다음, 훔친 물건들을 그녀의 등에 지워 산속 깊은 곳으로 데려갔다. 뷰밀라가 일주일 동안 언덕을 오르내리고 산속을 헤맨 끝에 탈진하여 쓰러지자 남자들은 그녀를 발로 찼다. 일행이 첫번째 반란군 검문소에 도착하자 일부는 군복, 일부는 운동복을 입은 남자들이 뷰밀라가 등에 지고 있던 짐을 풀어놓은 다음 거듭해서 강간했고, 몇몇 남자들이 그녀의 물건들을 가져갔다. 적어도 아홉 명이 넘는 남자들이 뷰밀라, 그리고 같은 시기에 끌려온 다른 여성들을 탁 트인 커다란 방

뷰밀라(38세, 카니올라 거주)

에서 강간했으며 다른 사람들은 여성들이 강간당하는 모습을 지켜보았다. 포로로 잡혀 있는 동안 반란군 지휘관은 뷰밀라를 자신의 '아내'로 점찍었고, 뷰밀라는 하루종일 강제로 지휘관의 집에서 지내야 했다. 그렇게 8개월 동안 수없이 강간을 당했다. 화장실에 가고 싶다고 하면 뷰밀라의 몸에 동물처럼 끈을 묶은 뒤 강까지 따라갔다. 탈출을 시도하는 사람은 칼로 찔러 죽인 다음 다른 포로들에게 시체를 보여주었다. 결국 납치범들은 포로 한 명과 소 세 마리를 교환하기 위해 뷰밀라와 함께 억류되어 있던 남자 중 한 명을 다시 마을로 돌려보냈다. 하지만 한 명당 소 두 마리씩밖에 받지 못했고 납치범들은 뷰밀라를 비롯한 포로들에게 매질과 채찍질을 한 후 발로 차고 옷을 빼앗았다. 마침내 꺼져버리라는 이야기를 들은 포로들은 옷도 입지 못한 채 성치 않은 몸을 이끌고 기진맥진한 상태로 마을로 돌아왔다. 그 시점에 뷰밀라의 남편은 마을로 돌아와 있었고, 뷰밀라는 지휘관의 아이를 임신한 상태였다. 남편은 르완다 후투족 무장단체인 인테라함웨의 아이를 임신한 뷰밀라에게 분노하여 다시 친정으로 돌아가라고 했다. 이제 뷰밀라가 원하는 것은 지극히 간단했다.

"제가 바라는 바는 그저 학교에서 제 아이들을 받아주는 것뿐입니다. 예전에는 가축을 길러서 학비를 낼 수 있었지만 지금은 아무것도 없거든요. 정부는 모든 아이들의 학비 지원과 무료 교육을 약속했지만 지금은 아무것도 가르치지 않은 채 집으로 보내고 있어요. 아이들이 공부를 못하면 콩고는 어떤 나라가 되겠어요?"

• 마펜도

마펜도는 에이즈 합병증으로 죽어가고 있다고 했다. 나는 마펜도가 집단강간을 당했고 그 이후, 건강이 좋지 않았지만 병원 갈 돈과 교통수단이 없어 병원에 가지 못했다고 들었다. 사전에 연락을 하지 않고 찾아간 우리는 어머니, 자매들과 함께 오두막 밖에 앉아 있는 마펜도를 발견했다. 그녀는 온몸에 발진이 돋은 채 이글거리는 태양 아래에서 떨고 있었다. 한때는 아름답고 윤기가 돌았던 검은 피부는 발진으로 얼룩덜룩해진 상태였다. 쇠약하고 뼈밖에 남지 않은 그녀는 나와 악수할 힘조차 짜내기 힘들어했다. 마펜도 역시 키냐르완다어를 사용하는 다섯 명의 군인들에게 납치되었다가 탈출해서 다시 오두막으로 돌아온 지 이제 5개월이 되던 때였다. 그 사건 이전에는 평생 마을을 떠나본 적이 없었기 때문에 그 남자들이 어디서 왔는지 모르겠다고 말했다. 아는 것이라고는 남자들이 돌아가며 여러 차례 자신을 강간한 다음 병을 옮기고 몸 전체에 고통스러운 상처를 남겼다는 것뿐이었다. 마펜도는 매트리스로 사용하는 나무판자에 누웠다. 피곤한 모양이었다.

• •

나는 안 그래도 힘없는 사람에게 질문을 던져 기운을 뺏고 싶지는 않았지만 그냥 지나칠 수도 없었다. 우리는 짤막한 인터뷰를 했고, 나는 누워 있는 마펜도의 사진을 찍었다. 가장 가까운 병원은 두 시간 거리였고, 내가 타고 온 차는 콩고 출신의 국제구호활동가들과 유엔 직원, 그리고 우리를 도와주면 약간의 용돈이라도 얻을 수 있을까 해서 함께 따라온 사람들로 가득차 있었다. 나는 함께 차를 타고 온 사람들에게 마펜도를 즉시 병원에 데려가야 한다고 말했지만, 놀랍게도 그들은 반대했다. 스스로를 국제구호활동가라고 부르면서 죽어가는 여성을 도와주는 일을 거부하다니. 나는 그들에게 마펜도와 같이 차를 타든 자동차 지붕에 앉든 본인들 자

마펜도(22세, 버할레 거주)

유지만, 누공으로 고통받고 있는 그녀를 내버려두고 갈 수는 없다고 말했다. 나는 차 바닥의 매트를 떼어내서 3열로 된 거대한 SUV의 좌석 중 2열에 깐 다음, 그녀의 어머니를 도와 마펜도를 차에 태웠다. 마펜도는 너무 가벼워서 무게가 거의 나가지 않는 것처럼 느껴졌다. 마펜도와 어머니까지 내 옆에 앉힌 후, 우리는 부카부에 있는 병원으로 달려가 입원 절차를 밟았다.

당신 일을 해,
그리고 다 끝나면 돌아와

• 콩고든, 다르푸르든, 아니면 아프가니스탄이나 다른 곳이든, 새로운 일을 맡을 때마다 나는 교육을 받은 독립적인 여성이라는 사실에 더욱 감사함을 느꼈다. 또한 서른한 살이 되자 사랑하고 싶은 사람과 하고 싶은 일을 선택할 수 있다는 점을 소중히 여겼다. 대부분의 사람들에게는 자기 삶에서 탈출할 수 있는 해방구가 없었으나 나에게는 감당하지 못할 정도로 힘들 때 훌쩍 집을 떠나 세계 여러 곳을 여행할 수 있는 특권이 있었다.

내가 접하는 개인적 시련들은 이제 충분히 극복할 수 있는 것처럼 보였다. 그보다 훨씬 더 어려운 일을 맨몸으로 이겨내는 사람들이 있음을 알게 되었기 때문이다. 갑자기 세상에서 가장 평범하다고 생각했던 코네티컷에서의 내 어린 시절이 무척이나 사치스럽고 복에 겨웠던 것처럼 느껴졌다. 우리 어머니는 항상 내게 참을성이 없다고 말씀하셨다. 줄을 서서 기다리는 것이든, 교통체증이든, 커리어 도약이든. 하지만 일상 속 좌절과 기다림이 삶의 일부가 되어버리는 개발도상국에서 오랫동안 일하다보니, 어쩌면 젊었을 때 찾아보기 힘들었던 인내심과 통찰력이 생긴 듯도 했다. 기자로 일하는 동안 나는 슬프고도 부당한 상황들을 수없이 목격했다. 우울증에 빠질 수도 있었고, 나 자신의 삶을 새롭게 바라볼 수도 있었다. 나는 후자를 선택했다.

또한 더 넓은 세상을 볼수록 가족을 소중하게 생각하는 마음이 더 깊어졌다. 멀리 떨어진 나라로 자주 여행을 다니다보니 정기적으로 가족을 만나기는 어려웠지만, 크리스마스만은 가족들과 꼭 함께 보냈다. 무슨 사건이 벌어지건 간에 나는 가장 소중한 사람들과 열흘을 보내기 위해 비행기에 올랐다. 1년 중 2003년의 이란의 밤시에서 발생한 지진이나 2004년 인도네시아의 쓰나미 같은 대형 사건의 취재를 거절하는 것은 그때뿐이었다. 나에게는 재충전할 시간이 필요했다.

나는 계속해서 빈번하게 취재여행을 다녔지만, 집이라는 개념은 더욱 중요해졌고 나의 균형감각에 꼭 필요한 요소가 되었다. 2005년이 되자 이스탄불에서 거주한 지도 거의 3년이 되어갔다. 성인이 된 후 이렇게 오래 살아본 도시는 없었기 때문에 이곳은 나의 고향이나 다름없었다. 나는 지한기르라는 이스탄불의 세련된 동네에 아파트를 빌리고 처음으로 식기류와 커피잔, 책상, 양탄자 등 가구 몇 점을 구입했다. 마침내 경제적인 문제를 크게 걱정하지 않게 되었다. 저축예금 계좌도 개설했다. 취재를 다니는 사이사이에 그럭저럭 삶을 일구어낸 것이다.

이스탄불의 지인들도 고등학교나 대학 친구들처럼 친밀하고 가깝게 느껴졌다. 뉴저지의 라마포대학에서 교수로 재직하던 마르크스주의자 베흐자드는 이스탄불에서 안식년을 보내며 책을 집필하는 한편 자기 나이의 절반 정도 되는 여자들과 데이트를 했다. 유쾌한 젊은 미국인 커플 앤설과 매디는 이스탄불에서 약 5년 정도 거주한 사람들이었다. 이라크 북부에서 취재하던 시절부터 알고 지내던 NPR 지국장 아이번은 바그다드에서 일하는 모습이나 이스탄불에서 속옷만 입고 기타 치는 모습을 흉내내는 쪽이나 거부감 없이 어울리는 사람이었다. 〈워싱턴 포스트〉의 지국장인 칼은 주말이 되면 보스포루스해협 쪽에 위치한 풀장에서 수영할 수 있도록 우리를 초대해주었다. 미국 코네티컷 출신의 영화제작자이자 작가인 팩스턴은 15년 전 터키로 이주하여 실크로드에 대한 다큐멘터리를 만들었고, 오후 3시쯤 느지막이 하루를 시작하여 다음날 꼭두새벽이 되어서야 잠드는 사람이었다. 주말에 자주 함께 시간을 보내는 제이슨은 이상하리만치 돈이 넘쳐났다(우리는 그가 혹시 CIA 요원이 아닌지 궁금해했다). 급기야는 수지라는 뉴욕 출신의 미국인 기자가 등장했고, 우리는 너무나 편하게 몇 시간이나 수다를 떨었다. 내가 뉴욕을 속속들이 알고 있는 여자 친구들이 그립긴 했던 모양이었다. 수단 출신의 달리아와 팔레스타인 출신의 앵그리 알리는 갓 태어난 예쁜 딸과 함께 이스탄불로 이사해온 교수 부부였다. 알리는 맥주나 와인 몇 잔이 들어가면 항상 아랍 문화권에서 일어나는 부당함에 대해 이야기하며 핏대를 세우고 흥분했다. 우리는 우리집 거실에 편하게 앉아 물담배와 와인을 즐기며 밤새도록 웃고 토론하거나 진솔한 이야기를 나누었다. 이것이 우리가 이스탄불에서 주말을 보내는 방식이었다.

그래서 친하게 지내던 수단 출신의 기자 오피라가 새로 부임하는 〈로이터〉의 터키 지국장이자 자기 친구인 폴을 챙겨달라고 부탁했을 때, 나는 기꺼이 그를 내 친구들 무리로 끌어들였다.

폴은 앙카라에서 이스탄불로 날아왔고, 우리는 가파른 언덕 위에 있으며 한 면이 통유리로 되어 있어 보스포루스해협이 한눈에 보이는, 레비데리야라는 내가 좋아하는 식당에 가기로 했다. 나는 다음날 아침 테헤란으로 떠날 예정이었기 때문에 여행 준비에 여념이 없었다. 당시에 나는 메디라는 이란 배우와 데이트를 하는 중이었고 그와 다시 만날 날을 고대하고 있었다. 메디가 어찌나 미남이었던지, 가끔 아침에 일어나 그가 자는 모습을 지켜보면서 도대체 어떻게 내가 이렇게 눈 호강을 할 수 있는 남자를 사귀게 되었는지 의아해하기도 했지만 그를 사랑하지는 않았다. 나는 언제나처럼 일에 모든 에너지를 쏟고 있었지만, 내 안에는 절대 오래가지 않을 이런 열정적인 연애를 즐기고 싶은 마음도 아직 남아 있었다.

거리에서 처음 폴을 만났을 때 내 머릿속에는 딱 한 단어가 떠올랐다. 유럽인. 폴은 잘생기고, 내 예상보다는 다소 말쑥한 편이었으며, 세련된 옷차림을 하고 고급시계를 차고 있었다. 그는 강한 영국식 악센트가 들어간 영어를 구사했고(실제로 어머니는 스웨덴 사람이었고 아버지는 영국 사람이었다), 짙은 갈색머리는 이마에 여러 방향으로 흩어져 있었으며 수염은 깔끔하게 손질된 상태였다. 폴은 자칫 잘못하면 오만하다고 느껴질 정도로 무척이나 자신감이 넘치는 사람이었다. 저녁식사는 즐거웠고, 나는 그 역시도 일에 중독되어 있는 사람임을 감지했다.

"저는 중동과 북아프리카 전역에 좋은 인맥을 가지고 있습니다." 폴은 으쓱거리며 말했다. "터키에 오기 전에는 알제리에 〈로이터〉 지국을 다시 열었지요. 내전이 일어나고 그곳에 주재하던 〈로이터〉 기자들이 목숨을 잃은 후 거의 10년 동안이나 폐쇄되어 있었거든요. 알제리와 북부 아프리카 전역을 책임지고 있습니다. 그전에는 스웨덴, 파나마시티에 주재했고, 리마에서 벌어진 일본 대사관 인질사건을 취재하기 위해 페루에도 머물렀습니다."

"왜 앙카라에 있는 거죠?" 나는 물었다. 대부분의 해외 특파원들은 수도인 앙카라보다 크고 아름다운 도시인 이스탄불을 거점으로 하고 있었다.

"〈로이터〉 본국이 앙카라에 있으니까요. 정치인들과 가깝기 때문이죠. 앙카라는 터키의 정치적 수도이고, 나는 이 나라에서도 인맥을 만들어야 하거든요."

폴은 대다수 기자들처럼 호기심이 많고 꼬치꼬치 캐묻는 성향처럼 보였지만 결국은 자기 자신에 대한 이야기를 하고 싶어했다. 우리는 대화가 잠시 소강상태에 들어갈 때마다 각자의 핸드폰을 확인했다. 나는 그에게 터키에 대한 몇 가지 조언을 해주었고, 친구들 여러 명의 연락처를 알려주고 나서 다음날 테헤란으로 떠났다.

한 달 뒤 내가 이스탄불로 돌아왔을 때쯤, 폴은 나와 자주 어울리는 무리의 일원이 되어 있었다. 모든 사람이 재미있고 똑똑한데다 헌신적이고 재능이 뛰어난 그를 좋아했다. 각자의 애인과 장거리 연애를 하고 있던 폴과 나는 그후 몇 달 동안 수많은 주말을 함께 보냈다. 저녁식사를 하거나 제이슨의 집에서 버팔로윙을 만들기도 하고, 때로는 과음을 하거나 밤늦게까지 이야기를 나누기도 했다. 내 친한 친구들은 오래갈 리가 없는 메디와의 관계에 대한 반복되는 이야기를 참아내고 있었으며, 내 연애사에 질릴 대로 질린 상태였다. 그런 상황에서 폴이 끼어들어 연애 상담의 짐을 덜어준 셈이었다.

2006년 2월이 되자 메디와 나, 그리고 폴과 그의 여자친구는 모두 헤어졌다. 폴과 내가 처음 저녁을 함께한 지 4개월 만이었다. 연애만 하면 형편없이 실패할 뿐만 아니라 일은 점점 더 바빠졌기 때문에 나는 남은 평생을 혼자 살게 될 것이라 확신했다. 그런 운명을 받아들이기는 했지만, 결혼은 나에게 패배감을 주는 유일한 주제였다.

"너는 이란 남자와 데이트하다가 차인 거야. 심지어 비자가 없어서 다시 돌아가 사이를 회복할 수조차 없잖아." 폴의 말이었다. 그의 단호한 말투는 항상 설득력이 있었다. "내 생각에는 이제 그 사람을 잊어버려야 할 것 같아."

5월쯤 되자 폴과 나는 거의 매일 밤 전화로 그날 있었던 일, 뉴스, 각자의 사생활에 대한 이야기를 나누었다. 폴은 터키 여자와 데이트를 하기 시작했다. 나는 뉴욕에서 이스탄불에 이르기까지 수많은 사람과 데이트했다. 아마도 몇 달 동안 마일리지 10만 점 정도는 쌓았을 것이다. 2006년 5월에서 6월 사이에 나는 이스탄불에서 중국으로, 다시 시카고와 플로리다로, 거기서 멕시코로 갔다가 다시 이스탄불로 돌아와 시리아로 향하는 강행군 속에서 중국과 홍콩의 투자 은행가와 전 뉴욕 양키스 포수 조 지라디, 멕시코의 대통령 선거까지 다양한 뉴스를 취재하며 사진을 찍었다. 그리고 내가 세계 어디에 있든 거의 매일 밤마다 전화가 울렸고, 전화 저편에서는 폴의 목소리가 들려왔다.

나는 점점 폴의 전화를 기다리기 시작했다. 이른 저녁시간에 전화가 울리면 약간의 설렘까지 느꼈다. 폴은 내가 있는 시간대를 고려하고, 업무시간과 수면시간 사이의 언제쯤 전화를 하면 좋을지 세심하게 계산한다는 사실을 알고 있었기 때문이다. 내가 이제까지 사귄 사람들은 결코 내 일과 사생활이 얼마나 복잡하게 얽혀 있는지 이해하지 못했다.

한때 친구로서 일상적인 대화를 주고받는 데 사용하던 나의 핸드폰에 '예쁘다'와 '키스' 같은 단어들이 등장하기 시작했고, 나는 혼란스러웠다. 심지어 내가 폴을 좋아하는지조차 확신하지 못했다.

"가장 친한 친구와 결혼하도록 해." 우리 어머니가 자주 하던 말이었다. "열렬하게 사랑하는 상대와 결혼하는 건 좋지 않아. 열정은 사라지기 마련이거든. 너를 웃게 하고, 함께 시간을 보낼 수 있는 사람과 결혼해야 해. 외모는 시들해지기 마련이야. 열정도 마찬가지고."

우리 어머니나 나나 딱히 사랑이라는 분야에서 운이 좋았던 편은 아니었지만, 어머니는 때때로 현명한 조언을 해주곤 했다. 그리고 열정을 따르라던 할머니 니나의 조언을 따를 때는 확실히 좋은 결실을 맺지 못했다.

하루는 폴이 이스탄불로 출장을 왔고, 우리는 예전처럼 저녁식사를 하러 갔다. 하지만 우리 둘 사이의 무언가가 분명 변해 있었다. 제이슨은 따라오지 않았다. 나는 예쁜 옷을 차려입었고 폴은 고급 일식당에 예약을 했다. 그날 저녁 작별인사를 하기 위해 폴이 우리집 문 앞까지 데려다주었을 때, 우리는 마치 키스라도 할 것처럼 평소보다 더 오래 가로등 아래에서 있었다.

바로 그때 아이번이 지나갔다. 그는 우리를 보고 걸음을 멈추더니 팔짱을 끼고는 길 건너편 모퉁이에 서 있었다.

"너희 두 사람 절대 키스하지 마!" 아이번은 소리를 질렀다. "둘이 사귀게 되면 린지는 틀림없이 폴이랑 헤어질 거고, 그렇게 되면 우리는 폴이랑 더이상 친하게 지낼 수가 없잖아. 린지는 이상한 놈들하고만 데이트하는데 폴은 린지한테 너무 멀쩡하고 괜찮은 남자야. 그리고 우리는 네가 좋아, 폴. 그러니까 나는 폴이 린지에게서 떨어져 택시에 탈 때까지 여기서 한 발자국도 움직이지 않을 거야."

연애문제와 관련해서 내 친구들이 나에게 가지고 있는 신뢰가 이 정도였다. 여러 해에 걸쳐 일을 최우선순위로 두거나 누가 봐도 미덥지 않은 상대들과 시간 낭비를 하다보니 친구들도 좀처럼 나를 믿지 못하게 된 것이다. 아이번은 폴이 마침내 자리를 떠 집으로 갈 때까지 십 분 동안이나 그 자리에 서 있었다.

• •

몇 주 후, 칼은 보스포루스해협이 내다보이는 자택에서 주말 이틀에 걸쳐 밤샘파티를 열었다. 우리는 토요일에 칼의 집에 모여 햇빛 아래서 수영하거나 바비큐를 즐겼고, 친구 결혼식에 참석하기 위해 로마에 간 폴에게서 몇 시간마다 상황을 알리는 문자메시지가 왔다. 나는 그의 문자메시지에 한 번도 답장을 보내지 않았다. 폴은 이스탄불에 도착하자마자 전화를 걸고 바로 칼의 집으로 왔다.

폴은 우리가 모두 부엌에 모여 저녁을 준비하고 있을 때 도착했다. 폴은 양상추를 씻고 있는 내 뒤로 몰래 다가와서 나를 안은 뒤 내 허리에 손을 얹고 고개를 숙여 내 귀에 속삭였다. "오늘밤 너를 집으로 데려갈 거야."

전기가 흐르는 것 같은 충격이 내 몸을 스치고 지나갔다. 몇 달 동안이나 친구로 지내면서 술에 취해 밤늦게까지 함께 시간을 보냈어도 폴이 내 몸에 손을 대는 일은 없었다. 폴의 손이 내 엉덩이에 있는데다 그의 몸이 내 몸에 밀착되어 있다는 사실이 우리 둘 사이에 흐르는 공기를 바꾸어놓았다.

"말도 안 돼."

"안 되기는. 논쟁하려고 하지 마."

나는 이 정도로 결단력이 넘치고, 친구에서 연인 사이로 발전할 수 있을 것이라고 나를 설득하고, 심지어 이토록 확신하는 사람과 사귀어본 적이 없었다. 우리가 서로 잘 맞을 것이라는 폴의 자신감은 내 머릿속의 물음표를 지워주었다.

프랑스의 축구선수 지단이 이탈리아 선수 마테라치에게 박치기를 하면서 결국 이탈리아가 2006년 월드컵 우승을 차지한 그날 저녁, 폴과 나는 함께 택시를 타고 내 아파트로 돌아왔다. 다음날 아침 우리는 아파트의 좁은 발코니에 앉아 지한기르의 녹색 모스크를 바라보면서 커피를 마시고 있었다. 그때 나는 아마도 내 남은 인생을 폴과 함께 보내게 될지도 모른다는 생각을 했다.

• •

이전까지 나는 남자친구를 사귀면서도 결혼을 머릿속에 그려본 적이 없었다. 폴은 나와 마찬가지로 전적으로 일을 중심으로 살아가는 사람이었다. 그는 끊임없이 마감을 지켜야 했으며, 나 역시 내 일에 오랜 시간을 할애해야 한다는 점을 이해했다. 알제리 같은 나라에서 해외 특파원으로 일한 경력이 있던 그는 위험해 보이는 특종을 취재하는 것이 얼마나 힘들면서도 매력적인지 잘 알고 있었다. 그에게는 한 달에 몇 주 동안 집을 떠나야 하는 이유나 밤늦게까지 컴퓨터 앞에서 사진을 편집하고 정리해야 하는 이유를 설명할 필요가 없었다. 취재 때문에 다르푸르나 콩고, 아프가니스탄으로 떠날 때마다 폴은 그저 이렇게 말할 뿐이었다. "사랑해. 나는 여기 있어. 당신은 당신 일을 해, 그리고 다 끝나면 돌아와. 여기서 기다리고 있을게."

폴은 내가 하는 일을 받아들였을 뿐만 아니라 열정적으로 지지했고, 내가 취재계획을 세우면 신바람나게 돕기도 했다. 또한 앞으로 취재할 이야기에 흥미를 보였고, 내가 성과를 올리면 눈에 띄게 기뻐했다. 여자친구의 커리어에 이 정도로 열심히 관여하는 남자를 거의 본 적이 없던 나는 의심스러운 생각이 들지 않을 수 없었다.

나는 괴짜인 우리 가족에게 폴을 소개해야 하는 크리스마스를 몇 달 남겨두고 그에게 게이 남성이나 시끄러운 이탈리아계 미국인들과 어울려도 괜찮으냐고 물었다. 폴은 사교적이고 상냥하고 여유 있는 사람이었지만, 그와 동시에 어딘가 유럽인다운 세련됨과 예의가 느껴졌다. 나는 폴에게 우리 가족 모두가 그에게 수도 없이 질문을 던질 것이라 설명했다. 우리 가족은 어떤 사람에게서나 비밀을 캐낼 수 있기 때문에 만약 감추고 있는 것이 있다면 지금 나에게 털어놓아야 한다고 농담을 했다. 폴은 약간 동요하는 눈치였다.

"음, 당신한테 할 이야기가 있어." 짙은 녹색의 브이넥 스웨터를 입은 폴이 말했다. "나는 사실 작위가 있어. 백작이야."

"당신이 뭐라고?"

"백작이라고."

폴은 자신의 증조할아버지가 유대계 오스트리아-헝가리제국의 남작이자 에드워드 7세에게 자금을 빌려주고 터키와 유럽을 잇는 최초의 철도를 구축함으로써 막대한 재산을 모은 부유한 은행가 모리츠 폰 히르슈에게 입양된 아들이었다고 설명했다. 그의 증조할아버지는 유명한 자선사업가로, 박해받고 가난한 유대인들이 러시아와 동유럽에 정착할 수 있도록 돕는 프로그램에 많은 재산을 기부했다. 포레스트 남작으로 불렸던 그의 증조할아버지는 이후 영국 하원의원이 되었고 윈스턴 처칠의 가까운 친구였으며, 훗날 리히텐슈타인공국의 시민이 되어 왕자로부터 백작의 작위를 받았다. 1944년에 자연환경을 보호하기 위한 자선재단을 설립했으며, 이 재단은 지금까지도 폴의 아버지가 운영하고 있다. 폴은 어린 시절에 코트다쥐르의 성에서 자라났고 근처에는 콩고의 대통령이자 독재자인 모부투 세세 세코의 저택이 있었다. 그의 아버지는 마다가스카르에서 멸종위기의 여우원숭이 200마리를 비행기로 공수하여 집에 사설 보호소를 만들었고, 어린 시절의 폴은 작은 원숭이들이 우글거리는 보호소를 무서워했다고 한다.

나는 폴을 빤히 바라보았다. 이탈리아의 바레세해안에서 배를 타고 뉴욕의 엘리스섬에 도착하여 평생 가족들의 생계를 위해 고군분투했던 이탈리아계 미국인 할머니에게 어떻게 폴을 소개할 것인가? 할머니는 소위 금수저를 물고 태어난 사람들을 곱게 보지 않았다. 폴이 중산층인 우리 가족을 탐탁지 않게 여기지는 않을까? 나는 백작이라는 작위가 요즘으로 치면 무엇을 의미하는지 잘 몰랐다. 사람들이 그의 앞에서 살짝 무릎을 굽히고 절해야 하는 것일까? 킬트kilt*를 입었을까? 그의 가족은 진짜 성에서 사는 걸까? 내가 어떤 반응을 보여야 할지 제대로 생각도 하기 전에 내 입에서는 이런 말이 튀어나왔다.

"우리 가족한테는 말하지 마."

• •

사실 걱정할 필요는 없었다. 폴은 내가 사는 세상에 문제없이 적응할 만한 사람이었다. 처음 그에게 적응하느라고 어려움을 겪었던 것은 오히려 나였다. 우리가 사귀기 시작한 지 몇 달 정도 되었을 때, 나는 파리를 경유하여 차드 동부에 있는 다르푸르 난민캠프로 날아갈 계획을 세웠다. 마침 우연히도 폴 역시 가장 친한 친구인 오스카의 서른번째 생일파티 때문에 파리에 가야 했다. 나는 카메라 장비와 위성 안테나가 들어 있는 배낭 하나와 국경에서 유엔 항공기에 올라야 할 경우를 대비하여 기내반입용 캐리어 하나를 준비했다. 유엔 항공기에서는 항상 수하물의 무게를 엄격하게 제한하기 때문이다. 나는 리넨으로 된 헐렁한 상의 몇 개와 청바지 몇 벌, 카고팬츠, 머리에 두르는 스카프, 모기장, 헤드램프, 물티슈, 항생제, 운

* 스코틀랜드 남자들이 전통적으로 입는 체크무늬의 짧은 치마.

동화, 그리고 은자메나의 호텔에 헬스시설이 있을 경우에 대비해 운동복 한 벌도 챙겼다. 폴이 주말의 생일파티가 그냥 편안한 자리라고 했기 때문에 나는 모기장, 헤드램프, 위성전화용 케이블 등이 든 가방이 너무 무거워지지 않도록 레이스가 달린 윗옷 몇 개만 챙겨넣었다. 내가 자라난 뉴욕에서 생일파티라고 하면 섹시한 청바지, 세련된 윗옷, 하이힐, 은색 액세서리 정도면 충분했다. 지금껏 나는 한 번도 스웨덴 사람들과 어울려본 적이 없었다.

폴과 오스카, 그리고 대략 마흔 명 정도 되는 그의 친구들을 만나러 레스토랑에 도착한 순간 나는 곤란한 상황에 처했음을 깨달았다. 모든 사람이 금발의 우아하고 완벽한 조각상 같았다. 여자들은 군살 없는 늘씬한 몸매에 고급스러운 소재로 만든 야회복을 입었고 머리는 미용실에서 손질한 상태였다. 각자 팔에는 샤넬, 프라다, 구찌, 또는 루이비통 가방을 걸치고 있었다. 손가락과 귓불에는 거대한 다이아몬드가 묵직하게 빛을 내고 있었다. 남자들은 구찌 단화와 프라다 양복, 그리고 파텍필립 시계를 차고 있었다.

그리고 나는 자라에서 산 윗옷과 리바이스 청바지, 나인웨스트 하이힐 차림으로 다르푸르에 가는 길이었다.

폴이 자리에 모인 사람들에게 나를 소개하자 그들은 그저 나를 빤히 쳐다보며 위아래로 훑더니 등을 돌려 멀어져갔다. 심지어 단 한 명도 이름을 물어보지 않았다. 아무도 내가 누구인지, 무슨 일을 하는지, 스톡홀름이나 파리 밖의 세상에서 어떤 일이 일어나고 있는지 그들이 알 수 있도록 전쟁을 취재하기 위해 다르푸르로 간다는 사실에도 신경쓰지 않았다.

나는 내 안에 존재하는지도 몰랐던 열등감을 느꼈다. 다음날 나는 자라 매장으로 달려가 얼마 되지 않는 은행 잔고가 허락하는 한 가장 근사한 옷을 찾으려 애를 썼다.

"하지만 당신은 당당하고 성공한 여성이잖아. 전 세계를 활보하는 종군 사진기자라고. 저런 사람들이 진짜 신경쓰인단 말이야?" 폴은 말했다.

나는 전혀 다른 인생을 살아왔을 사람들의 무심하고 탐탁지 않은 시선을 받아내야 하는 저녁이 너무나 두려웠다. 나는 여전히 외모에 신경이 쓰였다. 커리어에서 얼마나 많은 것을 이루었든, 어린 시절이나 10대 때 생겨난 신랄한 열등감을 없애버릴 수는 없다. 그리고 좋든 싫든, 이 사람들은 폴의 인생에서 가끔씩 등장하게 될 것이다. 친구들을 보니 폴의 판단력에도 의구심이 일었다. 폴은 도대체 어떻게 이 사람들을 좋아할 수 있단 말인가? 나는 과연 이러한 세계의 일부가 되고 싶은가?

어쩌면 나는 폴과의 관계가 오래 지속되기를 바랐기 때문에 그토록 화가 났었는지도 모른다. 생각해보면 결국 폴의 독특한 배경이 나 자신을 바라보게 만든 것일지도 모른다. 나는 그가 시간을 많이 빼앗기는 내 직업을 인정하고 말도 안 되는 이상한 나의 삶을 받아들이기를 원했다. 폴은 나의 부지런함과 추진력을 높이 평가했다. 우리는 둘 다 독특한 집안에서 자라났지만 그럭저럭 공통점을 찾을 수 있었다. 바로 일에 대한 사랑이었다. 우리 두 사람 사이의 사랑 역시 자연스럽고 조건 없는 것이었으며, 그는 어떠한 제약도 없이 나를 가장 나다운 모습으로 살 수 있게 해주었다. 폴과의 사랑은 내가 가족으로부터 받은 사랑을 상기시켰고, 그렇기 때문에 나는 마침내 내가 사랑하는 남자를 평생 함께할 동반자로 볼 수 있게

터키 해안에서 나와 폴. 2007년 7월.

되었다.

오스카의 대대적인 서른번째 생일파티가 열렸던 주말의 마지막 행사에서, 모든 사람들이 신나서 여기저기 돌아다니는 가운데 나는 혼자 식탁에 앉아서 브런치를 먹고 있었다. 갑자기 처음으로 스웨덴 사람 한 명이 나에게 다가오더니 옆에 앉아도 되겠느냐고 물었다.

"그럼요." 나는 누군가 나와 이야기를 나누기 위해 굳이 여기까지 발걸음을 했다는 사실에 깜짝 놀랐다.

"저는 칼입니다. 제 생각에는 여기에 저 말고 직업이 있는 사람은 그쪽뿐인 것 같은데요."

나는 웃음을 터뜨렸다. 다음날 아침, 나는 내게는 너무나 편안한 다르푸르로 떠났다.

세계에서 가장 위험한 곳,
코렌갈계곡

• 2007년에도 아프간전쟁은 계속되고 있었고, 해가 갈수록 평화에 대한 전망은 어두워졌다. 탈레반 군사들은 아프가니스탄의 시골지역 전역에 퍼져 있었고, 나라는 점령과 전쟁에 이골이 나 있었다. 이라크전쟁을 시작하기 위해 아프간전쟁의 양상을 무시했던 미국은 그 대가를 톡톡히 치르고 있었다. 차량폭탄과 자살폭탄테러는 일주일이 멀다 하고 일어났다. 나토군*이 보복공격을 하는 과정에서 많은 시민들이 목숨을 잃었다. 아프가니스탄과 이미 7년째 인연을 맺은 나는 진영과 관계없이 점점 더 많은 사람들이 희생되는 걸 목격하면서 계속해서 전쟁을 기록해야겠다고 다짐했다.

8월경 엘리자베스와 나는 동행취재를 할 수 있는 적당한 미군 부대를 찾고 있었다. 우리는 전투를 직접 목격할 수 있을 뿐만 아니라, 미군이 소

* 북대서양조약기구NATO 가맹국이 결성한 군사기구.

위 첨단무기를 보유하고 있는데도 왜 그렇게 많은 아프가니스탄 민간인들이 목숨을 잃고 있는지 설명해줄 수 있는 곳을 원했다. 엘리자베스와 나는 거의 매일 밤마다 토론을 벌이며 선택지를 검토했다.

"코렌갈계곡에서 전투가 자주 일어나." 엘리자베스의 설명이었다. 파키스탄 국경 근처에 있으며 아프가니스탄의 대다수 지역과는 동떨어진 코렌갈계곡은 치열한 전투가 수시로 벌어지는, 아프가니스탄에서 가장 위험한 지역 중 하나였다. 그 지역 사람들은 강인하기로 유명했고 1980년대에 소련에 맞서 처음으로 봉기를 일으킨 곳 중 하나였기 때문에 '지하드의 요람'으로 불리기도 했다. 엘리자베스는 이렇게 말했다. "……나는 왜 그렇게 많은 민간인들이 죽어가는지 알아내고 싶어. 2006년 아프가니스탄 전체에 투하한 폭탄보다 지난 6개월간 코렌갈계곡에 떨어뜨린 폭탄이 더 많다는 거 알고 있었어?"

나는 엘리자베스와 함께 심층취재를 진행해 좋은 기사를 작성하고 싶었고, 그녀의 기자 본능이 우리를 올바른 방향으로 안내해줄 것이라 믿었다. 2007년 무렵 나는 이미 열 번 이상 군대 동행취재를 경험했으므로 군대와 함께 이동하는 데 큰 불편함을 느끼지 않았고 전장의 환경을 견딜 준비도 되어 있었다. 이전에 군대와 동행할 때와 달리, 이번에 우리는 최소 일주일 정도는 한곳에 머무르며 전쟁의 흐름을 제대로 파악할 수 있는 조건을 원했다. 다만 한 가지 문제점이 있었다. 뉴욕에서 곧 이곳으로 합류할 예정인 엘리자베스가 임신 3개월이라는 사실이었다. 나는 절대 이 비밀을 누설하지 않겠다고 맹세한 터였다.

나에게 임신은 항상 생소하고 두려운 일로 다가왔다. 나와 같은 일을 하는 사람 중에 결혼한 여성은 찾아보기 힘들었고, 임신은 더욱 말할 것도 없었다. 고향에 남아 있는 대학 친구들, 즉 '일반' 직업을 가진 친구들에게서만 임신 소식이 들려왔다. 나는 아기가 어떻게 자라는지, 임신부의 신체가 시기마다 어떻게 변하고 무엇을 느끼는지 아무것도 몰랐다.

"임신한 것처럼 보이지 않아? 어떻게 숨길 거야?" 나는 물었다.

내가 아는 한 임신한 기자가 군대와 동행하여 취재할 수 없다는 규칙은 없었지만, 아마도 대다수 군대에서는 그런 상황 자체를 접해보지 않았을 것이다. 엘리자베스는 임신 초기이기 때문에 겉으로는 임신 사실이 드러나지 않을 테고, 취재에 따르는 위험을 충분히 인지하고 있으며 몸 상태도 아주 좋다고 장담했다. 나는 어차피 군대가 한 달 이상 우리의 동행취재를 허락할 리 없으므로 엘리자베스의 배가 불러오기 전에 아프가니스탄을 떠나게 될 것이라 생각했다. 나는 항상, 일에 대한 결정은 각자 스스로 내려야 한다는 철학을 가지고 있었다. 따라서 엘리자베스가 자신의 인생이나 몸과 관련해 내린 결정에 대해 가타부타 판단할 생각은 없었다. 엘리자베스는 우리 직업에 필연적으로 따라오는 엄청난 압박, 끝없는 여행, 지속적인 위험, 일과 육아를 병행하는 것이 불가능함에도 불구하고 오랫동안 아이를 갖고 싶다고 말해왔으며, 어쩌면 마지막으로 엄마가 될 수도 있는 이 기회를 놓치지 않겠다는 분명한 의지를 보였다.

우리는 9월 초에 아프가니스탄에서 조우하여 잘랄라바드의 동부지역 사령부 본부로 향했다. 기자들은 모두 이곳을 기점으로 동부 아프가니스탄 전역의 군기지로 파견된다. 우리는 막사와 식당 한가운데에 있는 이동식트레일러의 공보 사무실로 들어가 책임자인 공보장교를 만났다. 그날 저녁, 우리는 모든 남자 군인들로부터 아무리 노력해도 숨길 수 없는, 익숙한 시선을 받으며 도착했다. 아, 여자다.

공보장교는 우리가 코렌갈계곡에 가는 것을 달가워하지 않는 것이 분명했다. 그는 침상이나 화장실이 도저히 여자들이 사용하기에 적합하지 않다고 주장했다. 엘리자베스는 남자들이 할 수 있는 것이라면 우리도 무엇이든 할 수 있다고 자신했고, 며칠 뒤 우리에게 '지하드의 요람'으로 가도 좋다는 승인이 떨어졌다.

첫번째 도착한 곳은 코렌갈계곡과 수려한 페치강 사이 교차점에 위치한 소규모 기지인 캠프블레싱Camp Blessing으로, 돌로 된 건물들이 울창한 산의 가파른 경사면에 아슬아슬하게 서 있었다. 캠프블레싱은 제173공수여단의 상급지휘관이 주둔하는 대대 본부였다. 오지에 있는 기지로는 드물게 텐트가 아닌 제대로 된 구조물을 숙소로 사용했고, 작은 운동시설과 남녀 화장실 및 샤워장, 어딘가 버몬트의 산장을 연상시키는 식당, 계곡 전역에 박격포를 발사하기 위한 공간이 마련되어 있었다. 접근성이 좋은 기지들은 소위 '새'라고 부르는 헬기가 있어 매일 카불이나 잘랄라바드 사이를 왕복할 수 있었지만, 캠프블레싱은 오지에 있는 기지였기 때문에 운좋으면 3일에 한 번쯤 헬기를 구경할 수 있었다.

엘리자베스와 나는 아프간전쟁의 심장부에 들어와 있었다. 전략상황실TOC, Tactical Operations Command의 벽면에는 대대의 모든 작전구역AO, Area of Operation에서 일어나는 적대적인 움직임들이 실시간 피드로 중계되고 있었다. 지휘관들은 적외선 무인항공기에서 보내오는 열 신호를 바탕으로 생물과 무생물을 구분할 수 있었다. 전략상황실은 또한 AC-130 공격기와 일반 전투기보다 훨씬 조작이 자유로운 아파치헬기가 전투지역 상공을 비행하며 보내오는 피드도 받고 있었다. 벽에는 거의 빈틈이 없을 정도로 여기저기에 기밀 지도가 붙어 있었다. 인터넷 케이블 뭉치, 노트북 충전기, 하드 드라이브, 전화선은 책상에 테이프로 붙여놓거나 벽에 걸어놓거나, 바닥에서 천장까지 이어지는 기둥에 구불구불 감아놓은 상태였다. 전화번호, 내선번호, 코드가 인쇄된 흰 종이들이 지도 옆에 붙어 있었다. 상황실 뒤편 벽에는 극소수의 관계자밖에 해석할 수 없는 약자와 머리글자가 적힌 거대한 종이가 붙어 있었다. 계급이 높은 군인들은 시끌벅적하게 전략상황실에 모여 비디오 피드를 통해 군사작전을 펴는 병사들을 지켜보았으며, 전화기 앞에 앉은 군인들은 멀리 있는 기지뿐만 아니라 JTAC라고 부르는 합동최종공격통제관에서 걸려오는 전화를 받고 있었다. 합동최종공격통제관은 육군 부대에 소속된 공군 병사들이 모인 곳으로, 지상군과 전투부대 사이의 연락책 역할을 하면서 전투가 지나치게 과열되어 해당 지역을 초토화시켜야 할 경우 공중에서 지원하는 역할을 한다.

기술은커녕 전기도 충분히 사용하지 못하고 제대로 된 신발도 없이 산속을 뛰어다니며 녹슨 칼라시니코프 소총과 조잡한 박격포 발사장치를 휘두르는 탈레반을 상대로 한 전쟁에서 미국이 승리를 거두지 못한다는 것은 애초부터 말이 안 되는 일처럼 보였다. 하지만 2007년 가을에는 쉬지 않고 계곡 어디에선가 전투가 벌어지는 바람에 전략상황실의 화면이 크리스마스 무렵의 록펠러센터처럼 깜박였다.

일반적으로 규정상 기밀정보가 들어 있는 전략상황실 화면, 지도, 또는 문서의 사진을 찍는 것은 항상 민감한 문제다. 그 사진들이 '적'의 손에 들

제173공수여단 배틀컴퍼니의 병사들이 코렌갈 전초기지의 대피소 근처에서 박격포 공격에 대응하고 있다.

어갈 수도 있기 때문인데, 미군은 탈레반과 반反연합운동, 아프가니스탄에서 서구 세력을 몰아내고 싶어하는 비非탈레반 아프간인들을 지칭할 때 이 '적'이라는 모호한 표현을 사용했다. 나는 군인들에게 화면에 떠 있는 정보를 드러내지 않고도 전략상황실의 사진을 찍을 수 있는 방법이 있다고 설명했다. 초점을 맞추지 않거나, 이미지를 흐릿하게 만들거나, 아예 화면을 피하고 사진을 찍으면 해결되는 문제였다. 나는 전략상황실의 긴장된 분위기를 담고 싶었다. 그래서 전략상황실에서 찍은 사진을 군사정보담당관이 미리 살펴본다는 것과 기밀정보를 유포하지 않겠다는 조건하에 촬영허가를 받았다. 미군이 내 사진을 검토하겠다고 요청한 것은 거의 유례가 없는 일이었지만 이 경우만은 나도 그들의 제안을 받아들였다. 미군측에서도 지금껏 인쇄 매체에서는 다룬 적이 없는 광경에 접근할 수 있도록 해주었기 때문이다.

군사정보담당관과 함께 옆에 있는 작은 방에 앉아서 전략상황실을 찍은 사진, 짧은 운동복 바지를 입고 화면을 쳐다보거나, 전화를 받거나, 226킬로그램짜리 폭탄을 떨어뜨릴지 여부를 순간적으로 결정하는 군인들의 사진을 넘겨보고 있었는데, 갑자기 그가 무심코 이런 질문을 던졌다. "그래서 기자님 친구는 임신 몇 개월이죠?"

나는 충격을 받았다. 도대체 어떻게 알았을까? 우리가 그날 밤, 아니면 그 전날 밤에 위성전화로 통화했고, 어쩌면 군인들이 은밀히 우리의 통화 내용을 모니터링하고 있는 가운데 엘리자베스가 임신과 관련된 이야기를 했을지도 모른다.

"임신 아니에요." 나는 계속해서 전략상황실을 찍은 사진들을 넘겨보며 컴퓨터 화면에서 눈을 떼지 않았다. 어렸을 때부터 거짓말을 잘하는 편은 아니었지만, 친구에 대한 신의만은 지켜야 했다. 엘리자베스는 하루에도 몇 번씩 나에게 자기 임신에 대한 이야기는 입 밖에도 내지 말라고 당부했고, 나는 그 말에 따랐다.

그는 재빨리 질문을 철회했지만, 나는 혹시 다른 사람들도 임신 사실을 알게 될까봐 걱정스러웠다.

우리는 캠프블레싱에 오래 머물지 못했다. 코렌갈계곡의 전초기지로 날아가기 전날 밤, 우리는 전략상황실에 모여서 미군이 총격전에서 꼼짝없이 공격당하고 있는 광경을 지켜보았다. 탈레반 군사들은 미군에게 로켓추진형 수류탄과 집중포격을 퍼부었다. 지휘관들은 전투기를 사용한 폭탄 투하를 고려했고, 226킬로그램짜리 폭탄을 투하할 경우 뒤따를 '부수적 피해', 즉 민간인 사상자의 발생 가능성을 논의했다. 전투는 쉽사리 끝나지 않았다. 미군은 손을 쓰지 못하고 있었다. 결국 전략상황실에 앉아 있던 대대 지휘관 빌 오스트런드 중령이 AC-130 공격기를 호출하여 해당 지역에 226킬로그램의 폭탄을 투하하라고 명령했다. 탈레반 군사들은 우리 눈앞에 있는 화면 속에서 산산이 흩어졌다. 이 전투는 내가 과거에 취재했던 전투들과 크게 다르지 않았다. 다만 내가 전투의 진행 양상을 화면으로 지켜보고 있다는 것이 유일한 차이점이었다. 이상하게도 화면에서 보는 전투는 현장에서 보는 것보다 더욱 불길해 보였다. 다른 점도 눈에 띄었다. 이라크와 아프가니스탄의 다른 지역에서는 전투들 사이에 긴 소강상태가 존재했지만, 코렌갈계곡에서는 밤낮을 가리지 않고 끊임없이 총알이 양 진영을 오갔다.

• •

미군은 코렌갈계곡 몇 군데에 전진작전기지FOB, Forward Operating Base라고 부르는 작은 기지 몇 개와 그보다 작은 전투전초COP, Combat OutPost를 세워놓았다. 기지들은 아프가니스탄에서 가장 적대적인 지역 중 하나이자 반란군의 심장부, 그리고 반란군에게 자금을 지원하는 역할을 하는 목재 교역의 중심부에 세운 것이기도 했다. 코렌갈 전초기지KOP, Korengal OutPost는 캠프블레싱에서 북쪽으로 고작 10킬로미터 정도밖에 떨어지지 않은 곳에 있었지만, 그곳에 가기 위해서는 사제폭탄이 여기저기 도사리고 있는 좁은 산길을 따라가야 했다. 또한 이곳은 주변 고산지대를 본거지로 삼고 있는 아프가니스탄 병사들에게 좋은 목표물이었다. 우리는 블랙호크라는 기동헬기를 타고 가기로 했다.

코렌갈 전초기지에 도착한 우리는 즉시 의료진 천막으로 안내되었다. 코렌갈 전초기지의 지휘관인 댄 커니 대위가 우리를 맞아주었지만, 우리의 관심은 즉시 천막 안의 광경으로 쏠렸다. 얼굴과 몸에 얕은 열상을 입고 넋이 나간 아프가니스탄 소년들이 미군기지에 와 있었기 때문이다. 그들의 가족들은 미군 의료진에게 아이들이 전날 저녁 폭탄 파편을 맞아 상처를 입었다고 설명했는데, 아마도 우리가 캠프블레싱의 전략상황실에서 폭발 광경을 지켜본, 바로 그 폭탄들로 인한 것이었으리라. 우리는 이곳으로 날아와 기록으로 남기고 싶어했던 바로 그 광경과 조우한 것이다. 전쟁이 민간인에게 영향을 미치는 광경.

나는 그곳에 머무는 시간의 대부분을 어린 소년인 칼리드의 사진을 찍으면서 보냈다. 칼리드의 눈은 충혈되고 멍했으며, 여기저기 긁힌 상처가 있는 창백한 피부에는 진흙이 묻어 있었다. 빨간 입술의 입꼬리 쪽에는 먼지가 묻어 있었고, 눈도 거의 깜박이지 않았다. 미군 의료진은 아프가니스탄 사람들의 신뢰를 얻으려는 반란진압활동의 일환으로 부상당한 아프가니스탄 민간인을 치료해주는 경우가 많았다. 하지만 아프가니스탄 사람들이 와서 미군의 폭탄에 맞아 다쳤다고 말하는 것에 대해서는 늘 미심쩍은 반응을 보였다.

우리는 바닥에 땅을 파서 만든 동굴 같은 벙커 안 침상에서 잠을 잤고, 머리 위에는 위태로운 전선에 매달린 전구들이 있었다. 침대에 빈대와 벼룩이 들끓는 바람에 엘리자베스의 몸은 부어오른 혹과 반점, 물집으로 얼룩덜룩했다. 특히 복부는 성한 곳이 없었다. 아마도 엘리자베스의 임신호르몬을 감지한 벌레들이 그녀의 몸을 사정없이 물어뜯는 모양이었다(벌레들은 나에게는 전혀 관심이 없어 보였다). 엘리자베스는 계속 군의관에게 가서 가려움방지 연고나 약을 받아왔지만, 그때마다 임신부에게 해로울지도 모른다는 사실에 불안해하며 괴로움에 몸부림쳤다.

• •

커니 대위는 26세였고 수려한 외모에 탄탄한 체구를 지니고 있었다. 가끔씩 신사답게 행동할 때가 있는가 하면, 무신경하고 독단적인 지휘관처럼 행동하기도 했다. 그는 우리에게는 너그러운 태도를 취했다. 많은 도움을 주었으며, 침상을 양보하라고 부하들에게 지시하거나, 늦여름이 지나 날씨가 쌀쌀해지자 이불 몇 개를 더 가져다주기도 했다. 군인들은 마지못해 대위의 명령을 따랐다.

나는 군인들이 절대 우리를 진지하게 받아들이지 않을 거라고 생각했다. 그래서 여자들도 신체적, 정신적으로 충분히 준비하면 현장에서 군인들에게 뒤처지지 않을 수 있다는 것을 보여주면서 그들이 의구심을 가지지 못하도록 선수를 쳤다. 나는 평소에도 취재를 위해 철저하게 체력을 길렀고, 최대한 남의 도움을 받을 필요가 없도록 필요한 모든 장비를 갖추었으며, 절대 두려움을 겉으로 드러내지 않았다. 다른 취재 때와 마찬가지로 나는 무리에 자연스럽게 섞여들어 최대한 눈에 띄지 않기를 바랐다. 일부 군인들조차 매일 수백 킬로그램에 달하는 탄약을 지고 여섯 시간씩 순찰하는 고된 일정을 힘겹게 소화했고, 적지 않은 사람들이 과연 우리가 그들 옆에서 보조를 맞출 수 있을까 하는 의구심을 가졌을 것이다.

나는 그동안의 경험을 통해 군인들이 거의 매일같이 이렇게 순찰을 나가는 이유는 '적'을 찾아내고 이 지역에 교두보를 확보하기 위해서라는 사실을 알고 있었다. 가끔은 총격전에 대비해 완전무장한 상태로 순찰을 다니기도 했다.

우리는 매일 알리아바드와 동가라는, 미군에게 적대적인 마을을 통과하여 도보순찰을 했다. 이들 마을에는 얇은 석판으로 만든 집들이 계곡 바닥에서 산 위쪽까지 층층이 자리잡고 있었다. 순찰은 예닐곱 시간 동안 계속되었고, 항상 가혹했다. 이 지역의 지형이 사실상 직각이나 다름없었던 탓이다.

처음 몇 주 동안 엘리자베스는 임신에 전혀 구애받지 않는다는 듯 행동했다. 순찰을 나갈 때마다 몇 번씩 소변을 봐야 한다는 점을 빼놓고는 말이다. 나는 취재현장에서 만나는 군인들이 내가 여성이라는 사실을 의식하지 않도록 몇 년에 걸쳐 노력해왔지만, 엘리자베스가 잽싸게 폐가나 나무 뒤로 달려가서 방광을 비우는 동안 소대장인 피오사 중위에게 대원들을 전부 낯선 마을에 대기시켜달라고 부탁해야 했고, 그때마다 민망하기 짝이 없었다. 우리는 둘 다 힘이 약했고 고산지대의 옅은 공기 속에서 경사가 급한 언덕을 오르는 데는 익숙지 않았다. 집에 있을 때도 매일 10킬로미터씩 뛰던 나도 언덕을 오르는 것은 버거웠다. 엘리자베스처럼 배 속에 아기가 자라고 있는 상태로 언덕을 오른다는 건 나로서는 상상조차 가지 않는 일이었다.

어느 날 아침, 우리는 전략적인 감시거점 역할을 하는 또하나의 전초기지 비모토로 출발했다. 비모토라는 이름은 초기에 순찰을 돌다가 총에 맞아 목숨을 잃은 한 의무병의 이름을 따서 지은 것이라고 했다. 가파른 언덕을 걸어올라가 발사위치 몇 개와 모래주머니를 둘러놓은 취침용 도랑 외에는 아무것도 없는 기지에 도착했다. 몇 달이라는 시간을 보내기에는 너무나 끔찍한 곳처럼 보였다. 돌아오는 길에 해가 저물었지만 우리에게는 군인들이 쓴 것과 같은 야간용 고글이 없었다. 기지에서 채 50미터도 가지 못했을 때 엘리자베스는 비명을 질렀고, 엘리자베스의 발밑에서 덤불이 탁하고 부러지는 소리가 들려왔다. 엘리자베스는 머리부터 산 아래쪽으로 굴러갔다. 족히 이십 초는 되었다.

나는 거의 패닉상태가 되었다. 임신에 대해서 아는 것은 많이 없었지만 복부에 충격을 받으면 위험하다는 사실 정도는 짐작할 수 있었다.

"혹시 배를 부딪쳤어?"

엘리자베스는 제대로 대답하지 않았다. 나는 이미 우리가 살아서 숙소에 돌아갈 수 있을지를 걱정하고 있었다. 게다가 엘리자베스가 임신까지 하고 있다는 상황이 너무 어처구니없어 어찌할 바를 몰랐다.

엘리자베스는 만사에 차분하게 대응했다. 가끔씩 방탄조끼에 들어 있는 철판이 가슴과 복부를 지나치게 꽉 누른다고 불평한 적이 있었기 때문에 나는 엘리자베스의 오래된 철판 방탄조끼를 내가 가진 가벼운 세라믹판 방탄조끼와 바꿔주었다. 그리고 우리는 평소대로 순찰을 나섰다. 엘리자베스의 몸은 배 속에서 자라나는 아이 때문에 무거웠고, 내 몸은 카메라와 엘리자베스의 싸구려 방탄조끼 때문에 무거웠다.

한 달이 지난 후, 나는 열흘간의 휴가를 받아 집으로 돌아와서 폴과 시간을 보냈다. 나보다 더 뛰어나고 헌신적인 기자라고 해도 과언이 아닌 엘리자베스는 다시 코렌갈 전초기지로 돌아가 계속해서 취재했다. 내가 현지를 떠나 있는 동안 엘리자베스는 코렌갈계곡에서 일어나는 일들에 대한 소식을 정기적으로 전해주었고, 나는 남자친구와 함께 시간을 보내며 재충전하고 긴장을 푸는 동안에도 엘리자베스를 혼자 그곳에 내버려두고 왔다는 사실에 끊임없이 뼈아픈 죄책감을 느꼈다. 어느 날 밤, 엘리자베스가 전화를 걸어와서는 야간순찰을 나갔다가 탈수증상이 너무 심해져 기지로 돌아온 다음 링거를 두 대나 맞아야 했다고 말했다. 나는 이제 돌아갈 때라는 사실을 깨달았다.

• •

다시 현장에 돌아왔을 때는 더욱 오지에 있는 베가스 중포기지에 가게 되었다. 베가스 중포기지는 절벽처럼 불쑥 튀어나온 바위 위에 세워져 있어 공중공격에 그대로 노출된다는 약점이 있었지만 탁 트인 계곡이 내려다보이는 기가 막힌 경관을 자랑했으며 1소대가 주둔하는 소박한 기지였다. 합판으로 지은 지붕 없는 교회, 모래주머니 몇 개, 나무탁자, 변기 대신 뚫어놓은 구멍과 그 옆에 일부러 〈맥심〉 잡지 한 권을 놓아둔 화장실까지. 그 화장실과 거주용 막사 사이의 공간에서 몇 달 전 소대 지휘관이 머리에 총을 맞아 죽었다고 했다. 그 탓인지 화장실에 갈 때마다 불길한 예감에 발걸음이 빨라졌다. 중포기지에서는 MRE Meals Ready to Eat라고도 부르는 전투식량 먹기, 잡담하기, 카드게임하기, 잠자기, 순찰 돌기 외에는 아무것도 할 일이 없었다.

우리는 군인들과 함께 그들의 사생활과 군에 입대한 이유, 아무것도 없는 코렌갈계곡 한복판까지 오기 전에는 어떤 일을 했는지에 대해 이야기를 나누었다.

"2001년 9월 11일 이후, 이라크와 아프가니스탄을 합쳐서 벌써 여섯번째 해외 파병이네요." 와일드캣이라는 별명을 가진 래리 루글 병장의 말이었다. 루글은 내가 가장 좋아하는 군인 중 한 명이었다. 우람한 체구와 두툼한 가슴팍의 루글 병장은 커다란 갈색 눈동자 근처까지 내려오는 바가지 모양의 짙은 갈색머리에, 손목부터 어깨까지 문신을 한 사람이었다. 그는 배려심이 깊고 언변이 좋았으며, 늘 무언가 불길함을 예감하는 듯한 말투로 이야기했다. 여섯 번이나 전쟁터에 뛰어든 것이 지나치게 목숨을 건 모험이지 않을까 두려워하는 것처럼 말이다. 뉴저지 남부의 갱단에 소속되어 있었던 루글은 사람을 총으로 쏜 후 결국 소년원에 들어갔다고 했다. 소년원에서는 러시아어를 배우고 독서를 했다. 소년원에서 나온 후에는 군에 입대했다. 그에게는 결혼하고 싶은 여자친구가 있었다. 어머니에 대한 이야기도 항상 빼놓지 않았다.

몇몇 군인들은 노트북을 사용해서 게임을 하고 메일을 썼다. 상당수가 오래된 잡지와 중고책을 읽었다. 나는 가져온 읽을거리를 예전에 다 읽어버렸고, 그 당시는 전자책 킨들이 등장하기도 전이었기 때문에 결국 기지에 굴러다니던 자그마한 신약성서를 읽기 시작했다.

매일같이 새벽이 밝아오면 우리는 순찰을 나가기 전에 전부 모여 부드러운 말투에 극도로 낯을 가리는 소대 지휘관 윈 중위의 브리핑을 들었다. 나는 배낭에 물과 영양바, 군사식량용 간식, 헤드램프를 챙겨넣고, 적군의 움직임 때문에 어딘가에 발이 묶여 하룻밤을 보내야 할 경우에 대비하여 카메라 장비를 살피며 최대한 많은 여분의 배터리와 메모리카드를 챙겼다.

그다음에는 염소들이 다니는 길을 따라 일렬종대로 걸으며 키 큰 삼나무숲을 지나 적진의 마을 사이를 이동했다. 소대 지휘관은 보통 엘리자베스와 나를 두 명의 군인들 사이에 나란히 배치했다. 우리에게 내려진 지시사항은 매복공격을 당하거나 지뢰를 밟을 경우에 대비하여 앞에 있는 사람과 대략 6미터 정도의 거리를 확보하는 것이었다. 공격을 받으면 우리 옆에 '배치된' 군인이 시키는 대로 무엇이든 해야 했는데, 보통 '엎드려!'나 '뛰어!'인 경우가 많았다. 나는 항상 남몰래 짤막한 총격전이 벌어지기를 바랐다. 군인들이 총을 들고 보초를 서면서 마을 사람들과 이야기를 나누는 장면의 사진을 찍는 데도 한계가 있기 때문이다. 하지만 막상 총알들이 날아다니기 시작하면 나는 총격전이 끝나기를 기도할 뿐이었다.

방탄조끼와 헬멧을 착용하고 물과 간식을 챙겨 계곡 여기저기를 도보로 오르내리는 과정에서 엘리자베스와 나의 체력은 점차 강해졌고 의지도 굳어졌다. 우리가 가지고 다니는 장비의 무게는 18킬로그램에 달했고 카메라 장비까지 있는 내 짐은 그보다 더 무거웠지만, 우리는 코렌갈계곡의 가파른 산을 오르는 여섯 시간에 걸친 순찰에서도 뒤처지지 않았다. 바람을 가르며 기지로 날아와 타격을 가하거나 가끔씩 목표물에서 벗어나 엉뚱한 곳에 떨어지는 요란한 박격포 소리에도 익숙해졌다. 나팔이 울리지 않아도 앞다투어 콘크리트블록으로 만든 대피소로 몰려가거나 모래를 채운 거대한 보호벽 뒤에 몸을 숨겼다. 칼라시니코프 소총이나 러시아제 기관총인 두쉬카의 공격을 받는 것도 일상적인 일이 되었다. 처음에는 총알이 날아오는 소리가 들릴 때마다 가슴이 뛰었지만, 시간이 지남에 따라 진정되어 총소리조차 마치 세계 어디서나 들을 수 있는 새벽의 수탉 울음소리처럼 일상적으로 받아들이게 되었다.

한 주가 지날 때마다 엘리자베스의 배는 점점 불러왔지만, 동시에 기온도 뚝 떨어졌다. 배가 나오는 속도에 맞춰 옷도 점점 두꺼워졌기 때문에 배 속에 아기가 있다는 사실을 숨길 수 있었다. 덕분에 배에 경련이 일어나거나 두통이 찾아올 때마다 우리는 위성전화를 꺼내서 다른 군인들이 통화내용을 듣지 못하도록 조심하며 로스앤젤레스에 있는 나의 자매 리사 언니에게 전화를 걸었다.

"언니, 엘리자베스가 배에 경련이 일어난다는데 왜 그러는 거야? 하루에 몇 시간씩 걸어도 되나? 방탄조끼가 너무 무거우면 아이한테 해로울까?"

순찰의 강도가 높아질수록 리사 언니에게 전화를 하는 빈도도 늘어났다. 두 아이를 둔 엄마였던 리사 언니는 아기들의 회복력이 얼마나 뛰어난지 우리에게 거듭 확인해주었다.

"그냥 물을 많이 마시라고 해. 탈수되도록 내버려두는 게 제일 나빠."

• •

코렌갈계곡에서 보낸 그해 가을에 배틀컴퍼니는 대대 전체에 걸친 탈레반 고위 병사들 소탕작전인 '아발란체(눈사태) 작전Operation Rock Avalanche'을 준비하고 있었다. 10월 중순이 되자 작전은 본격적으로 준비단계에 접어들었다. 우리는 아발란체 작전이 위험하리라는 것을 알고 있었다. 군인들은 은신처에 숨어 있는 탈레반을 끌어내서 전투를 벌이기를 희망하고 있었다.

커니 대위는 나, 엘리자베스, 사진기자인 팀 헤더링턴과 발라츠 가르디까지 총 네 명의 종군기자들에게 작전수행 과정에서 동반할 소대를 선택할 수 있도록 해주었다. 1소대, 2소대, 3소대는 최전선에 서게 된다. 마을에 진입하여 민가를 수색하며 무기를 찾고, 공격을 받으면 맞받아 공격한다. 첫번째 목적지인 야카 차이나라는 마을은 거의 수직에 가까울 정도로 가파른 경사면에 위치하고 있었다. 만약 우리가 소대와 동행한다면 장비를 모두 짊어지고 밤새도록 행군해야 할 뿐만 아니라 70도 경사의 관개지 계단을 올라야 했다. 탈레반을 쫓고 탈레반에게 쫓기는 가운데 식량과 물, 침낭, 취재장비, 옷 등을 비롯하여 순찰하고, 캠핑하고, 산악 행군을 하는 데 필요한 일주일 치 짐을 모두 가지고 다녀야 했다.

엘리자베스는 그래도 2소대와 함께 움직이는 것이 어떻겠냐고 제안했다. 전투를 가까이서 취재할 수 있다는 점 때문에 솔깃했지만 나는 과연 우리가 보조를 맞출 수 있을지 확신이 들지 않았다.

엘리자베스는 침묵을 깨고 발라츠를 찾아가서 임신중이라는 사실을 알렸다. 발라츠는 엘리자베스가 지금까지 임신상태에서 코렌갈계곡에서의 혹독한 일정을 견뎌냈다는 사실을 알고 깜짝 놀랐다. 그러고는 단도직입적으로, 우리 둘은 후방에서 소대들의 전투양상을 모니터링하고 작전을 지휘하는 커니 대위 및 감시팀과 함께 있어야 한다고 했다. 결국 우리 둘은 커니 대위와 행동을 함께하기로 했다.

나는 내가 처한 상황을 폴이 자세히 알지 못한다는 점에 감사했다. 적군이 듣고 있을 가능성에 대비하여 종군기자가 통화중에 전술이나 전략 관련 정보를 언급하는 것은 금지되었다. 물론 우리는 위성전화로 거의 매일 이야기를 나누었지만 우리의 대화는 내가 먹은 영양바와 전투식량, 그리고 이스탄불에 있는 그의 일과 우리 친구들에 대한 이야기가 주를 이루었다.

• •

10월 19일 저녁, 우리는 야카 차이나 마을이 내려다보이는 산 위로 향하는 블랙호크 헬기에 올랐다. 나는 두려웠다. 벌써 몇 년 동안이나 외국의 군대가 이 지역에 진입하려고 시도한 적은 없었다. 블랙호크 헬기가 험난한 산비탈 위를 맴돌며 날아다니는 동안 우리는 상공에서 칠흑 같은 어둠을 뚫고 1~2미터 아래의 험준한 지형 위로 뛰어내려야 했다. 나는 카메라가 땅에 부딪히지 않게 하려고 안간힘을 쓰면서 헬기에서 뛰어내렸고, 여기저기 나동그라져 있는 군인들 사이에 착륙했다. 사람과 장비가 온통 뒤섞여서 난장판이 된 가운데 헬기는 잡초와 먼지를 가득 날리며 어둠 저편으로 사라졌다. 떨어지는 동안 카메라가 부서지지 않았기를 기도했고 엘리자베스와 아기가 무사한지도 궁금했다.

이제 뭘 어떻게 해야 할지 알 수 없었다. 나는 헬멧 위에 얹어놓은 고글의 위치를 바로잡아 내 눈앞으로 가져다놓았다. 커니 대위가 빌려준 야간용 고글이었다. 몇 분 지나지 않아 커니 대위는 캠프블레싱에 있는 전략상황실에서 소규모의 무장한 적군이 우리 쪽으로 다가오고 있다는 정보를 입수했다. 헬기가 우리 위치를 노출시킨 모양이었다. 커니 대위는 합동최종공격통제관에 연락했고, 합동최종공격통제관은 다시 공군과 교신하여 AC-130 공격기를 보내도록 요청했다. 몇 분 안에 머리 위에서 공격기 소리가 들려오더니 근처에 천둥과 같은 폭격이 떨어졌고, 탈레반은 먼지가 되어 사라졌다.

감시팀은 야카 차이나 마을이 내려다보이는 산기슭에서 마치 베트남에서 공수해온 것같이 크고 무거운 장비를 꺼냈다. 보통 이런 시점이 되면 치솟아오르던 내 아드레날린이 그날따라 이상하게도 잠잠했다. 우리는 고도 수백 미터에 달하는 산에 올라와 있었다. 10월의 쌀쌀한 공기가 내 뼛속으로 스며들었다. 천막도, 벽도, 머리 위의 지붕도 없었으며, 뿌리가 울퉁불퉁한 덤불과 나무 몇 그루, 그리고 별들 아래서 잠을 청할 수 있는 흙바닥만 있을 뿐이었다. 커니 대위와 합동최종공격통제관이 공군과 교신하는 동안 나는 침낭을 꺼내 또 한번 전장 한복판에서 잠들었다. 니콘 카메라를 머리 옆에 잘 놓아둔 채.

얼마나 시간이 흘렀을까. 커니 대위가 잔뜩 흥분해서 나를 깨웠다. "아다리오! 저 빛을 좀 봐!"

야간용 고글을 통해 산 아래쪽 마을에서 손전등 같은 장비로 거대한 레이저를 비추고 있는 합동최종공격통제관 병사의 녹색 실루엣이 보였다. AC-130 공격기 한 대가 머리 위를 돌고 있었다. 합동최종공격통제관의 병사는 목표물에 '빛을 비추어' 정확하게 공격할 수 있도록 조준을 도와주고 있었던 것이다. 그 빛은 마치 〈스타워즈〉에 나오는 광선검을 1.6킬로미터 길이로 늘려놓은 것 같았다. 커니 대위와 합동최종공격통제관, 감시팀, 탈레반측 교신이 흘러나오는 무선라디오, 그리고 캠프블레싱 지휘본부 사이의 대화는 밤새도록 계속되었다.

나는 카메라를 들고 야간용 고글을 렌즈 앞에 맞춰놓은 후 졸음과 필사적으로 싸우면서 누운 상태로 사진을 찍었다. 고글을 쓰고 카메라를 손에 쥔 채 잠들었다 깼다를 반복했다. 다음날 아침 멍한 상태에서 눈을 뜨자 그들은 그 자리에서 그대로 일하고 있었다. 나는 잠깐이라도 눈을 붙인

사람이 있는지 궁금했다. 나는 지난밤 살을 에는 듯한 추위로 오들오들 떨었던 몸을 햇빛으로 녹이면서 탈레반의 교신 소리를 들었다.

"두쉬카가 준비됐어." 통역사가 탈레반의 말을 옮겼다. 그 말은 탈레반이 기관총을 준비해두었다는 의미였다. "계곡 저편에 적군이 보여."

탈레반 군사들은 우리 감시팀에 대해 이야기하고 있었다. 나는 러시아산 기관총의 거대한 총알이 우리가 있는 위치를 맹폭할 경우에 대비해 주위에서 숨을 만한 장소를 찾기 시작했다. 주변에는 덤불뿐이었으며, 우리가 몸을 숨길 수 있을 정도의 구덩이조차 없었다. 적에게 완전히 노출된 상태였던 것이다.

시간이 흘러 땅거미가 지기 시작하자 커니 대위는 계곡 아래쪽에 있는 집을 드나드는 사람들의 움직임을 주의깊게 살폈다. 감시팀은 야간용 고글로 동태를 감시하는 한편, 무인항공기를 통해 정보를 받고 있었다. 머리 위에서 날고 있는 아파치와 AC-130 공격기는 포격 목표물에 대한 지시를 기다리고 있었다. 무선라디오에서는 적군들이 나누는 대화가 끊임없이 들려왔다. 전략상황실에 있는 오스트런드 중령은 무전으로 공격을 개시하도록 지시했다. 몇 분 후 하늘은 우레와 같은 포격으로 뒤덮였다.

그러나 적군의 교신은 계속되었고, 작은 벌집과 같은 계곡 건너편의 마을로도 끊임없이 사람들이 드나들었다. 새벽이 되기 전에 B-1 폭격기가 야카 차이나 마을을 덮치며 900킬로그램에 달하는 폭탄을 투하했다. 나는 땅에 등을 대고 누워 전투가 벌어지고 폭탄이 떨어지며 건물이 부서지고 박살나는 소리와 제트엔진의 굉음을 들었다. 오직 소리만 들릴 뿐 사진을 찍을 수 없다는 사실에 좌절한 나는 다시 잠을 청하기로 했다.

새벽이 되자 2소대를 지휘하는 피오사 중위가 마을에 민간인 사상자가 있다는 소식을 무전으로 전해왔다. 감시팀과 함께 건너갈 수 없는 계곡 건너편에 서 있던 나는 아무것도 카메라에 담을 수 없었다. 나는 현장의 증인이 되기 위해 아프가니스탄에 왔지만 아무것도 목격하지 못하고 있었다. 내가 감시팀과 산기슭에서 얼음처럼 차가운 땅에 엉덩이를 대고 베트남전쟁 시기에나 봤을 법한 구닥다리 녹색 장비를 찍는 동안, 동료 기자인 팀과 발라츠가 민간인들의 시체와 부서진 가옥, 부상당한 사람들, 공포에 질린 여자들과 어린아이들을 기록으로 남기는 광경을 상상했다.

나는 커니 대위에게 계곡을 건너게 해달라고 애원했다. 그냥 걸어서 건너가면 안 되나요? 몇 주째 매일 13, 18, 23킬로그램의 짐을 등에 지고 몇 시간씩 걸어서 산을 오르내리며 강해질 대로 강해진 나는 그 어떤 일도 견뎌낼 수 있을 것 같았다. 사진을 못 찍는 일만 빼고 말이다. 커니 대위는 내 부탁을 거절했다. 미군에게 철저히 적대적인 지역이며, 거의 수직으로 하강해야 하는 지형이므로 도저히 통과할 수가 없다는 이유였다. 나는 비참함에 온몸을 비틀었다. 날이 조금씩 밝아오자 엘리자베스와 나는 탈레반 교신을 도청하면서 햇볕을 쬐었다. 우리를 지켜보던 적군은 우리 위치로 점점 다가오고 있는데다가, 계곡 건너편에서 우리에게 PKM 기관총 탄알을 퍼부으려 하고 있었다.

야카 차이나는 노골적으로 미군에게 적대감을 보이는 마을이었으며 커니 대위의 부대가 한 번도 발을 디딘 적이 없었다. 설상가상으로 전날 밤 여성과 아이들을 포함한 민간인 사상자까지 발생한 상황이었다. 나는 커니 대위가 고작 스물여섯의 앳된 나이에 어떻게 자신의 부대와 아프가니스탄 민간인들의 생명을 동시에 어깨에 짊어지고 있는지, 그리고 이 결정의 무게를 어떻게 감당하는지 감히 상상조차 되지 않았다. 엘리자베스가 아프가니스탄 취재 경험이 많고 그곳의 문화를 잘 이해하고 있다는 사실을 알고 있던 커니 대위는 엘리자베스에게 조언을 구했다. 엘리자베스는 커니 대위와 함께 몇 가지 방법을 논의한 끝에 전날 밤 폭격을 퍼부었던 바로 그 마을에 가서 마을 원로들에게 왜 공격했는지 설명하도록 권했다. 커니 대위와 오스트런드 중령은 엘리자베스의 조언을 따르기로 했다. 마을 사람들에게 공격을 감행한 이유를 설명하고 민간인 사상자가 발생한 것에 사과한다는 계획을 세웠다. 전쟁중에 아프가니스탄 사람들의 마음을 얻고 이해를 구하기 위해 노력하기로 결정한 것이다.

우리는 마을 사람들의 건초와 사료, 작물 들을 주변에 토네이도처럼 흩날리면서 동물의 분을 발라 지붕을 만든 야카 차이나의 한 민가 위에 착륙했다. 직접 쌓아올린 진흙벽으로 둘러싸인 어느 집 마당에 많은 사람이 모여 있었다. 우락부락한 얼굴의 아프가니스탄 남자들, 피오사 중위와 2소대 소속 병사들까지. 나는 좋은 사진을 찍었다며 기뻐하는 팀과 발라츠도 만났다. 둘 다 죽을 고비를 넘기고 돌아온 사람들처럼 보였지만 말이다.

"어제는 어땠나요?" 나는 물었다.

"꽤나 고약했지." 말수가 적은 발라츠가 말했다.

"끔찍했어." 팀이 맞장구를 쳤다. "우리가 여기 도착하기 전에 남자들의 시체는 전부 치웠지만 부상당한 여자와 아이들이 있었어. 우리가 볼 수 있도록 전부 여기로 데려왔더라고."

나는 패배감을 느꼈다. 전장에서 희생된 민간인 사상자의 사진은 내가 취재하려는 이야기의 가장 기본적인 요소였다. 나는 여자로서의 한계를 느꼈다. 좋은 사진에세이, 즉 오랫동안 남을 역사적 기록을 위해서는 미군 병사들부터 아프가니스탄 마을 사람들에 이르기까지 코렌갈계곡에서 일어난 일을 전부 카메라에 담아야 했다. 코렌갈계곡에서 죽어가는 아프가니스탄 사람들의 현실은 전쟁에서 아주 큰 부분을 차지하고 있었는데도 나는 그 현장을 직접 보지 못했다. 내가 더 강인했다면, 엘리자베스가 임신만 하지 않았다면, 그리고 우리가 여자가 아니었다면, 나도 남자 동료들처럼 극적인 사진을 찍을 수 있었을지도 모른다. 하지만 현실은 그렇지 않았다. 사진기자인 나는 기자와 한 팀으로 활동했고, 타고난 역량 이상으로 과감히 도전해보도록 독려해주는 동료와 짝을 이룰 때는 가끔 발을 잘못 디디더라도 동료에게 의지하고 힘을 얻었다. 물론 엘리자베스는 한 번도 본인 때문에 하고 싶은 취재를 포기해달라고 부탁한 적이 없었지만, 엘리자베스의 건강이 걱정되었던 나는 좀처럼 도전할 엄두를 내지 못했다. 한 팀으로 동행취재를 하고 있었기 때문에 엘리자베스와 같이 행동해야 한다고 생각했다. 비록 팀과 발라츠처럼 생생한 현장 사진을 찍지 못하더라도 말이다.

팀과 발라츠는 그 점을 굳이 상기시키지 않기 위해 조심했다. 전쟁을 취재하는 대다수 남자 사진기자들과는 달리 두 사람은 배려심이 많고 세심했으며, 거만하거나 경솔하지 않았다. 발라츠는 아프가니스탄에서 여러 차례 만난 적이 있었지만 팀은 코렌갈계곡에서 처음 만나는 사이였다. 코렌갈계곡에서 미군과 동행했던 거의 두 달 동안, 순찰하거나 기지의 사진을 찍는 중간중간에 우리는 포토저널리즘의 영향력과 업무 영역을 스틸사진

너머까지 확대해보고 싶은 희망을 주제로 일종의 철학적인 대화를 몇 번이나 나누었다. 스틸사진을 찍는 사진기자로서 우리는 여러 차례 비슷한 광경을 찍을 수밖에 없었는데, 그때마다 보는 사람들을 몰입시키기란 결코 쉬운 일이 아니었다. 팀은 독특한 매체나 소재를 사용하기도 했고, 전쟁지역에서 사용하기에는 다소 느리고 거추장스러운 중형 카메라로 촬영을 시도하는가 하면, 스틸사진을 소리와 결합해보거나 동영상처럼 완전히 다른 매체를 동원하기도 했다. 최근에 나는 그가 라이베리아에서 촬영한, 단순하면서도 가슴에 사무치는 인물사진 시리즈를 보았는데, 눈앞에 펼쳐지는 극적인 광경에서 한 발짝 물러나 단순함에서 아름다움을 찾아내는 그의 역량에 감탄했다. 단순히 앞에서 펼쳐지는 사건에 반응하는 뉴스 사진기자와는 달리, 팀은 아무 사건이 일어나지 않을 때도 독창적이고 공감가는 이야기를 잡아낼 줄 알았다. 대화를 나눌 때마다 우리는 서로 얼마나 공통점이 많은지, 특히 둘 다 사건에 반응하기보다는 '사고하는' 사진기자가 되고 싶다는 개인적인 희망을 가지고 있음을 알게 되었다. 팀이 그저 거칠고 외모가 반반하며 짜릿함을 좇는 종군사진기자 중 한 명에 불과할 거라는 내 예상은 완전히 빗나갔던 것이다.

그날 밤, 우리는 헬기를 타고 아바스가르 산마루로 향했다. 그곳 역시 춥고 외진 곳이었으며 소나무가 빽빽이 들어선 산속이었다. 우리는 커니 대위와 감시팀이 자리잡을 만한 장소를 찾아 산을 올랐다. 배틀컴퍼니와 동행하는 몇 달 동안 야간용 고글을 쓰고 세상을 보는 일에 점점 익숙해졌기 때문에 고글의 뿌연 녹색 시야를 통해서도 땅의 높이를 제대로 가늠할 수 있었고 들쭉날쭉한 바위와 관목을 헤치고 나아갈 수 있게 되었다.

산을 걸어서 올라가는 일은 영영 끝나지 않을 것처럼 보였지만, 우리는 분명 처음 도착했을 때보다 훨씬 강인해지고 민첩해져 있었다. 모든 사람이 지쳐 있었고, 제대로 쉬지 못해 스트레스에 시달렸으며 군인들은 스스로를 걱정하기에도 바빴다.

엘리자베스는 계속 불러오는 배에도 불구하고 씩씩하게 잘 버텼다. 나는 엘리자베스가 내게 별로 맡기고 싶어하지 않는 장비 몇 개의 운반을 도와주었다. 항상 적군이 근처에 도사리고 있다고 생각했기 때문에 산길을 터덜터덜 걸어가는 동안에는 아무도 말을 하지 않았다. 그런데 갑자기 한 일병의 흐느낌 소리에 침묵이 깨졌다. 그 일병은 처음 왔을 때부터 체력이 약했고 창백했으며 통통한 체격이었기 때문에, 코렌갈계곡의 열악한 상황과 혹독한 순찰 일정을 오랫동안 견뎌온 다른 군인들에게 끊임없이 괴롭힘과 모욕을 당했다. 그 일병은 아마도 45킬로그램쯤 되는 탄약을 지고 있던 모양인데 어느 한순간 내면의 무언가가 폭발한 듯했다. 야간용 고글의 희미한 시야를 통해 커다란 검은 실루엣이 행군 대열에서 벗어나 무릎을 꿇는 모습이 눈에 들어왔다. 일병은 큰 소리로 울기 시작했다.

“더이상 못 하겠어. 더이상 못 걷겠다고. 포기할래.”

나는 어둠 속 어딘가에서 엘리자베스도 나와 같은 생각을 하고 있음을 알았다. 가장 먼저 무너진 것은 우리, 즉 여자들이 아니었다!

군인들은 그 일병을 둘러싸고 발길질을 했으며 약해빠졌다고 소리를 질렀다. 그러고는 일병을 다시 일으켜세웠다. 나는 탈레반의 귀에 들어갈 만큼 큰 소리로 울음을 터뜨려 아군의 안전을 위태롭게 하는 것이 상당히 어리석은 일이라고 생각했다. 하지만 그 일병은 계속 흐느끼며 도저히 더

이상은 걸을 수 없다고 말했고, 다른 군인들은 그에게 더욱 소리를 질러댔다. 탈레반 군사들이 그 광경을 보았다면 배꼽을 잡고 웃었을 것이다.

우리가 도착한 이곳의 지형은 야카 차이나보다는 이동하기 쉬웠고 우리가 있는 곳과 2소대가 있는 곳 사이의 거리는 도보로 삼십 분 정도밖에 되지 않았다. 어느 맑고 화창한 날에 커니 대위는 우리를 2소대가 있는 곳으로 내려보냈고, 우리는 마침내 최전선에 있는 병사들을 만나게 되어 다행이라고 생각했다. 며칠 동안 힘든 일정을 소화한 소대원들은 여기저기 흩어져 앉아 휴식을 취하면서 스키틀즈와 M&M 같은 간식을 나눠먹었다. 통신장비에서는 탈레반 군사들의 목소리가 흘러나왔고, 거기에는 미군 병사들이 '속삭이는 사람'이라는 별명을 붙인 목소리도 있었다. 그 '속삭이는 사람'은 목소리를 낮춰 "그가 가까이 다가오고 있어"나 "머리카락이 보여" 등의 말을 했는데, 우리는 그가 지칭하는 사람이 나나 엘리자베스라고 추론했다. 탈레반이 우리를 공격하는 것은 시간문제였다.

산마루는 대략 75도 경사의 가파른 산을 따라 위치하고 있었다. 경사가 이 정도로 급하면 소변을 볼 적당할 장소를 찾는 것이 거의 불가능해서 나는 아침부터 계속 소변을 참고 있는 상태였다. 나는 헬멧을 벗어 그 안에 카메라를 넣고 엘리자베스 옆에 놓은 다음 두 팔과 두 다리를 모두 사용해서 산을 기어올랐다. 대략 12미터 정도 올라가자 앙상한 소나무들 사이에 거대한 나무가 쓰러져 있어 화장실로 삼기에 그야말로 안성맞춤이었다. 통나무를 뛰어넘어 바지 단추를 막 풀려고 하는데 탈레반 군사들이 많이 사용하는 AK-47 소총을 장전하는 익숙한 소리가 들려왔다.

나는 얼른 몸을 숙이고 통나무 뒤에 숨어 바닥에 납작하게 엎드렸다.

나는 산마루 아래쪽에서 산을 타고 수직으로 올라온데다 미군 병사들의 눈에 띄지 않는 곳에 혼자 있었다. 최대한 몸을 땅에 바싹 붙여 사방에서 내 모습이 보이지 않도록 했다. 내가 몸을 숨기고 있는 나무 위로 휙 소리를 내며 여러 방향에서 총알이 날아왔다. 매복공격의 한복판에 있는 나로서는 총알이 어디에서 날아오는지 파악하기가 거의 불가능했으며, 어디까지가 이성적인 추론이고 어디까지가 두려움으로 인한 추측인지 판단할 수가 없었다. 총알이 내 머리 주변을 스치고 지나가면서 공기를 가르는 그 끔찍한 소리가 들려왔다. 피융, 피유우우웅, 피융…… 탈레반이 아주 가까운 곳에서 총을 쏘고 있었다.

나는 뱃속 깊은 곳에서 솟아난 공포심이 가슴께로 올라오는 것을 느꼈다. 그 '속삭이는 사람'이 산꼭대기에서 내려와 제일 처음으로 나를 만난다면? 나를 포로로 데려갈 것인가? 나는 혼자였고, 내가 아는 한 아래쪽에 있는 군인들 중에 내가 화장실을 찾아 여기까지 올라왔다는 사실을 아는 사람은 없었다. 나는 얼른 다시 독실한 가톨릭 신자로 돌아가 성모송을 암송하기 시작했다. 절대 지킬 리가 없는 온갖 약속들을 머릿속에 떠올리며 살려달라고 신에게 애원했다.

혹시 미군이 의도치 않게 아군인 나를 쏘면 어떡하지? 만약 탈레반이 내 뒤에 있다면 미군은 내가 있는 쪽으로 포격을 가할 터였다. 나는 계속해서 기도했다. 지금이라도 산마루를 타고 엘리자베스, 팀, 발라츠와 2소대의 나머지 대원들이 있는 곳으로 내려가야 했다.

"피오사 중위!" 나는 소리를 질렀다. 종군기자의 규칙은 부대의 지휘관 또는 우리를 인솔하도록 배정된 사람의 명령에 복종하는 것이었다. 하지만 최악의 사태가 벌어졌을 때 우리를 책임져야 하는 사람은 없었다.

“엘리자베스……!!” 나는 총알이 날아다니는 가운데 희미하게나마 소리를 질렀다. 나조차도 내 목소리가 들리지 않을 정도였다. 나는 통나무 뒤쪽의 공간에 몸을 더 깊숙이 파묻으면서 다른 사람들이 있는 곳으로 가기 위해서는 용기를 끌어모아야 한다고 생각했다. 총격이 잠잠해질 때까지의 몇 분이 마치 며칠처럼 길게 느껴졌다. 총격이 멈춘 순간, 나는 통나무를 뛰어넘어서 바닥에 엎드려 누운 다음 올림픽 다이빙 선수처럼 팔을 머리 위로 쭉 뻗고 다른 사람들이 있는 곳까지 산을 굴러내려갔다. 가장 먼저 눈에 띈 사람은 다른 병사 옆에 서 있던 태너 스틱터 병장이었다.

“몸을 가릴 만한 곳으로 가세요!” 총알이 계속해서 내 주위를 날아다니는 가운데 스틱터는 소리를 질렀다. “나무를 찾아요!”

“카메라가 있어야 해요! 그리고 헬멧……”

엘리자베스는 숲 아래쪽에서 다른 군인 몇 명 뒤에 쭈그리고 앉아 있었다. 그들은 줄기의 지름이 넉넉잡아 20센티미터밖에 되지 않을 어린 소나무들 뒤에 숨어 있었다. 전투에 능하고 이곳 지형을 속속들이 꿰고 있는 탈레반은 세 방향에서 매복공격을 시도했다. 나는 엘리자베스의 뒤쪽에 몸을 웅크리고 다시 한번 사진을 찍어야 한다는 사실을 잊은 채 상황을 파악하려고 주위를 둘러보았다. 오른쪽으로 몇 미터 떨어진 곳에서는 동료 기자 팀이 눈앞의 광경을 카메라에 담고 있었다. 앙상한 소나무에 몸을 기댄 채 안정적으로 비디오카메라를 들고 있는 그의 모습은 아수라장과 대비되어 너무나 차분하게 느껴졌다.

그때 무전기에서 겁에 질린 목소리가 흘러나왔다. “아군 피격! ‘2-4’가

아발란체 작전. 코렌갈계곡, 2007년 10월 18~23일.

맞았다!"

모든 병사에게는 호출신호가 있었고, '2-4'는 케빈 라이스 병장을 뜻했다. 피오사 중위는 무전을 통해 계속 지시를 내리며 사태를 정확히 파악하려고 노력했다.

당황한 목소리가 다시 한번 무전기에서 흘러나왔다. "와일드캣 피격!!"

피오사 중위는 앞쪽으로 전진했다. 엘리자베스, 발라츠, 팀, 나, 의무병, 그리고 몇몇 다른 군인들도 그의 뒤를 따랐다. 주변으로 총알이 날아다녔지만 점차 총격은 잠잠해졌다.

우리는 팔에 총을 맞은 칼 반덴버그 상병과 맞닥뜨렸다. 그의 가슴께와 허벅지는 온통 피로 물들어 있었다. 그는 반쯤 의식을 잃은 채 덤불 속에 누워 있었다. 스틱터 병장은 그의 입에 링거액 한 팩을 쏟아넣는 동시에 화학 발열팩으로 상병의 몸을 덥혀 쇼크상태에 빠지지 않도록 했다. 나는 걸음을 멈추고는, 방대한 숲과 키 큰 소나무들로 둘러싸인 두 사람의 곁에 앉았다.

"있잖아요…… 미안한데요……" 나는 혹시 탈레반이 아직 근처에 남아 있을 경우에 대비하여 소리를 낮춰 말했다. 스틱터 병장은 잠깐 나를 바라보더니 덤불에 누워 있는 상병을 계속해서 보살폈다.

"사진을 좀 찍어도 될까요?"

"괜찮아요, 찍으세요." 스틱터 병장은 상병의 몫까지 대답해주었다. 그는 방금 전투가 벌어졌다고는 믿을 수 없을 정도로 침착했고 집중력이 뛰어났다.

"넌 괜찮을 거야." 병장은 팔 동맥을 다쳐 출혈이 심한 반덴버그 상병에게 이렇게 말했다. "고향에 돌아가면 어떤 차를 사고 싶은지 말해봐. 차 색깔은 어떤 걸로 할래?"

"저 괜찮을까요?" 반덴버그가 물었다. "살 수 있을까요?"

스틱터는 반덴버그의 몸 위에 서서 양쪽으로 다리를 벌리고는 링거액 팩에 남은 마지막 한 방울까지 전우의 입에 짜넣었다.

"차 인테리어는 어떤 색으로 할래?" 스틱터가 물었다.

나는 반덴버그의 머릿속에 마지막으로 떠오르는 생각이 과연 미국에 돌아가면 구입할 새 자동차의 인테리어 색깔이었을지 궁금했다. 나는 아무 말도 하지 않고 두 사람 옆에 앉아서 사진을 찍으며 아수라장에서 벗어나 안전한 장소에 있다는 환상 속에서 안도감을 느꼈다. 그 자리에서 일어나고 싶지 않았다.

반덴버그가 충분히 수분을 섭취하고 걸을 수 있을 만큼 기력을 회복하자 두 병사는 자리에서 일어나 의무후송용 헬기 착륙장으로 걸어갔다. 나는 총을 맞은 라이스 병장과 루글 병장이 있는 최전선 쪽으로 다시 한번 향했다. 걸어가는 도중에 복부에 총을 맞은 라이스 병장이 보였다. 라이스 병장은 링거액 팩을 직접 든 채 다른 두 명의 병사들과 함께 절뚝거리며 의무후송구역으로 걸어가고 있었다. 라이스 병장은 이전에도 총을 맞아본 경험이 있기 때문인지 같이 걸어가는 병사들보다는 충격을 덜 받은 모습이었다.

"이봐요, 라이스." 나는 카메라를 가슴 쪽으로 약간 올리면서 그에게 다가갔다. "사진을 찍어도 되나요? 괜찮아요?"

"그럼요." 그는 계속해서 내 쪽으로 걸어오며 고개를 끄덕였다.

그와 함께 꽤 긴 거리를 걸으면서 사진을 찍고 있는데 갑자기 라이스가 발걸음을 멈추었다.

“이봐요. 그 사진 몇 장 나한테 메일로 보내줄 수 있어요?”

나는 크게 웃음을 터뜨렸다. “물론이죠, 라이스. 사진 몇 장 메일로 보내는 게 뭐 어려운 일이라고. 내가 할 수 있는 최소한의 성의죠. 메일 주소가 어떻게 되나요?” 나는 이렇게 물으면서 취재가 전부 끝난 다음에는 이런 정보를 얻기가 훨씬 어렵다는 점을 마음속에 새겼다. 우리가 먼저 가 있는 반덴버그 쪽으로 천천히 걸어가는 동안 라이스 병장은 나에게 메일 주소를 또박또박 불러주었다.

의무후송구역으로 걸어가는 도중에, 산 위쪽의 감시거점에서 우리 쪽을 향해 전속력으로 달려내려오고 있는 커니 대위의 모습이 눈에 들어왔다. 어깨에 총을 걸친 채 뛰어오는 그의 얼굴을 타고 눈물이 흘러내리고 있었다. “라이스!” 커니 대위는 두 팔로 라이스 병장을 끌어안았고 두 사람은 그 자리에 서서 울음을 터뜨리면서 매복공격을 당했다는 믿을 수 없는 사실을 받아들이고 있었다.

나는 온몸이 피로 덮인 라이스와 반덴버그가 전우들과 팔짱을 끼고 황량한 지형을 걸어가는 모습을 카메라에 담았다. 전쟁을 취재하면서 나 자신이 목격하고 있는 사건의 온전한 일부분이 되었다고 느낀 것은 이때가 처음이었다. 나는 아드레날린에 휩싸여 있었고 감정을 제어할 수 없었다. 라이스 병장과 반덴버그 상병은 블랙호크 헬기에 몸을 실었고, 나는 프로펠러가 일으키는 짙은 연기와 먼지구름을 뚫고 이륙하는 두 사람을 지켜보았다.

아발란체 작전. 코렌갈계곡, 2007년 10월 18~23일.

몇 초 후, 누군가 이렇게 말했다. "전사자를 찾으러 가야 해."

'전사자라고?' 나는 속으로 되물었다. 전사자. 전투중 죽은 사람. 제기랄. '와일드캣', 즉 루글 병장이 실종된 상태였다. 휴가를 받아 고향에 가면 여자친구에게 프러포즈하겠다고 엘리자베스와 나에게 말했던 루글 병장. 2001년 9월 11일 이후 여섯 번의 해외 파병에서도 살아남았으며 그토록 강인하고 두려움을 모르며 천하무적처럼 보이던 바로 그 사람이었다.

정찰팀의 존 클리나드와 프랭클린 엑로드가 아직 남아 있는 먼지 구름 사이로 시체운반용 부대에 담긴 루글의 시체를 들고 모습을 드러냈다. 나는 한 시간 전만 해도 그토록 활기차고 생기 넘치던 루글 병장이 차가운 주검으로 변해 있다는 사실을 믿을 수가 없었다. 그는 두꺼운 검은색 고무 부대에 담겨 영면에 들 최종 장소까지의 여러 경유지 중 첫번째 경유지로 향하고 있었다. 내 쪽으로 걸어오던 클리나드와 엑로드는 흐르는 눈물을 숨기려고도 하지 않았으며, 축 처진 루글의 몸은 두 사람 사이에서 흔들거렸다. 고향 술집에서 맥주를 마시며 20대 초반의 인생을 만끽하고 있어야 할 젊은 미국 청년들이, 20년이 지나면 아무도 신경쓰지 않을 아프가니스탄의 외로운 먼지투성이 산악지대에서 가장 친한 친구의 시체를 운반하고 있었다. 이곳 사람들은 미국이 개입하기 수백 년 전부터 자신들만의 방식으로 살아왔다. 그런 곳에서 영향력을 행사하고 변화를 일으키려 하다니 우리는 도대체 무엇을 하고 있는 것일까? 순간적으로 이곳이 아프가니스탄 사람도, 미국인도 없는, 지구상에서 가장 적막한 곳처럼 보였다. 나는 왜 우리가 민주주의라는 명목하에 이 외로운 숲속을 헤치고 다니는 것일까 의아했다. 우리는 전혀 형체를 알 수 없으며 제대로 먹히지도 않는 정책을 전파하기 위해 목숨을 바치고 있었다.

나는 사진을 찍어도 되겠느냐는 허락을 받기 위해 카메라를 들어 보였다. 허락을 구한다는 것 자체가 몰염치하게 느껴졌지만, 우리는 이미 병사들과 두 달간 동고동락해온 사이였고 루글의 죽음을 기록하는 것은 무척이나 중요했다. 두 사람 모두 고개를 끄덕이면서 잠시 꿇어앉은 자세로 휴식을 취했다. 친한 친구의 시체를 부대에 담아서 운반하는 기분은 어떨까? 그들도 나처럼 이 전쟁에 대한 의문을 품었을까? 헬기가 일으킨 먼지가 아직 뿌옇게 공기 중에 남아 있는 와중에, 루글의 시체를 운반한 네 명의 정찰대원은 각자 머리 숙여 인사하며 눈물을 흘렸다. 나 역시 흐르는 눈물을 닦으며 근처에 앉아서 사진을 찍었다. '와일드캣'의 시체를 싣고 갈 두번째 의무후송용 헬기의 소리가 가까이 다가왔다.

루글의 시체가 아바스가르 산마루를 떠나는 순간, 나는 이곳을 떠날 때가 되었음을 깨달았다. 나는 잔뜩 겁을 먹은데다 머지않아 다시 매복공격을 당할 것이라 확신했고, 그때도 내가 살아남을지 알 수 없었다. 무선 라디오에서 흘러나오는 탈레반 교신 내용을 전달해주는 통역팀 쪽으로 걸어갈 때마다 마음속의 위기감이 점점 커져갔다. 커니 대위와 캠프블레싱에 있는 제173공수여단의 지휘관들은 우리 주변 마을에 몇 차례에 걸쳐 900킬로그램의 폭탄을 투하하여 루글의 죽음에 대한 보복조치를 했다. 모든 군인들이 루글의 죽음과 라이스, 반덴버그의 부상을 되갚아주기 위해 적군을 죽일 만반의 태세를 갖추었다. 전투는 점점 더 피비린내를 풍길 것이 분명했다.

"커니 대위님, 제가 여기서 나갈 방법이 있을까요?" 내 사정까지 봐달라

고 그에게 부탁하려니 민망한 기분이 들었다. 모든 블랙호크 헬기가 총동원되어 산속에 숨어 있는 적군의 포격을 받을 위험을 무릅쓰고 작전을 수행하는 가운데 겁에 잔뜩 질린 여자가 적진 한복판에서 자기를 빼달라고 부탁하다니.

"방법이 있는지 봅시다, 아다리오." 커니 대위가 말했다. "이쪽으로 들어오려는 헬기가 별로 없어요. 위험하거든요."

그날 밤, 나는 혹시 적군이 매복공격을 논의하고 있지는 않은지 귀를 기울이며 두근거리는 가슴을 안고 뜬눈으로 밤을 새웠다. 반면 엘리자베스는 전혀 동요하지 않았다. 임신 6개월의 그녀는 철저한 기자정신을 발휘하며 작전이 끝날 때까지 그곳에 머물겠다는 굳은 의지를 불태우고 있었기 때문에, 나와 함께 루글의 소지품을 실은 헬기를 타고 현장을 떠날 생각은 전혀 없어 보였다.

전쟁지역을 취재하는 사진기자였지만, 나는 무기를 소지하지 않았다. 사진을 찍기 위해 현장에 최대한 가까이 다가가야 했지만 그와 동시에 내 목숨도 부지해야 했다. 내가 이라크, 아프가니스탄, 레바논, 콩고, 다르푸르에서 무사히 살아돌아올 수 있도록 나를 보호해주었던 유일한 요소는 내가 두려움의 한계에 도달했다는 내면의 목소리였다. 내 마음속의 목소리는 내가 언제쯤 철수해야 온전한 정신, 더 나아가서 목숨을 보전할 수 있는지 말해주었다. 엘리자베스와 나는 한 팀이었으므로 기꺼이 똑같은 위험을 감수하는 경우가 많았으며, 이 공생관계는 분쟁지역에서 성공적으로 협력작업을 하기 위한 기본 요소였다. 분명 나는 둘 중에서 훨씬 보수적인 편이었다. 어쩌면 엘리자베스가 나보다 경험이 풍부했기 때문일 수도 있고, 훨씬 더 용감했기 때문일 수도 있다. 대담함, 취재할 이야기에 대한 몰입, 깨어 있는 모든 순간에 끊임없이 메모하는 습관, 지칠 줄 모르는 에너지는 엘리자베스를 훌륭한 기자로 만들어준 여러 요인 중 일부일 뿐이었다. 하지만 나는 우리를 다시 공격할 것이라는 '속삭이는 사람'들의 교신 소리를 도저히 듣고 싶지 않았다.

결국 다음날, 나는 루글의 소지품과 함께 앙상한 소나무와 메마른 풍경 위를 날아 캠프블레싱으로 향했다.

캠프블레싱에 도착한 나는 엘리자베스와 함께 약 두 달 전 코렌갈계곡 취재를 처음으로 시작했던 지휘본부의 전략상황실로 향하며 전쟁의 참담함과 비애를 느꼈다. 지난 6일 동안 나는 바지 한 번 벗지 못했고, 길고 들쭉날쭉한 머리에 빗질은커녕 세수하거나 거울을 보지도 못했으며, 산기슭 외에 다른 곳에서 잠을 청해본 적이 없었다. 내가 통제실 안으로 들어가자 지도와 화면, 무인항공기에서 보내온 피드를 살펴보고 있던, 깔끔한 차림에 말쑥하게 이발한 남자들이 모두 하던 일을 멈추고 나를 빤히 바라보았다. 시커먼 먼지로 뒤덮인 채 여기저기 눈물자국이 난 내 얼굴 때문이었거나, 혹은 엘리자베스와 내가 그토록 치열한 작전을 견뎌냈다는 사실에 다소 충격을 받았기 때문이었으리라. 그 시선이 어떤 의미든, 나는 마침내 아발란체 작전을 통해 군인들로부터 존중받게 되었다는 기분이 들었다.

나는 캠프블레싱에 있는 깨끗한 독방에 짐을 던져넣고 바로 샤워하러 갔다. 나는 기지 내 물 사용 제한에 관한 모든 규칙을 어기면서 뜨거운 물로 온몸을 씻고 발밑 배수구에서 더러운 구정물이 작은 개울을 이루는 모습을 지켜보았다. 샤워를 마친 후 아바스가르에 비하면 천국처럼 느꺼지는 방으로 돌아가서 메모리카드에 담긴 자료를 옮기는 기나긴 작업을 시작했다. 몇 시간에 걸쳐 다운로드를 하고, 수백 개의 사진을 편집하고, 메모를 참고하여 사진 설명을 달았다. 코렌갈계곡에서 찍어온 사진들을 제대로 정리하려면 며칠은 필요했지만, 그날 밤은 일단 잠을 청했다. 그냥 호기심에서 사진들을 슬쩍 한번 훑어보는 것 이상의 관심을 줄 수 있는 마음의 여유가 없었다.

며칠 뒤 잘랄라바드, 바그람, 그리고 카불을 거친 나는 공항에 앉아 터키행 비행기를 기다리고 있었다. 체력이 바닥난 상태에다 정신적으로도 약해져 있었지만, 코렌갈계곡에서 두 달을 보내고 살아남았다는 사실에 마음은 더없이 기쁜 상태였다. 그토록 가까이서 죽음을 접하고 신체적, 정신적 한계까지 스스로를 밀어붙여본 경험 때문인지 나는 일상의 단조로움과 아름다움에 감사하게 되었다. 10대 후반에 나는 매일매일 하기 싫은 일을 하도록 스스로를 채찍질하겠다고 나 자신과 약속했었다. 그렇게 하면 결국 더 좋은 사람이 될 것이라 믿었다. 이러한 사고방식을 일에도 적용시켰다. 나는 열심히 일하고, 스스로의 한계를 시험하고, 오랫동안 기억될 만한 사진을 찍었을 때만 삶을 즐길 수 있도록 허락했다.

나는 정말 다급할 때가 아니면 이용하지 않는 낡은 아프가니스탄 국적기에 오르면서, 엘리자베스가 지금 코렌갈계곡의 어디쯤에 있을지 예상해보는 동시에 앞좌석이 없는 비상구 옆쪽 좌석에 앉게 되어 운이 좋았다고 생각하며 다리를 뻗었다. 그때 부드러운 말투의 남자 승무원이 다가와서 말을 걸었다. "손님. 여기 앉으실 수 없습니다. 비상구 열이거든요."

"왜요?"

"여자 손님은 비상구 옆에 앉으실 수 없습니다. 비행기에 긴급상황이 발생하면 여자분은 비상구를 열 수 없거든요."

나는 다른 좌석으로 이동하면서 승무원이 하얀 수염을 기르고 골다공증으로 등이 굽은 듯한 허약한 노인을 비상구 옆으로 안내하는 광경을 지켜보았다.

• •

이스탄불에 있는 집으로 돌아오자 마침 폴의 평생멘토인 피터가 아내와 함께 이스탄불을 방문한 참이었다. 집으로 돌아오면 나는 대부분 전해액이 가득 든 물을 마시던 난민캠프의 일상에서, 보스포루스해협이 내다보이는 널찍한 아파트에서 와인을 홀짝이는 생활로 별 어려움 없이 전환하곤 했다. 피터 부부는 저녁시간 전에 우리집을 방문했다. 나는 폴의 인생에 큰 영향을 미친 사람을 만나게 되어 무척 기뻤지만 놀랍게도 대화를 제대로 이어나갈 수 없었다.

내 머릿속에서는 아바스가르의 산마루, 코렌갈 전초기지, 알리아바드와 동가, 베가스 중포기지, 루글의 웃는 모습, 부대에 담긴 루글의 시체 이미지가 떠나지 않았다.

"린지는 아주 유명한 종군사진기자예요!" 폴은 자랑스럽게 나를 소개했다. 그의 소개말을 듣고 있자니 약간 민망한 느낌이 들었다. 내가 언제 종군사진기자가 되었는지도 확실치 않았다.

"그만해, 자기야." 나는 농담조로 말했다. "유명하기는, 그리고 종군사진기자도 아니야."

"최근에 다녀온 지역에 대한 이야기를 좀 들려주시죠." 피터가 재촉했다.

"몇 달 동안 코렌갈계곡에서 제173공수여단의 외딴 기지를 오가며 취재했어요."

"정말이요? 위험했나요? 목숨이 위태로웠던 적이 있었어요?"

내가 전쟁지역을 취재하기 시작한 이후로 자주 받는 질문이었다. 모든 사람이 내 커리어 전체를 생명이 위험했던 몇몇 순간으로 압축해버리고 싶어했다.

"네. 음…… 그랬던 것 같아요. 아주 치열한 전투가 벌어지는 곳이었어요. 거의 매일 총격이 계속됐고 최근에 중요한 작전을 수행하면서 탈레반의 매복공격을 받았지요."

그리고 갑자기 나는 우리가 견뎌낸 일들을 언어라는 수단으로 묘사하기란 거의 불가능하다는 생각이 들었다. 아프가니스탄으로 파병된 군인들의 임무와 외부의 간섭을 받지 않으려는 아프가니스탄 사람들의 희망 사이의 모순을 어떻게 설명할 것인가? 머리 위로 총알이 날아다니는 가운데, 쓰러진 통나무 뒤에 웅크리고 앉아서 느꼈던 공포와 부대에 담긴 루글의 시체를 보았을 때의 비통함, 혈기왕성하고 건장한 20대 미국 청년들이 평생 처음 보는 적군의 공격을 받은 후에 눈물 흘리며 두려움에 떠는 모습, 그 광경을 지켜만 봐야 하는 슬픔을 어떻게 표현할까? 물, 식량, 수면과 같은 생존의 필수요소만 겨우 갖추어져 있는 곳, 오직 살아남는 것이 관건인 베가스 중포기지 같은 곳의 흙바닥에서 살면서 느끼는 자유와 기쁨을 어떻게 묘사할 수 있을까? 내가 아직도 매복공격의 트라우마로 떨고 있으며, 엘리자베스를 내버려두고 먼저 떠나온 것을 여전히 후회하는데다, 끝까지 제대로 된 언론인의 자세를 지키지 못해 나 자신을 스스로 꾸짖고 있다는 점을 어떻게 설명할까? 내가 미군과 함께 아프가니스탄과 이라크에 머물면서 우리 시대 테러와의 전쟁을 기록하는 일의 중요성을 얼마나 크게 느꼈는지 설명할 수 있을까? 그러면서 거만하거나 잘난 체하는 인상을 주지 않는 것이 가능할까?

"굉장히 좋았어요! 맞아요. 우리는 산기슭에서 살았고 결국에는 매복공격을 받았습니다."

갑자기 가슴이 꽉 조이고 몸이 뜨거워지는 것이 느껴졌다. 지인들과 술을 마시는 도중에 감정이 북받치다니 너무나 생소한 경험이었다.

"잠시만 실례할게요. 화장실에 좀 다녀와야겠어요."

나는 아파트 뒤쪽에 있는 침실로 가서 문을 닫고는 주저앉아 울음을 터뜨렸다. 주머니에서 핸드폰을 꺼내 엘리자베스에게 전화를 걸었다.

"엘리자베스?" 내 목소리는 떨리고 있었다.

"눈물이 멈추질 않아." 엘리자베스의 말이었다.

"나도 그래. 세상에. 폴이 손님을 데려왔어. 지금 문을 잠그고 화장실에 들어왔는데 계속 눈물이 나."

"괜찮을 거야. 괜찮아."

엘리자베스와 통화한 후 나는 손님이 있는 곳으로 돌아가서 와인 한 잔을 비우고 해변길을 따라 저녁을 먹으러 나갔다.

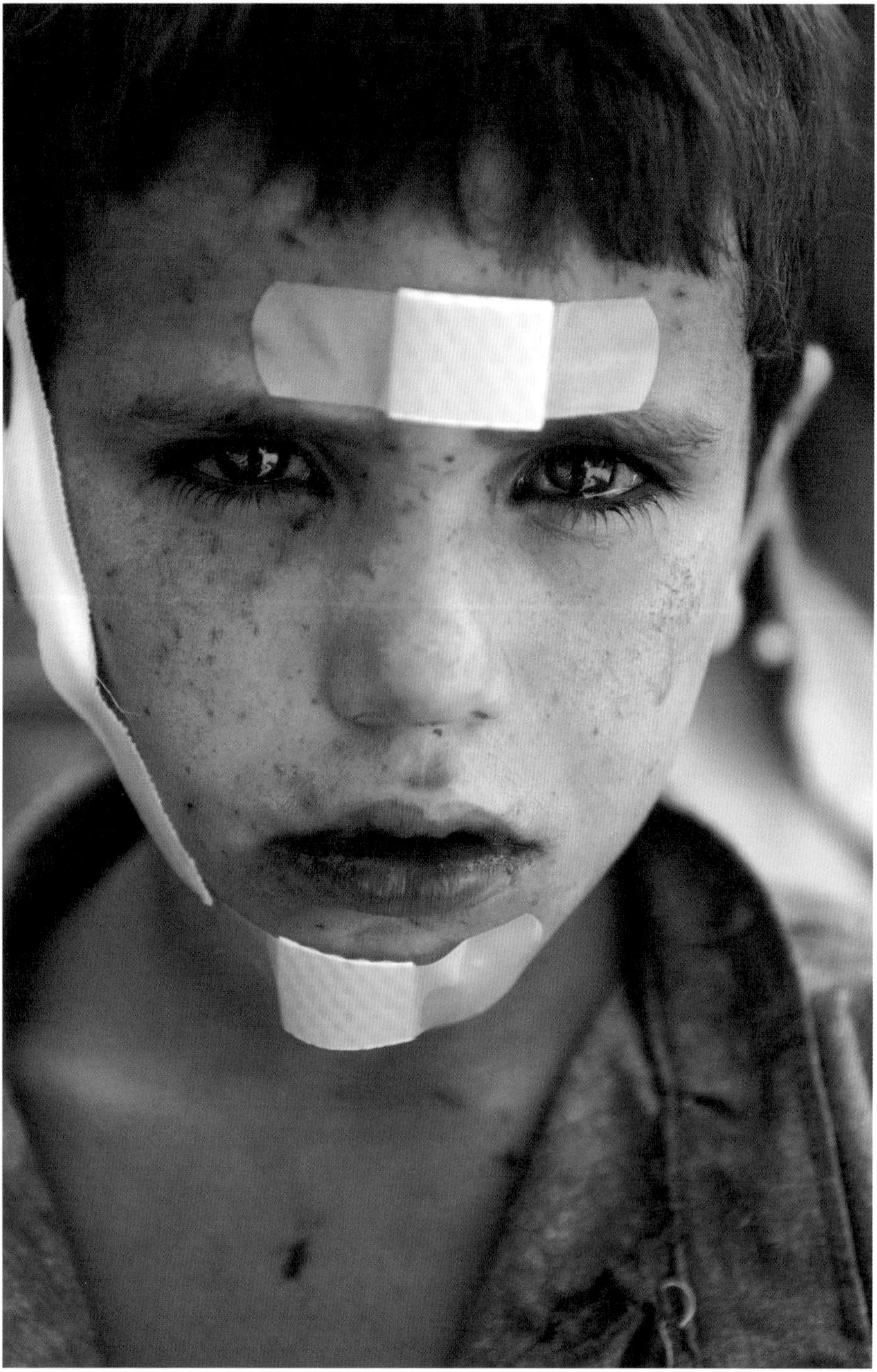

• •

3개월 후, 수단의 하르툼에서 다음날 다르푸르로 떠날 준비를 하던 나는 〈뉴욕 타임스 매거진〉의 담당편집자 캐시 라이언에게서 코렌갈계곡에서 취재한 기사가 마침내 완성되었다는 메일을 한 통 받았다. 당시 엘리자베스는 임신 9개월이었다. 그동안 편집자들은 엘리자베스가 쓴 기사를 다듬었고 팩트체크팀도 세부적인 내용을 확인했다. 폭탄 파편 때문에 얼굴에 상처를 입은 소년 칼리드의 사진이 표지에 실릴 예정이었다. 전쟁의 모호성과 불가피하게 발생하는 민간인 사상자를 상징하는 적나라하고도 강렬한 사진이었다.

기사가 인쇄되기 5일 전에 나는 다급한 전화를 받았다. 편집자들은 칼리드 사건에 대한 모든 증거를 확보하기 위해 코렌갈계곡에서 기록한 내 메모를 샅샅이 검토해달라고 요청했다.

뉴욕 본사에서 칼리드의 부상 경위에 대해 의문을 제기했다는 것이었다. 칼리드의 사진에 달린 설명은 커니 대위, 엘리자베스, 그리고 내가 사실이라고 믿었던 것과는 달랐다. 칼리드는 우리가 코렌갈계곡으로 날아가기 전날 밤에 벌어진 나토군의 폭격에 부상을 입었을 가능성이 컸다. 하지만 지금으로부터 거의 5개월 전, 나는 코렌갈 전초기지의 벙커에서 사진을 내려받으면서 별생각 없이 파일 정보에 의무병 중 한 명에게서 전해 들은 간단한 설명을 입력했다. "……제173공수여단의 의무병은 미군의 폭격에 부상을 입었다고 주장하는 아프가니스탄 현지인을 치료했지만, 그들의 부상 시점은 미군이 주변 마을에 폭격을 가한 시간과 다르다……" 나중에

이 일에 대한 팩트 체크를 거쳐 기록에 살을 붙일 목적이었다. 내가 보기에 그 의무병은 날카롭게 추궁하는 기자로부터 미군 폭격으로 민간인 피해가 발생했다는 사실을 감추려고 일부러 그런 말을 한 것 같았지만, 나는 기자로서 모든 의견을 검토해야 한다고 생각했다. 코렌갈계곡에서 사진을 갈무리하던 9월과 10월 무렵에는 이미 아발란체 작전을 비롯한 생생한 현장을 몇 주에 걸쳐 눈앞에서 목격한 이후였지만, 나는 실수로 사진에 덧붙인 설명을 수정하지 않고 그냥 전송하여 편집장의 마음에 의구심을 심어놓고 말았다. 〈뉴욕 타임스 매거진〉의 편집자들은 제173공수여단의 공보장교에게 팩트 체크를 했고, 공보장교는 십중팔구 군에서는 칼리드가 나토군의 폭격에 부상을 입었음을 100퍼센트 확인해줄 수 없다고 말했을 것이다. 〈뉴욕 타임스 매거진〉에서는 과연 그 사진을 실어야 하는지에 대해 의문을 제기했다.

코렌갈계곡에서 몇 달을 보냈지만 칼리드는 나토군 폭격으로 부상을 입은 민간인 중 내가 직접 눈으로 목격했던 몇 안 되는 사람이었다. 물론 비슷한 일은 주변에서 수도 없이 일어났지만, 보안이나 시기의 문제 때문에 좀처럼 마을이나 피해자에게 다가갈 수가 없었다. 나는 야카 차이나가 내려다보이는 산기슭에서 생생한 현장을 담을 기회를 놓쳤던 적이 있었고, 여기저기 피가 튄 칼리드의 순진무구한 얼굴 사진은 우리가 풀어내려는 이야기에 시각적으로도, 스토리상으로도 꼭 필요하다고 믿었다.

그러나 코렌갈계곡에서 그토록 고생하며 취재했음에도 불구하고, 편집부에서는 우리의 주장을 액면 그대로 믿지 않았다. 엘리자베스와 나는 전략상황실에서 지휘본부 화면으로 전투가 진행되는 모습을 지켜보았고, 적군이 지상에서 미군을 공격하는 광경을 보았으며, 미군이 주변 지역 건물들에 220킬로그램에 달하는 폭탄을 투하하는 것을 목격했고, 다음날 칼리드와 가족이 코렌갈 전초기지에 와서 치료를 받을 때 바로 그 자리에 있었다. 그날 아침 의료막사나 기지에 있던 사람들은 대부분 칼리드가 전날 밤의 폭격 때문에 부상당했다고 생각했다. 심지어 커니 대위가 우리의 말이 옳다며 편집장에게 확인해주기까지 했으나, 논쟁은 며칠이나 이어졌다. 하지만 내가 대강 입력한 사진 설명 한 줄 때문에 편집자들은 우리의 취재내용보다 대중에게 미군의 좋은 이미지를 전파하는 임무를 맡은 공보장교의 말을 더 신뢰하고 있었다.

설상가상으로, 우리가 코렌갈계곡의 실상을 취재하기 시작한 시점에서 취재의 막바지 2주 사이에 엘리자베스가 쓰고 있던 기사의 주요 초점이 전쟁의 민간인 사상자를 다루겠다는 초기의 방향에서 아발란체 작전, 그리고 커니 대위의 이야기로 옮겨갔다. 편집장의 관점에서 보면 민간인 사상자의 모습을 생생하게 보여주는 칼리드의 사진은 더이상 기사의 논조와 큰 관련이 없었다. 그리고 편집장은 칼리드가 부상당한 원인에 대한 확실한 증거 없이 그 사진을 싣는 것은 지나친 논란을 불러일으킬 수 있다는 단호한 태도를 보이며 아예 기사에서 그 사진을 빼버리기로 했다. 게다가 기사와 함께 온라인에 슬라이드쇼 형식으로 관련 사진을 게재하는 것조차 거부했다. 사진에 할애되는 잡지 지면이 점점 줄어드는 상황에서 슬라이드쇼는 사진기자들에게 일종의 위로상이나 다름없었다. 인쇄된 잡지에 실리지 못한 사진이라도 최소한 인터넷을 통해 대중에게 공개할 수 있기 때문이었다. 나는 절망했다. 세계에서 가장 위험한 지역의 산속에서 거의 두 달이나 발로 뛰면서 취재한 내용이었음에도 기사가 잡지사에 전달되자 내가 취재한 내용에 의문이 제기되고, 내가 찍은 가장 생생한 사진들이 도판에서 제외되며, 편집장이 평소와는 달리 슬라이드쇼마저 게재하지 않겠다고 결정한 것이다. 내가 볼 때는 편집장이 우리 기사에 진저리가 나버린 것 같았다. 어쩌면 엘리자베스가 기사를 작성하는 데 너무 오랜 시간이 걸렸기 때문일 수도 있고, 비슷한 시기에 발간된 〈배너티 페어〉에 코렌갈계곡을 다룬 기사가 여러 장에 걸쳐 실려 있었기 때문일 수도 있으며, 미국 공보장교와의 팩트 체크 과정에서 의구심이 생긴 와중에 우리가 편집장의 판단력에 이의를 제기했다는, 단순한 이유 때문일지도 몰랐다.

엘리자베스는 나에게 힘을 보태주었다. 최소한 자기 기사에 내 사진의 슬라이드쇼라도 실릴 수 있도록 해달라고 편집장을 설득했다. 거의 분만실에 들어가기 직전까지 우리가 작성한 기사를 존중하고 더욱 많은 지면을 할애해달라고 애원하는 메일을 썼다.

사진부는 내 편이었지만 최종 결정권자는 편집장이었다. 또 한번의 전쟁을 취재하기 위해 스스로 마음을 단단히 다잡고 있던 나는 수단의 수도 하르툼에 위치한 아크로폴호텔의 어둠침침한 방에서 절망에 빠져 처참한 패배감을 느꼈다. 잡지사의 사진 편집장이자 업계에서 가장 영향력 있는 여성 중 한 명인 캐시는 그즈음 이미 신뢰할 수 있는 친구이자 멘토가 되어 있었다. 2008년까지 나는 캐시와 함께 다섯 건의 표지 기사와 여러 건의 수록 기사를 작업했고, 업무적으로 서로에게 깊은 신뢰감을 가지고 있었다. 일부 사진기자와 편집자 사이에 유대감이 생기는 이유 중 하나는 양측이 철저한 공생관계를 유지하고 있기 때문이다. 사진기자의 입장에서는 자신이 찍은 사진을 편집자가 후원하고 게재해주어야 한다. 편집자는 강렬한 시각적 인상을 주는 사진이 필요하다. 따라서 사진기자와 편집자의 성공은 서로에게 달려 있다고 해도 과언이 아니다. 내가 찍은 사진의 진정성에 대한 검열이나 의문을 접한 적은 거의 없었지만, 만에 하나 그런 문제가 발생할 때 나를 변호해줄 수 있는 사람은 편집자였다. 나는 엘리자베스의 도움을 받아 다음과 같은 메일을 작성하고 캐시에게 동의를 구한 후 편집장에게 보냈다. 아마도 많은 관계자가 이것은 프리랜서 사진기자의 권한을 넘어서는 행동이라고 보았을 것이다.

우리는 기자로서 두 달 동안 총격과 매복공격을 당하고 하루에 거의 2킬로미터씩 산길을 걸으며 현장에서 직접 취재한 사실을 전달하기 위해 목숨을 걸었습니다. 그렇게 한 이유는 〈뉴욕 타임스 매거진〉이 우리가 취재해온 기사를 신뢰하고 지면에 게재하기 위해 싸워줄 것이라고 믿었기 때문입니다. 그런데 민간인 부상자가 폭격당한 건물에 있었음을 확인해줄 수 없다는 미군 홍보 담당자의 말 한마디를 이유로 마지막 순간에 사진을 제외하다니요. 커니 대위는 처음부터 끝까지 그 소년이 건물 근처에서 폭탄 파편으로 인해 부상당했을 것이라고 말했습니다. 하지만 군 공보부에서는 아마도 미군이 투하한 폭탄 때문에 얼굴에 상처를 입은 어린 소년의 사진이 〈뉴욕 타임스 매거진〉에 인쇄되기를 바라지 않았을 겁니다. 메일만 보아도 미군이 자신들의 이미지를 회복하기 위해 전전긍긍하는 것이 분명한데, 미군의 말이 취재한 기자의 말보다 중요시되었다는 사실이 너무나 충격적이고 실망스럽습니다. 저는 대중에게 알리기 위해 사실을 전달했습니다. 우리는 미군이 폭탄을 투하할 때도 전략상황실에 있었고, 다음날 아침 아프가니스탄 사람들이 그 소년을 의료 막사로 데려와서 소년이 폭격을 맞은 건물 안에 있었다고 주장할 때도 그 자리에 함께 있었습니다. 이것은 전쟁입니다. 어느 정도 모호한 부분은 있을 수밖에 없습니다.

……저는 전쟁의 가장 가까이서 군인과 민간인의 생생한 사진을 찍기 위해 너무나 많은 것을 감내했습니다. 그 점을 생각해 아주 최소한의 위험이나마 감수해주시면 안 되겠습니까. 두 달 동안 목숨을 걸고 취재한 내용을 '추가적인 조사를 받고 싶지 않다'는 한마디로 일축하시다니요. 지금껏 제가 들은 말 중 가장 모욕적입니다. 우리는 〈뉴욕 타임스 매거진〉을 대표합니다. 겁을 먹고 움츠리거나 스스로에게 의문을 제기하고 군의 조사를 두려워하기보다는, 취재한 내용을 공개할 책임이 있습니다.

……우리는 아프가니스탄 사람과 병사들, 우리가 취재과정에서 함께 시간을 보내고 굳은 약속을 주고받았던 모든 사람들을 위해 진실을 보여줄 의무가 있습니다. 독자들도 현장에서 어떤 일이 일어나고 있는지 알 권리가 있습니다.

잡지사에서는 결국 온라인 기사와 함께 내가 찍은 사진들을 짤막한 슬라이드쇼로 실어주었다. 칼리드의 사진은 끝내 세상의 빛을 보지 못했다.

운전사는 끝났어

•　보트가 청록색 바닷물을 가르며 바다 근처 야자숲 가운데 자리잡고 있는 우리의 방갈로 쪽으로 지나갔다. 코렌갈계곡을 떠난 지 두 달 정도 지난 2007년의 마지막날, 나는 폴을 따라 바하마에서 휴가를 보내며 보기 드물게 사치스러운 일주일을 즐기고 있었다. 흰색으로 칠한 친환경적인 방에는 프랑스식 문이 달려 있었고, 문을 열면 개인용 욕조가 나왔다. 리조트에서는 우리에게 골프 카트를 제공해주었는데 카트 앞쪽에는 독특한 밀짚 바구니가 달려 있어 해변을 달릴 때도 소지품을 넣을 수 있었다. 날씨는 약간 흐리고 쌀쌀했지만 우리는 그다지 개의치 않았다. 낮에는 해변을 따라 달리거나 침대에 누운 채로 시간을 보냈다. 밤에는 느긋하게 저녁식사를 즐기며 엄청난 칼로리의 음식을 먹어치웠다. 버터를 듬뿍 바른 랍스터, 화이트 와인, 디저트로 크렘브륄레나 초콜릿케이크까지.

예전과 마찬가지로 몇 달 사이에 코렌갈계곡과 천국 같은 바하마를 오가며 적응하는 것은 쉬운 일이 아니었지만, 그즈음 나는 이 이상한 삶의 부조화를 받아들이는 방법을 배웠다. 트라우마와 일에서 따라오는 슬픔을 접어두고 폴과의 행복을 마음껏 즐겼다. 두 종류의 전혀 다른 세계를 동시에 살 수 있는 것은 해외 특파원의 가장 큰 특권 중 하나다. 나는 내가 목격한 것을 절대 잊지 않았고 그 경험에 대해 자주 이야기했지만, 그것이 내 일상까지 영향을 미치게 하지는 않았다. 전쟁지역을 취재하는 특파원이 자신이 목격한 참상에서 벗어나지 못하거나 평범한 삶을 참아내지 못해서 마약이나 섹스에 탐닉하다가 다시 전장으로 돌아간다는 이야기, 혹은 스트레스를 이기지 못한 채 아예 업계를 떠나버린다는 클리셰에는 어느 정도의 진실이 들어 있었다. 나는 그런 사람이 되고 싶지 않았다.

한 해를 마무리하는 날 아침, 폴은 방을 서성거렸다.

나는 그에게 무슨 일이냐고 물었다. 나에게 무슨 말을 하는 걸까? 혹시 내 이전 남자친구들처럼 나를 속이고 바람을 피운 것일까? 나는 이렇게 설명했다. "그래도 괜찮아. 이미 익숙하니까. 하지만 우선 정확한 상황을 알아야 해." 폴은 웃음을 터뜨렸다. 그는 정신없이 골프 카트에 피크닉 준비물을 이것저것 챙겨넣기 시작했는데, 수평선을 따라 어두운 구름이 몰려들고 있다는 점을 고려하면 자연스러운 행동은 아니었다. 나는 발가벗은 채로 이불을 덮고 침대에 누워 있었고, 폴에게 다시 침대로 돌아와 같이 낮잠을 자자고 졸랐다.

"해변으로 산책 가자." 그가 말했다.

"뭐라고? 지금? 나중에 가면 안 돼?" 쌀쌀하고 흐린 바닷가에서의 느지막한 오후시간, 침대 안은 너무나 달콤했다.

"안 돼. 지금 가자."

우리는 해변으로 나갔고 폴은 서둘러서 골프 카트에 챙겨넣은 것들을 꺼내더니 해안가 쪽으로 걸어가기 시작했다.

"그냥 여기 있자. 멀리까지 걸어갈 필요 없잖아?"

"계속 걷자."

나는 불안해지기 시작했다. 폴은 절대 변덕을 부리는 사람이 아니었다. 일할 때는 매우 까다로웠지만 쉴 때는 느긋했다. 그런데 지금은 휴가지에서도 전전긍긍하고 있었다.

우리는 별 특징이 없어 보이는 피크닉 장소까지 걸어갔다. 폴은 걸음을 멈추더니 바닥에 담요를 깔았다. 나는 배를 깔고 엎드려 턱을 손에 괴었다. 폴도 앉았다. 그다음에 무릎을 꿇더니 잠깐 말을 멈추었다가 나에게 일어나라고 했다.

손에 은색 테두리가 둘러진 까르띠에 상자를 든 폴은 이미 눈물을 흘리고 있었다. "나랑 결혼해줄래?"

물론 폴은 내가 처음으로 일생의 동반자로 고려해본 첫 남자였지만, 폴이 나와 결혼하고 싶어한다는 사실은 믿을 수가 없었다. 과거의 남자친구들은 전부 내게 여자친구로는 낙제점이라고 말했기 때문에 나는 오지 어딘가에서 외로움을 느끼며 카메라와 함께 나이들어갈 것이라고 오랫동안 생각해왔다.

"나? 정말 나랑 결혼하려고?" 나는 말했다. 우리는 둘 다 눈물범벅이 되어 키스했다. "당신 꼭 나랑 결혼할 필요 없어, 알지?"

"자기야, 사랑해. 내 인생을 당신과 함께 보내고 싶어." 폴의 말이었다.

우리는 2009년 7월 4일에 결혼식을 올리기로 했다.

• •

내 삶과 커리어는 약혼 후에도 크게 변하지 않았다. 내가 취재한 나라들은 계속해서 폭력과 인도주의적 재앙으로 멍들어갔다. 그리고 이 일을 시작한 지 10년째, 나이 서른넷에 접어든 나는 스물넷 때와 변함없는 열정으로 이러한 이야기를 취재하고 싶어했다. 10년 전과의 유일한 차이점이라면 지금은 일거리를 받기 위해 전전긍긍하거나 입에 근근이 풀칠할 필요가 없다는 것뿐이었고, 이렇게 상대적으로 여유가 생기자 사진에 대한 열정은 더욱 커졌다. 사실 사진에 대한 욕심은 시간이 흐름에 따라 더욱 커지는 것 같았다. 심지어 이 시기부터 나는 모든 사진기자가 선망하는 〈내셔널 지오그래픽〉에서 정기적으로 일을 받고 있었다. 야심을 불태울 만한 중요한 취잿거리는 대부분 가장 위험한 일이었다. 나는 2008년과 2009년 대부분을 테러와의 전쟁이 맹렬하게 진행되던 파키스탄과 아프가니스탄에서 보냈다.

폴은 내가 취잿거리를 선택할 때 놀라울 정도로 이타적이고 객관적인 모습을 보여주었다. 그는 나만큼이나 내 안의 목소리를 신뢰했다. 내가 그에게 특정 취재 건에 따르는 위험을 설명해주면, 그는 항상 신중하고 냉정한 의견을 제시했고 중요한 질문을 던졌으며 꼭 필요할 경우에만 내 판단에 의문을 제기했다. 그해 여름, 세력을 확장하고 있는 파키스탄의 탈레반을 취재해달라는 요청을 받았을 때 그는 회의적인 반응을 보였지만 언제

나처럼 침착한 태도를 유지했다. "그렇구나. 어떻게 취재할 계획인데? 탈레반을 만날 거야?"

폴은 내가 어떻게 대답할지 이미 알고 있었다. 내 오랜 친구인 덱스터 필킨스가 〈뉴욕 타임스 매거진〉에 관련 기사를 게재하고 있었고, 제대로 취재하기 위해서는 탈레반과 직접 만나야 했다. 탈레반은 세계에서 가장 엄격한 원리주의를 고수하는 이슬람 지하드 단체 중 하나이자 서구인들을 포로로 만들고 목을 베겠다고 여러 차례 협박해온 단체이기도 했다. 덱스터는 탈레반 지휘관을 만날 수 있는 안전한 경로를 확보해놓았지만, 해당 지역에는 여러 개의 탈레반 단체가 있었다. 하나의 단체가 우리의 안전을 약속했다고 해서 우리의 목숨을 앗으려 하는 다른 단체를 맞닥뜨리지 않으리라는 법은 없었다.

그러나 엘리자베스를 믿었던 것처럼 나는 덱스터를 믿었다. 업계의 많은 사람들은 덱스터가 취재를 위해서라면 수단과 방법을 가리지 않는 무모한 해외 특파원이라고 생각했다. 하지만 나는 그러한 시각의 상당 부분이 부러움에서 나온 것이라 생각한다. 덱스터는 훌륭한 언론인이었다. 그는 항상 흰색의 브룩스브라더스 버튼다운 셔츠와 카키색 바지를 입고 단화를 신었는데, 이라크나 아프가니스탄에서는 이 차림 때문에 CIA 요원처럼 보이기도 했다. 그래도 그는 별로 걱정하는 기색이 없었다. 이라크에서 우리는 수없이 많은 밤을 보내며 이야기를 나눴고, 나는 그가 상냥하고 신의가 깊은 사람임을 알게 되었다. 나는 그의 보도를 존중했고 존경했다. 또한 나는 그가 작성하는 기사가 어떤 것이든 〈뉴욕 타임스 매거진〉의 1면에 실려 미국의 외교정책에 영향을 미칠 수 있다는 것도 알고 있었다.

이런 이유들 때문에 내 마음이 움직여 결국 취재를 함께하는 경우가 많았다.

여러 가지를 고민해본 결과 나는 이 건을 맡아야겠다는 생각을 굳혔으며, 폴도 같은 생각이었다.

••

내가 마지막으로 페샤와르를 방문했던 것은 2001년이었다. 미국이 아프가니스탄 공습을 준비하고 있는 가운데, 당시 스물일곱이었던 나는 그린스호텔에 묵으며 일거리를 확보하려고 애쓰고 있었다. 이번에는 좀더 고급스러운 펄콘티넨털호텔에서 묵었다. 파키스탄에서 오랫동안 취재해온 사진기자들의 네트워크를 통해, 나는 라자라는 기막히게 좋은 운전사를 만났다. 대략 쉰 살의 나이에 지저분한 회색머리를 옆쪽으로 빗어넘기고 주름진 얼굴에 늘 미소를 띤 라자는 내가 함께 일해본 운전사 중에 가장 요령이 뛰어나고 적극적이었다. 내가 어떻게 해야 독자들에게 파키스탄에서 탈레반 세력이 확대되고 있음을 보여줄 수 있을지 고민하자, 라자는 나를 자기 아내로 분장시켜서 몰래 스와트계곡으로 데려갔다. 그러고는 탈레반이 이 지역의 학교를 모두 폐쇄해버린 탓에 최근 비밀리에 문을 연 여학교의 사진을 찍을 수 있도록 해주었다. 그는 또한 이맘imam*에게 으름장을 놓아 이교도인데다 여자인 내가 페샤와르의 모스크에 들어가 기도하는 사람들의 사진을 찍도록 도와주었다. 총기 시장에 몰래 데려가 간단히 사

* 이슬람 종교 지도자에 대한 경칭.

진 몇 장을 찍게도 해주었다. 비록 신분이 발각되어 공격받을까봐 두려웠던 나머지 우리가 황급히 그곳을 떠나기는 했지만.

덱스터와 나는 하지 남다르라는 탈레반 지도자를 만날 예정이었다. 그와 만나기로 한 전날, 우리 통역사 중 한 명인 할림이 남다르에게서 온 메시지를 전해주었다. "절대 여자를 데려오지 마시오." 덱스터와 나는 우리 두 사람이 따로 행동할 수는 없다고 딱 잘라 말했다. 긴 수염을 길렀으며 본인 역시 탈레반에 동조하는데다 내가 여자라는 사실 때문에 나와 눈을 직접 마주치지 않던 할림은 고민에 빠졌다. 그는 하루종일 머리를 쥐어짜더니 마침내 해결책을 들고 나타났다. "좋은 생각이 있어요! 린지가 덱스터의 아내가 되면 됩니다! 그리고 덱스터가 페샤와르 외곽으로 나가면서 아내를 혼자 호텔에 남겨두고 싶어하지 않았다고 설명하면 되죠."

우리는 이른오후 시간에 폭포처럼 쏟아지는 폭우를 맞으며 하지 남다르의 자택에 도착했다. 나는 얼굴을 가리기 위해 얼굴에 두른 히잡 사이로 주변을 몰래 살펴보았다. 우리는 건물을 둘러싼 높은 벽 안에 들어와 있었는데 주변 모든 것이 햇빛에 그을려 있었다. 할림과 덱스터는 차 밖으로 뛰어나가 지도자를 만났다. 나는 여자가 들어와도 된다는 허락이 내려질 때까지 차 안에서 기다리라는 지시를 받았다.

몇 분이 지나고 할림이 다시 돌아오더니 나도 집안으로 들어갈 수 있다고 말해주었다. 발냄새가 코를 찌르는 실내에는 수염이 덥수룩한 수많은 무장군인들이 사방 벽에 기대 있었다. 그들의 무기인 AK-47 소총은 꼭 의족처럼 보이는 탄창과 나란히 벽에 기대져 있거나 주인 옆에 놓여 있었다. 나는 베일을 쓴 채 걸어가면서 아바야를 밟고 넘어지지 않도록 애를 썼다.

한결같은 차림새의 덱스터가 인터뷰를 시작했다.

"하지 남다르." 덱스터는 쾌활하게 말했다. 나는 그가 자신의 말버릇인 '맨man'이나 '듀드dude'를 문장 끝에 붙이지 않았다는 사실에 깜짝 놀랐다. "오늘 우리 일행을 환영해주셔서 정말 감사합니다. 시작하기 전에, 제 아내인 린지를 소개해드리죠." 그가 시간 낭비 없이 바로 나를 소개해주어서 고마웠다. 나는 분명 그 방에서 껄끄러운 존재였을 테니 말이다. 덱스터는 말을 이었다. "참, 그리고 제 아내는 카메라를 가지고 있습니다. 아내가 사진을 몇 장 찍어도 될까요?"

그 말은 마치 우스꽝스러운 프러포즈처럼 들렸다.

남다르는 고개를 끄덕였다. 가장 급진적인 극단주의자들 중에서도 의외로 여자들을 만나는 것에

〈뉴욕 타임스 매거진〉의 탈레바니스탄 시리즈. 2008년 7월.

대해 개방적인 태도를 취하는 사람들이 있었다. 단, 이슬람 여자가 아니라는 전제하에 말이다. 여성 해외 특파원들은 현지인이 지키는 전통을 따를 필요가 없었고, 그들은 아마도 오래전부터 우리를 이해하려는 노력을 포기했을 것이다. 나는 가방에서 24~70밀리미터 F2.8 렌즈가 달린 거대한 니콘 D3 카메라를 꺼내며 아마추어 같은 인상을 주려고 노력했다.

나는 우선 덱스터가 인터뷰를 진행하는 동안 남다르의 사진을 몇 장 찍었다. 방안에 있는 다른 탈레반 병사들이 사진 찍히는 것을 어떻게 생각하는지 알 수 없었지만, 지도자가 동의한다면 그들도 딱히 반대하지 않을 것이라 생각했다. 몇 분 후 나는 카메라의 초점을 방 여기저기에 맞추기 시작했다. 나는 내 경험에 근거해 일단 촬영허가를 받는 순간부터 최대한 사진을 많이 찍어두기로 했다. 촬영허가가 언제까지 지속될지 모르기 때문이다. 내가 카메라를 그들 방향으로 돌리자 몇몇 병사들은 얼굴을 가렸고, 다른 병사들은 꿈쩍도 하지 않았다. 그리고 일부는 세계에서 가장 유명한 미국 신문에 실릴 사진에 자기 얼굴이 찍힌다는 사실을 자랑스러워했다. 그들이 글을 읽을 수 있는지는 알 수 없었지만, 〈뉴욕 타임스〉가 미국 외교 정책에 미치는 영향력을 모르는 탈레반은 별로 없었다.

나는 점점 더 대담해져서 가방에서 렌즈 하나를 더 꺼내다가 그만 렌즈를 떨어뜨리고 말았다. 겹겹이 입은 옷자락에 손이 엉켰고 히잡 때문에 눈이 잘 보이지 않은 탓이었다. 8년 동안이나 수없이 변장하고 사진을 찍었건만 이런 경우는 처음이었다. 화가 머리끝까지 났지만 얼른 히잡의 접힌 부분을 살짝 열어서 시야를 확보했다. 사진을 찍어야 했기 때문이다.

인터뷰 시작 후 약 십 분이 지나자 차가 나왔고, 남다르 주변의 몇몇 남자들이 움직이기 시작했다. 나는 계속해서 사진을 찍는 데 집중했다. 남자들은 자기들끼리 귓속말을 주고받더니 할림까지 합세하여 조용히 이야기를 나누기 시작했다. 마침내 무언가 결정이 내려진 모양이었다. 나는 여자가 너무 오래 자리를 함께했다며 나에게 차에 돌아가서 기다리라고 하는 것이 아닐까 걱정했다.

할림이 말했다. "부인. 여기 군인들이 부인이 베일 때문에 차를 마시지 못한다고 걱정합니다. 차를 꼭 마셨으면 한다고요." 속삭임은 계속되었고, 나는 도저히 웃음을 숨길 수가 없었다. 이슬람 문화권에서는 손님을 성대하게 접대하는 전통이 워낙 깊게 뿌리박힌 탓에 이슬람교도였던 병사들은 내가 차를 한 모금도 마시지 않는 이 상황을 도저히 참을 수 없었던 것이다.

할림이 아이디어를 냈다. "이러면 어떨까요? 우리에게서 등을 돌리고 방 한쪽 모퉁이에 서서, 벽을 보고 베일을 걷은 다음 차를 마시면 되지요. 차를 다 마시고 베일을 다시 쓰고요."

그렇게 나는 세계에서 미국과 미국이 지향하는 모든 이념에 가장 적대적인 병사들로 가득찬 남다르의 방 한 모퉁이에 선 채 벽을 바라보며 차를 마셨다.

그후 약 8개월 뒤에 우리가 취재한 '탈레바니스탄Talibanistan'이라는 스토리가 포함된 일련의 기획기사가 퓰리처상을 받게 되었다. 수상소식을 듣고 나는 덱스터를 축하해주었다. 하지만 몇 시간이 지나자 내게도 축하 메일이 물밀듯이 쏟아져들어오기 시작했다. 사진기자 두 사람, 즉 어린 시절 친구인 타일러와 내가 퓰리처상 수상팀에 포함되었던 것이다. 굉장히 이상

〈뉴욕 타임스 매거진〉의 탈레바니스탄 시리즈. 2008년 7월.

한 기분이 들었다. 언론계에서 가장 권위 있는 상의 수상소식을 메일을 통해서 소식을 듣게 되리라고는 상상조차 해보지 않았다. 하지만 퓰리처상 수상팀의 일원이 될 수 있어 무척 영광이었고 가슴이 벅차올랐다.

• •

결혼식을 7주 앞두고, 덱스터와 나는 이슬라마바드에서 조우했다. 파키스탄 정부가 자체적으로 탈레반 소탕작전을 벌이며 이를 대대적으로 공개했기 때문에, 스와트계곡에 있던 수천 명의 파키스탄 난민들은 집을 버리고 마르단의 난민캠프로 향했다. 우리는 이 상황을 취재하기 위해 그곳으로 향했다.

라자는 금요일 새벽 5시 반에 내가 묵고 있는 게스트하우스에 모습을 드러냈다. 그는 예상치 못한 손님을 데려왔는데, 내 오랜 친구이자 뉴욕 출신의 동료 사진기자인 테루가 우리와 함께 차를 타고 갈 수 있느냐고 물었던 것이다. 그날 아침 덱스터는 이슬라마바드에 남아 취재하기로 했기 때문에 나는 동행이 생겨 기뻤다. 우리는 차를 타고 마르단으로 향했다. 파키스탄 정부가 계속해서 자국 내 탈레반을 공격하면서 이곳으로 오는 난민의 수는 하루가 다르게 불어나고 있었다. 테루와 나는 아침 내내 마르단 난민캠프의 사진을 찍었고 라자는 우리 두 사람 사이를 오가면서 사진에 설명을 달 수 있도록 간단하게 통역을 해주었다.

아침 성과는 나쁘지 않았다. 우리는 사건의 한복판에 있었으며, 이 지역은 내가 큰 관심을 가지고 있는 곳인데다, 파키스탄의 탈레반 사진을 찍

은 지 채 1년이 지나지 않았을 때였고, 주변 역시 안전했다. 부드러운 아침 햇살이 점점 강해지면서 사진을 찍기 어려워지자 우리는 장비를 챙겨서 이슬라마바드로 돌아가기로 했다. 덱스터와는 그날 오후 호텔에서 다시 만날 계획이었다.

오후 1시쯤에 우리는 기름을 넣고 이슬라마바드에 있는 게스트하우스에 도착할 때까지 버틸 수 있도록 약간의 차와 비스킷, 견과류를 사기 위해 고속도로 휴게소에 정차했다. 라자는 차에 기름을 채우고 난 후 나에게 영수증을 주었고, 자신이 묵고 있는 이슬라마바드의 호텔 영수증도 함께 건네주었다. 그날 나는 라자에게 다음 일정을 위해 푹 쉴 수 있도록 꼭 이슬라마바드에서 자야 한다고 고집을 부렸다. 우리 일행은 다시 차에 올랐고 나는 이동할 때마다 항상 고집하는, 뒷좌석에 일자로 눕는 자세로 돌아가 항상 부족하기 마련인 잠을 보충하려 했다. 덱스터와 폴에게 각각 문자를 보내서 아침 일정이 무척이나 순조로웠다고 전한 후, 뒤로 젖혀진 내 앞좌석 아래 구석에 카메라가방을 밀어넣고는 잠이 들었다.

몸이 왼쪽으로 쏠리는 것을 느꼈을 때 나는 깊은 잠에 빠져 있었다. 처음에는 꿈을 꾼다고 생각했다. 근육이 바짝 긴장하면서 끼이익 하는 커다란 소리가 들려왔고, 나는 마치 스스로의 꿈을 지켜보는 관중처럼 충돌하는 소리가 들리기를 기다렸다. 그다음 실제로 충돌이 일어났고, 주변은 내 꿈속보다 더 어두컴컴해졌다. 그때 무언가 따뜻한 것이 내 몸을 적셔왔다.

나는 아주 어렸을 때부터 악몽을 꾸었는데, 특히 이상한 방식으로 죽는 꿈을 자주 꾸었다. 하지만 항상 어느 순간이 되면 잠에서 깨곤 했었다. 하지만 이번에는 완전히 의식을 잃었다. 혼란, 광란, 소음 등의 감각을 다시 인지하기까지 얼마나 긴 시간이 흘렀는지 기억나지 않는다. 실제로 아무것도 보이지 않았다. 무언가에 반응할 만큼 정신을 차릴 수도 없었고, 움직일 만큼 기운이 남아 있지도 않았다. 성인이 된 후 누군가의 도움 없이 움직일 수 없었던 것은 그때가 처음이었으며, 그로 인해 무력감이라는 생소한 감정을 느꼈다.

잠깐 눈을 떠보니 미니밴과 수염을 기른 남자가 보였다. 수염을 기른 남자가 나를 운반하고 있었다. 나는 여전히 옆으로 누운 상태였다.

그다음에는 도로변의 간이병원처럼 보이는 곳에서 콘크리트판 위에 누워 있는 나 자신을 발견했다. 도대체 무슨 일이 일어났는지, 지금 어느 나라에 있는지조차 파악이 되지 않았다. 주변에 있는 낯선 사람들을 둘러보니 그중 상당수는 텁수룩하게 수염을 기른 남자였다. 나는 움직일 수가 없었다. 부상을 당한 듯했다. 등은 마치 타는 듯이 아팠고 뼈에서 시작된 강렬한 고통이 어깨로 전달되었다.

헤드스카프를 두른 간호사가 알 수 없는 액체가 가득 든 거대한 주사기를 들고 내 왼쪽에 서 있었다. 나는 간호사에게 주사기 바늘이 깨끗한지 물었다. 간호사는 미친 사람을 보듯이 나를 바라보았다. 내가 어디에 있는 거지? 난민캠프의 광경이 눈앞을 스쳐갔다. 수염을 기른 남자들이 더 많이 보였다. 나는 왜 내 머리에 헤드스카프가 없는지 의아했다. 아직 움직일 수 있는 오른팔을 위로 올려 머리 위쪽을 더듬거리자 내가 항상 사용하는 헤어핀이 만져졌다. 지금은 머리카락이 나와 있지만, 얼른 머리를 가려야 했다.

오른쪽에서 속이 뒤틀리는 것 같은 규칙적인 신음소리가 들려왔다. 그

쪽으로 눈을 돌렸더니 다름 아닌 라자였다. '아, 라자구나.' 나는 생각했다. '파키스탄 운전사. 내 옆에. 신음소리. 오른쪽에. 라자. 소리를 내고 있음.' 어쩌면 너무나 자연스러운 일처럼 보였다. 내가 이제까지 몇 년 동안이나 전 세계를 돌면서 사진을 찍어왔던 간이병원 같은 곳에서 라자와 내가 콘크리트판에 나란히 누워 있다니. 다만 이번에는 라자와 내가 환자라는 점이 달랐다.

나는 이렇게 생각했다. '아, 라자가 신음소리를 내고 있구나. 다행이야. 살아 있어.' 나는 아직도 무슨 일이 일어났는지 알 수가 없었지만, 무슨 이유에선가 라자가 신음소리를 내고 있는 것이 좋은 징조라고 여겼다. 헤드스카프를 두른 간호사가 여전히 나에게 꽂지 않은 주사기를 들고 서 있는 가운데, 몸 구석구석 아프지 않은 곳이 없었다. 아침에 내가 뭘 했지? 꿈을 꾸고 있었나?

테루가 내가 누워 있는 콘크리트판의 발치로 다가왔다. 그의 얼굴은 마치 방금 권투경기를 끝낸 사람처럼 보였지만, 적어도 그는 두 발로 서 있었다. 나는 뉴욕에서 온 테루가 내 침대 발치에서 도대체 뭘 하고 있는지 알 수 없었다. 간호사가 나에게 주삿바늘을 꽂아 넣었다. 바늘이 깨끗하냐는 내 질문에는 아무런 대답을 하지 않았다. 내가 HIV에 감염된다 한들 누가 신경이나 쓰겠는가? 나는 극심한 고통에 시달렸다. 난민. 마르단. 우리는 오전 내내 마르단에 있었다. 기억이 돌아오기 시작했다. 방안에는 사람이 너무나 많았다. 우두커니 서 있는 사람들이 있는가 하면 침상에 팔다리를 뻗고 누워 있는 라자와 나를 쳐다보는 사람들도 있었다. 난민. 기억이 났다. 〈뉴욕 타임스〉. 나는 사진을 찍고 있었다. 미끄러짐. 충돌. 실제로 일어난 일이었다. 테루가 설명해주었다. "우리는 지금 파키스탄에 있어. 라자랑 같이 난민캠프에서 사진을 찍고 나서 돌아오는 길에 끔찍한 교통사고를 당한 거야." 의사가 내 팔을 몸에 붙이고 붕대를 감아 움직이지 못하도록 고정시키기 시작했다. 뼈가 부러진 것이었다. 등에서는 타는 듯한 고통이 흘렀다. 사고로 인한 마찰 때문에 피부가 벗겨진 등에는 내가 입고 있던 파키스탄 의상 살와르 카미즈가 살점과 함께 뭉개져 있었다. 손에는 고름과 피가 가득했다. 발목은 접질려 퉁퉁 부었고 갈비뼈가 쑤셨다. 내 헤드스카프는 어디 있지?

테루와 나는 구급차로 운반되었고 라자는 더이상 우리와 함께하지 않았다. 긴급 구조대원인 칼리드가 발치에 앉아 내 쪽으로 몸을 기대고는 내가 의식을 잃지 않도록 자기 이름을 여러 번 말하면서 따라 부르라고 재촉했다. "칼리드. 내 이름은 칼리드예요. 내 이름을 말해봐요." 그는 지칠 줄을 몰랐고, 어렴풋이나마 그가 나를 살리려고 한다는 사실을 알고 있던 나는 고마움을 느꼈다. "칼리드. 내 이름 불러봐요. 칼리드." 나는 팔 한쪽을 고정시킨 채 모르핀 주사를 맞고 누워 있었다. 바로 그때, 나는 카메라가방이 보이지 않는다는 사실을 깨달았다.

"칼리드, 우리 차 어디 있어요? 내 카메라가방은요? 우리 차가 있는 곳까지 가려면 멀어요? 우리는 이슬라마바드로 가는 길이었다고요."

칼리드는 대답했다. "아니요, 차는 가까이에 있어요."

주변을 둘러보아도 사방이 막힌 구급차 내부가 보일 뿐이었지만, 나는 우리가 고속도로를 따라 이슬라마바드로 향하고 있다고 추측했다.

"칼리드." 나는 그가 말한 대로 그의 이름을 불렀다. "우리 차가 있는 곳에 잠깐 멈춰서 카메라가방을 가져오면 안 될까요? 카메라가 꼭 필요해요. 핸드폰도." 이렇게 부탁은 했지만 그가 선뜻 내 말대로 해주리라고는 크게 기대하지 않았다.

그는 운전사를 향해 우르두어로 뭐라 말한 뒤 다시 내 쪽으로 몸을 돌렸다. "알았어요. 차가 있는 곳에 잠깐 들를게요."

구급차가 우회하더니 결국 멈추는 것이 느껴졌고, 그동안 나는 의식과 무의식을 오갔다. 나는 산산조각난 우리 차의 잔해가 어떤 상태인지 너무나 궁금했지만 도저히 일어서서 밖을 내다볼 힘이 없었다. 내 머리맡에서 구급차 뒷문이 벌컥 열리고 파키스탄 경찰이 들어오더니 아무도 소지품을 훔쳐갈 수 없도록 부서진 차를 감시하는 일을 맡고 있었다고 말했다. 경찰은 자기가 가방에서 아무것도 훔치지 않았다는 사실을 증명하기 위해, 반듯이 누워 상처에 조잡한 거즈를 덮고 있는 내 곁에 서더니 내 가방에 들어 있던 작은 동전지갑을 손에 올려서 내밀었다.

눈을 뜨려고 안간힘을 다하는 나에게 파키스탄 경찰은 의기양양하게 선언했다. "이거 봐요! 돈이 여기 다 있잖아요!" 그러고는 작은 내 여행용 지갑을 뒤적거리면서 본인이 여러 나라의 화폐들을 국가별로 꼼꼼하게 분류해놓은 것을 보여주었다.

"고마워요. 돈은 가져도 돼요. 내 카메라는 어디 있나요? 카메라가방은요? 카메라가 있어야 해요. 그리고 핸드폰도."

그는 즉시 어느 한 군데도 망가지지 않은 내 검정색 돔케 카메라가방을 꺼냈다. 나는 그 가방이 사고가 난 와중에도 멀쩡하다는 사실에 깜짝 놀랐다. 그때쯤 칼리드나 구급차 운전사가 우리를 얼른 병원으로 이송해야 한다는 원래 임무의 시급함을 깨달았는지, 구급차 뒷문이 닫혔다. 소지품을 안전하게 보관해준 경찰도 모습을 감추었으며 우리는 다시 이슬라마바드로 향하기 시작했다.

나는 칼리드에게 내 가방에서 주황색 핸드폰을 꺼내달라고 부탁하면서 의식을 잃지 않으려고 안간힘을 썼다. 칼리드가 건네준 핸드폰을 손에 들고 나는 누구에게 전화해야 할지 갈피를 잡지 못했다. 내 머릿속 한쪽에서는 폴에게 전화하라고 말했고, 다른 한쪽에서는 도대체 폴이 누구인지 의아해했다. 혼란스러웠다. 폴. 약혼자. 전화. 폴. 나는 핸드폰 주소록에서 '내 사랑 폴'을 찾아 문자메시지를 보냈다. "자기야, 나 여기서 심한 교통사고를 당했어. 하지만 괜찮아. 우리 부모님한테 전화해서 나 괜찮다고 말해줘." 그다음에는 얼마 전 CNN으로 적을 옮겨 이슬라마바드에 주재하고 있는 내 친구 아이번에게 전화를 걸었다. 아이번이 전화를 받자 나는 그에게 내 친구이자 9년 전에 내가 아프가니스탄에서 탈레반 비자를 받을 수 있도록 도와주었던 파키스탄의 〈AP통신〉 지국장 캐시 개넌에게 연락하여, 우리가 지금 이슬라마바드로 향하고 있는데 어떤 병원으로 가야 할지 찾아봐달라고 했다. 캐시는 10년 넘게 파키스탄에 살고 있는데다 파키스탄 사람과 결혼해 이 나라 사정을 잘 알고 있었다. 전화가 울렸을 때 내 눈은 다시 슬슬 감기고 있었다. 폴이었다. "자기야, 난 괜찮아. 캐시 개넌한테 전화해서 이슬라마바드에서 제일 좋은 병원이 어디인지 물어봐줘. 그리고 로런 언니한테 전화해서 내가 살아 있다고 전해줄래?" 큰언니 로런은 내가 힘들 때마다 기대는 존재였다. 어린 시절 로런 언니는 나를 보호해주었고 어떤 어려운 일이 있어도 든든하고 힘이 되어주는, 그야말로 엄마 같은 존재였다. 나는 엄마보다는 로런 언니가 교통사고 이야기를 듣고도 침착하게 다른 가족들에게 소식을 전하기에 적당한 사람이라고 생각했던 것이 틀림없다. 그다음 덱스터에게 전화해서 교통사고에 대해 이야기하고 병원으로 와줄 수 있느냐고 물었다. 그러고는 의식을 잃었다.

다시 정신을 차렸을 때 나는 들것에 실려 병원 복도를 지나고 있었고, 조명과 함께 빠른 걸음으로 내 곁을 지나가는 사람들의 상체가 눈에 들어왔다. 의사들은 우르두어로 무언가 이야기를 나누고 있었는데 "……운전사는 끝나서……"라는 말이 들려왔고, 나는 그들이 라자에 대해 이야기하고 있음을 깨달았다. 억장이 무너졌다.

"라자는 어디 있어요?" 아무도 대답하지 않았다. "나랑 같이 있던 운전사 라자는 어디 있느냐고요?"

침묵.

그들은 나를 시파병원의 응급실로 데려갔고, 그곳에서 아이번, 덱스터, 〈워싱턴 포스트〉의 패멀라 컨스터블, 〈AP통신〉의 캐시 개넌 등 가까운 동료들이 우리가 도착하기를 기다리고 있었다. 나는 몸을 움직일 수가 없는 데다 모르핀까지 맞은 상태였다. 아이번은 의사이기도 한 CNN의 보안 고문을 데려와 몇 가지 간단한 검사를 통해 내가 뇌손상을 입지 않았는지 살펴보게 했다. 그는 내 눈에 손전등으로 빛을 비추면서 움직이는 빛을 따라 눈동자를 움직여보라고 했다. 시파병원의 의사들보다도 더 빠르게 상황을 판단하고 있었던 것이다.

덱스터는 나와 테루를 입원시키기 위해 클립보드에 끼운 서류를 들고 정신없이 응급실 여기저기를 돌아다니고 있었다.

"덱스터, 라자는 어디 있어요?" 덱스터는 솔직하게 이야기해줄 만한 사람이었다.

"죽었어. 라자는 세상을 떠났다고."

아까 들었던 '운전사는 끝나서'라는 말이 마음속에 사무쳤다. 나는 울음을 터뜨렸다.

라자의 죽음이 내 잘못인 것처럼 느껴졌다. 우리가 위험한 지역을 지나거나 말도 안 되는 새벽시간에 운전한 것도 아니었다. 탈레반이나 반란군의 추격을 받지도, 제대로 잠을 못 자며 강행군을 하지도 않았다. 내 경력을 통틀어 이 정도로 안전한 곳에서 밤에 충분히 휴식을 취한 뒤 커피와 음식까지 든든히 섭취하고 완벽하게 포장된 도로를 따라 달리는 경우도 드물었다. 하지만 나는 여전히 죄책감을 느꼈다. 몇 시간 후, 라자의 아들들이 와서 그의 시신과 소지품을 인도받았다. 나는 그들의 얼굴을 볼 용기가 없었다. 라자의 아들들이 내 방으로 들어왔고 나는 주체할 수 없을 정도로 울기 시작했다. "미안해요. 정말 미안해요." 라자는 여덟 명의 아이와 아내의 생계를 책임지고 있는 가장이었다.

캐시 개넌은 그날 밤 떠나기 전에 내 개인병실로 찾아왔다. 캐시는 내 침대 발치에 서서 덱스터에게 몇 가지 조언을 해주었다. "이 병원에서는 절대 단 일 분도 환자를 혼자 두면 안 돼요. 이곳 사람들이 린지에게 주는 것을 전부 확인하세요. 밤에 아무때나 검사를 하러 올 텐데 그때도 누군가 반드시 곁에 있어야 해요." 그리고 이슬라마바드에 있는 자기 주치의에게 연락해서 매일 병실에 들러 내 상태를 확인해달라고 부탁했으며, 그가 외교관과 주재원, 기자 들을 치료하는 믿을 만한 의사라는 말을 덧붙였다.

3일 동안 폴은 파키스탄 비자를 받느라 애를 먹었다고 했다. 일반적으로 기자가 파키스탄 비자를 받으려면 몇 주 정도 시간이 걸리는데다 하필이면 사고가 일어났을 때가 금요일 오후였다. 폴은 대사를 어떻게 설득했는지 주말에 영사관에 가서 비자를 발급받았다. 그동안 덱스터와 아이번이 교대로 내 병실을 지켰다. 파키스탄 여성은 보통 남편이나 가족이 아닌 남자를 병실에 들이지 않기 때문에 파키스탄 병원 직원들은 내 병실에 남자들이 오가는 것을 보고 어리둥절해했다. 결국 나는 모든 사람에게 덱스터와 아이번을 내 남자형제라고 소개했다.

다른 문제들도 있었다. 병원에서 보내는 첫날밤, 남자 간호사 몇 명이 새벽 1시쯤 내 침대 곁으로 와서 MRI인지 CT스캔을 한다며 데려가려 했다. 제대로 된 들것을 가져온 것이 아니라 침대시트의 네 모서리를 잡고 그대로 내 몸을 들어올리는 바람에 부서진 쇄골이 서로 부딪치고 피부가 몇 겹이나 벗겨진 등의 상처가 사정없이 쓸렸다. 나는 죽을 듯이 비명을 질렀고 덱스터는 그들에게 조심하라고 고함쳤다. 내가 너무 안쓰러워 보였는지 덱스터까지 거들었다. 그들은 나를 데리고 복도 저쪽으로 가더니 엘리베이터를 타고 지하로 내려간 뒤, 괴물처럼 입을 벌리고 있는 터널 같은 기계 입구의 탁자에 나를 내려놓았다. 그 수수께끼 같은 검사가 시작되기를 기다리는 동안에도 의식은 오락가락했다. 체감상으로 몇 시간이나 지난 것 같은데도 아무런 진전이 없자 나는 덱스터에게 어찌된 일인지 물었다. 그는 남자 간호사에게 물었다. "이봐요, 뭐가 이렇게 오래 걸려요?"

남자 간호사들은 어색하게 내 옆에 서 있었고, 그중 한 명이 자기 머리를 톡톡 치면서 이렇게 말했다. "부인 몸에 금속이 있어요."

덱스터는 어리둥절해했다. 그는 나에게 물었다. "당신 몸에 금속으로 된 게 있어?"

와이어가 있는 브래지어 때문이었다. 파키스탄 병원에 도착한 이후 아무도 감히 내 옷을 벗기려 하지 않았으므로 칙칙하게 오염된 살와르 카미즈는 아직 내 등의 상처에 눌어붙어 있었고 브래지어도 그대로 내 가슴을 단단히 조이고 있었다.

"덱스터, 브래지어가 있어."

"그럼, 벗어."

"내가 어떻게 벗어. 팔도 못 움직이는데. 당신이 좀 벗겨줘."

파키스탄 간호사들은 꼼짝도 하지 않고 지켜보았다.

"내가 브래지어를 벗길 수는 없지. 폴이 날 가만두겠어?"

"덱스터, 당신 나이가 쉰 살이야. 여자 가슴 처음 보는 거 아니잖아. 그냥 벗기라고!"

딱한 간호사들은 다시 한번 영문을 모르겠다는 표정을 지었다.

"앞쪽에 여밈 고리가 달린 간단한 브래지어야." 나는 덱스터에게 설명했다.

그는 고개를 끄덕였고 나는 다시 정신을 잃었다.

• •

검사 결과 내출혈이나 뇌손상은 없는 것으로 드러났다. 쇄골이 부러지고 등과 팔, 손에 찰과상을 입었으며 양쪽 발목을 모두 삐었고 아마도 갈

비빼 역시 접질린 상태였을 것이다. 세탁기 안에 던져져서 한 바퀴 돌고 나온 것 같은 기분이었다. 세 시간마다 간호사가 병실로 들어와서 정맥에 직접 모르핀을 주사했다. 주사를 맞을 때마다 내 몸이 따뜻한 목욕물에 푹 잠겼다가 떠올라서, 아무런 고통 없이 병실 여기저기를 둥실둥실 떠다니는 것처럼 느껴졌다.

나는 조금씩 메일을 확인하기 시작했고 난민캠프에서 찍은 사진들을 살펴보기 위해 덱스터에게 내 노트북을 가져다달라고 부탁했다. 사진들을 선별해둔 다음 신문에 게재하고 싶었다. 언젠가는 이 끔찍한 시간도 내가 찍은 사진으로 정당화할 수 있을 것처럼 말이다. 어쩌면 나는 길고 힘든 하루를 보낸 뒤 속보로 내보낼 만한 사진을 정리하면서 하루를 마무리하는 데 너무 익숙해졌는지도 모른다. 한번은 팔루자의 폭격 속에서 험비 군용차량에 숨어 사진을 확인한 적도 있었다. 혹시라도 시간이 지나서 사진을 사용할 수 없게 될까봐 찍어온 사진을 캠프에서 미리 정리해두려는 손놀림은 거의 본능에 가까웠다.

폴은 월요일 아침에 클립보드를 손에 들고 병실에 도착했고, 나는 마침 모르핀을 맞고 몽롱해진 상태였다. 단지 폴의 얼굴을 보면서 이제 다 괜찮아질 것이라고 생각했던 기억이 난다. 간호사들도 드디어 진짜 내 약혼자가 나타나 수상한 내 '남자형제들'을 대신한다는 사실에 안도할 것이 틀림없었다.

퇴원하기 전날, 터키 대사가 외교관 무리를 이끌고 병실을 찾아와서 폴과 나에게 퇴원 후에는 이슬라마바드에 있는 터키 영사관에서 묵을 수 있도록 해주겠다고 제안했다. 시파병원의 간호사들은 내 병실 안팎에서 일어나는 여러 가지 일들을 호기심 가득한 눈으로 바라보았다. 터키 대사가 떠난 직후, 또 한 무리의 문병객들이 도착했다. 지난해 '탈레바니스탄' 취재 때 동행했던 통역사이자 탈레반에 동조하는 할림이 사촌 한 명과 함께 찾아온 것이다. 나는 독실한 이슬람교도 남자들 앞에서 머리카락도 가리지 않고 맨살이 노출되는 환자복을 입은 탓에 무척이나 당황했다. 그들은 모두 수염을 턱 훨씬 아래까지 길렀고 발목까지 오는 쿠르타*를 입고 있었으며 할림은 직접 딴 오렌지가 담긴 가방을 들고 왔다. 폴은 할림과 사촌에게 앉으라고 권했다.

나는 문병을 와주어서 고맙다고 말했다. "어떻게 지내요, 할림?"

"그럭저럭 잘 지내요. 오늘 무인항공기가 우리 사촌네 집을 공격했지만요……"

파키스탄 사람들의 삶은 여전했다.

• •

며칠 후 폴과 나는 이스탄불로 돌아갔다. 그리고 2009년 5월 19일, 나는 어깨에 티타늄판을 박았다. 수술 후 찾아올 끔찍한 회복기에 대해서는 전혀 준비가 되지 않은 상태였다. 그저 건강을 되찾고 6주 후에 있을 결혼식에 무사히 걸어들어갈 수 있기를 바랄 뿐이었다.

매일 밤마다 나는 칼이 가슴을 뚫고 지나가는 것 같은 극심한 통증에 잠에서 깨어 소리지르며 눈물을 흘렸다. 나는 처음으로 내 몸을 건사할

* 남아시아 지역에서 입는 헐렁한 셔츠.

수가 없었고, 독립된 주체로 살아가는 것을 얼마나 오랫동안 당연하게 여겨왔는지 깨달았다. 왼쪽 어깨와 팔을 쓰지 못하게 되니 아주 간단한 일도 해낼 수가 없었다. 혼자서는 일단 목욕을 할 수가 없었고 속옷을 입을 수도 없었으며, 옷도 제대로 갖춰입을 수 없었다. 결혼식까지의 몇 주 동안, 폴은 매일 아침 출근하기 전에 나를 욕실로 데려가서 몸을 씻기고 물기를 닦아준 뒤 속옷을 입히고 브래지어의 고리를 채워준 후 옷을 입혔다. 그는 일 때문에 집을 비우는 동안에도 나에게 필요한 것을 전부 준비해주었다. 나는 이토록 허약하고 연약한 내 모습이 그에게 얼마나 감정적으로 큰 타격을 주고 지치게 하는지 알고 있었다. 폴은 나를 돌보는 동시에 정신없이 돌아가는 뉴스 지국을 운영하고, 혼자서 결혼식까지 준비하고 있었다. 성인이 된 후 다른 사람에게 이토록 철저하게 의지해본 적이 없던 나는 갑자기 그에게 큰 짐이 되었다는 죄책감에 시달렸다. 나를 간호해서 다시 건강을 되찾게 하겠다는 폴의 의지에 초라해질 뿐이었다.

폴이 힘든 티를 낸 적은 딱 한 번뿐이었다. 어느 날 폴이 거실 책상에 앉아 노트북을 보고 있다가 갑자기 울기 시작했다. 〈뉴욕 타임스〉의 편집자 빌 켈러가 내가 무사해서 정말 다행이라는 메일을 보내왔던 것이다. 빌이 보낸 간단한 위로의 말은 우리 두 사람이 흔들리지 않을 것임을 보여주기 위해 내 앞에서 의연한 태도를 취하던 폴을 한순간에 무너뜨렸다. 나는 나 때문에 그가 겪는 고통을 도저히 눈뜨고 볼 수가 없었다.

5월 말부터 6월 초 무렵, 나는 오후에 폴이 퇴근해 집에 돌아올 때까지 누워서 잠을 자거나, 창문 너머 보스포루스해협을 떠다니는 화물선들을 바라보며 시간을 보냈다. 아직은 제대로 집중할 수가 없어 폴을 도와 결혼식 계획을 세울 수 없었고, 책을 읽거나 영화를 볼 수도 없었다. 노트북을 켜놓고 일하려고도 해보았지만 일어나 앉으려고 할 때조차 고통이 찾아왔다. 부상당한 것도 처음이었지만, 내 의지나 신체적인 끈기를 이유로 또는 스스로에게 의지할 수 없어 아무 일을 하지 못하게 된 것도 이때가 처음이었다. 일할 수도, 취재를 나설 수도 없었으며 돈을 벌 수도 없었다.

몇 주 후, 나는 어느 정도 몸을 회복하여 친구들인 제이슨, 수지와 점심 식사를 할 수 있게 되었다. 제이슨은 걱정스러운 표정이었다. "그 전쟁지역 취재하는 건 언제 그만둘 건데?" 그러고는 마침내 이 말을 내뱉었다. "임신은 안 할 거야?"

일리 있는 이야기였다. 그러나 그 질문은 무척 사적인데다가 나를 불안하게 하는 문제였으며 신체적, 정신적으로 약해져 있던 나는 친구들과 점심을 먹으면서까지 그런 이야기를 하고 싶지는 않았다. 이 질문을 받고 나서, 특히 결혼식이 가까워지면서 나는 내 일과 일상, 그리고 이 두 가지의 균형에 대해 보다 깊이 생각해보게 되었다. 나는 파키스탄에서의 교통사고가 죽음의 문턱까지 갔던 여러 사건 중 상대적으로 멀쩡하게 빠져나온 것일 뿐 매번 이런 행운이 지속되지는 않을 것임을 알고 있었다. 폴은 우리 부모님이나 언니들처럼 절대 나에게 일을 그만두라고 하지 않았다. 안정된 삶을 살라고 하거나 위험을 피하라고도 하지 않았다. 그는 나에게 변화를 강요하거나 내가 믿는 바를 굽히도록 요구하지 않을 만큼 현명한 사람이었다. 트라우마로 남을 만한 사건을 겪을 때마다 내가 이런 일들에 만반의 준비가 되어 있지 않다는 내면의 목소리가 들려왔지만, 이번 사고만은 우연이었다고 생각할 수 있을 것 같았다. 단순한 교통사고였을 뿐이야!

어디서나 일어날 수 있는걸! 나는 이와 관련하여 폴과 자세히 이야기를 나누었고 다시 한번 의지를 다졌으며 트라우마를 극복했다. 그래서인지 친구들이 나에게 언제 인생의 방향을 바꿀 것인지 질문했을 때 화가 치밀었다.

20대를 지나 30대에 접어들면서, "전쟁지역은 그만 다니는 게 어때"라는 말은 "전쟁지역은 그만 다니고 아이를 갖는 게 어때"라는 조언으로 변했다. 이는 더욱 짜증나는 일이었다. 20대 초반에는 그런 말을 하는 사람들에게 간단하게 응수했다. "남자가 없어. 그리고 내가 하는 일이 좋아." 폴과 약혼하자 상황이 달라졌다. 폴은 여러 차례에 걸쳐 아이를 둔 가족을 꾸리고 싶다는 이야기를 했다. 나 역시 가족을 갖고 싶었다. 언젠가는. 내 커리어는 지금이 정점이었다. 나는 이제야 오랫동안 꿈에 그리던 세계 최고의 언론 매체들을 위해 마음껏 사진을 찍고 있었다. 지금 내게 가장 달갑지 않은 것은, 지금으로서는 그다지 바라지 않는 아이 때문에 절정에 오른 커리어가 단절되는 것이었다. 30대 중반에 접어들었지만 내 생물학적 시계는 주변 여자 친구들과는 달리 아직 울리지 않고 있었다. 사실 나는 아예 생물학적 시계 없이 태어난 것이 아닌가 생각할 때도 많았다.

그리고 임신한 상태로는 아프가니스탄으로 돌아갈 수 없었다. 분쟁을 취재하는 동료들은 대부분 남자였다. 내가 한 달을 쉬면 내 취잿거리를 노리는 200명 정도의 프리랜서 사진기자 중 한 명에게 일이 넘어갈 터였다. 아기를 낳기 위해 6개월을 쉬면, 편집자들은 아마 내 이름을 명단에서 지워버릴 것이다. 나는 남자들이 주류인 직업군에 몸담고 있었다. 나와 같은 일을 하는 여자들 중에 결혼하거나 아이를 낳은 사람은 한 명도 떠오르

지 않았다. 이 모든 문제에 대해 내가 고민해보지 않았을 거라고 제이슨이 생각했다면, 그건 완전히 잘못 짚은 것이었다.

• •

우리는 폴의 아버지가 소유하고 있는 프랑스 남서부의 돌로 지은 성에서 결혼식을 올렸다. 성은 좁은 프랑스 시골길에서 약간 벗어난, 완만한 경사의 옥수수밭 한가운데에 있었다. 시골길 양옆에 늘어선 플라타너스나무는 녹색 터널을 이루었고, 무성한 나뭇잎 사이로 가끔씩 햇살이 한 줄기 새어나왔다. 길을 따라 성에서 가장 가까운 중세마을 레크투르까지 달려갈 때마다 나는 제임스 설터의 소설 『스포츠와 여가A sport and a pastime』의 첫 구절을 떠올렸다.

> 9월. 이 찬란한 날들은 영원히 끝나지 않을 것 같다. 8월에 거의 텅 비었던 도시가 북적이기 시작한다. 도시가 다시 채워지고 있다. 식당과 상점은 다시 문을 연다. 사람들은 시골에서, 바다에서, 차들로 붐볐던 도로 여행에서 돌아오고 있다. 역도 번잡하기 짝이 없다. 아이들, 개들, 오래된 짐가방을 끈으로 묶어 들고 다니는 가족들. 나는 그들을 헤치며 나아간다. 마치 터널과도 같다. 마침내 나는 빛을 더욱 확산시키는 유리 지붕 아래에서 밝게 빛나는 승강장으로 나선다.

결혼식은 그 전날 밤의 핑크 샴페인 파티로 인한 거한 숙취와 함께 시

작되었다. 폴과 나는 예부터 내려오는 조언을 따라 결혼식 날에는 미리 서로의 모습을 보지 않기로 했지만, 두 사람 다 숙취가 어찌나 심했던지 결혼식이 시작되기 몇 시간 전인 오전 11시까지 일어나지를 못했다. 가톨릭 형식으로 진행된 결혼식에서 폴은 "나 폴 데 벤데른은 당신 리사를 내 아내로 맞이합니다"라는 말을 해서 나이 지긋한 신부님을 거의 심장마비상태로 몰아넣었다. 리사는 우리 언니의 이름이었다.

한편 우리 가족은 기쁜 마음으로 다시 모였다. 브루스와 우리 아버지는 여전히 함께였고, 두 사람은 이미 어머니와 화해한 상태였다. 우리는 심지어 몇 번이나 다 함께 휴가를 떠나기도 했다. 이것은 우리 어머니가 따뜻하고 너그러운 심성을 지니고 있다는 증거였다. 저녁식사 자리에서 어머니는 의자 위에 올라가 브루스에게 팔을 두르기도 했다. 어머니는 막내딸이 귀족과 결혼해서 무척이나 기쁘다고 말하고는, "하지만 진짜 여왕을 소개해드리죠!"라고 하면서 화려한 차림의 브루스를 앞쪽으로 밀었다. 파티장에 있는 사람들이 우레와 같은 웃음을 터뜨렸다. 원래 제일 친한 친구였던 우리 어머니와 브루스가 나란히 의자 위에 서서 함께 건배하는 것보다 나를 기쁘게 하는 광경은 없었다. 나는 의자에 올라간 어머니의 다리에 팔을 두르고 존경의 눈길을 보냈다.

나는 식장의 모든 손님들, 페루, 뉴욕, 홍콩, 캘리포니아 등 각지에서 모여든 친구와 가족을 둘러본 후, 옆에서 내 손을 잡고 있는 폴에게로 눈길을 돌렸다. 그동안 사랑에서는 쓴잔만 마시며 그토록 열심히 일만 해왔는데, 팔루자의 납치, 코렌갈계곡의 매복공격, 파키스탄의 교통사고를 겪은 이후 나는 프랑스 시골 언덕 한복판에서 가족, 가까운 친구들과 함께 앉아 행복하게 축배를 나누며 삶을 축하할 수 있어 너무나 감사했다.

••

결혼식이 끝나고 나는 다시 일에 몰두했다. 나는 사진기자로서 일종의 이행기에 있었으며, 점진적으로 〈뉴욕 타임스〉를 위한 뉴스 취재에서 〈내셔널 지오그래픽〉과 같은 잡지 매체 기사 쪽으로 방향을 바꾸고 있는 참이었다. 결혼식이 끝나고 석 달 후인 9월에 나는 우리집 책상에 앉아 〈내셔널 지오그래픽〉 편집자와 불편한 대화를 나누고 있었다. 전화를 끊은 나는 창밖을 바라보면서 내 커리어의 방향에 대해 생각해보았다. 〈내셔널 지오그래픽〉의 경우, 취재의 시작부터 마무리까지 너무나 오랜 시간이 걸리기 때문에 가끔씩 내가 하고 있는 일의 시의성에 대해 의문이 생겨나기도 했다. 처음으로 취재를 시작한 다음 기사가 인쇄물로 결실을 맺기까지 무려 18개월이 걸릴 때도 있었다. 오랫동안 〈뉴욕 타임스〉 소속으로 사진을 찍었던 나는 취재하고 그 기사가 며칠, 길어야 몇 주 안에 게재되는 것을 보면서 즉각적인 만족감을 느끼는 데 익숙해져 있었다. 나는 지금 찍는 사진이 오랜 시간이 흐른 후에 게재되더라도 바로 다음날 게재된 것만큼이나 큰 영향력을 미칠 수 있다고 스스로를 설득해야 했다.

편집자와 나눈 대화는 얼마 전에 시작된 취재에 관한 것이었다.

"〈뉴욕 타임스〉 기사처럼 이 스토리를 취재하면 안 돼요." 편집자는 다소 거만한 말투로 조언했다. "충분한 시간을 쏟고 깊게 파고드세요. 넉넉하게 시간을 들여 여러 가지 면을 살펴야 합니다."

편집자의 말이 옳았다. 나는 여러 해 동안 마감시간이 정해진 기사를 취재해왔기 때문에, 충분한 시간과 인내심을 가지고 사진을 찍을 수 있도록 스스로 노선을 재정비해야 했다. 그가 말하는 요지는 충분히 이해했지만 대화 자체에 부아가 치미는 것은 어쩔 수 없었다. 그 편집자가 사진기자로서의 나의 시각을 믿지 못하는 것 같은 기분을 느꼈기 때문이다.

전화를 끊고 몇 분이 지나지 않아 다시 전화가 울렸다. 핸드폰에는 미국 국가번호와 시카고 지역번호가 떠 있었다. 해외 사용한도를 초과했기 때문에 카드를 정지시켰다며 백만 번쯤 전화해대는 내 신용카드사의 금융사기 부서일 수도 있었다.

나는 시끄럽게 울리는 핸드폰을 들었다.

남자 목소리였다. "실례지만 아다리오 씨와 통화할 수 있을까요."

"전데요."

"저는 맥아더재단의 회장인 로버트 갈루치Robert Galucci라고 합니다."

"네, 안녕하세요."

"맥아더재단 회장으로 새로 부임하고 나서 처음 이런 전화를 하게 되는군요. 단도직입적으로 말씀드리죠. 아다리오 씨가 맥아더 펠로십에 선정되셨습니다."

아무 말도 할 수 없었다. 해마다 나는 그해의 맥아더 '천재들', 즉 각 전문분야에서 '아무런 조건 없이' 50만 달러를 지원하겠다는 '갑작스러운 전화를 받는' 사람들의 명단을 샅샅이 살피곤 했다.

"여보세요? 거기 있습니까? 맥아더 펠로십이 뭔지는 알고 있습니까?"

"알 것 같아요." 나는 다시 한번 설명을 듣고 싶었다.

"우리는 아다리오 씨에게 아무런 조건 없이 향후 5년간에 걸쳐 분기당 2만 5천 달러씩, 총 50만 달러를 제공할 예정입니다. 이것은 아다리오 씨가 과거에 한 작업 때문이 아니라 향후에 하게 될 작업을 지원하기 위해서입니다."

"혹시 잘못 전화하신 건 아니죠?"

"이름은 린지 아다리오, 1973년 11월 13일 코네티컷 노워크 출신, 맞습니까?"

"네, 접니다." 가슴이 벅차올랐다.

갈루치는 나에게 아프가니스탄의 상황을 어떻게 생각하는지 물었고,

나는 '진퇴양난' 같은 시시한 단어를 사용하고는, 혹시 그가 '이 사람은 진짜 천재가 아니야'라고 생각하며 지원금을 회수해가면 어쩌나 하고 걱정했다.

전화를 끊고 나는 핸드폰을 내려놓았다가 다시 뚫어지게 쳐다보았다. 말도 안 되는 일이었다. 아이번이 짓궂은 장난을 치려고 갈루치인 척 전화한 거라고 확신했다. 나는 발신자 전화번호를 확인한 후 구글에 검색했다. 맥아더재단. 진짜였다.

나는 햇빛이 가득 비치는 행복한 신혼집에서 홀로 소파에 앉아 기쁨의 눈물을 흘렸다. 이제 향후 5년간은 돈 걱정을 할 필요가 없었다. 사진기자로서의 꿈을 이루기 위해 그토록 노력하고, 집도 없이 여러 나라를 누비고, 부당한 일을 널리 알리기 위해 애쓰며, 전쟁과 장례식, 폭력을 목격한 그 오랜 세월들. 맥아더재단은 내가 평생에 걸쳐 해낸 내 일을 인정해준 것이었다. 그 모든 시간과 희생, 헌신은 충분한 가치가 있었다.

나는 갈루치에게 남편 외에는 아무에게도 말하지 않겠다고 약속했다. 나는 폴이 수많은 통근자들 사이에서 모습을 드러낼 탁심광장의 지하철역까지 걸어가서 거의 한 시간 동안 출구 앞을 서성거리며 그를 기다렸다. 지하철역을 빠져나온 폴은 내 모습을 발견하고는 도대체 무슨 일이 있었기에 지금껏 단 한 번도 마중나온 적 없는 내가 지하철역까지 나왔는지 의아해했다.

폴이 먼저 입을 열었다. "당신, 임신했어?"

어쩌면 그가 원하던 좋은 소식은 아니었을지 몰라도, 폴은 이야기를 듣고 기뻐서 어쩔 줄 몰라했다. 나의 성공은 곧 그의 성공이기도 했다.

급박하게 돌아가는 뉴스속보 취재의 생리를 잘 이해하고 있던 폴은 내게 항상 장기적으로 취재하는 프로젝트를 권했다. 장기 프로젝트를 해야 예술적 자유를 어느 정도 확보할 수 있을 뿐만 아니라 스토리도 좀더 심도 있게 다룰 수 있다는 논지였다. 대규모의 독립적인 프로젝트를 마무리하면 전시회가 열리는 경우도 많았고, 이는 뉴스 및 언론 바깥의 세계와 소통할 기회이기도 했다. 맥아더 펠로십과 같은 지원이 있으면 다음에 어디서 일을 받을지 걱정하지 않고도 충분한 시간을 들여 원하는 취재를 할 수 있었다. 다만 나는 〈뉴욕 타임스〉 〈내셔널 지오그래픽〉 〈타임〉지와도 계속 일하기로 했다. 신뢰할 수 있는 언론일 뿐만 아니라 매체의 폭넓은 구독자층을 통해 더욱 많은 독자에게 다가갈 수 있기 때문이었다. 아무리 훌륭한 사진을 찍어도 보는 사람이 없다면 별다른 의미가 없다는 점을 어느 정도 인지하고 있었기 때문에 어떤 측면에서는 맥아더 펠로십이 내 커리어의 변화를 가져왔지만, 모든 것을 바꿔놓지는 않았다.

• •

두 달 후, 이스탄불에서의 꿈같은 생활은 끝이 났다. 폴이 〈로이터〉의 인도 지국장직을 수락하면서 우리는 뉴델리로 이사했다. 나는 7년 동안 살았던 이스탄불에서의 생활에 얼마나 애착이 많았는지 미처 깨닫지 못하고 있었다. 이웃이자 동료, 좋은 친구인 아이번과 어울리던 일, 수지, 매디, 앤설과 함께 구운 할루미 치즈를 얹은 지중해식 샐러드를 즐기던 일, 아버지, 브루스와 함께 요트를 타고 에게해를 떠다니며 즐기던 여름날들.

결혼을 하고 보니 성인이 된 후 처음으로, 내가 어디에 살고 얼마나 오래 머물 것인지에 대한 결정이 더이상 어떤 전쟁을 취재하는지 혹은 어떤 특파원과 함께 일하고 싶은지에 따라 정해지지 않는다는 점을 깨달았다. 앞으로 우리 거취의 문제는 상당 부분 폴이 대기업의 관리직을 맡고 있다는 사실과 그의 회사인 〈로이터〉에서 요구하는 바에 따라 결정될 것이 틀림없었다.

나는 조금 우울해졌다. 9년 전 인도에서 살았을 때는 인도의 그 모든 소음과 혼란에 그다지 개의치 않았다. 하지만 30대에 접어들면서 성향이 바뀌었다. 사실 나는 내가 기반을 둔 도시에서 몇 가지 요건이 충족되기를 바랐다. 택시를 타거나 운전사를 부르지 않고도 한 곳에서 다른 곳으로 걸어서 이동할 수 있을 것, 세련된 동네에서 친구를 만나 커피 한 잔을 즐길 수 있을 것, 가족을 만나기 위해 미국으로 날아가는 데 열여섯 시간이나 걸리지 않을 것. 이스탄불의 생활을 뒤로하고 나니 뉴델리는 너무나 고립된 도시처럼 보였다. 뉴델리에 딱 하나밖에 없는 괜찮은 헬스클럽은 5성급 호텔 안에 있었다. 사실상 걸어서는 아무데도 갈 수 없었다. 1년에 최소 300일은 험난한 지역에서 일하며 여러 해를 보내다보니, 내게 집은 철저하게 편안함을 주는 곳이어야만 했다. 집 근처의 작은 편의시설들은 내가 온전한 정신상태를 유지하도록 도와주는 기본적인 요소였다.

심지어 폴도 평소보다 바빠졌다. 우리 두 사람의 관계는 취재를 위한 출장과 그 이후 2~3주의 휴식이라는 일정을 바탕으로 원만하게 유지되어 왔다. 하지만 뉴델리로 이사한 후 처음 몇 달 동안 폴은 새로 맡은 일 때문에 정신이 없었다. 나는 인도에서의 불만스러운 생활에서 탈출하기 위

아프가니스탄 바다흐샨주의 산비탈에서 분만을 준비하는 아프가니스탄 여성 누르 니사. 2009년 11월.

한 미국 해병대원의 죽음. 아프가니스탄 남부. 2010년.

해 끊임없이 여행을 했다. 2009년 말에서 2011년 초에 걸쳐, 아프가니스탄에서 사하라 이남 아프리카까지 그 어느 때보다 자주 취재를 하러 다녔다. 집으로 돌아올 때마다 폴은 임신 가능성이 있는 서른일곱까지 시간이 얼마 남지 않았다고 주장했다. 나는 아이가 생기면 자유가 사라질까봐 너무나 두려워 그가 옳은 말을 하는지도 모른다는 사실을 좀처럼 인정하지 않았다.

나는 항상 똑같은 주장으로 응수했다. 나는 튼튼한 남부 이탈리아계 유전자를 가지고 있으며, 우리 언니들은 딱 한 번의 시도만으로 임신에 성공했을 뿐만 아니라 모두 건강한 아이를 낳았다고. 우리 아다리오가의 여자들은 아기를 잘 낳기로는 타고났다고 주장했지만, 물론 마음속 깊은 곳에서는 내 몸이 언니들의 몸과 전혀 다를 수도 있다는 사실을 인지하고 있었다. 나는 계속 논쟁을 미루다가 폴의 잔소리에 너무나 화가 난 나머지 중재안을 제시했다. 2011년 1월까지는 피임약을 먹고, 그 이후부터는 자연의 섭리와 우리의 성욕에 맡기자고. 당시 나는 아이를 원하지 않았지만, 폴에게 아이가 얼마나 중요한지도 알고 있었다. 정말로 임신이 가능한 시간이 얼마 남지 않았을지도 모른다는 걱정도 아주 없지는 않았다.

1월이 찾아왔다. 나는 약속대로 피임약을 끊었지만, 연달아 취재를 떠나야 했기 때문에 임신을 위해 집에 머무를 시간은 거의 없었다. 두 달도 되지 않는 기간 동안 남수단에서 이라크, 아프가니스탄에서 바레인까지 이동했다. 1월 말에 〈내셔널 지오그래픽〉을 위한 취재로 이라크에 머무는 동안, 〈뉴욕 타임스〉의 담당편집자인 데이비드가 바그다드에서 전화를 걸어 혹시 혁명이 일어나고 있는 이집트에 갈 생각이 있느냐고 물었다. 가고 싶은 생각은 굴뚝같았지만 〈내셔널 지오그래픽〉 임무를 끝마치지 않은 채 떠날 수는 없었다. 이라크에서 일을 마칠 때쯤, 〈뉴욕 타임스〉는 이미 이집트에 충분히 취재 인원을 확보해둔 상태였다. 결국 데이비드는 나를 아프가니스탄으로 보냈다. 이집트, 튀니지, 바레인, 그리고 이제는 리비아까지 합세한 민중봉기 뉴스를 보면 볼수록, 나는 '아랍의 봄'이 얼마나 역사적인 사건인지를 뼈저리게 깨달았다. 이라크와 아프가니스탄 시절에 동고동락하던 내 동료들이 전부 타흐리르광장*에서 취재하고 사진을 찍는 동안, 나는 카불에서 차를 마시며 〈인 디 에어Up in the Air〉의 해적판 DVD를 보고 있어야 했다.

나는 더이상 참을 수가 없어 비행기에 올랐다. 그리고 리비아로 향했다.

* 이집트의 수도 카이로에서 상징으로 불리는 광장.

바그다드에서 3D 영화를 보는 이라크 사람들. 2010년.

시에라리온에서 사망한 산모. 2010년.

IT'S WHAT I DO

4부

삶과 죽음

리비아, 뉴욕, 인도, 런던

Lynsey Addario

너는 오늘밤 죽을 거야

2011년 3월, 리비아의 아지다비야

• 리비아 시민들이 일으킨 혁명은 3주 만에 전쟁이 되었다. 그리고 나는 납치된 상태였다. 카다피 정부는 우리가 취재하는 리비아 시민군 세력과 전쟁을 벌이고 있었고, 우리를 적으로 여겼다. 내 동료들인 타일러, 앤서니, 스티브의 모습은 보이지 않았지만, 이쯤 되면 우리가 포로로 잡힌 것만은 분명했다. 우리가 운전사로 고용한 스물두 살의 과묵한 공대생 모하메드는 카다피군의 검문소로 차를 몰았다. 이제 우리는 손발이 묶이고 눈가리개를 한 채 꼼짝없이 카다피군의 인질이 되었다.

다시 부모님을 볼 수 있을까? 다시 폴을 만날 수 있을까? 사랑하는 사람들에게 이게 무슨 못할 짓이란 말인가? 카메라는 다시 돌려받을 수 있을까?

카다피 군인들이 나를 차의 뒷좌석에 태우는 동안 내 머릿속에는 이러한 의문들이 스쳐지나갔다.

내 입은 두려움으로 바짝 말랐고, 손목을 꽉 묶어놓은 천 때문에 두 손

리비아 동부에서 민중봉기가 세력을 얻는 가운데 벵가지의 주거지역에서
불타는 자동차를 둘러싸고 노는 아이들. 2011년 2월 28일.

에 감각이 없어진데다 시계마저 살 속으로 파고들었다. 한 병사가 문을 열더니 차 안으로 들어와 내 옆에 앉아 몇 초간 나를 쳐다보았다. 나를 뚫어지게 바라보는 그의 시선을 느꼈지만 너무나 두려워 고개를 들고 마주볼 수가 없었다. 일순간 나는 어쩌면 그가 나에게 물을 주러 온 것일지도 모른다고 생각했다. 하지만 그는 물은커녕 주먹으로 내 얼굴 옆쪽을 강타했다. 눈에 눈물이 맺혔다. 아파서가 아니었다. 그 병사의 무례함과 앞으로 닥칠 일에 대한 두려움, 그리고 완전히 결박되어 무방비상태가 된 여자의 얼굴을 성인 남자가 때릴 만큼 자존감이 바닥에 떨어질 만한 상황에 처했다는 사실 때문이었다. 11년간 이슬람 문화권에서 일해온 나는 항상 다른 곳에서는 찾아볼 수 없을 정도의 환대와 친절함을 접했다. 이슬람교도 사람들은 굳이 품을 들여 나에게 먹을 것을 주었고, 쉴 곳을 마련해주었으며, 위험으로부터 보호해주었다. 그러나 지금 나는 이 남자가 나에게 무슨 짓을 할까봐 진심으로 두려웠다. 그토록 오랫동안 이 일을 하면서도 거의 느껴본 적 없는 강간의 두려움에 몸이 떨려왔다.

스티브가 차에 오르더니 내 옆에 앉았다. 나는 다시 동료 곁에 있게 되어 엄청난 안도감을 느꼈다. 차를 둘러싼 군인들은 마치 우리 안에 갇힌 원숭이들을 보듯이 우리를 보며 웃고 있었다. 그들은 아랍어를 사용하고 있었는데, 다행히도 나는 그 말을 알아들을 수 없었다. 입안이 너무 바짝 바짝 말라서 침을 삼키기도 어려웠다. 밖을 내다보자 타일러와 앤서니는 6미터 정도 떨어진 곳에 있는 다른 차를 타고 있었다. 타일러와 나는 고등학교 동창이었다. 열세 살 때부터 서로 알고 지낸 사이였다. 용감하고 침착하며 친근한 그는 존재만으로도 항상 편안함을 주었다.

나는 시간 감각도 잃은 듯했다. 용기를 내서 우리 차가 있는 쪽을 바라보았다. 금색 4도어 승용차의 문 한두 개가 열려 있었고, 한 군인이 우리 소지품을 꺼내 보도 위에 늘어놓고 있었다. 운전석 옆쪽 바닥에는 줄무늬 셔츠를 입은 어떤 젊은 남자가 한쪽 팔을 길게 뻗고 얼굴을 아래로 하고 엎드린 채 움직이지 않았다. 죽은 것 같았다. 나는 그 젊은 남자가 모하메드이리라 생각했고, 죄책감으로 속이 울렁거렸다. 십자포화든, 카다피군에게 처형을 당했든, 모하메드가 어떤 형태로 최후를 맞았든 간에, 그는 우리가 끈질기게 취잿거리를 좇는 과정에서 목숨을 잃었다. 나는 울기 시작했고, 바로 그 순간 병사들 중 한 명이 내 귀에 핸드폰을 가져다 댔다.

"영어로 말해." 병사가 말했다.

"살람 알라이쿰." 나는 더듬거렸다.

어떤 여자가 영어로 대답했다. "너는 개다. 너는 당나귀다. 무아마르 카다피 만세."

나는 어리둥절했다.

"내 아내에게 말해!" 병사가 나에게 명령했다.

"살람 알라이쿰." 나는 다시 반복했다.

핸드폰 저편의 여성은 잠시 말을 멈추었다. 아마도 왜 이교도가 자신에게 아랍어로 인사하는지 궁금했던 모양이다. "너는 개다. 너는 당나귀다."

"저는 기자예요. 〈뉴욕 타임스〉 소속입니다. 아나 사하피야(나는 기자입니다). 기자라고요."

병사는 내 귀에서 핸드폰을 떼더니 다시 자기 귀에 갖다대고 웃은 다음 부드러운 목소리로 아내에게 자기가 그날 얻은 성과에 대해 신나게 이야기하며 자랑스러워했다.

우리는 무방비상태로 결박된 채 몇 시간이나 차 안에 앉아 있었다. 여전히 사방에서 총알이 날아다녔고 대포가 여기저기 부딪히며 폭발하는 소리가 들려왔다. 머리 위 하늘이 어두워져가고 있었다. 땅거미가 지기 시작하자 시민군의 공격은 더욱 거세졌다. 타일러는 손목을 묶어둔 전선줄에서 간신히 손을 빼냈고, 나 역시 몇 분 전 나를 딱하게 여긴 병사가 천을 풀어주고 간 덕분에 팔이 자유로운 상태였다. 우리 두 사람은 차 밖으로 빠져나가 차문 옆에서 몸을 가릴 만한 곳을 찾았다. 스티븐과 앤서니도 곧 뒤를 따랐다.

"저건 이쪽 탱크에서 적군에게 쏘는 거야." 타일러는 몇 차례 귀를 찢는 듯한 긴 폭발음이 지나간 후에 설명했다. "저건 이쪽으로 날아오는 기관총 소리고." 우리는 이쪽저쪽으로 날아다니는 날카롭고 긴 폭발음을 들을 때마다 움찔거렸고, 이러다가는 파편이나 총알에 맞게 될 거라 생각했다. 우리는 주변을 둘러싸고 있는 병사들에게, 계속해서 포격이 날아오고 있으니 맞지 않도록 땅에 누울 수 있게 해달라고 애원했다. 병사 몇 명이 우리에게 얇은 매트리스를 가져다주는 친절을 베풀었고, 그들은 그 매트리스를 길 한복판에 서 있는 트럭 뒤쪽의 시야에서 가려진 곳에 깐 다음 그곳에 누워 있으라고 지시했다. 우리는 더러운 담요 밑에 서로 딱 붙어 웅크리고 있었다.

책임자가 누구인지 파악하는 것은 불가능했다. 들은 이야기라고는 우리를 '박사님'에게 데려가겠다는 말뿐이었다. 몇몇 병사들은 나중에 그를 카다피 대령의 일곱 아들 중 가장 악랄한 아들인 무타심 박사라고 일컫기도 했다. 카다피의 아들들은 각각 자체적인 규율에 따라 독자적으로 운영되는 민병대를 거느리고 있었다.

새벽 4시쯤 병사들이 우리를 깨웠다. 근처에서 병사들이 이야기하는 소리가 들렸다. 레바논계 혼혈이자 우리 중 유일하게 아랍어를 구사할 줄 아는 앤서니는 눈을 감고 그들이 하는 이야기에 집중했다. "시민군들이 근처에 집결하고 있대. 병사들이 우리를 더 안전한 곳으로 옮겨야겠다고 말하고 있어."

"반가운 소식이네." 나는 말했다.

몇몇 군인들이 우리에게 다가와서는 한 명씩 눈가리개를 씌우고 팔을 다시 등뒤로 단단히 묶었다. 덩치 큰 근육질의 군인이 마치 베개를 들듯 가볍게 나를 들어올려서 깡통으로 만든 거대한 딱정벌레처럼 생긴 병력 수송 장갑차의 뒷좌석에 실었다. 나는 최대한 눈에 띄지 않고 내 자리에 가만히 있으려고 안간힘을 썼다. 곧이어 어떤 병사가 장갑차에 오르더니 내 뒤에 서서 그의 몸 앞면을 내 등에 밀착시켰다. 부산한 움직임이 이어지고, 곧 스티브의 목소리가 들려왔다. "다들 여기 탄 거야?"

우리는 한 명씩 그렇다고 답했다.

장갑차가 움직이기 시작했고 몇 초 지나지 않아 내 등에 찰싹 붙어 있던 병사가 손으로 내 몸을 더듬기 시작했다. 나는 그가 여권이 든 내 전대를 찾아내지 않기를 기도하면서 동시에 꿈틀대며 애원했다. "제발, 하지 마세요. 저는 남편이 있어요." 그는 찝찔한 손으로 내 입을 막고 아무 말도 하지 말라고 명령한 뒤, 계속 내 몸을 더듬었다. 그 병사가 내 가슴과 엉덩이를 움켜쥐고 청바지 위로 서투르게 내 국부를 더듬는 동안, 나는 입술을 누르고 있는 그의 손가락에서 소금과 진흙 맛을 느꼈다.

나는 보통 병력을 수송할 때 장갑차를 사용한다는 사실을 알고 있었다. 그 이야기인즉슨 이 차에는 사람들이 가득 타고 있으며 누군가 나를 구해줄 때까지는 계속 이 고문을 견뎌야 한다는 뜻이었다. 남자 동료 중 한 명이 고통에 신음하는 소리도 들려왔는데, 나는 그 사람이 앤서니라고 생각했지만 나중에 알고 보니 바지가 찢기지 않을 정도로만 총검에 엉덩이가 찔린 채 서 있는 스티브의 신음소리였다. 우리 네 사람 모두 동시에 학대당하고 있었다.

"제발요. 당신은 이슬람교도잖아요. 저는 남편이 있습니다. 제발." 병사는 내 말을 무시하고 장갑차를 타고 가는 삼십 분 내내 내 가슴에서 손을 떼지 않았는데, 갑자기 기적처럼 다른 병사가 나를 그에게서 떼어내 자기 앞의 덮개 쪽으로 밀어넣어주었다. 그는 나를 더듬거리는 첫번째 병사로부터 나를 보호해주려 했다. 욕구불만임이 틀림없는 찝찔한 손가락의 병사는 다시 나를 자기 쪽으로 끌어당겼다. 구세주인 두번째 병사가 다시 나를 끌어당겼다. 그래도 양심을 가진 사람이 있는 모양이었다.

장갑차는 마침내 속도를 줄이더니 길 한쪽에 멈춰 섰다. 문이 열리고 누군가 나를 장갑차 밖으로 거칠게 밀어냈다. 팔은 등뒤로 묶이고 눈에는 가리개가 씌워진 상태에서, 그들은 우리를 비좁은 랜드크루저 뒷좌석으로 밀어넣었다. 차 안에서는 앤서니가 큰 소리로 신음하고 있었다.

"내 어깨." 소리 높여 이야기하는 앤서니의 목소리에는 고통이 가득 했다. "팔이 너무 꽉 묶여 있어서 어깨가 빠질 것 같아."

교통사고 이후 내 쇄골을 고정시키기 위해 박아둔 티타늄판도 쑤시기는 마찬가지였다. 앤서니와 스티브는 한 병사에게 짤막한 아랍어로 등뒤가 아니라 앞쪽으로 다시 팔을 묶어달라고 애원했다. 병사가 한 명씩 우리 팔을 풀어주자 훨씬 편해졌고 나는 이상하리만치 침착함을 유지할 수 있었다. 손은 이제 앞쪽으로 묶여 있었고 동료들도 바로 옆에 있었다. 모두 함께 있을 수 있다는 희망만으로도 밤을 견뎌내기가 훨씬 수월해졌다.

나는 눈가리개를 쓴 채로 눈을 감고 천천히 숨을 쉬면서 두려움과 갈증, 생리현상에 대한 생각을 떨쳐버리려 했다. 바로 그때 누군가 내 얼굴에 손을 대더니 마치 연인처럼 내 뺨을 어루만졌다. 그 손가락은 천천히 내 뺨에서 턱, 최근에 손질한 눈썹을 쓰다듬었다. 나는 무릎 쪽으로 얼굴을 숙였다. 그 사람은 부드럽게 내 얼굴을 다시 들어올리고는 계속 얼굴을 어루만졌다. 그는 내 머리카락을 쓸어내리며 낮고 흔들리지 않는 목소리로 똑같은 구절을 계속 반복해서 말했다. 나는 고개를 아래로 숙이고 그의 손길과 말을 무시했다. 그가 무슨 말을 하는지 알아들을 수가 없었다.

"이 사람 뭐라고 하는 거야, 앤서니?"

앤서니는 잠시 뜸을 들이더니 이렇게 대답했다. "네가 오늘밤 죽을 거라고 말하고 있어."

나는 망연자실했다. 오늘 아침에 납치되는 순간부터 십중팔구 죽을 운명이라고 체념했고 그 이후에는 살아 있는 일분일초가 마치 선물같이 느껴졌다. 나는 지금 이 순간과 살아남는 데 집중했고, 감정에 휘둘리지 않기 위해 안간힘을 썼다.

갑자기 타일러가 이렇게 말했다. "신선한 공기를 좀 쐬어야겠어. 앤서니, 잠깐 밖으로 나가서 맑은 공기를 좀 마실 수 있느냐고 물어봐줄래?"

나는 타일러의 부탁을 듣고 이상한 생각이 들었다. 지금까지 몇 시간 동안이나 신음소리 한 번 없이 견뎌온 사람이 이제 와서 신선한 공기를 마시겠다고? 나중에 알게 된 사실이지만, 내 뺨을 어루만지며 오늘밤 죽게 될 것이라고 말하던 살레라는 병사가 타일러에게는 "그 예쁜 모가지를 싹둑 베어줄게"라고 거듭 말했다고 한다. 타일러는 그 말을 듣고 구역질이 났던 것이다.

• •

우리는 모두 랜드크루저의 뒷좌석에 앉아서 어찌어찌 잠이 들었다. 군인들이 자동차 뒷문을 쾅쾅 두드리는 소리에 뻣뻣하고 여기저기 쑤시는 몸을 펴며 잠에서 깼을 때는 이미 해가 떠 있었다. 우리는 다시 픽업트럭의 짐칸에 옮겨 탔다. 양손이 묶이고 눈가리개를 한 채 딱딱한 금속 픽업트럭의 바닥에 누운 상태에서 무자비하게 내리쬐는 햇빛을 받으며 지중해 해안을 따라 서쪽으로 400킬로미터를 달렸다. 나는 적군의 한 검문소에서 다른 검문소로 운반되는 지금 우리의 모습이, 마치 전쟁이 끝나고 개선장군과 함께 거리를 행진하는 중세의 전리품들 같다고 느꼈다. 두려움에 떨면서 다음에 어떤 일이 닥칠지 초조해하는 데 진절머리가 났다. 앞날을 알 수 없다는 점이 나를 가장 공포스럽게 했다. 눈가리개 아래쪽으로 살짝 밖을 볼 수 있었던 타일러는 끝없는 길을 달려가는 동안 우리의 눈이 되어주며 낮은 목소리로 주변에 어떤 광경이 보이는지 알려주었다. 앤서니는 우리 귀가 되어주었다. 그는 병사들이 불분명한 발음으로 하는 말이나

"더러운 개들!"(이슬람 문화권에서는 매우 심한 모욕) 같은 고함소리를 통역해 주었다. 대부분의 시간 동안 나는 몸이 도로 쪽을 향하지 않도록 아기와 같은 자세로 몸을 웅크렸으며 타이어 때문에 불쑥 튀어나온 곳에 머리를 대고 결박된 양손으로 얼굴을 가린 채 휴식을 취했다. 트럭이 덜컹거릴 때마다 쇄골과 어깨가 뻐근하게 아파왔지만, 트럭 짐칸에 몸을 더 납작하게 숙이면 아무도 내가 거기 있는 것을 눈치채지 못할 것이라 생각했다.

검문소에 멈춰 설 때마다 우리 중 한 명은 매를 맞았다. AK-47 소총으로 추정되는 물건이 동료들의 머리 뒤쪽을 강타하는 소리와 함께 뒤이어 극심한 고통을 억누르는 듯한 신음소리가 들려왔다. 어떤 검문소에서는 한 병사가 머뭇거리면서 트럭에 앉아 있는 내 옆으로 다가오더니, 갑자기 온몸에 힘을 실어 주먹으로 내 뺨을 쳤다. 타일러는 묶여 있는 손을 어찌어찌 움직여 내 손을 잡아주며 비참함에 눈물 흘리는 나를 위로해주었고, 그 덕분에 나는 그 이후의 며칠을 견딜 수 있었다.

"괜찮아. 내가 여기 같이 있잖아. 넌 괜찮을 거야. 괜찮고말고."

"나는 그냥 집에 가고 싶어." 뜨거운 눈물이 솟아나와 눈가리개를 적시는 것을 느끼며 나는 큰 소리로 말했다. 나에게 위안이 되는 것은 아직 우리 네 사람이 전부 함께 있다는 사실뿐이었다.

우리가 벵가지와 트리폴리의 중간 지점에 위치한 카다피 대령의 고향 시르테에 도착한 것은 오후였다. 병사들을 따라 계단을 내려가 느낌도, 냄새도, 소리도 감옥 같은 곳에 다다랐을 때 우리의 눈에는 아직까지 눈가리개가 씌워진 상태였다. 나를 인도하던 남자는 나를 벽에 기대게 하고 손을 머리 위로 올리라고 지시한 뒤 다리를 벌리게 했다. 나는 경찰 관련

TV프로그램에서 수도 없이 보아온 그 자세를 흉내냈다. 우리는 다시 몸수색을 당하는 참이었다. 이전에 만났던 모든 리비아 남자들처럼, 그는 내 주머니를 확인하는 동안 내 가슴에 손을 지나치게 오래 대고 있었다. 나는 콘택트렌즈용 작은 식염수 용기를 계속 지니고 있었는데, 우리를 이송하던 군인들에게는 어찌어찌 의료용이라고 설득했었지만 이 군인은 가차 없이 용기를 압수해버렸다. 그는 내 손목의 플라스틱 시계도 풀어 가져갔다. 그리고 마지막으로 몸을 한번 더 더듬더니 나를 감방에 집어넣었다.

"다들 여기 있어?" 스티브가 물었다.

"여기 있어." 우리 모두 대답했다.

마침내 그들이 손을 포박했던 줄과 눈가리개를 풀어주고는 저녁으로 오렌지 라이스와 아무것도 들어 있지 않은 흰 롤빵을 가져다주었다. 우리가 갇힌 감옥은 대략 가로가 3.5미터, 세로가 3미터 정도였다. 왼쪽 벽 위에는 밀어서 여는 작은 창문이 있었고, 바닥에는 각각 사용감이 다른 네 개의 더러운 발포 매트리스가 놓여 있었으며, 그 외에 대추 한 상자, 커다란 식수병 하나와 플라스틱컵 몇 개, 그리고 문 옆 구석에는 소변이 담긴 병 하나가 놓여 있었다. 나는 너무나 고통스러워서 음식을 입에 대지도 못했고, 목이 타는 듯이 말랐지만 화장실에 갈 일이 두려워서 물도 마시지 못했다. 카페인 금단 증상이 나타나 머리가 쪼개질 것 같은 두통이 몰려왔으며 콘택트렌즈는 건조하고 까칠거렸다. 나는 심한 근시였으며, 렌즈가 없으면 거의 장님이나 다름없었다. 안경은 장비와 함께 도둑맞았다. 나는 하루에 몇 번씩 울면 콘택트렌즈를 촉촉하게 유지할 수 있을 것이라 생각했다.

남자 동료들은 순서대로 구석에 있는 병에 소변을 보았고, 나는 깔때기가 있었으면, 아니 아예 남자들처럼 음경이 달렸으면 했다. 잠을 자고, 이야기하고, 기다리는 것 외에는 아무것도 할 일이 없었다. 그들은 가끔씩 질문하기 위해 앤서니를 데려갔고, 우리는 시르테의 감옥에 있는 사람들이 트리폴리에서 우리의 신원정보를 받았는지, 아니면 아직도 우리가 〈뉴욕 타임스〉 기자들이라는 사실을 모르고 있는지 판단할 수가 없었다.

"우리가 실종되었다는 사실을 알아챈 사람이 있을까?" 나는 물었다.

앤서니, 스티브, 타일러는 확신했다. 스티브는 이렇게 말했다. "〈뉴욕 타임스〉는 거대한 조직이야. 우리를 찾기 위해 모든 수단을 강구할 거야."

"정말?" 나는 회의적인 심정으로 물었다. 나는 최전선이 끊임없이 움직이는 이 혼란 속에서 우리의 실종 사실을 누군가 알아차릴 거라고 상상조차 할 수 없었다. 나는 살아남는 것에만 집중한 나머지, 너무나 혼자만의 생각에 빠져 우리를 구출하기 위해 움직이고 있을 체계를 한 번도 생각해 본 적이 없던 것이다.

"〈뉴욕 타임스〉 기자 네 명이 실종된 건 엄청난 사건이지." 타일러도 거들었다.

"이제 정말 끝이야." 스티브는 단호한 어조로 말했다. "더이상 전쟁 취재는 없어. 이제 더는 못 하겠어. 아내에게도 정말 못할 짓이야. 2년 사이에 벌써 두번째라고."

"맞아……" 앤서니는 말꼬리를 흐리며 눈길을 낮춰 감옥 바닥을 바라보았다. "불쌍한 나다. 아내에게 이런 일을 겪게 하다니 정말 속이 타들어 간다."

과연 우리가 배우자들을 얼마나 사랑하는지 그들에게 말해줄 기회가 있을까? 동시대의 전쟁을 취재해 알리겠다는 우리의 신념은 사랑하는 사람들에게 엄청난 고통을 안겨주고 있었고, 우리 역시 그 사실을 알고 있었다.

앤서니와 스티브는 둘 다 채 6개월도 되지 않은 신생아가 집에서 기다리고 있었다. 우리는 불확실한 미래에 대해 오랫동안 이야기를 나누었다. 네 사람 모두 두려움과 죄책감에 시달리고 있었지만 더이상 전쟁을 취재하지 않겠다고 확실히 선언하는 사람은 스티브뿐이었다.

"트리폴리로 이송되면 상황이 더 나빠질 거야." 앤서니가 말했다. "하지만 결국 석방되려면 트리폴리로 가야 해. 물론 진짜 끔찍한 일이 닥칠 수도 있어. 트리폴리로 가게 되면 우리는 아마 (고문으로 악명 높은) 내무부 사람들의 손에 넘어갈 거야." 스티브가 말을 흐리자 앤서니가 말을 이었다. "……그리고 아마 트리폴리에 있는 독방으로 가게 되겠지. 아니면 가이스가 있던 곳이거나." 우리는 가이스 압둘 아하드라는 이라크 출신의 〈가디언〉 소속 사진기자가 카다피군에게 억류되어 내무부로 이송된 다음 2주 동안 옴짝달싹할 수도 없는 작은 독방에서 갖은 고문과 심문에 시달린 후 마침내 석방되었다는 이야기를 들은 적이 있었다.

"하지만 우리는 트리폴리로 가야 해. 트리폴리에 가지 않으면 절대 석방되지 않을 거야. 우리는 살아남을 수 있을 거야. 쉽지는 않겠지만 트리폴리로 가야 살아날 희망이 있어." 앤서니가 거듭 강조했다.

"만약 살아남는다면 나는 아홉 달 동안 배가 불러 있어도 좋아!" 나는 갑자기 소리를 질렀다. 만약 살아서 리비아를 빠져나간다면, 나는 마침내 폴에게 그가 항상 원하던 것, 결혼 이후 폴이 끊임없이 나에게 애원하던 아이를 선사할 생각이었다. 그토록 오랫동안 임신에 대해 고민해왔지만, 이제 나는 트리폴리로 이송되어 수감될 감옥을 상상하는 가운데 폴과 함께 부모가 될 기회를 염원하고 있었다. 나는 심리적 고문이든, 신체적 고문이든, 무엇이라도 견뎌낼 수 있을 것이라는 자신감이 생겼다. 그것이 궁극적인 석방을 의미하기만 한다면.

몇시쯤 되었을까. 한밤중 감옥문이 열리는 소리에 나는 잠에서 깼지만 계속 잠든 척을 했다. 젊은 남자가 감옥문을 열고 잠든 우리를 바라보더니 내 발목을 잡았다. 그는 나를 감옥문 쪽으로 끌고 가기 시작했다.

"싫어!" 나는 소리를 지르며 미친듯이 몸을 비틀어 내 옆에서 자고 있던 앤서니 곁으로 돌아갔다. 젊은 남자는 다시 내 다리를 문 쪽으로 끌어당겼다. 나는 다시 꿈지럭대며 끌려가지 않기 위해 앤서니 쪽으로 내 몸을 찰싹 붙였다. 남자는 포기하고 떠났다.

마침내 나는 눈을 다시 감았다. 천천히 숨을 쉬었다. 감옥 안의 고요함을 되새겨보았다. 스티브, 타일러, 앤서니는 전부 잠에 빠져 있었다. 고립된 감옥 안에는 철저한 정적만 흘렀고, 내 머릿속에서는 감옥에서 시간을 보냈을 다른 사람들의 이미지가 스쳐지나갔다. 2년간 미군을 위해 목숨걸고 통역을 했으나 2008년 미군에게 붙잡혀 감옥에 갇힌 내 이라크인 통역사 세라, 이란에서 독방에 갇힌 후 정신을 놓지 않기 위해 레너드 코언의 노래를 흥얼거렸다던 〈뉴스위크〉 기자 마지아르 바하리. 나는 납치되던 날 아침, 발톱에 페디큐어를 칠하면서 들었던 아델의 〈데이드리머Daydreamer〉를 머릿속에서 수도 없이 재생했다. 나는 너무나 많은 사람들이 오랜 구금생활, 고문을 비롯하여 이보다 더 끔찍한 일을 견뎌냈음을 알고 있었고, 그들의 강인한 회복력을 떠올리는 것은 내가 앞으로 닥칠 일에 대한 두려움, 결박당하고 매를 맞으며 느끼는 순간적인 고통에 의연하게 대처할 수 있도록 도와주었다. 그리고 나는 다시 한번 내가 어디 있는지 전혀 알지 못할 폴과 가족들을 생각했다.

근처 감옥에서는 어떤 남자가 비명을 지르는 소리가 밤새 들려왔다.

우리는 감옥문이 돌아가는 익숙한 소리에 잠이 깼다. 트리폴리라는 단어가 들리는 것을 보니 그것이 곧 우리의 운명이 될 차례인 듯했다.

병사들은 우리를 감옥 밖으로 데리고 나가더니 다시 한번 눈가리개를 하고 손목을 묶었지만, 이번에는 피부를 깊게 파고드는 지퍼형 플라스틱 줄을 사용했다. 내가 그들에게 줄을 좀 느슨하게 해달라고 부탁하자 그들은 더욱 단단하게 줄을 조였다. 그동안 나는 미군이 이 지퍼형 플라스틱줄을 사용해 이라크와 아프가니스탄 사람들을 포박하는 상황을 수없이 보아왔다. 여전히 손에 피가 제대로 통하지 않았지만 그냥 입을 다물었다. 우리는 차를 타고 공항으로 향한 뒤 비행기에 올라탔고, 나는 램프와 웅웅거리는 엔진 소리, 그리고 벽을 따라 놓여 있는 좌석을 보고 그것이 군용기임을 알아챘다.

"다들 여기 있어?" 스티브의 말에 대답하기도 전에 누군가 총의 개머리판으로 그의 얼굴을 내리쳤다.

"응."

병사들은 우리를 대략 2미터 간격으로 떨어지게 앉혔고, 마치 소를 묶어두듯 밧줄과 천으로 우리의 손목과 발목을 군용기 벽에 드리워진 그물에 묶어두었다. 그들은 매우 거칠었다. 남자 동료 한 명이 다시 한번 무언가로 맞는 소리가 들렸고, 이어 끙끙거리는 소리가 났다. 갑자기 나는 절망과 무력감에 휩싸였다. 타일러, 앤서니, 스티브는 주먹과 총대로 끊임없이 맞았는데, 그들이 받는 신체적 학대에 비하면 누군가 내 몸을 만지고 청바지 위를 손으로 더듬는 것은 약과처럼 보일 정도였다. 아무것도 보이지 않고 손발이 묶인 채로 앞으로 어떤 일이 일어날지 짐작조차 할 수 없다는 사실은 도저히 참아내기 힘들었다. 억제할 수도 없는 눈물이 터져나왔다. 나는 부끄러운 마음에 군용기 안의 다른 사람들이 나를 보지 못하도록, 그리고 나약하게 눈물을 흘린다고 누군가 나를 때리거나 더 단단하게 묶어놓을까봐 고개를 숙였다.

나는 어떤 남자가 옆으로 다가와서 "미안해요. 미안해요"라고 말할 때까지 계속 울고 또 울었다. 그 남자는 내 눈가리개와 플라스틱줄을 풀어준 다음 군용기의 벽에 묶여 있던 팔다리를 자유롭게 해주었다. 눈가리개는 사라졌지만 나는 너무나 두려워서 차마 주위를 둘러보지 못했다. 나는 눈을 아래로 내리깔고 계속해서 눈물을 흘렸다. 이들은 악마였다. 이 사람들은 사악함의 본보기였다. 심리적 고문과 두려움을 너무나 잘 이해하고 있었다.

마침내 눈을 치켜뜨자 군복을 입은 40대 후반의 남자 두 명이 내 맞은편에 앉아 있었다. 그들은 동정어린 시선으로 나를 바라보았다. 눈에는 친절함이 서려 있었다. 앤서니, 스티브, 타일러는 여전히 손발이 묶이고 눈가리개를 한 채 벽 쪽에서 머리를 무릎으로 숙이고 있었다. 자고 있는 걸까? 여자인 내가 그들보다 나은 대우를 받는 것 같아 다시 한번 죄책감을 느겼다. 군용기가 착륙하려 하자 한 남자가 내게 다가와 다시 눈가리개를 씌웠다.

어수선한 와중에 군용기가 착륙했다. 우리는 군용기에서 내린 다음 자동화기로 무장한 남자들이 감시하고 있는 죄수호송차로 갈아탔다. 눈가리개 아래로 그들이 들고 있는 총의 끝부분이 보였다. 이들은 폭력배였다. 카다피의 유명한 '젱가젱가Zenga Zenga' 연설이 누군가의 핸드폰에서 흘러나왔다. (봉기가 진행되는 와중에, 카다피는 '골목 구석구석, 한 집 한 집, 방 하나 하나'를 뜻하는 젱가젱가를 부르짖으며 반란군을 찾아내 죽이겠다고 다짐하는 연설을 했다.) 그의 연설은 추종자들로 하여금 우리를 탄압하겠다는 의욕을 불태우게 했다. 몇 명의 남자들이 또다시 내 다리 사이에 손을 넣거나 청바지 위로 국부를 더듬었다. 이들은 그전에 만났던 다른 모든 군인들보다 훨씬 난폭했으며, 제발 그만두라는 나의 호소에는 웃음을 터뜨렸다. 나는 그들이 내 전대를 발견하지 않기를 빌었다. 현 시점에서 내가 누구인지를 상기시켜주는 것은 여권뿐이었다.

바깥쪽에서 동료들을 총으로 후려치는 소리가 들려왔다. 누군가 숨죽이며 비명을 질렀고 신음소리가 이어졌다. 나는 신음소리를 들으며 폭행당하고 있는 사람이 누구인지 파악해보려 했다. 일단 나와 함께 죄수호송차에 앉아 있는 스티브는 아니었다. 스티브는 아일랜드가 자신들과 맞서는 연합군 참전국이 아니라는 사실을 모르는 누군가의 명령에 따라 억지로 "망해라, 아일랜드는 망해라"라며 소리를 지르고 있었다. 다시 후려치는 소리가 들려오자 나는 그것이 타일러의 목소리임을 알아챘다. 타일러는 지금껏 폭행을 당하면서도 아무 소리를 내지 않았기 때문에 그가 신음소리를 낸다는 것은 상황이 꽤 심각하다는 징조였다. 그는 포장도로 위에서 매를 맞고 있었다. 앤서니의 소리는 들리지 않았다.

구타가 끝나자 우리는 다시 랜드크루저로 옮겨졌다.

"다들 여기 있어?"

"응."

"응."

"응."

타일러의 목소리는 공허했다.

랜드크루저를 타고 약 이십 분 정도 달려가는 동안 매우 정확한 영어를 구사하는 어떤 남자가 더이상은 때리지 않을 것이며 이제 우리를 리비아 정부측에 인도하겠다고 설명했다. 앤서니는 나중에 포장도로 위에서 내무부와 외무부 중 누가 우리를 '데려갈' 것인지에 대한 다툼이 벌어졌다고 설명해주었다. 처음 죄수호송차에 실렸을 때는 내무부 쪽으로 인도될 예정이었으나 어찌된 일인지 외무부에서 우리를 데려가게 되었다. 나는 더이상 누가 우리를 데려가는지 신경쓰지 않았다. 다만 석방될 때까지 아무리 오랜 시간이 걸리더라도 견뎌내야 한다는 생각뿐이었다. 나는 계속 두려움을 느끼기에도 너무나 지친 나머지 앞으로 다가올 운명에 대해 완전히 체념하고 반半긴장증* 상태로 차에 앉아 있었다.

차가 멈추었고, 영어로 설명해주던 사람이 아직 눈가리개를 하고 있는 내 어깨에 손을 얹고는 차에서 나와 건물 안으로 올라갈 수 있도록 도와주겠다고 했다. 나는 움찔했다.

* 의식이 뚜렷함에도 주위의 자극에 응답하지 않고 표정과 행동이 정지해버린 상태.

"제발 내 몸을 만지지 마세요! 더이상은 만지지 말라고요!"

"내 말을 잘 들어요." 남자는 완벽한 영어로 말했다. "이제 당신은 리비아 정부 관할입니다. 더이상 매맞지 않을 겁니다. 아무도 당신을 거칠게 대하거나 당신 몸에 손을 대지 않을 겁니다."

나는 아무 말도 하지 않았다. 그저 눈물만 차오를 뿐이었다.

• •

우리는 황백색의 깨끗하고 부드러운 양탄자가 깔린 방으로 안내되었다. 네 명 모두 시르테에서 트리폴리로 오기까지 여러 비참한 일들을 견뎌냈지만, 눈가리개를 풀고 서로의 모습을 보니 각자가 겪은 고통을 새삼 다시 확인하게 되는 것 같았다. 나는 우선 자제력이 강해 늘 너무나 존경해왔던 친구 타일러를 살펴보았다. 그는 등을 구부린 채 눈물을 흘리고 있었다. 아마도 그토록 잔학한 행위를 견뎌낸 뒤, 마침내 폭신한 양탄자 위에서 영어를 구사하는 사람이 우리에게 주스를 건네주고 더이상 때리지 않겠다고 약속하자 한숨 돌리면서 안도의 눈물을 흘렸을 것이다. 아니면 그저 자제력에 한계가 와서 눈물이 터졌는지도 모른다. 평소 무슨 일이 있어도 그토록 강하고 침착하던 타일러가 우는 모습을 보니 가슴이 찢어지는 것 같아 나도 눈물이 나왔다. 앤서니의 눈 역시 촉촉했다. 스티브는 돌처럼 굳어 있었다.

외무부 관계자라고 밝힌 이름 모를 리비아 남자는 우리에게 팩에 담긴 주스와 물을 권하면서 더이상 매질을 당하거나 결박당할 일은 없을 것이라고 다시 한번 강조했다. 하지만 심문당할 때는 눈가리개를 하게 될 것이며, 심문기간 중에는 우리를 근처의 게스트하우스에 수용하겠다고 했다. 우리가 눈가리개를 풀고 처음 얼굴을 본 순간부터 부드러운 미소를 잃지 않던 통역사는 나에게 가까이 다가와서 목소리를 낮추고 이렇게 물었다. "괜찮습니까? 그 사람들이 당신 몸을 만졌나요?"

나는 직설적인 그의 질문에 깜짝 놀랐다. "네, 만졌습니다. 리비아에서 만난 모든 군인들이 제 몸을 만졌어요."

"혹시 강간당했나요?" 그는 집요하게 물었다.

"아니요, 강간은 없었습니다. 내 몸을 만지고, 때리고, 밀쳤지만 옷을 벗기는 사람은 없었어요."

"아, 정말 다행입니다." 통역사의 보디랭귀지를 통해 순간적으로 그의 긴장이 풀리는 것이 느껴졌다. 나는 그가 안도하는 모습을 보고 충격을 받았다. 학대와 공포로 가득했던 며칠을 보내다가 나의 안녕을 걱정하는 사람을 만나게 되니 이상한 기분이 들었다. 어쩌면 그가 지극히 세속적인 사람이어서 단지 강간이 일어났을 경우의 후폭풍을 걱정하고 있었는지도 모른다. 왠지 모르게 강간은 그 통역사의 자체적인 마지노선인 것처럼 보이기도 했다. 구타와 더듬기, 심리적인 고문이나 위협은 크게 문제가 되지 않지만 강간은 전혀 다른 문제인 것처럼 말이다.

외무부 관계자는 우리에게 여권이나 다른 소지품을 지니고 있는지 물었고, 이 시점에서 나는 여권과 돈을 넘겨주었다. 그는 소지품은 우리가 풀려날 때 다시 돌려주겠다고 했고 그다음 우리는 임시거처로 이송되었다. 그리고 만약 문이나 창문을 열려고 한다면 총을 맞을 것이라고 했다.

임시로 거처할 아파트에는 침실이 두 개 있었다. 하나는 남자 동료들이 묵을 침대 세 개짜리 방, 나머지 하나는 내가 사용할 침대 두 개짜리 방이었다. 우리는 기숙사에 있을 법한 커다란 화장실 하나를 함께 사용해야 했으며, 그 안에는 칸막이 몇 개와 샤워기가 있었다. 부엌에는 네 사람이 앉으면 딱 좋을 작은 식탁이 놓여 있었고, 항상 기분이 좋아 보이는 젊고 잘생긴 요리사가 대기하고 있었다.

리비아 사람들은 우리에게 옷과 세면도구와 음식을 가져다주겠다고 했다. TV에서는 카다피 선전 채널의 소리가 백색소음처럼 흘러나왔고 그제서야 나는 방안에 TV가 있음을 알았다. 오직 그 TV만이 바깥세상과 연결되어 있었다. 물건이 많으면 이곳에 오래 머물게 될까봐 아무도 별달리 많은 것을 요구할 생각이 없었다. 그들은 우리에게 특별히 먹고 싶은 음식이 있느냐고 물었다. 내가 목록을 전부 작성하자 항상 미소를 짓는 그 통역사가 내 쪽으로 몸을 기대더니 귀에 대고 반쯤 속삭이는 목소리로 말했다. "혹시 여자들이 쓰는 물건이 필요합니까? 여성용품 말이에요." 나는 고개를 저었다. 내 몸은 트라우마를 겪으면 모든 월중행사를 중단해버리곤 했다. 리비아 사람들이 우리를 묶고, 구타하고, 심리적으로 고문한 다음 탐폰을 사다주겠다고 하다니 이 얼마나 모순된 일인지.

어느 시점엔가 앤서니는 TV 리모컨을 잡고 별생각 없이 카다피 선전 채널에서 CNN으로 채널을 바꾸었다. 몇 초 후 우리 네 사람의 얼굴 사진이 화면에 번쩍이며 등장했고 아래에는 "리비아 정부, 아직 〈뉴욕 타임스〉 기자들의 행방을 확인하지 못해…… 하지만 〈뉴욕 타임스〉 편집장 빌 켈러에게 다시 한번 전면적인 협조를 다짐……"이라는 자막이 흘러갔다. 나는 다시 울기 시작했다.

맞은편에 앉아 있던 고위 관료들은 내게 울음을 그치라고 부탁했다.

"당신들은 자식도 없나요? 우리 부모님께 어떻게 이런 짓을 할 수가 있어요? 우리 가족은요? 가족들은 우리가 죽었다고 생각해요. 왜 전화 한 통 하게 해주질 않죠?"

그다음에 TV가 있는 방에 들어가보니 케이블박스가 있던 자리에 남아 있는 것은 끊어진 전선뿐이었다.

몇 시간 만에, 외무부 통역사는 최소 열 개가 넘는 식료품 봉지와 새 옷이 있는 가방을 든 직원들과 함께 돌아왔다. 끔찍한 광경이었다. 이 많은 식료품들은 우리가 이곳에 몇 달 동안이나 있어야 한다는 의미일까? 네스카페 몇 병, 쿠키, 감자칩, 봉지에 든 크루아상, 약간 바삭한 이탈리아식 토스트까지 들어 있었다. 또한 각자에게는 요청했던 물건이 전부 들어 있는 작은 토트백이 전달되었다. 남자 동료들의 가방에는 반짝거리는 멋진 아디다스 운동복이 들어 있었다. 내 가방에는 "흔들어주세요!"라는 글씨가 적힌 빨강, 노랑, 파랑 속옷 세 벌과 치약, 샴푸, 컨디셔너, 머리빗이 들어 있었다. 내 옷은 웃고 있는 테디베어와 함께 '매직걸'이라는 필기체가 앞면에 새겨진 거대한 갈색 벨루어 운동복이었다.

• •

새벽 2시쯤 우리가 묵고 있는 방 바깥 복도에서 소란스러운 소리가 들려왔고, 곧 누군가 내 방문을 두드렸다.

"일어나시오! 전화 한 통을 할 수 있게 해주겠소."

나는 잠깐 멈칫했다. 핸드폰이 없었기 때문에 폴의 전화번호를 알 길이 없었다. 나에게 주어진 딱 한 번의 통화를, 분명 가방 깊숙한 곳 어딘가에 핸드폰을 넣어두었을 어머니에게 해서 헛되이 날려버리고 싶지는 않았다. 아버지도 전화를 바로 받은 적이 없었다. 결국 나는 〈뉴욕 타임스〉 외신부로 전화를 걸겠다고 했다. 앤서니와 스티브가 부서의 전화번호를 알고 있었다.

우리는 한 명씩 눈가리개를 한 뒤 켜지지 않는 TV가 있는 방으로 들어갔다. 나는 외신부의 전화번호를 불렀다.

누군가 전화를 받았고, 나는 이렇게 말했다. "여보세요, 리비아에 있는 린지 아다리오예요. 수전 치라와 통화를 할 수 있을까요?"

수전은 즉시 전화를 받았다. "리이이이이이이이이이인지이이이이이이이이이이이이!!"

익숙한 목소리를 듣자 안도감이 몰려왔다. 나는 수전에게 무사하다고 말한 뒤 리비아 외무부에 억류되어 있다고 했다. 수전은 우리를 석방시키기 위해 최선을 다하고 있다고 말해주었다. 옆에 있는 남자가 빨리 통화를 끝내라고 재촉했다. 수전에게 나는 폴에게 전화해서, 나는 무사하며 많이 사랑한다는 말을 전해달라고 부탁했다. 수전은 그러겠다고 약속했다. 그리고 통화는 끝났다. 타일러는 자기 아버지에게 전화를 걸었다. 스티브와 앤서니는 아내와 통화했다. 나는 곧 폴과도 통화할 수 있기를 바랐다.

다음날이 되고 다시 밤이 되어도 아무도 우리를 찾아오지 않았다. 우리는 부엌 식탁에 앉아 잡담을 하거나 전쟁과 관련된 이야기를 나누고, 나중에 글을 쓸 수 있게 될 때까지 이 모든 일을 잊지 않도록 이제껏 우리가 겪은 일을 털어놓으며 대부분의 시간을 보냈다. 타일러는 체첸공화국에서 감옥에 갇혔던 일과 남부 수단에서 총으로 위협당한 일에 대해 이야기했다. 스티브는 불과 2년 전 아프가니스탄에서 탈레반에게 납치되어 겪었던 수난을 자세히 묘사했는데, 그 납치사건으로 결국 아프가니스탄 출신의 〈뉴욕 타임스〉 기자 술탄 무나디와 영국군 한 명이 목숨을 잃었다. 스티브는 벌써 세번째 억류되는 셈이었다. 타일러는 불과 석 달 안에 두 번이나 총으로 협박을 당했고, 앤서니는 요르단강 서안지구에서 총을 맞아 거의 죽을 뻔했다. 스티브는 시르테에서 겪은 납치 경험을 되풀이해 말하다가 결국 선언했다. "난 더이상 못 해. 이제 정말 끝이야."

앤서니, 타일러, 나는 계속 침묵했다. 우리는 모두 트라우마와 목숨을 건 취재에 익숙해져 있었다. 기자들 자체가 목표물이 되고 납치사건이 늘어나는 상황에서 이러한 위험은 우리 직업의 일부분이 되어버렸다. 이를 순순히 받아들이는 것은 자신의 결정에 끊임없이 의구심을 제기하지 않기 위한 자연스러운 방어기제였다. 어쩌면 우리 세 사람은 납치되어 감옥에 앉아 있는 상황에서도 계속 전쟁을 취재할 생각을 한다는 것 자체가 얼마나 정신 나간 일인지 인정하고 싶지 않은 건지도 몰랐다. 우리는 가족에 대한 이야기를 나누었고, 각자 마음속으로 얼마나 시간이 지나야 다시 사랑하는 가족을 만날 수 있을까 생각했다.

그리고 마지막으로 4일 전, 즉 우리가 납치된 3월 15일에 무슨 일이 일어났는지에 대한 이야기를 꺼냈다. 네 명 모두 그날 일에 대해 약간씩 기억이 달랐다. 각자의 뇌가 트라우마에 대처하기 위해 사건을 선택적으로 기억하려 했던 모양이다. 우리는 과연 납치를 피할 수 있었을지, 혹시 현장에 너무 오래 머물렀던 건 아닌지, 실제로 현장을 떠나기 삼십 분 전부터 제발 돌아가자고 애원했던 젊은 운전사 모하메드가 아직 살아 있을 가능성은 어느 정도인지 의문을 제기해보았다. 그의 축 늘어진 몸이 운전석 옆 도로에 쓰러져 있는 광경을 보았다고 생각하는 사람은 스티브와 나뿐이었다. 만약 그가 진짜 세상을 떠났다면 우리 모두가 모하메드의 죽음에 책임이 있었다. 봉기가 일어났을 때 모하메드 또래의 남성들은 직접 싸움에 참여하거나 리비아에서 일어나는 일을 외부에 알릴 수 있도록 기자들을 도왔다. 모하메드도 당시의 다른 많은 리비아인처럼 외국인 기자들의 운전사로 일하는 것은 돈을 버는 수단일 뿐만 아니라 나름대로 혁명을 지지하는 방법 중 하나라고 생각했다. 우리가 취재하려던 이야기에 그의 목숨을 희생할 만한 가치가 있었을까? 우리 가족들에게 지금과 같은 고통을 줄 만한 가치가 있는 일이었을까? 그럴 리 없다. 하지만 나는 우리의 가족, 운전사, 그리고 통역사 들에게 우리를 사랑하거나 우리와 함께 일하는 것이 얼마나 큰 위험을 동반하는지 내가 분명히 설명할 수 있기를 바랐다.

분위기가 어두워지면 우리는 각자 침대로 돌아갔다. 어느 날 아침, 나는 동료들의 기운을 북돋아주기 위해 새로 받은 테디베어 매직걸 운동복을 입고 올리비아 뉴턴존의 노래를 부르면서 춤을 추는가 하면 꼭두각시처럼 두 팔을 우스꽝스럽게 마구 흔들어댔다. 스티브는 나에게 왜 브리트니 스피어스의 노래를 부르느냐고 물었다. 우리는 『리처드 3세』 『줄리어스 시저』 『오셀로』 등 그들이 남겨둔 책을 읽었고, 타일러는 참을 수 없는 수준으로 지루해지면 그 연극들을 공연해보는 것이 어떻겠냐고 제안하기도 했다.

24시간이 넘게 흘렀다. 나는 다시 한번 그들이 사다준 엄청난 양의 식료품을 생각했다. 우리가 여기에서 몇 주나 있게 될까? 아니면 몇 달? 포로가 된 우리가 바깥세상과 접촉할 수 있는 유일한 통로는 아침, 점심, 저녁마다 따뜻한 식사를 가져다주는 요리사와 보초, 그리고 한밤중에 찾아와 눈가리개를 씌우고 전화할 수 있게 해주었던 정체를 알 수 없는 모종의 정부기관 소속 남자들뿐이었다. 우리는 그들의 얼굴에서 우리의 미래에 대한 암시가 될 수 있는 일말의 감정이라도 찾아낼 수 있을까 싶어 자세히 살폈다. 보초들의 우두머리가 무례하게 굴면, 윗선에서 우리가 더이상 포로로서의 가치가 없다는 결정이 내려졌기 때문에 지하 어딘가로 끌려가 고문당할지도 모른다고 생각했다.

• •

다음날 우리를 억류하고 있는 정부 관료 중 한 명이 찾아와서 어딘가로 가야 한다고 말했다. 우리는 모두 눈가리개를 한 채 차에 올랐고, 아마도 트리폴리 중심가로 추정되는 곳을 향해 약 십오 분쯤 달려갔다. 보이지 않는 거리를 따라 차를 타고 가는 동안 사람들이 우리를 향해 큰 소리로 퍼붓는 욕설이 들려왔고, 정부 관료는 나에게 안전을 위해 무릎 사이로 머리를 숙이라고 지시했다.

우리는 트리폴리 시내의 외무부 건물에 있는 한 사무실에 도착했고, 거기에는 〈뉴욕 타임스〉 동료인 데이비드 커크패트릭이 우리를 기다리고 있었다. 그야말로 부조화라고밖에 부를 수 없는 상황이었다. 우리는 죄수 신세가 되어 여기지기 상처 입고 정신적인 충격을 받은 가운데 차를 타고 끌려와 이곳으로 인도된 반면, 5성급 호텔에서 충분히 휴식을 취한 데이비드는 번쩍거리는 회의실에 앉아서 바깥세상과 연결되는 핸드폰을 들고 우리를 기다리고 있다니. 우리가 포로로 잡혀 있는 와중에 도대체 어떻게 데이비드는 트리폴리를 자유롭게 활보할 수 있단 말인가? 회의가 시작되었다. 모든 사람이 준비할 것들, 우리를 석방시키는 절차, 압수당한 여권들을 재발급하는 일(내 여권은 압수당하지 않았다)에 대해 이야기를 나누었다. 데이비드는 터키 대사관이 미국 대사관의 대리 역할을 맡고 있다고 설명하고, 워싱턴에 있는 국무부 관계자와 전화가 연결되어 있다고 했다. 데이비드는 각자가 여권 발급과 관련하여 필요한 사항을 요청할 수 있도록 우리에게 차례차례 핸드폰을 건네주었다. 마침내 내 차례가 되었을 때, 수화기 저편에서는 우리를 무사히 집으로 데려다주겠다며 안심시키는 젊은 미국 여성의 쾌활한 목소리가 들려왔고, 미국인의 목소리만 들었는데도 내 눈에서는 눈물이 흘러나왔다. 희망으로 가슴이 벅차올랐다.

그러나 우리는 바로 풀려나지 못했고, 결국 다시 눈가리개를 쓰고 차를 탄 후 트리폴리 중심가에 위치한 다른 장소로 이송되었다. 삼각대 위 TV 카메라가 설치된 그 좁은 공간에는 리비아 및 터키 외교관들이 모여 있었고, 사람 수보다 훨씬 많은 의자가 놓여 있었다. 나는 이번에야말로 진짜 석방될 것이라고 믿었다. 그들은 우리 넷에게 각자 자리에 앉으라고 했다. 그날 아침에 나는 가장 좋은 옷, 즉 납치되던 날 아침에 입었던 녹색 자라 튜닉과 리바이스 청바지를 깨끗하게 손빨래해서 입은 상태였다. 공식적인 인도절차가 시작되기를 기다리는 동안, 우리의 석방과 관련된 협상을 위해 와 있던 터키 외교관 중 한 명이 나에게 핸드폰을 건네주며 통화하라고 했다. 전화기 저편에서는 폴이 기다리고 있었다. 시련이 시작된 이후 처음으로 듣는 폴의 목소리에 나는 무너져내렸다.

"자기야?" 나는 흐느끼는 와중에 간신히 말했다. "너무 미안해."

"사랑해, 자기야." 그가 말했다. 폴의 목소리는 든든하고 사랑이 넘쳤으며 나를 안심시켰다. "당신은 석방될 거야. 여권 가지고 있지?" 우리는 몇 마디 더 다정한 말을 주고받은 후 통화를 끝냈다.

나는 공식적인 인도절차가 시작되는 시간에 맞춰 다시 방으로 돌아갔다. 한 리비아 외교관이 우리에게 억류 당시 도난당한 현금에 대한 보상금 3천 달러가 든 봉투를 하나씩 건네주었다. 나는 바보같이 도둑맞은 현금이 없다며 그 보상금을 거부했다(비록 3만 5천 달러 상당의 카메라 장비는 사라졌지만). 그다음 터키와 리비아 관계자들이 우리의 관리권을 리비아에서 터키로 넘기는 서류에 서명했다. 우리 신분은 공식적으로 터키 관할이 되었지만, 나는 리비아 사람들이 마음을 바꿔 우리를 다시 억류할 가능성도 충분하다고 굳게 믿었다.

눈가리개 없이 안내를 받아 건물 밖으로 나가자 3월의 맑은 공기가 우리를 반겨주었다. 눈가리개 없이 실외로 나간 건 납치 이후 처음이었다. 벌써 6일이나 하늘을 보지 못한 상태였다. 우리를 자유에 한 발짝 더 가까운 곳으로 데려가기 위해 기다리고 있던 외교관 차량 쪽으로 걸어가면서, 나는 수레국화와 솜털 같은 구름이 떠 있는 파란 하늘을 올려다보고 심호흡을 했다. 외교관 차량은 트리폴리의 지중해가 보이는 호젓한 곳에 위치한 터키 대사관에 우리를 내려놓았다. 그리고 우리는 대사관 안으로 안내되었다. 나는 터키 사람들에게 평생 갚아도 모자란 빚을 진 셈이다.

우리는 리비아와 터키 외교관들이 튀니지 국경까지의 호송절차를 준비하는 동안 안전한 대사관에서 몇 시간 동안 대기했다. 튀니지 국경에 도착하면 〈뉴욕 타임스〉에서 고용한 사설 보안팀이 우리의 신병을 인수할 예정이었다. 나는 어머니에게 전화한 다음 아버지와 브루스에게 전화를 했다. 전화선 양쪽에서 정신없이 눈물을 흘리는 가운데, 나는 별 탈 없이 무사하고 부모님께 큰 걱정을 끼쳐 정말 죄송하다고 말했다. 아버지는 그 말에 아주 간단하게 대답했다. "우리는 너를 사랑한단다. 이건 네 잘못이 아니야. 너는 그저 네 일을 했을 뿐이잖니."

눈물과 함께 온갖 감정이 넘쳐흘러 좀처럼 말을 이어가기 어려웠다. 나는 리비아 정보기관 관료들 중 절반이 듣고 있을 터키 대사관의 전화로 오래 통화하고 싶지 않았다. 부모님과 대화할수록 내 연약함만 드러날 뿐이어서, 완전히 석방되어 사적인 공간으로 돌아갈 때까지 그런 약한 모습을 숨겨두고 싶었다. 동시에 나는 부모님의 배려심에 감동했다. 내 일 때문에 본인들이 겪어야 했던 엄청난 고통과는 관계없이, 두 분은 항상 나를 전적으로 지지해주었다. 그것만으로도 내 안에서는 끝없는 힘이 솟아났다.

• •

체격이 건장하고 머리가 희끗희끗한 영국 특수부대 출신의 두 남자가 우리를 경호했다. 두 사람은 먼지가 날리는 리비아 국경에서 지중해의 리

튀니지로 인도되기 전, 트리폴리 주재 터키 대사관에서. 왼쪽부터 스티븐 패럴, 타일러 힉스, 터키 대사 레벤트 사힌카야, 나, 앤서니 샤디드.

조트타운인 제르바의 래디슨블루호텔과 튀니지의 수도 튀니스를 거쳐 최종적으로 튀니지에서 출국할 때까지 우리를 안내할 예정이었다. 석방 직후에는 비행기표를 사서 공항으로 가는 것처럼 지극히 간단한 여행 절차조차 너무나 버겁게 느껴졌다.

제르바의 호텔에 도착하기 전에 우리는 앞으로 며칠간 더 버티기 위해 서양식 슈퍼마켓에 들러 생필품을 샀다. 거대한 K마트 형태의 식료품점은 감정을 촉촉이 적셔주는 오아시스와도 같았다. 물건을 소유하는 것에는 사람을 안심시키는 힘이 있었다. 나는 개인용 칫솔과 샴푸, 얼굴에 바르는 로션, 보디로션, 그리고 싸구려 레이스가 달린 중동식 속옷을 고르며 신나게 쇼핑을 했다. 나는 폴이 어차피 여행가방에 내 물건을 가득 넣어서 튀니스로 가져오리라는 것을 알고 있었다. 하지만 무슨 이유에선지, 나는 물건을 살 수 있다는 자유를 만끽하고 싶었다. 어떤 물건이든.

해변에 자리한 다소 호사스러운 래디슨블루호텔에서, 〈뉴욕 타임스〉 보안팀은 우리 네 사람에게 폭행의 흔적이 있는지 개별적으로 확인하도록 의사를 데려왔다. 나는 7일간 심리적 고문을 당하고, 얼굴에 몇 차례나 주먹질을 당하고, 팔목과 발목이 묶였는데도, 지퍼형 플라스틱끈이 손목을 파고들어 생긴 조그만 붉은 흔적 외에는 내 몸에 아무런 상처도 남지 않았다는 사실이 약간 부끄럽기까지 했다. 신체적 증거가 없으니 우리가 얼마나 엄청난 시련을 견뎌냈는지 증명할 방법이 없는 것처럼 느껴졌다.

우리는 튀니스에 도착했고, 나는 수하물 찾는 곳을 통과하여 폴과 타일러의 여자친구인 니키가 기다리고 있는 문밖으로 나갔다. 나는 폴의 품안으로 뛰어들었다. 7일 동안 나는 폴을 다시 안을 수 있을지조차 확신하지 못했다. 7일 동안 나는 앞날이 불투명한 가운데 세 명의 동료들과 함께 지옥 같은 감금생활을 견뎌냈다. 폴의 얼굴이 보이자 말할 수 없이 기뻤다. 교통사고 이후 모르핀을 맞아 몽롱한 상태에서 클립보드를 들고 들어오는 폴의 모습을 올려다보던 파키스탄의 그날 아침 같았다. 나는 폴이 나를 영원히 사랑할 것임을 알았다.

또한 이번 일을 통해 지난 일주일간 나의 동료이자 함께 수감되었던 앤서니, 타일러, 스티브와도 평생 동안 남다른 유대감을 갖게 될 것임을 알았다. 폴을 끌어안으면서 뒤를 돌아보자 마음속에서 스티브의 목소리가 울려퍼졌다.

"다들 여기 있어?"

"응."

"응."

"응."

소중한 사람들을 잃고

• 리비아를 탈출한 후, 폴과 나는 휴식을 취하기 위해 4일간 인도의 고아로 여행을 떠났다. 인도 친구들이 폴에게 적극 추천해주었던 선禪 스타일의 숙소는 이미 꽉 찬 상태였지만, 숙소 주인은 너그럽게도 작은 개울 옆 리조트에 있는 자신의 개인 별장을 제공해주었다. 우리는 완전히 탈진한 상태였다. 무사 귀환을 축하하는 며칠간의 열정적인 휴가를 생각했지만, 실제로는 조용한 동면에 가까웠다. 폴과 나는 둘 다 울지 않았다. 쉴새없이 사랑을 나누지도 않았다. 그냥 서로를 껴안고 부드럽게 키스하고, 잠자고, 산책하고, 수영하고, 밥먹고, 술마시고, 좀더 잠을 잤다.

그 며칠만으로도 폴과 내가 뉴욕으로 향하기 전에 마음을 다시 추스르는 데는 충분했다. 오래전부터 잦은 출장으로 멀리 떨어져 지냈다보니, 우리가 함께 보내는 5일은 마치 5주 동안의 휴식이나 다름없었다. 동료들과 나는 〈뉴욕 타임스〉에 사건을 보고해야 했고 언론 인터뷰에도 응해야 했다. 억류되어 있는 동안에는 알지 못했지만 우리의 납치사건은 매우 중요한 뉴스로 보도되었고, 우리는 몇 개의 뉴스 프로그램과 토크쇼에 출연해 달라는 요청을 받은 상태였다. 첫번째로 향할 곳은 〈뉴욕 타임스〉였다.

번쩍거리는 〈뉴욕 타임스〉 건물 안으로 들어가면서, 납치사건 때문에 편집자들이 얼마나 고생했을지 생각하니 부끄러운 마음이 들었다. 우리의 석방을 위해 수많은 사람들이 엄청난 시간과 노력을 쏟아부었음을 알고 있던 나는, 비난하는 시선을 견뎌내야 한다고 단단히 각오한 상태였다. 우리 업계에서 몇 번씩이나 납치된 기자는 영웅 취급을 받지 못했다. 용감한 것과 무모한 것은 천지 차이였다.

나는 우선 보도국으로 들어가서 〈뉴욕 타임스〉의 사진 총책임자이자 거의 10년간 나와 일해오면서 특파원들을 자신의 아이처럼 여겨주었던 미셸 맥널리에게 다가갔다. 미셸은 나를 보더니 울면서 내 팔 안으로 뛰어들었다. 사진부의 모든 직원, 그리고 외신부 직원들까지도 우리를 둘러싸고 사진을 찍거나 눈물 흘리며 박수를 쳤다. 모두가 우리를 용감한 영웅처럼 대접해주었다. 이토록 많은 사람에게 걱정을 안겨주었다는 사실에 나는 스스로가 바보처럼 느껴졌다.

그뿐만 아니라 나는 스스로 안정적인 상태라고 생각했지만, 언뜻 보기에도 별 의미 없는 친구나 가족의 말 또는 감정적 반응 때문에 걷잡을 수 없는 울음이 터지곤 했다. 우리 네 사람은 〈투데이 쇼〉에 잠깐 출연한 뒤 CNN의 앤더슨 쿠퍼가 한 시간 동안 진행하는 심리치료 프로그램에도 출연했다. 본인이 언론인이면서 동료 언론인들의 인터뷰에 응하지 않는 것은 위선처럼 느껴졌기 때문에 우리는 충실하게 차례차례 인터뷰에 응했다. 우리 네 사람 모두 입을 모아 젊은 운전사 모하메드를 거의 죽음이 확실한 상황으로 몰아넣은 데 대한 죄책감과 슬픔을 털어놓았다. 또한 나는 공개적인 자리에서 억류되었던 그 시간 동안 나에게 실제로 어떤 일이 일어났는지 분명하게 밝히고 싶었다. 나는 성추행은 있었지만 강간은 당하지 않았다고 솔직히 이야기했다. 물론 우리는 날아다니는 총알을 피해 도주하고, 분노한 리비아 군인들에게 며칠 동안이나 총으로 협박당하며 그들의 손에 목숨이 완전히 좌우되는 상황에 놓여 있었고 겨우 살아남았다. 그러나 우리는 운이 좋았을 뿐이었다. 나는 그동안 전 세계의 고통받는 사람들을 인터뷰했다. 그들은 스스로를 피해자가 아니라 생존자라고 생각했다. 나도 그들에게서 그 점을 배웠다.

나는 앞으로도 다른 전쟁을 취재할 것이다. 리비아에서 일어난 일과 관련해 가장 슬펐던 것은 사랑하는 사람들이 겪은 고통이었고 이는 내 직업을 위해 치러야 할 값비싼 대가였다. 억류되어 있는 내내, 우리의 가장 큰 걱정은 가족들이 우리의 생존 사실을 모른다는 점이었다. 그리고 우리는 앞으로도 계속해 가족에게 상처를 줄 것이다. 전쟁을 취재하는 기자라는 직업은 가끔씩 정말 이기적일 수밖에 없다.

• •

리비아에서 석방되고 한 달 후, 나는 뉴욕에서 출판사 편집자 세 명과 함께 내 사진의 인쇄본을 늘어놓고 회의를 하고 있었다. 그동안 찍은 사진으로 커피테이블북coffee table book*을 작업할 수 있을지 논의하는 자리였다.

내 사진으로 그런 책을 내고 싶다는 희망은 항상 가지고 있었지만, 책을 낼 준비가 되었다는 생각은 해본 적이 없던 터였다. 이라크, 다르푸르, 코렌갈계곡에서 찍은 사진의 인쇄본을 넘겨보는 와중에 갑자기 핸드폰의 번쩍이는 빨간색 불빛이 내 눈길을 사로잡았다. 나는 평소라면 절대 하지 않을 행동을 했다. 회의중에 전화를 집어든 것이다.

메일을 확인해보니 맨 위에 있는 것은 2007년 코렌갈계곡에서 배틀컴퍼니와 함께 팀, 발라츠, 엘리자베스, 그리고 내가 속한 기자팀을 이끌었던 지휘관 댄 커니 소령에게서 온 메일이었다.

제목: 팀 헤더링턴 리비아에서 사망.

심장이 덜컥하고 멈추는 듯했다. 내가 잘못 읽은 것이기를 바랐다. 나는 메일의 본문을 읽었다.

팀은 리비아에서 사망했습니다. 팀을 위해 기도해주십시오.
배틀컴퍼니 모두가 한마음으로 그를 지지해줄 것이라 믿습니다.
친형제나 다름없었던 팀이 무척이나 그리울 겁니다.
커니 소령

세상에서 가장 위험한 곳이라고들 하는 코렌갈계곡에서 1년 넘게 지내고도 살아남은 팀이 어떻게 리비아에서 살해당할 수 있단 말인가? 메일을

* 사진과 그림이 많이 실려 쉽게 넘겨볼 수 있도록 만든 책.

읽고도 믿고 싶지 않았다. 눈물이 뺨을 타고 흘러내렸다. 이 사실을 입 밖으로 내지 않으면 도저히 믿기 어려울 것 같았다.

"팀 헤더링턴이 방금 리비아에서 사망했대요."

모든 사람이 헉 소리를 냈다.

나는 스크롤을 아래로 내려 다른 메일들을 확인하면서 도대체 어떻게 이런 일이 일어났는지 확인하려고 했다. 그때 또하나의 메일 제목이 눈에 들어왔다.

제목: 크리스 혼드로스 리비아에서 사망.

말도 안 되는 일이었다. 갑자기 내가 리비아에서 석방된 이후 간신히 떨쳐버렸던 모든 불안감, 외상후스트레스, 슬픔이 홍수처럼 몰려왔고, 나는 감정에 북받쳐 무너지고 말았다. 나는 핸드폰을 움켜쥐고 메일 제목을 거듭 읽으며 눈물을 흘렸다. 함께 회의하던 세 편집자는 필요한 만큼 회의실을 사용해도 좋다는 말을 남기고 자리를 피해주었다.

물론 이전에도 친구나 동료를 잃은 경험이 없는 것은 아니었다. 라자는 교통사고가 일어난 후 파키스탄의 도로변 간이병원에서 내 옆의 콘크리트판에 누워 있다가 얼마 지나지 않아 세상을 떠났다. 말라 루지츠카는 2005년 바그다드에서 차량폭탄테러 때문에 살해당했다. 솔리드 칼리드는 2007년 바그다드에서 〈뉴욕 타임스〉 지국으로 돌아오는 길에 총에 맞아 숨을 거두었다. 〈뉴욕 타임스〉 사진기자인 주앙 실바는 2010년 10월에 아프가니스탄에서 지뢰를 밟는 바람에 양쪽 다리를 잃고 엄청난 내상을 입었다. 그리고 물론 리비아에서 함께 일하다가 사망한 젊은 운전사 모하메드도 빼놓을 수 없다. 하지만 '아랍의 봄'을 비롯하여 아프가니스탄, 이라크, 라이베리아, 다르푸르, 콩고, 레바논, 이스라엘에서 발생한 엄청난 사망자 수를 고려할 때, 해당 지역에서 죽거나 부상당한 언론인들의 소식은 상대적으로 가볍게 다루어져왔고, 이는 지금도 마찬가지다. 하지만 두 사람의 사망소식을 접한 후 내 안에서 무언가가 폭발해버렸다.

팀과 크리스는 나의 친구였다. 일반적으로 말하는 사적으로도 친한 친구는 아니었지만. 사실 우리 종군기자들의 삶에서 일반적이라는 것은 의미가 없었다. 우리는 죽음과 순간적인 즐거움, 서사로 점철된 외로운 곳에서 긴 시간에 걸쳐 친밀한 대화를 나누고, 거나하게 술을 곁들여 저녁을 즐기다가, 현실세계로 돌아와 파티를 즐기는 과정에서 생겨난 우정을 나눴다. 이들의 갑작스러운 죽음은 매우 충격적이었고, 이는 내가 리비아에서 직접 겪은 일과는 전혀 다른 방식으로 나에게 영향을 미쳤다. 처음으로 나는 수년간에 걸쳐 누적된 트라우마의 무게를 느꼈다. 어쩌면 내가 삶이 얼마나 위태로운지, 그리고 죽음이 얼마나 가까이 있는지를 깨달았기 때문일 수도 있다. 그 메일들의 제목에는 얼마든지 나나 타일러, 앤서니, 또는 스티브의 이름이 적혀 있을 수도 있었다. 리비아의 최전선에서 동분서주하는 미숙하고 젊은 사진기자들이 수십 명을 헤아리는데, 세계에서 가장 경험이 풍부한 사진기자들이라고 해도 과언이 아닐 팀과 크리스가 미스라타에서 박격포 공격으로 최후를 맞다니. 믿기지 않았다. 우리의 목숨은 통계적 확률에 달린 것일까? 더 오랜 기간, 그리고 더 위험한 현장에서 취재할수록 불가피한 비극이 일어날 확률이 높아질 수밖에 없는 것일까?

우리의 삶은 확률과의 게임이었다. 나는 슬픔에 몸이 굳은 채 회의실에 앉아 있었다. 마음을 추스르고 집으로 걸어가야 했지만, 도저히 그럴 수가 없었다. 눈물이 흘러내려 앞이 보이질 않았다. 나는 폴에게 문자를 보내 만나자고 했다. 폴이 나를 데리러 와야 했다. 혼자서는 집을 찾아갈 수 없었던 탓이다.

• •

2011년 4월 넷째 주는 추모주간이었다. 지금껏 본 적이 없을 정도로 많은 사진기자, 기자, 편집자 들이 두 사람을 추모하기 위해 전 세계 곳곳에서 날아왔다. 하지만 그 엄청난 슬픔을 마주하기 전에 나는 누군가의 격려가 필요했다. 암트랙 기차편으로 워싱턴 D.C.에 도착한 나는 택시를 타고 월터리드 육군병원으로 향했다. 전쟁에서 다치거나 장애를 입게 된 수십 명의 참전용사 가운데 좋은 친구이자 저명한 사진기자인 주앙 실바가 있었다. 주앙이 지뢰 때문에 다리를 잃고 몇 개월에 걸쳐 여러 차례 수술을 받은 이후 한 번도 문병을 가지 못했지만, 지금은 무엇보다 그의 강한 정신력이 필요했다. 수술을 받은 후에도, 가장 친한 동료이자 친구 중 한 명이 스스로 목숨을 끊은 후에도, 또다른 동료가 바로 옆에서 죽어가는 모습을 본 이후에도, 주앙은 굳은 의지로 계속 전쟁을 취재했다. 그는 신체의 절반을 전쟁터에서 잃었지만 우리가 목숨걸고 하는 일에 대한 굳은 믿음이 있었고 경험에서 우러나온 현명함과 너그러움을 잃지 않았다. 그는 내가 아는 그 어떤 사람보다도 강인했다. 나는 그저 주앙과 같은 공간에서 정면으로 현실을 마주하고, 전쟁의 참혹함을 너무나 생생히 보여주는 병원에 있는 그의 옆에 앉아 있고 싶었다. 그가 어떻게 계속 앞으로 나아갈 수 있었는지 듣고 싶었다. 그후에 나는 엘리자베스, 타일러, 그리고 각지에 취재를 다니면서 만났던 다른 많은 동료들과 재회했다. 우리는 매일 밤 한자리에 모여 팀과 크리스에 대한 이야기를 나누며 각자의 품에서 눈물 흘리거나 오랫동안 서로 안아주었으며, 10여 년간 전쟁을 취재하면서 억눌러왔던 우울감과 트라우마를 털어놓았다. 우리는 세계를 누비는 동안 양부모 역할을 해주는 편집자들과는 떼려야 뗄 수 없는 유대감을 형성했으며 이는 외부 사람들이 절대 이해할 수 없는 성질의 것이었다. 지난 10여 년간 독재자나 거친 반란군의 손에서 해방된 도시에서, 인도식 버터를 듬뿍 바른 양고기를 함께 먹거나 외로운 전초기지에서 오래된 빵을 나눠 먹으며 누구보다도 많은 시간을 함께 보낸 동료들은, 나라는 사람의 정체성에서 빼놓을 수 없는 중요한 일부분이었다. 나에게 동료들은 가족이나 다름없었고, 감정적으로 절박한 시기에 위안이 되어주는 유일한 사람들이었다.

추모주간의 어느 날 저녁, 동료들 몇 명과 로어이스트사이드에서 만나 저녁을 먹었다. 사진기자 서맨서 애플턴, 〈뉴스위크〉의 사진 편집자이자 한때 정기적으로 분쟁지역을 취재했지만 아들이 태어난 이후 전쟁 취재를 그만둔 매그넘Magnum* 소속 사진기자 크리스 앤더슨의 아내 매리언 듀런드, 사진 편집자 제이미 웰퍼드, 타일러와 그의 여자친구 니키, 그리고 나였다. 서맨서와 매리언, 내가 제일 먼저 도착하여 와인 한 병을 주문했다.

* 국제 자유 보도사진 작가그룹.

잠시 후에 모습을 드러낸 타일러, 니키, 제이미의 얼굴은 눈물과 슬픔으로 얼룩지고 부어 있었다. 아무도 울음을 멈추지 못했다.

타일러의 모습을 보고 충격받았던 기억이 생생하다. 나는 그의 얼굴에서 내가 경험하는 것과 똑같은 처절함을 느꼈다. 리비아에서도 꺾이지 않았던 타일러였지만 두 사람의 죽음은 전혀 다른 방식으로 타일러를 무너뜨렸다. 크리스 혼드로스는 타일러의 가장 오래된 친구 중 한 명이었다. 노스캐롤라이나에서 갓 대학을 졸업했을 때 타일러를 보도사진의 세계로 이끈 것도 바로 크리스였다. 두 사람의 커리어는 라이베리아, 이라크, 아프가니스탄, 리비아 등 세계 곳곳의 전쟁지역을 가로지르며 나란히 성장했다. 두 사람은 보도사진 분야에서 수많은 표창과 상을 수상했으며, 서로 의지하며 둘 다 업계에서 성공적으로 자리잡을 수 있었다. 우리 일행은 그저 자리에 앉아 와인 몇 병을 앞에 놓고 서로를 바라보거나 드러내놓고 눈물을 흘렸다. 평소 어느 정도 허세를 부리는 우리 직업군의 특성상, 이렇게 감정을 표현하는 것은 매우 드문 일이었다.

이틀 뒤, 우리는 브루클린의 캐럴가든스에 있는 한 교회에서 열린 크리스의 장례식에 참석했다. 그해 여름 크리스가 결혼식을 올릴 예정이었던 교회였다. 그는 아름다운 약혼자 크리스티나의 손을 잡고 결혼식장으로 걸어들어가는 대신 관에 누워 제단으로 운반되었고, 바흐, 베토벤, 말러의 선율이 교회 벽에 반사되며 울리는 가운데 그의 어머니와 약혼자가 몇 걸음 뒤에서 그를 따라갔다. 그토록 활기찬 삶을 살았던 우리 동료 중 한 사람이 관에 반듯이 누워 영면에 든 모습을 보는 것은 감당하기 힘든 일이었다. 죽음은 도저히 피할 수 없는 것이었다. 친구, 동료, 친척, 그리고 개인적으로는 크리스를 몰랐지만 조의를 표하고 싶어하는 사람들이 인도에 넘쳐났다. 그에게 바치는 찬사가 낭독되는 동안, 나는 이라크에서 처음 만나 오랜 시간에 걸쳐 가까운 친구가 된 사진기자 마이클 로빈슨 차베스, 그리고 역시 사진기자이자 친구인 데이비드 거튼펠더와 함께 서 있었다. 우리 세 사람은 손을 잡고 눈물을 흘리며 슬픔에 북받쳐 떨리는 몸을 서로 조용히 안아주었다.

폴은 그 주에 나와 함께 뉴욕에 머물렀다. 〈로이터〉의 상사들은 폴에게 매우 관대했고, 리비아 납치사건 이후 폴이 잠시 업무를 접어둔 채 충분한 시간을 갖고 나를 위로할 수 있도록 배려해주었다. 그리고 나는 인생에서 처음으로, 지난 10여 년간의 모든 극적인 사건과 죽음의 위험에서 한발짝 물러나 결과를 두려워하지 않고 마음껏 사랑을 나눌 때가 되었다고 느꼈다.

여행은 하지 않는 편이 좋아요

•   3주 후, 뉴델리에 있던 나는 임신테스트기의 결과 표시창에 작은 파란선이 또렷하게 나타난 것을 보고 있었다. 양성반응이었다. 벌써? 4월에 나는 피임약을 끊은 후 폴과 같이 시간을 보내고 있었다. 날짜를 거꾸로 계산해보니 팀과 크리스가 리비아에서 살해당한 바로 그 주, 내가 항상 단단하게 세워놨던 방어막을 잠시 내려놓았던 그 주에 임신이 되었다는 결론이 나왔다. 나는 임신과 출산에는 일가견이 있다는 남부 이탈리아계 유전자를 저주하며, 폴이 누워 있는 침대로 다시 기어들어가 우리의 미래를 보여주고 있는 플라스틱 막대를 폴의 머리 옆에 있는 베개 위에 올려두었다. 그 순간만은 폴이 미웠다. 폴은 우리가 결혼한 바로 그날부터 아이를 갖자며 조르고 설득했으며, 심지어 내가 리비아에서 납치되었을 때 출연했던 CNN 앵커 알리 벨시와의 생방송 인터뷰 도중에 수백만 시청자 앞에서 가족계획을 당당하게 밝히기도 했다. 우리가 억류된 지

3일째 되던 날, 폴과 〈뉴욕 타임스〉는 우리가 카다피군에게 납치되었을 것이라고 추정했지만 실제로 우리의 생사 여부는 아무도 알지 못했다. 벨시는 폴에게 만약 나와 다시 이야기할 수 있는 기회가 주어진다면 무슨 말을 하겠느냐고 물었고, 폴은 이렇게 대답했다. "이렇게 말할 겁니다. 여보, 당신은 집으로 돌아와야 해. 우리는 아이들을 낳아야 하잖아." 남편이 생방송 TV에 출연하여 임신에 대해 언급한다는 생각만 해도 내가 질색할 것임을 폴은 알고 있었지만, 그 당시 폴은 매우 감정적일 수밖에 없는 상황이었다. 물론 그전부터 폴은 아이를 낳고 가정을 꾸리고 싶은 바람을 숨기지 않았다. 그는 내 오랜 친구 타라에게 몰래 연락하여 리비아에서 돌아온 다음 몇 주 동안의 내 배란주기를 파악해달라고 한 다음 핸드폰 일정에 넣어두기도 했다. 그는 이 모든 일을 특유의 유머감각을 섞어 해냈으며, 내 일에 대한 전폭적인 지원을 거두는 일도 절대 없었다. 하지만 임신이 어느 정도 나를 밀어붙여야 가능한 일이라는 점만은 잘 알고 있었다.

폴이 마침내 눈을 뜨자 나는 임신테스트기를 보여주었고, 이번에는 둘이서 다시 한번 테스트를 해보았다. 역시 양성이었다. "당신 소원 이뤘네. 이렇게 빨리 임신이 되다니 믿을 수가 없어. 내 인생은 이제 끝난 거 같아."

눈치 빠른 폴은 대답하지 않았다. 그는 커피를 마시고 옷을 입은 후 바로 뉴델리 우리집 근처에 있는 칸 시장의 서점에 가서 『임신한 당신이 알아야 할 모든 것What to Expect When You're Expecting』이라는 임신 백과사전을 샀다. 그러고는 집으로 돌아와서, 반쯤 옷을 벗은 임신 후기의 여성이 활짝 웃고 있는 표지의 책을 나에게 내밀었다. 나는 그 책을 슬쩍 살펴보고는 수치심과 두려움에 사로잡혔다. 나는 아직 임신 이전의 내 생활과 몸,

그리고 해외출장을 포기할 준비가 전혀 되어 있지 않았다. 나는 피곤한 몸을 소파에 푹 파묻고는 수박처럼 거대한 배를 안은 채 상기된 표정을 한 여성의 사진을 보며 울음을 터뜨렸다. 이게 진짜 아홉 달 후 내 모습이라고? 배가 저렇게 커진다고? 그 여성은 더없이 행복해 보였다. 저 여성은 커리어에 대한 고민이 없었을까? 나는 앞으로 사진을 계속 찍을 수 있을까? 내 생각은 동료들에게로 옮겨갔다. 전통적으로 남자들이 주도해왔고 지금도 대다수가 남자인 내 직업군의 동료들은 어떻게 생각할까? 리비아에서 납치되고, 부인이 실종되었는데도 남편은 CNN에 출연해서 아이를 낳고 싶다고 공공연히 말하더니, 채 두 달도 안 되어서 벌써 임신이래! 분명 이것은 내 인생에서 가장 쉽게 결과를 예측할 수 있는 일이었다. 나는 엄마로서의 내 삶을 상상해보려 애썼지만, 전쟁사진 분야에서 적당한 롤모델을 찾기가 어려웠다. 전쟁터에서 사진을 찍는 여성 사진기자 중에서 남편이나 아이는 고사하고, 안정적인 연인 관계를 유지하고 있는 사람이 한 명도 떠오르지 않았다. 아이를 낳고도 계속 기사를 쓰고 있는 엘리자베스처럼 일과 육아를 병행하는 여성 기자들은 더러 있었지만, 여성 사진기자 중에서 그런 사람은 정말 드물었다. 맥아더재단은 뭐라고 할 것인가? 국제 보도사진 분야의 발전을 위해 믿어지지 않을 정도의 많은 지원금을 제공해주었는데 덜컥 임신을 해버리다니.

며칠 뒤, 나는 뉴델리 아폴로병원의 산부인과 대기실에 앉아 있었다. 1층은 인도로 의료투어를 온 아프가니스탄 사람들로 붐볐다. 긴 회색 수염을 기른 남자들이 익숙하지 않은 현대식 병원에서 방향을 잃고 두리번거렸고, 온몸에 히잡을 둘러쓴 여성들이 그들 뒤를 따르고 있었다. 임신부로서 산부인과에서 첫 진료를 받기 위해 기다리던 나는, 일생 처음으로 수염을 기르고 헤드스카프를 둘러쓴 아프가니스탄 사람들로 가득한 실내에 앉아 있는 상황을 도저히 참아낼 수가 없었다. 버섯과 스텐실 꽃, 애벌레, 딱정벌레가 파스텔 색상으로 그려진 분홍색 벽에는 발리우드 영화가 흘러나오는 평면 TV가 걸려 있었고, 인도와 아프가니스탄 아이들은 소리를 지르며 대기실에서 소란을 피우고 있었다. 아이들의 부모는 자랑스러운 미소를 띠면서 한가하게 옆에 앉아 있을 뿐 훈육하려는 기미는 털끝만큼도 보이지 않았고, 나는 의사의 비서가 내 이름을 부르기를 기다리는 동시에 두려워하고 있었다. 의사가 요청했던 혈액 테스트 결과를 손에 꽉 쥔 채, 두 개의 임신테스트기 결과가 틀렸기를 간절히 기도했다. 비서가 내 이름을 불렀다. 의사는 지긋한 나이에 엄격해 보이는 인도 여성으로, 전통의상인 사리를 입고 있었다. 그녀는 내 차트를 살펴보더니 자기소개를 했다.

"저는 담당 의사 소하니 베르마라고 합니다." 그녀는 시큰둥하게 말했다. "모든 것이 순조로워 보이네요."

"제가 정말 임신했나요?" 나는 물었다.

"네, 임신 맞습니다."

"아."

"궁금한 것이 있나요?"

나는 『임신한 당신이 알아야 할 모든 것』이라는 책의 몇 챕터를 성실하게 읽었고, 무엇을 먹지 말아야 하는지, 입덧은 언제 시작하는지, 임신했을 때 해야 할 일과 하지 말아야 할 일을 이미 인터넷에서 찾아 정독했지만 또 한번 물어보았다. "운동하러 헬스장에 가도 되나요?" 질문과 동시에 나는 의사가 허락하든 허락하지 않든 계속 운동하러 갈 것이라 생각했다.

"네, 가벼운 운동은 괜찮아요. 체온을 지나치게 올리거나 땀을 너무 많이 흘리지는 않도록 주의하세요. 심박수는 적당한 정도로 유지하고요." 나는 최소한 일상적으로 하는 일 중 하나는 계속할 수 있게 되어 안도했다.

"다음주에 세네갈에 가는데요."

의사는 미심쩍은 눈으로 나를 바라보았다. "여행은 하지 않는 편이 좋아요. 비행기에는 현상태의 태아에게 좋지 않은 방사선이 있습니다. 아이한테 해로울 수도 있어요."

의사의 말은 마치 날카로운 단검처럼 내 심장을 찔렀다. 여행을 못 한다고? 그럴 수는 없다. 내 배 속의 태아는 방사선을 견뎌내야 한다. "정말이요?" 나는 회의적으로 물었다. "그런 이야기는 못 들어봤는데요. 비행기를 타면 위험한 기간은 어느 정도인가요?" 아마도 인도 민간설화에서 나온 이야기임에 틀림없다.

"임신 직후 처음 3개월이 가장 민감한 시기입니다. 그리고 임신기간 내내 여섯 시간 이상의 장거리 비행은 최소한으로 줄이는 것이 좋겠어요." 나는 충격을 감추려고 노력했다. 아무도 임신하면 여행을 삼가야 한다는 이야기를 해준 적이 없었다. "그리고 세네갈에는 말라리아모기가 있어요. 꼭 지금 세네갈에 가야 하나요?"

폐소공포증이 몰려왔다. "네." 나도 모르게 대답이 나왔다. "〈뉴욕 타임스〉 취재 건이거든요. 지금 취소할 수는 없어요." 이 말을 입 밖으로 내면서, 나는 내 직업군 밖의 누군가에게는, 특히 단순히 채소를 포장하는 용도 이외에 신문은 별 가치가 없다고 생각하는 사람에게는 이것이 약간 정신 나간 말처럼 들릴 수 있다는 사실을 깨달았다. 열흘간의 〈뉴욕 타임스〉 취재를 위해 태아가 잘못될 위험을 무릅쓰다니.

"세네갈에서 말라리아에 걸리면 유산할 위험이 있어요. 그리고 임신중에는 말라리아 예방약을 먹지 않기를 권장하고 있습니다."

의사 입에서 한 문장 한 문장이 튀어나올 때마다 나는 점점 더 비참한 상태가 되었다. 자궁에서 자라고 있는 폴과 나의 미세한 결합체가 내 삶을 송두리째 뒤흔들고 있는데다, 나는 임신한 모든 여성들이 입을 모아 언급하는 그 벅찬 기쁨을 아직 느끼지 못하고 있었다.

"벌레퇴치용 스프레이를 사용할 수 있어요." 나는 말을 꺼냈지만 문장을 채 끝맺기도 전에 벌레퇴치용 스프레이 역시 배 속의 태아에게 해로울 수 있다는 사실을 깨달았다.

"시트로넬라citronella*는 사용해도 괜찮아요." 의사가 말했다.

나는 패배감에 젖어 아폴로병원을 떠났다.

결국 나는 5월 중순에 세네갈로 향했고, 임신 3개월 차에 찾아오는 탈진과 메스꺼움에 시달렸다. 나는 말라리아, 비행시의 방사선, 임신기 신체에 무리가 가는 사진 촬영 일정을 소화할 수 있을지에 대한 모든 스트레스를 접어두고 어느 정도는 운명의 손에 맡기기로 했다. 그동안 내 인생의 대부분을 이끌어준 것은 나의 철학이었다. 나는 임신 중기 내내 방탄조끼를 입고 코렌갈계곡을 터벅터벅 걸었던 엘리자베스를 자주 떠올렸으며, 왜 그녀가 임신중에도 그토록 무리해가며 일을 했는지 이해하게 되었다. 어떤 의미에서, 우리의 일은 곧 우리의 삶이었다. 일은 나의 정체성을 규정

* 해충방지, 방부제, 살균제 등으로 사용하는 열대지방 식물.

해주는 것이지, 단순히 생계를 꾸려나가기 위한 것이 아니었다. 그리고 나는 최대한 오랫동안 일을 붙잡고 있어야 했다.

군대와 동행하는 일만 제외하고 나는 평소처럼 제안받는 모든 일거리를 수락했으며, 헐렁한 셔츠, 카고팬츠, 그리고 가끔씩은 다행스럽게도 반드시 착용해야 하는 히잡으로 점점 불러오는 배를 숨겼다. 나는 아무에게도 말하지 않으면 내 삶의 일정 부분을 희생할 필요가 없을 거라고 스스로에게 되뇌었다. 임신 사실을 더이상 숨길 수 없을 때까지는 편집자나 동료 중 누구에게도 알리고 싶지 않다며 고집을 부렸다. 편집자들이 임신을 이유로 나에게 일거리를 주지 않는 것은 싫었다. 나는 끊임없이 일거리가 들어오는 수준의 커리어를 쌓기 위해 죽을힘을 다해 노력했고, 늘어나는 허리둘레 때문에 리스트에서 제외되지 않기 위해서라면 모든 수단을 강구하고 싶었다.

나는 세네갈에서 사우디아라비아로, 그리고 다시 아프가니스탄으로 향했고, 임신 4개월째에 폴과 나는 로드아일랜드에서 휴가를 보내면서 우리 부모님께 임신 소식을 알렸다. 워낙 바빠서 빨래조차 할 시간도 없어 보이는 나를 폴이 설득하여 무려 아기를 갖게 했다는 사실을 아무도 믿지 못했다. 임신 4개월 반에는 '아프리카의 뿔'* 지역을 덮친 가뭄의 희생자들을 위한 국경없는의사회의 의료봉사활동을 촬영했으며, 케냐의 투르카나 지역에서 다다브에 있는 소말리족의 난민캠프까지 발걸음을 했다. 아프리카 오지 마을에서 진행한 취재의 중간 시점 무렵, 나는 더이상 바지의 단추를 잠글 수가 없게 되었다. 이미 임신 20주에 접어든 상태였다. 탈진과

* 아프리카 북동부, 소말리아공화국과 그 인근 지역을 이르는 말.

메스꺼움 증상은 사라졌고 기운도 다시 돌아왔으며, 정상적으로 식사를 하게 되었다. 물론 해가 될 수 있는 박테리아가 몸에 들어오지 않도록 주의했는데, 아프리카 오지에서는 그것이 빵과 밥, 바나나, 그리고 집에서 가져온 영양바만 먹는다는 의미였다.

국경없는의사회에서 의뢰한 2주간의 취재를 끝냈을 때, 나는 '아프리카의 뿔'에 닥친 가뭄을 취재한 것이 그저 겉핥기식에 지나지 않았다는 기분이 들었다. 케냐의 다다브에서 촬영한 모든 난민들은 소말리아의 가뭄을 피해서 이곳으로 피난한 참이었다. 제대로 된 이야기를 카메라에 담기 위해서는 소말리아로 가야 했다. 이것은 케냐에서 내가 찍었던 사진들 사이에는 빠져 있던 매우 중요한 퍼즐조각이었다. 소말리아의 국내 상황은 이웃나라 케냐의 상황보다 훨씬 빠르게 악화되고 있었고, 가뭄에 대한 취재를 어설프게 마치고 떠난다면 무책임하거나 대중을 오도하는 언론인이 된 것처럼 느껴질 터였다. 하지만 소말리아에서 취재하려면 임신 5개월의 몸으로 납치의 수도라고 불리는 악명 높은 모가디슈로 향해야 했다. 전 세계를 떠들썩하게 한 리비아 납치사건이 채 6개월도 지나지 않은 시점에서.

여러 측면에서 소말리아는 참담한 상태였다. 무정부상태에 폭력이 난무하고 빈곤에 시달리는 것도 모자라, 국가 전역에 원리주의자 민병대 집단인 알 샤바브가 득세하고 있었다. 이들은 민간인들을 공포에 떨게 하고 사람들을 납치하여 과도한 몸값을 요구했는데, 아프리카연합African Union 평화유지군이 아니었다면 진작 모가디슈로 진입했을 만큼 세력을 떨치고 있었다. 소말리아는 전 세계에서 나조차도 진심으로 발을 들여놓기 두려운 몇 안 되는 국가 중 하나였으며, 소말리아를 생각하면 1993년 모가디슈

소말리아 아이들이 탈수와 굶주림으로 고통받는 여성에게 비스킷을 먹이려 하고 있다. 이 여성은 소말리아의 오랜 가뭄을 피하여 케냐 국경을 넘은 후 이날 아침에 소말리아와 인접한 케냐 다다브의 난민캠프 환영센터에 도착했다. 약 40만 명의 난민들이 거주하고 있는 다다브는 세계 최대의 난민캠프다. 그 당시 이미 수용인원을 크게 초과해 물, 위생용품, 식량, 주거지와 같은 필수 자원이 줄어들고 있을 뿐만 아니라 계속해서 유입되는 새로운 난민들과도 배급품을 나누어야 하기 때문에 이곳 난민들의 생활은 점점 더 힘들어지고 있었다.
2011년 8월 20일.

거리로 끌려나왔던 미군 병사들의 운명이 끊임없이 머릿속에 재생되었다. 그리고 리비아 납치사건을 겪은 뒤 얼마 되지도 않아 다시 소말리아에서 사건에 휘말린다면, 나는 틀림없이 편집자와 동료들로부터 세정신이 아닌 무책임한 사진기자로 낙인찍혀 내 행동의 정당성을 증명할 수 없게 될 터였다. 하지만 보도의 측면에서 보면 소말리아 취재는 기사를 작성하는 데 꼭 필요한 부분이었고, 나는 임신했다는 이유로 벌써부터 직업적인 본능을 외면하고 싶지는 않았다.

나는 최근에 모가디슈에 다녀왔던 동료들에게 메일을 보내기 시작했다. 누구보다 앞서 소말리아를 취재하고 〈뉴욕 타임스〉에 매우 영향력 있는 기사를 게재했던 타일러, 그리고 게티이미지 소속 사진기자 존 무어에게 연락을 했다. 두 사람 모두 모가디슈의 믿을 만한 가이드인 모하메드의 연락처를 건네주었다. 모하메드는 하루 1천 달러의 비용으로 자신이 운영하는 게스트하우스의 방 한 개, 세끼 식사, 통역사, 운전사, 그리고 게스트하우스 밖으로 외출할 때마다 동행하는 4~8명의 무장경호팀을 제공해줄 수 있다고 했다. 타일러와 존은 모하메드를 적극 추천하면서 손님이 안전한 게스트하우스를 떠나 외부로 촬영을 나갈 때마다 만반의 준비를 갖추기 위해 최선을 다하는 사람이며, 모든 일을 절대 가볍게 여기지 않고, 그 어떤 것보다도 손님의 안전을 중시한다고 설명했다. 그리고 내가 이미 알고 있는 사실도 덧붙였다. 모가디슈는 예측할 수 없는 도시이지만 내부보다는 외부에서 볼 때 더욱 위험하게 보이는 것이 사실이며, 정말 어쩔 수 없는 상황이 닥치지 않는 한 별문제 없이 다녀올 수 있을 가능성이 높다고 했다.

하지만 안전상의 문제 외에도 타일러와 존은 매우 걱정스러운 이야기를 들려주었다. 둘 다 게스트하우스에서 먹은 음식 때문에 아주 심한 위장병을 앓았다고 했다. 나는 혹시 그것이 아기에게 해롭지는 않을까 두려웠다. 그냥 시프로를 가져가면 돼. 시프로는 많은 기자들이 애용하는 소위 만병통치약으로, 사실상 우리 몸에서 모든 박테리아를 몰아내는 약이었다. 하지만 나는 시프로를 복용할 수 없었다. 아직 동료들에게 임신 사실을 알리지 않은 상태였음은 물론이다.

나는 이재민들로 넘쳐나며 매일같이 수많은 아이들이 설사, 탈수, 영양실조로 인한 질병 및 합병증으로 죽어간다는 병원과 모가디슈 전역에 우후죽순처럼 생겨나는 국내 실향민캠프, 즉 고향을 떠난 자국민들이 몰려드는 캠프도 방문해야 했다. 나는 박테리아에 감염되지 않도록 딱 며칠만 바나나, 빵, 영양바만 먹으며 지낸다면 아무 일도 일어나지 않을 것이라고 스스로를 안심시켰다. 비행기를 예약하기 전에 해결해야 할 일이 두 가지 더 있었다. 비록 소말리아에 가기로 마음의 결정을 거의 내린 상태였지만, 우선 폴에게 전화해서 내 결정에 크게 불만은 없는지 확인해야 했다. 처음으로 나는 내 목숨을 거는 데 폴의 허락이 필요하다는 생각이 들었다. 내 목숨뿐만 아니라 우리 아이의 목숨도 달려 있기 때문이었다.

폴과 나는 소말리아 여행의 잠재적 위험에 대해 이야기를 나누었고, 폴은 나에게 체재기간을 최소한으로 줄여 기사를 완성하는 데 필요한 사진만 찍고 돌아오라고 했다. 〈뉴스위크〉 편집자인 제이미는 신원보장서와 경비로 사용할 돈을 제공했고, 기사가 완성되면 게재해주기로 동의했다.

케냐에 도착하자 내 몸속에서 무언가 이상한 일이 일어났다. 몇 주 동안이나 완두콩이나 아보카도씨 크기 정도로 치부했던 배 속의 아이가 발로 내 배를 차기 시작한 것이다. 죽음으로 물든 땅 소말리아에 입성하는 내 배 속에서, 아이는 한 명의 작은 사람으로 살아 움직이고 있었다.

나는 모가디슈에 도착하여 게스트하우스에서 모하메드를 만났다. 그는 길게 드리워진 검은색 아바야와 같은 색 헤드스카프로 몸을 감싼 나를 보고는 미소를 지었다. "소말리아 사람처럼 보이는군요! 손님은 걱정할 필요가 없겠어요!" 모하메드는 내가 납치당할 위험은 거의 없다고 생각하고 있었다.

나는 바로 일에 착수했고, 우선 모가디슈의 대형 병원인 바나디르병원으로 향했다. 나는 병원 현관으로 들어서는 순간 눈앞의 광경에 압도되고 말았다. 헤아릴 수 없이 많은 소말리아 여성과 아이들이 병동은 물론 복도까지 가득차 있었고, 공간을 찾을 수 있는 곳이라면 어디든 무기력한 모습으로 누워 있었다. 아프리카 사람들은 백인을 보면 국제구호활동가나 의사, 또는 약품이나 식량 배급 등 직접적인 구조활동을 하러 온 사람이라고 생각하는 경우가 많다. 공허한 얼굴을 한 그들 역시 내 흰색 피부를 보고 자신들의 운명을 구하러 온 의사라고 생각했는지 움푹 꺼진 눈에 희망을 비쳤다. 내가 가진 것이라고는 카메라뿐이었다. 소말리아의 의료자원이 총동원된 상태였지만, 병원에는 의사 몇 명과 간호사 몇 명, 약간의 약품이 갖춰져 있을 뿐이었다. 대다수 사람들은 그저 정맥주사로 수액을 공급받은 다음 더이상 치료받지 못했고, 경우에 따라 회복하는 사람이 있는가 하면 상태가 심각해지거나 사망하는 사람도 있었으며, 공용 침대나 병원 바닥, 복도에서 안정을 취하는 사람도 부지기수였다. 나는 이토록 심각한 상황을 본 적이 없었고, 이곳에는 국제구호단체들의 손길이 닿을 희망조차 없었다. 소말리아는 외국인 국제구호활동가가 들어오기에 너무나 위험한 곳이었기 때문에 이곳 사람들은 자체적인 자원 외에는 아무것도 지원받을 수 없었다. 비록 이곳은 무척 위험했지만, 모가디슈에 오기로 한 기자로서의 결정은 옳은 판단이었다.

나는 위층 병동으로 올라가서 주위를 바라보았다. 이토록 비참한 상태에 놓여 있는 사람들의 사진을 찍을 때는 늘 가슴이 찢어질 듯 아프지만 동시에 내 사진을 통해 절박한 상황이 보다 널리 알려져 식량과 의료원조를 받을 수 있기를 바라는 마음도 있었다. 나는 납치의 위험이 있으니 어느 곳에서든 지나치게 오래 머물지 말라는 모하메드의 조언을 충실히 따르기 위해 신중하면서도 신속하게 사진을 찍었다. 지금껏 일해오면서 위험의 정도를 철저히 계산하여 위험지역을 취재해왔으므로, 임신한 상태라 해도 나의 그 능력을 신뢰하고 싶었다. 어쩌면 이것은 나의 정체성과 자유, 그리고 성인이 된 이후 향유해왔던 내 삶을 고수하고 싶은 마음과도 관련이 있을지도 모른다. 아이가 태어남으로써 이 모든 것이 사라질지도 모른다는 공포감에 대한 필사적인 저항처럼 말이다.

나는 창문이 달린 긴 복도를 걸어 왼쪽 세번째 방으로 들어갔다. 루카요라는 여성과 그의 여동생 루가 영양실조로 죽어가는, 18개월 된 루카요의 아들 아바스 니세를 위해 기도하고 있었다. 아바스가 힘겹게 숨쉴 때마다 뼈밖에 남지 않은 가슴이 오르락내리락 움직였고, 엄마를 보려는 아이의 눈은 머리 뒤로 돌아갔다가 다시 앞쪽으로 돌아왔다. 나는 두 여성 곁에 무릎을 꿇고 앉아서 기자라고 소개하고 사진을 찍어도 되는지 허락을 구했다. 두 사람은 고개를 끄덕였다. 나는 두 여성이 아바스의 가녀린 몸, 그리고 그의 입에 손을 올려놓고 있는 장면을 찍기 시작했다. 눈이 뒤쪽으로 돌아갈 때마다 두 사람은 아기가 죽었다고 생각하는 듯했다. 그리고 끔찍하게도 두 사람은 아이의 작은 입을 손으로 닫아주었다. 완전히 희망을 잃었다는 듯이, 미리 장례의식을 치르는 것 같았다. 두 사람은 아이의 눈을 감기고 입을 닫아주었으며, 그 광경을 카메라에 담는 내 배 속의 아기는 발로 배를 차고 몸을 비틀며 내 안에서 생명이 자라고 있다는 사실을 통감하게 해주었다. 사진기자로서 커리어를 시작한 이래, 삶과 죽음이 나란히 공존하던 이 순간만큼이나 지독한 부조화를 이루면서도 부당하다고 느낀 적은 없었다.

••

임신 5~6개월 정도가 되자 배는 눈에 띄게 불러왔다. 배 속의 아이는 아들이었다. 취재를 위해 다시 뉴욕에 체재하던 나는 몇몇 가까운 지인들에게 임신 소식을 알리기 시작했다. 가장 처음으로 소식을 전한 사람 중 하나는 당시 기준으로 벌써 10여 년 정도 〈뉴욕 타임스 매거진〉 업무로 함께 일해왔던 캐시 라이언이었다. 캐시는 즉시 베이비샤워를 열어주겠다고 제안했다. 정말로 베이비샤워를 해야 할까? 일단 승낙하면 되돌릴 수가 없었다. 자기 집에서 나를 위해 파티를 열어주겠다는 캐시의 호의는 너무나 고마웠지만, 나는 아직 거의 아무에게도 내 임신 사실을 알리지 않은 상태였다.

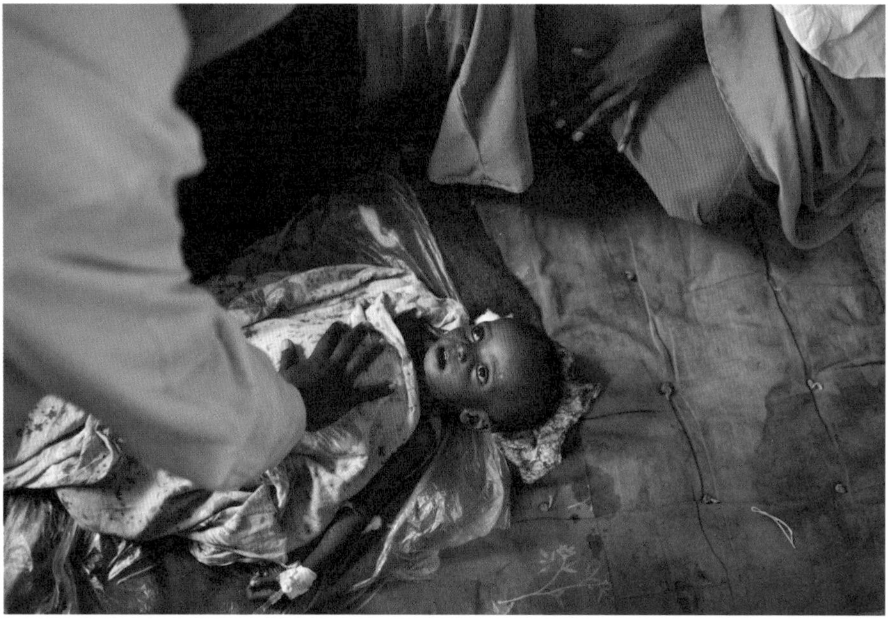

소말리아의 의사가 모가디슈의 바나디르병원에서 심각한 영양실조로 쇠약해진 18개월 된 아기 아바스의 심장 박동을 확인하고 있다. 이 병원의 대다수 병동은 바닥에 누워서 자는 환자들로 포화상태였다. 2011년 8월 25일.

"캐시, 어쩌면 베이비샤워 초대장으로 친구들에게 임신 소식을 알려도 괜찮을 것 같아. 베이비샤워에 초대하기 전에 꼭 일일이 임신했다고 알려야 할까?"

그날 밤, 나는 〈뉴욕 타임스〉 담당편집자들인 미셸과 데이비드 퍼스트에게 임신 소식을 알렸다. 다음날 아침, 핸드폰이 울렸다. 데이비드였다. 나는 그가 어젯밤 술을 다소 과하게 마신 듯했으므로 내가 했던 말도 기억하지 못하기를 바랐다.

"좋은 아침이야." 데이비드는 꽤나 심각하게 인사했다.

"응, 좋은 아침. 무슨 일이야?" 나는 물었다.

"잘 들어. 이 말을 꼭 하고 싶어서 전화했어. 어젯밤에는 밖에서 술을 마시느라 주변이 어수선해서 제대로 얘기를 못 했거든. 아기 가진 거 다시 한번 축하하고, 폴과 네가 부모가 된다니 정말 얼마나 기쁜지 모르겠다."

"아, 고마워. 늦게 말해서 미안해…… 임신했다고 알리는 게 좀 힘들었어."

"다시 한번 분명하게 밝혀둘게. 나는 네가 사진을 그만 찍겠다고 말할 때까지 일거리를 줄 거고, 아기가 태어난 후에 다시 일을 시작할 준비가 되었다고 말하는 날부터 또 일거리를 줄 거야. 임신했다니 정말 기뻐. 엄마가 된다는 건 무척이나 멋진 일이니까. 커리어에 대해서는 걱정하지 마. 괜찮아. 네가 원하는 만큼 일을 줄 거야. 일거리를 적게 달라면 그럴 거고, 많이 달라면 또 그렇게 할 거야. 그냥 나는 너희 부부를 축하해주고 싶어."

나는 그의 반응에 충격을 받았다. 현재 활동하는 사진기자들 중에서 아이를 둔 여성은 거의 찾아보기 힘들었으므로 나는 동료들이 내 임신 소식을 듣는 순간 내 이름을 리스트에서 빼버릴 것이라고 생각했다. 끊임없는 여행과 감정적, 신체적 부담을 감수하면서 이 일에 헌신하는 나를 포함한 대다수 여성들은, 가족을 이루기는커녕 연인과 제대로 된 관계를 유지하기도 쉽지 않았다. 하지만 담당편집자의 반응을 접한 나는 어쩌면 이 업계가 약간은 바뀌었을지도 모른다고 생각하게 되었다. 아니면 마침내 나의 일상생활이 별다른 걸림돌이 되지 않을 정도로 내가 스스로를 증명해냈다는 의미일 수도 있었다. 임신기간 내내, 나는 출산과 함께 편집자들이 나를 사진기자 명단에서 제외하고, '엄마'에게는 너무나 험하거나 위험한 일이라는 이유로 내가 그토록 열심히 노력해서 얻어냈던 일거리들을 빼앗아가지 않을까 두려워했다. 나는 일에 대한 결정을 나 스스로 직접 내리고 싶었고, 여성이자 전문 사진기자로서 그 선택권을 포기하고 싶지 않았다. 보도사진, 아니 보도라는 분야 자체는 치열한 경쟁을 바탕으로 한다. 내가 맥아더재단 지원금을 받았고, 〈뉴욕 타임스〉 퓰리처상 수상팀의 일원일 뿐 아니라 그 외에도 수많은 상을 받았다는 사실은 결국 그다지 중요한 요소가 아니었다. 프리랜서 사진기자인 나는 여러 해에 걸쳐 쌓아올린 평판 외에는 안정적인 일감을 확보할 수 있는 다른 방법이 없었다. 여전히 앞으로 어떤 일거리를 받고, 어느 정도의 보수를 받을지에 대한 보장은 전혀 없다. 따라서 나는 그저 유명한 격언 하나를 떠올린다. "기자의 수준은 그가 가장 최근에 낸 기사를 보면 알 수 있다." 나는 이 격언이 맞아떨어지는 경우를 여러 번 보아왔다. 엄마가 되면서 커리어에서 내리막길을 걷게 될 가능성도 아직 충분하다는 뜻이었다.

• •

2주 후, 데이비드는 팔레스타인 민병대 집단 하마스와 이스라엘 사이의 전쟁포로 교환을 취재하기 위해 나를 가자지구로 보냈다. 이스라엘측은 2006년에 국경을 가로지른 공습과정에서 하마스에게 납치되었던 25세의 길라드 샬리트라는 중사 한 명과 1027명의 전쟁포로를 교환하겠다고 선언했다. 내 배는 점점 더 불러오고 있었지만 이 건은 상당히 간단해 보여 나는 다시 한번 스티브와 한 팀을 이뤄 취재하게 되었다. 리비아 납치사건 이후 처음 스티브를 만나는 셈이었다.

가자지구로 가는 가장 안전하고 쉬운 길은 이스라엘을 통과하는 것이다. 항공편으로 텔아비브야파에 가서 예루살렘까지 자동차로 이동한 뒤 이스라엘 정부 공보실로 가서 기자출입증을 받는다. 그다음에는 자동차로 두 시간 이동하여 공항처럼 보이는 최첨단 터미널이자 가자지구와 이스라엘 사이 에레즈 지역의 국경으로 향한다. 〈뉴욕 타임스〉 이스라엘 지국은 체계가 잘 갖추어진 조직이었다. 방대한 인맥을 갖추었으며, 유능한 사무장과 수년간 정상급 기자 생활을 하고 특종을 터뜨리면서 전문성을 쌓은 특파원들이 포진하고 있었다. 나는 에레즈로 향하면서 현지에서 홍보를 담당하는 언론 담당관 슐로모에게 전화를 걸었고, 그는 이스라엘 국경 통과에 별문제가 없을 것이라고 확인해주었다.

무사히 출입국 절차를 마치고 이스라엘의 최첨단 국경을 벗어나, 나는 무거운 철문 반대쪽에 있는 사람들에게로 다가갔다. 에레즈는 한때 매일 국경을 넘어 이스라엘로 출퇴근하던 수많은 팔레스타인 사람들을 수용하기 위해 세워진 곳이었다. 양쪽 사이의 분쟁이 격화되어 가자지구가 사실상 야외 감옥이 되어버리기 전까지는 매일 수천 명의 사람들이 국경을 통과했다. 이제 가자지구 사람은 국경을 건너 에레즈로 갈 수 없으며, 이스라엘 사람들도 가자지구로 들어올 수 없다. 국경을 통과할 수 있는 거의 유일한 사람은 기자와 국제구호활동가들뿐으로, 이는 가자지구의 고립이 어떤 경제적 결과를 가져왔는지 적나라하게 보여주는 것이기도 했다.

나는 거의 2주간 가자지구에 머무르면서 몇 년 동안이나 포로로 살다가 이제 곧 고향으로 돌아오게 될 사람들의 친척과 거주지를 사진에 담았다. 양측은 포로 교환을 준비하기 시작했다. 하마스측에서는 으스스한 검은 옷과 안면까지 덮는 모자를 착용하고 카메라 앞에서 힘과 무기를 과시했다. 이윽고 포로 교환이 마무리되었다. 버스가 줄지어 이집트 국경을 넘어 가자지구로 진입하고, 포로들이 하나둘씩 버스에서 내리기 시작하자 그들을 기다리던 모든 친척과 친구들은 남녀노소 모두 서로에게 달려가서 얼싸안았다. 몇 년 만에 처음 자유를 맛보며 거리에 발을 디딘 포로들은 자신에게 몰려드는 사랑하는 사람들을 보면서 반쯤은 어쩔 줄 몰라하는 것 같았다. 나는 잠시나마 임신했다는 사실을 잊어버리고는, 그들이 행복감을 느끼는 최초의 순간을 카메라에 담기 위해 수백 명의 광분하는 사람들 속으로 뛰어들었다. 주변 남자들이 몸에 무게를 실어 나를 앞뒤로 밀거나 순간적인 흥분에 사로잡혀 내 몸에 자신들의 몸을 밀착시키자, 나는 그제야 내가 얼마나 연약한 상태인지를 깨달았다. 하지만 나는 이미 군중 사이로 너무나 깊숙이 들어와 있었고, 도저히 빠져나갈 수가 없었다. 누군가 내 배를 누른다면? 포로들이 해방되는 바로 그 자리에서 유산을 한다면? 나는 공황상태에 빠졌다.

이슬람 문화권에서 여성과 아이들은 늘 안전하게 보호받는다. 임신부는 그보다 더 우선적으로 존중받는다. 가자지구의 임신부라면 당연히 이렇게 광란하는 군중 사이에 자발적으로 끼어들지도 않겠지만 말이다. 바보 같은 내 행동을 탄식하기에는 이미 너무 늦은 듯했다. 그 순간 불현듯 한 가지 아이디어가 떠올랐다. 나는 하늘 위로 두 팔을 들어올리고 "아기!!!!"라고 소리를 지르고는 양쪽 집게손가락으로 불룩 튀어나온 내 배를 가리켰다. "아기!" 나는 다시 한번 소리지르며 아래쪽 복부를 가리켰다.

순간 홍해가 갈라지듯이 군중이 둘로 나뉘었다. 내 주변에 있던 남자들은 모두 잠시 멈칫했고, 바로 옆에 있던 남자가 내 얼굴을 바라보고 배를 내려다보더니 본능적으로 내 주위를 둘러싸면서 군중으로부터 나를 보호해주었다. 이 자발적인 경호원들이 아직 태어나지 않은 나의 아이를 지켜주는 가운데, 나는 광란의 재회현장을 계속해서 카메라에 담았다.

가자지구에 입성하고 채 2주가 지나지 않았을 때였다. 다시 에레즈 지역으로 돌아갈 준비를 하던 나는 가자지구로 넘어올 수 있도록 도와주었던 이스라엘 언론 담당관 슐로모에게 전화를 걸어 그동안 가지고 있던 걱정거리를 털어놓았다. 나는 벌써 27주째 접어드는 임신부였고, 에레즈 지역 국경검문소의 전신스캐너가 태아에게 좋지 않은 영향을 미치지 않을까 걱정되었던 것이다. 슐로모는 내가 도착하기 전에 이 사실을 병사들에게 미리 통보해두겠다며 나를 안심시켰다. 가자지구에서 이스라엘로 다시 넘어가기 위해서는 복잡한 보안 절차를 거쳐야 했다. 이스라엘측에서는 자살폭탄테러에 대비하기 위해 공항터미널과 비슷한 국경검문소 전체를 방탄

유리와 자동문이 설치된 여러 구역으로 나누어놓았고, 불빛이 빨간색에서 녹색으로 변하면 문이 풀리는 소리와 함께 자동문이 열렸다가 닫혔다. 일반적인 수하물 벨트는 팔레스타인 출신 직원이 관리하고 있었는데, 모든 이스라엘 군인들은 위험을 피하기 위해 전체 보인구역을 내려다볼 수 있는 통유리 발코니에 자리잡고 가자지구에서 이스라엘로 건너오는 사람들의 움직임을 모니터로 살펴보고 있었다. 이 군인들은 위에서 아래를 내려다보면서 구내전화로 의사소통을 했다. 이쪽에서도 그들이 보였고 그들 역시 이쪽을 볼 수 있었으며 목소리를 높여 소리지르면 직접 이야기도 할 수 있었지만, 개인 간의 대화에는 구내전화가 사용되었다. 모든 사람이 첫 번째 금속 방탄문을 통과한 뒤 첨단 전신스캐너 안으로 들어가야 했다. 빨간색 빛이 녹색으로 바뀌면서 자동문이 열리면 마지막 관문을 통과한 셈이 되며, 수하물 벨트에서 자신의 짐을 찾아 보안구역 반대쪽에 있는 출입국관리소로 가게 된다. 예루살렘에 주재하는 〈AP통신〉 소속 미국인 사진기자는 기계가 잔뜩 설치된 구역 한쪽에 전신스캔을 마친 의심스러운 사람들을 보내는 작은 방이 있다고 경고했다. 그 방에는 자살폭탄을 터뜨리는 사람이 있더라도 폭발의 충격과 살점이 바깥으로 나가는 것이 아니라 배수구를 타고 흘러내릴 수 있도록 바닥에 금속 재질의 배수구가 설치되어 있다고 했다. 나는 미로와도 같은 보안구역 입구에 있는 구내전화 버튼을 누르면서 그 이미지를 머릿속 한쪽에 떠올렸다.

"안녕하세요. 저는 〈뉴욕 타임스〉 소속 기자입니다. 오늘 아침에 슐로모에게 전화해서 임신 27주라고 설명했습니다만, 스캐너에 들어가지 않고 사람이 직접 수색해줄 수 있는지 궁금합니다. 방사선 때문에 걱정이 되거든요."

출입구에 붙어 있는 구내전화에서 나를 비난하는 듯한 목소리가 흘러나왔다. "속옷만 남기고 다 벗을 수 있으면 알몸 수색을 하지요. 아니면 그냥 스캐너를 통과하시오."

나는 아랍 출신의 기독교인 이스라엘 여자와 결혼하여 10년 이상 살고 있는 스티브를 쳐다보았다.

"스티브, 어떻게 하지? 스캐너에 들어가는 건 아무래도 걱정돼."

"네가 스캐너에 들어가지 않겠다고 하면 하루종일 너를 여기에 잡아둘 거야. 내 생각에는 차라리 얼른 한 번 통과하는 게 나을지도 몰라. 한 번 통과하는 것만으로는 아기에게 큰 영향이 없을 거야."

나는 구내전화 버튼을 다시 한번 누르고는 위쪽 멀리에 있는 이스라엘 군인들 무리를 올려다보았다.

여전히 방사선 때문에 걱정은 되었지만, 스캐너를 통과하기로 결심했다. 찰칵하는 커다란 금속성 소리가 나면서 타임캡슐 같은 기계의 한 구역으로 들어가는 문이 열렸다. 나는 그 안으로 들어가서 서 있는 위치를 표시한 발바닥 그림 위에 선 다음, 임신하지 않았을 때 수없이 했던 것처럼 양손을 머리 위로 올려 삼각형 모양을 만들었다. 스캐너가 내 몸 주위를 움직이는 동안 숨을 멈추고 가만히 기다렸다. 기계가 멈추고 불빛이 빨간색에서 녹색으로 바뀌었으며, 자동문이 열리고 나는 또하나의 감옥을 연상시키는 작은 칸막이 공간으로 나갔다. 두번째 칸막이의 불빛도 빨간색에서 녹색으로 바뀌었지만, 앞쪽으로 걸어나가기 시작하자 불이 다시 빨간색으로 바뀌었다. 나는 어리둥절하여 걸음을 멈추었다. 구내전화에서는 아까 들었던 거만한 목소리가 흘러나왔다. "다시 스캐너로 들어가주시겠습니까? 문제가 있습니다."

"뭐라고요?" 나는 혈압이 솟아오르는 것을 느끼며 이렇게 물었다. "나보고 저 스캐너 안으로 다시 들어가라고요?"

"네. 다시 들어가세요."

나는 스캐너 안쪽으로 들어갔고, 다시 발바닥 그림 위에 발을 올려놓고 위치를 잡은 뒤 머리 위로 팔을 올렸다. 스캐너가 다시 내 몸 주변을 도는 동안 나는 숨을 참으며 움직이지 않으려고 주의했다. 불빛이 빨간색에서 녹색으로 바뀌고, 나는 앞으로 빠져나와 다음 칸막이 공간으로 나간 뒤 두 번의 전신 스캔을 마친 후 다시 불빛이 녹색으로 바뀌기를 기다렸다. 하지만 불빛은 여전히 빨간색이었다. 무언가 실수가 있었던 게 틀림없었다. 위쪽의 통유리 발코니를 올려다보니 이제는 몇 명의 군인들이 작은 유리 감옥에 갇힌 나를 내려다보고 있었다. 그들은 내 몸과 배에 계속 방사선을 쏘일 것인가를 논의하며 웃고 있었다.

"이런." 거만한 목소리가 다시 들려왔다. "안에서 움직이셨군요. 다시 스캐너 안으로 들어가주시겠어요?"

지금 장난해? 나는 속으로 외쳤다. 이성을 잃지 않도록 모든 자제력을 끌어모아야 했다. "움직이지 않았습니다. 예전에도 이런 스캐너를 통과해봤어요. 절대 움직이지 않았습니다."

"다시 스캐너 안으로 들어가세요."

"자꾸 스캔을 당하면 머리 세 개 달린 아이가 태어날지도 몰라요." 나는 볼멘소리로 응수했다.

"다시 들어가요." 통유리 발코니에 있는 다른 군인들이 낄낄대는 가운데 그 목소리가 말했다.

그들은 세 번이나 내 전신을 스캔한 뒤 마침내 다음 칸막이로 통과시켜 주었다. 하지만 그다음에 출구와 수하물 벨트 쪽이 아니라 오른쪽에 있는, 바닥이 배수구로 된 덩그런 방으로 안내했다. 자살폭탄테러범을 보낸다는 방이었다. 내가 서 있는 반대쪽에서 어둠을 뚫고 불빛 한 줄기가 반짝였고, 두꺼운 방탄유리 건너편에 앉아 있는 이스라엘 여군이 앞쪽으로 몸을 기대더니 이렇게 말했다. "바지를 벗으세요."

"뭐라고요?"

"바지를 벗고 셔츠를 올리세요. 몸을 봐야겠어요."

"스캐너 작동 안 되나요? 방금 세 번씩이나 통과시킨 스캐너 말이에요."

"옷을 벗어주세요."

나는 바지를 벗고 셔츠를 들어올려 농구공처럼 둥글게 부풀어오른 배와 그날 도대체 무슨 생각으로 입었는지 알 수 없는 빨간색 레이스 속옷을 보여주었다.

"통유리 발코니 안에 있는 남자들도 위에서 이걸 다 보고 있나요?"

"아닙니다."

나는 임신한 내 알몸을 바라보고 있는 이 여자 군인이 자기 동료들의 행동에 부끄러움을 느끼진 않는지 궁금했다.

"됐습니다. 이제 다시 옷을 입으세요."

너무나 혼란스럽고, 분노가 치밀고, 끔찍하고, 화가 났다. 그러다가 불현듯 어떤 깨달음이 몰려왔다. 이스라엘 정부의 인가를 받고, 사전에 언론담당관에게 사람이 직접 수색해줄 것을 정중하게 부탁한 〈뉴욕 타임스〉 기자인 나에게 이런 짓을 했다면, 그 군인들이 가난한 팔레스타인 임신부들은 도대체 어떻게 다루고 있겠는가? 생각만 해도 오싹했다.

나는 에레즈 국경검문소를 떠난 후 예루살렘에 있는 국제프레스센터, 그리고 예루살렘의 〈뉴욕 타임스〉 지국을 통해 이스라엘 정부에게 공식적으로 항의했다. 첫번째 항의를 제기한 후 한 달이 지났을 때 이스라엘 국방부는 에레스 국경검문소에서 일어난 일에 대해 성명을 발표했으며, 에두른 표현이기는 했지만 나에 대한 처우를 공개적으로 사과하며 국방부로서는 전례가 없는 조치를 취했다.

내 몸속의 아이가 움직일 때 죽어가는 다른 아이의 고통을 지켜봐야 했던 소말리아에서와 마찬가지로, 나는 말도 안 되는 부당한 경험을 통해 새삼 전 세계 많은 곳에서 사람들이 어떤 어려움을 겪으며 살아가고 있는지 뼈저리게 이해하는 동시에 더욱 분노하게 되었다. 사실 나는 오랫동안 직접 그런 현실을 목격해왔다. 하지만 임신을 하고 모성을 인지하면서, 인류를 바라보는 또하나의 시각과 이해의 창구가 열렸다는 점만은 인정할 수밖에 없다.

나의 아이, 루카스

• 루카스 사이먼 데 벤데른은 2011년 12월 28일, 런던에 있는 세인트메리병원에서 열한 시간 이상의 끔찍한 진통 끝에 건강하게 태어났다. 폴이 새로운 직장을 얻었기 때문에 우리는 고작 3주 전에 런던으로 이사한 참이었다.

엄마로서의 처음 몇 주간은 잠이 부족한 상태에서 젖을 먹이고, 너무나 먼 과거에 존재했던 것 같은 삶과 현재의 삶을 조화시키고자 노력하며 정신없이 보냈다. 아마도 기자가 된 이래 처음으로 나는 세 달 동안 여행가방을 싸지 않았으며, 비행기표를 사거나 여행정보 사이트를 들여다보지도 않았고, 호텔이나 취잿거리, 뉴스속보, 누가 누구를 죽이고, 지구의 어느 오지에서 홍역이나 콜레라가 창궐하여 누군가 죽어가고 있다는 사실 때문에 스트레스를 받지 않았다. 내 일과는 매우 단순하고 반복적이었다. 루카스의 울음소리 때문에 깰 때까지 잠을 자고, 젖을 먹이고, 커피를 끓

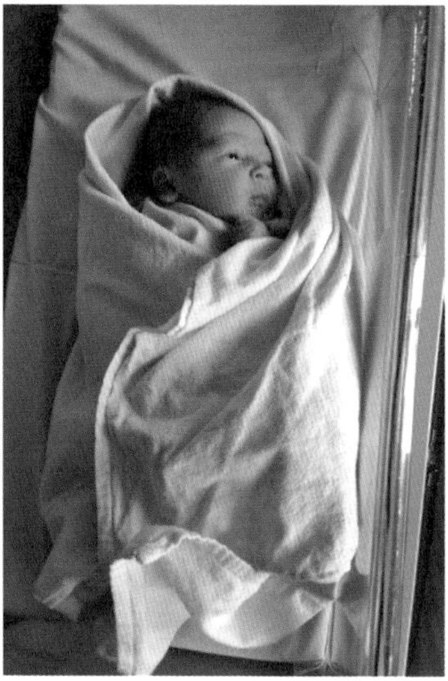

아들 루카스 사이먼 데 벤데른, 2011년 12월 28일.

이고, 재미없는 TV를 보고, 다시 젖을 먹였다. 나는 임신 막달과 수유기간 동안 출산 이전까지 본 것보다 더 많은 TV영화를 보았다. 무슨 일을 하다가도 중단하고 기저귀를 갈아야 했고, 서투른 내 손길 때문에 갓 태어난 아기가 잘못되지는 않을까 하는 두려움에 시달렸다. 출산하기 전까지 나는 아기에 대해 아는 것이 전무했다. 아기에게 무엇이 필요한지, 아기가 아프다는 것을 어떻게 아는지, 연약한 머리를 어떻게 우주복 안으로 밀어넣는지, 춥고 눅눅한 런던의 겨울에는 무엇을 입혀야 하는지.

전 세계 대다수 여성들의 일상에서 가장 큰 부분을 차지하던 일들이 이제 내 것이 되었다. 나는 그것을 기꺼이 받아들였다. 어느새 일상이라는 개념이 내게 성취감을 주기 시작했기 때문이다. 나는 폴과 나의 분신인 이 아이를 낳았고, 우리는 아이로 인해 지금까지 경험했던 그 어떤 일보다 훨씬 큰 기쁨과 사랑을 느꼈다. 우리 두 사람은 하나의 정자와 난자가 만나 이 아이가 태어났다는 사실이 믿기지 않아 몇 시간이나 소파에 앉아 루카스를 바라보기도 했다. 우리는 지구상에서 처음으로 부모가 된 사람들 같은 기분이 들었다. 어떻게 인류의 기본적인 일에서 이토록 많은 보람을 느낄 수 있는 것일까. 나는 아이가 없다는 내 말에 왜 그 오랜 세월 동안 모든 아프가니스탄 여성들이 슬픈 표정을 지었는지 비로소 이해할 수 있을 것 같은 기분이 들었다. 그리고 이미 내 마음속 깊은 곳에서는 아이가 태어난 직후의 처음 몇 달을 소중히 여겨야 한다는 사실도 알고 있었다. 우리가 세상에 내놓은 이 작고 무력한 아이, 루카스를 사랑하고 돌보는 일에만 온전히 마음을 쏟을 수 있는 시기는 무척 귀하기 때문이었다.

출산 직후 느꼈던 생명의 탄생에 대한 행복감은 2012년 2월 초 어느날 충격적이고 갑작스럽게 종말을 맞았다. 편안한 가족의 울타리 안에서 지내던 어느 날 새벽 루카스에게 젖을 먹이고 있는 와중에, 아래층 거실에 놓아둔 가방 안의 뉴욕 핸드폰이 울리는 소리가 들렸다. 시계를 보니 새벽 4시였다. 이런 새벽에 로밍 핸드폰이 울릴 일이라고는 신용카드 회사나 응급한 용건뿐이었기 때문에 나는 폴에게 핸드폰을 가져다달라고 부탁했다. 부재중 전화가 수십 통이나 와 있었으며 핸드폰 메일에 눈에 익은 제목이 적혀 있었다.

너무나 유감스러운 일

슬픈 소식

내 오랜 친구인 앤서니가 그날 낮에 시리아에서 천식발작으로 세상을 떠난 것이다. 타일러는 그의 시신을 국경 넘어 터키까지 운반한 후, 그곳에서 앤서니의 아내 나다와 두 살짜리 아들 말리크에게 시신을 양도했다. 우리 네 사람이 리비아에서 간신히 죽음을 피한 지 채 1년이 지나지 않은 시점이었다. 엄청난 슬픔을 느끼기도 전에 분노와 좌절감이 먼저 찾아왔다. 리비아에서 그런 일이 일어난 지 얼마 되지도 않았는데 도대체 앤서니는 시리아에서 뭘 하고 있었단 말인가? 만약 임신하지 않았다면 나 역시 그곳에 있었을 가능성이 크다는 사실을 나는 알고 있었다. 하지만 나 자신을 솔직하게 바라보는 것보다는 다른 사람들의 행동을 재단하는 것이 훨씬 쉬운 법이다. 게다가 전쟁지역 한복판에서 하필이면 천식발작으로 세상을 떠나다니? 이 비참한 운명은 누가 준비해놓은 것인가? 이러한 모든 의문에 대한 대답은 절대 얻을 수 없을 것이다. 하나만 빼고 말이다. 나는 앤서니가 '아랍의 봄'을 취재하기 위해 그 지역으로 돌아갔다는 것을 알고 있었다. 그가 다시 분쟁지역으로 돌아간 이유는 충분히 이해하고도 남았으며, 나 역시 같은 이유로 언젠가는 분쟁을 취재하기 위해 다시 현장으로 돌아가게 될 것이다. 우리 모두와 마찬가지로 현장은 그의 영혼에서 빼놓을 수 없는 요소였으며, 그를 현장에서 떼어놓을 수 있는 것도 거의 없었다.

그의 가족을 생각하니 가슴이 아파왔지만 나도 그와 마찬가지로 나에게 그토록 소중한 일을 포기할 수는 없었다. 루카스를 낳고 3개월이 지나자 나는 다시 일하기 시작했다. 출산 후 처음으로 맡은 일은 〈뉴욕 타임스 매거진〉의 취재 건으로 미국 앨라배마에서 각성제에 중독된 엄마들의 사신을 찍는 것이었다. 루카스와 떨어져 있는 것은 연인과의 사이에서 겪은 어떤 비통함이나 거리감보다 훨씬 견디기 어려웠으며, 이런 기분은 처음이었다. 나는 공항으로 가는 내내, 비행기 여행을 하는 동안, 심지어는 메모리카드를 니콘 카메라에 끼우고 렌즈를 주머니에 넣어 허리춤에 찬 다음 티미 킴브러와 세 아이들을 만나기 위해 앨라배마 시골지역의 허름한 헛간을 방문하던 날 아침까지 눈물을 흘렸다. 하지만 사진 몇 장을 찍고 나니 이내 일에 몰두하게 되었다.

루카스와 폴을 남겨두고 집을 떠나는 일이 쉬워질 것이라고는 생각지 않았다. 직업을 가진 다른 수많은 부모들과 마찬가지로, 나는 일과 양육 사이의 완벽한, 그러면서도 불가능한 균형을 찾기 위해 애썼다. 한쪽 때문에 다른 한쪽이 희생되는 것은 불가피한 일이었고, 나는 취재 여행을 다녀올 때마다 나의 부재로 인한 대가를 눈으로 목격해야 했다. 루카스는 나보다는 보모의 품으로 달려갔고, 내가 인도나 우간다의 어느 호텔방에서 스카이프로 전화를 걸어도 "아빠! 아빠!" 하며 소리를 질렀다. 출산 후 1년 동안 나는 미시시피에서 모리타니, 짐바브웨, 시에라리온, 인도에 이르기까지 다양한 지역을 취재했다. 각 취재 여행 사이에는 루카스와 교감하는 시간을 보낼 수 있는 기간을 두었으며, 놀이그룹과 음악교실에 참석하면서 하늘과 땅만큼이나 다른 두 세계에 양다리를 걸쳤다. 이제부터는 전쟁의 주변부에서 취재하며 엄마로서의 새로운 삶에 어느 정도 일을 맞추겠다고 다짐했다. 2012년 11월에 가자지구에서 전쟁이 일어났을 때, 나는 가슴속 깊은 곳에서 민간인 사망자들을 기록에 남기기 위해 현장으로 가야 한다는 익숙한 절박감을 느꼈다. 하지만 나는 런던에 머물렀다. 체육관에 운동을 하러 가거나 예쁘게 미용한 푸들을 무릎 위에 앉혀놓고 카페에서 주변을 둘러보며 커피를 마시기보다 가자지구에 가고 싶어하는 사람은 노팅힐 전체에 나밖에 없을 것이라 생각했다.

비록 새로 꾸린 가족과 함께 어느 때보다도 행복하고 충실한 나날을 보내고 있기는 했지만, 나는 여전히 현장으로 돌아가 내가 큰 관심을 쏟고 있는 이야기를 취재하고 싶은 마음에 좀이 쑤셨다. 그러나 사진기자로서 스스로를 증명하기 위해 큰 사건이 터질 때마다 현지로 달려가야 할 것 같았던 커리어 초반부와는 달리, 나는 예전보다 훨씬 적은 일을 하는 것에 편안함을 느끼기 시작했다. 아들이 태어난 후에는 일거리를 보다 꼼꼼하게 선택했으며, 각 일거리의 중요도와 가족으로부터 떨어져 지내야 하는 시간 때문에 잃어야 할 것들을 저울질해보았다. 취재 사이사이에 루카스를 위한 시간을 내면서도 마감을 지켰고 편집자들의 요구사항을 완수했다. 이러한 균형이 가능했던 것은 어머니라는 내 새 역할을 전적으로 지지해주었던 믿을 수 있는 편집자들과 일했고 아빠의 역할을 착실히 담당하는 폴이 있어주었기 때문이다.

이제 내가 감수해야 하는 위험은 더욱 큰 부담으로 다가오게 되었다. 매일 밤 나는 루카스를 재우면서 과연 이 완벽하고 예쁜 아기가 걷게 되고, 소년이 되고, 이어 청소년과 어른이 될 때까지 내가 곁에서 그 모습을 지켜볼 수 있을까 생각한다. 가족들을 불안감에 시달리게 한다는 점에 대해서는 나 자신도 괴롭기 짝이 없었지만, 언젠가는 루카스도 자기 아버지처럼 보도사진에 대한 나의 헌신을 이해해주기를 바라고 있다. 루카스를 낳기 전의 나는, 이 사람을 구하기 위해서는 어떤 일이든 하겠다는 식의 고통스럽고 처절한 사랑을 진정으로 이해하지 못했다. 나는 두려움에 굴하지 않는 삶을 살아왔지만, 이제 내가 돌봐야 할 작은 생명체가 생겨난 이상 죽음을 다른 시각으로 바라보게 되었다. 나는 루카스에게 무슨 일이 일어날까봐 끝없이 걱정했다. 이런 기분은 나 자신에 대해서도 느껴본 적이 없었다. 루카스의 미래에 대해 생각하면서, 아이가 나처럼 많은 기회와 행복, 그리고 풍부한 경험을 누리면서 살아갈 수 있기를 희망했다. 내가 나의 아이에게 바라는 미래와 똑같은 미래를 자기 아이들에게 열어주기 위해, 전 세계의 수많은 여성들이 상상조차 할 수 없는 곤경에 맞서 가족을 위해 싸우고 있을 것이다. 나는 부모로서 쌓은 경험을 바탕으로 내가 사진을 찍는 대상들도 새로운 시각으로 이해하게 되었다.

종군사진기자이자 엄마로서, 나는 서로 다른 두 가지 현실 속에서 살아가는 방법을 배웠다. 수많은 아이들이 뛰노는 아름다운 런던의 공원과 전쟁지역을 오가는 것이 항상 쉽지만은 않지만, 이것이 내가 선택한 길이다. 나는 평화 속에서 사는 동시에 전쟁을 목격하고, 인간의 가장 악랄한 측면을 경험하면서도 아름다움을 기억하는 쪽을 선택했다.

에필로그
이라크로 귀환하다

2012년 말이 되자 시리아 내전의 상황이 매우 심각해졌다. 당시의 시리아는 기자들에게도 최소한 2011년의 리비아만큼이나 위험했다. 신문사들은 특파원을 파견할 때 대규모 보안팀을 딸려 보냈고 최소한의 기간만 체재하도록 했다. 나는 비록 1면에 실릴 기사와는 거리가 멀었지만 시리아 내전으로 인한 민간인 사상자 이야기를 취재하고 싶었고, 〈뉴욕 타임스〉에 민간인들이 수용된 난민캠프를 방문하겠다고 제안했다. 나는 레바논과 요르단을 거쳐 터키로 간 다음 국경을 넘어 전쟁으로 폐허가 된 시리아에 입국하면서 과연 내가 살아서 집에 돌아갈 수 있을까 생각했다.

나는 동료 한 명과 경호원, 운전사, 가이드와 함께 차를 타고 시리아와 터키 국경을 따라 위치한 북부 알레포의 전원마을을 지나가면서, 카메라는 발치에 놓아둔 가방 안에 쑤셔넣고 머리카락은 헤드스카프로 깔끔하게 감추었다. 나는 창문을 통해 스쳐지나가는 시골 풍경을 바라보았다. 내전과 죽음으로 만신창이가 된 나라에 위태롭게 자리잡고 있는 소소하고 평화로운 광경을 지나치면서, 밭에서 천천히 일을 하는 몇몇 농부들, 머리를 자르기 위해 이발소 앞에 줄 선 젊은이들을 바라보았다. 우리가 반란군이 세력을 잡고 있는 틸알리안이라는 마을에 도착하자 마을 의회 의원들은 자신들의 어려움을 보도해줄 외국인 기자들이 찾아왔다고 기뻐하며 우리를 반갑게 맞아주었다. 나는 하루종일 빵을 만들 밀가루를 구하러 다니는 소년들과 공습이 계속되는 와중에도 임시학교에서 수업을 하는 선생님들의 사진을 찍었다. 우리는 또한 현지의 병원을 방문하기도 했다. 그곳에는 전투에서 부상당한 시리아 사람들과 갑자기 사라지거나 더 심각한 부상을 당한 사람들을 치료하기 위해 전장으로 가버린 의사들 때문에 일상적인 병도 제대로 치료할 수 없어 고통받는 환자들로 넘쳐나고 있었다. 내가 과거에도 자주 취재하던 이야기들이었지만, 엄마가 되고 나니 이 상황이 완전히 다른 의미로 다가왔다. 어떤 광경을 접할 때마다 나는 루카스가 이런 상황에 처했다면 어떻게 되었을까, 갑자기 아이들에게 먹일 식량을 구할 수 없게 된 어머니의 심정은 어떨까, 하는 생각을 할 수밖에 없었다.

결국 이 시리아 난민의 이야기 때문에 나는 이라크 북부에 있는 에르빌을 다시 방문하게 되었다. 10년 전, 미국과 이라크 사이에 임박한 전쟁을 취재하기 위해 이라크에서 첫날밤을 보낸 곳이 바로 에르빌이었다. 그때처럼 꼭대기에 눈이 쌓인 들쭉날쭉한 산악지대에 위치한 이란과 이라크 사이의 국경을 자동차로 통과하는 대신, 나는 깔끔한 현대식 에르빌공항으로 날아가 출입국관리소에 있는 쿠르디스탄 출신 이라크 여성에게 여권을 내밀었다. 출입국 직원의 머리는 길고 구불거렸고 손톱에는 붉은 매니큐어가 칠해져 있었다.

"이라크에 와본 적이 있나요?" 출입국 직원은 수많은 나라의 무수한 추억을 상징하는 출입국 도장들이 가득한 내 여권을 넘겨보면서 물었다.

"네." 나는 웃으면서 대답했다. "하지만 많은 게 변했네요. 10년 전인 2003년에 왔었거든요."

"환영합니다. 2주 비자를 드리지요." 쿠르디스탄은 중동 지역에서 미국인들을 환영하는 몇 안 되는 지역 중 하나다.

공항 밖으로 나가자 너무나 익숙한, 마치 오븐에 들어와 있는 것 같은 섭씨 38도 이상의 건조한 공기가 훅 하고 불어왔다. 나는 〈뉴욕 타임스〉 취재 건으로 함께 일했던 팀을 찾아 주변을 둘러보았다. 팀은 양키스 모자를 쓰고 마중을 나와 있었고, 팀의 뒤에는 2004년 팔루자에서의 납치 때 우리 목숨을 구했다고 해도 과언이 아닌 운전사 왈리드가 서 있었다. 어느새 나이든 왈리드는 회색 머리와 수염을 검게 염색한 상태였지만 염색이 벗겨져 붉은색이 도는 검은색 헤나 색조만 남아 있었으며, 여전히 체격이 크고 키가 훤칠했지만 10년 전보다는 약간 야위어 보였다. 왈리드는 두 팔로 나를 얼싸안더니 크게 웃음을 터뜨렸다.

"하빕티(내 친구)! 다시 만나게 돼서 정말 기쁩니다."

이토록 오랜 세월이 지난 후 그를 다시 만나게 된 데 감사하며 나는 왈리드를 꼭 안았다. 이라크의 종파전쟁이 그와 그의 가족에게 어떤 상처를 남겼을까? 왈리드는 얼마나 많은 친구와 가족을 잃었을까? 언제나처럼 케

밥을 먹으며, 왈리드는 2003년부터 2004년까지 주재했던 〈뉴욕 타임스〉 직원들의 이름과 그들이 지금 어디 있는지를 줄줄 읊어댔다. 바심은 캐나다에, 자이네브는 캐나다에, 알리는 미시간에, 재프는 뉴욕에. 오랫동안 지속된 이라크전쟁은 이라크 사회를 해체시켰고 많은 사람들이 대서양이나 대륙을 건너 뿔뿔이 흩어졌다. 하지만 나는 여전히 내 마음속에 특별한 의미를 가지고 있는, 익숙한 장소들을 다시 방문할 생각이었다. 시리아 국경을 향해 달려가는 동안 나는 2003년으로 거슬러올라가 당시의 내 모습을 떠올려보았다. 전 세계 곳곳을 발로 뛰며 사람들과 그들의 어려움에 대한 이야기를 기록하는 일 외에는 다른 아무것에도 관심이 없었던 젊은 여성. 나는 사진을 통해 진실을 기록하겠다는 지치지 않는 욕구를 지니고 있었고, 결과를 깊이 생각하지 않은 채 그 어떤 상황에도 스스로를 내던졌다. 그때 나는 순수한 의도로 열심히 일한다면 모든 것이 괜찮을 것이라 믿었다. 물론 지금도 그때와 똑같은 헌신으로 취재에 임하지만, 죽음을 접하고 하나둘씩 친구를 잃어가면서 점점 더 신중한 태도를 취하게 되었다. 10여 년간 일하는 과정에서, 언제부터인가 내가 죽을 수도 있다는 가능성은 중요한 의미를 지니게 되었다.

● ●

에르빌에서 북서쪽으로 여섯 시간 떨어진 사헬라 국경 횡단 지점에서 4천 명의 시리아 쿠르드족이 두 나라를 연결하는 비포장도로를 따라 꼬리에 꼬리를 물고 사막 계곡을 걸어가고 있었다. 나는 대규모 국경 횡단의 광경을 시야에 확실히 담기 위해, 한때 지뢰가 매설되어 있었다는 지뢰제거활동그룹Mine Action Group의 표시도 의식하지 못한 채 높은 언덕으로 뛰어올라갔다. 그러고는 카메라를 눈에 대고 긴 렌즈를 통해 갖가지 색깔의 옷차림으로 멀리서 걸어오고 있는 수천 명의 난민들을 지켜보았다.

성경에나 등장할 법한 이 광경에 나는 압도되고 말았다. 이것은 다른 전쟁이자 또하나의 전쟁이었다. 고향을 떠난 또다른 난민들이 공포와 죽음의 위협에 시달리고 있었다. 이라크의 쿠르디스탄 출신 사람들은 더이상 수천 명씩 피난을 떠날 필요가 없었으며, 이제는 내전을 피해 피난한 시리아 쿠르드족 사람들을 맞아들이고 있었다. 나는 등에 최대한 많은 짐을 짊어진 채 피난길에 오른 가족들, 울퉁불퉁한 길을 따라 절뚝이며 걸어가는 노인, 땀에 흠뻑 젖은 채 아이들을 팔에 안고 걸어가는 젊은 부모들을 사진에 담았다. 만약 루카스와 함께 피난을 떠나야 한다면 어떨까 생각해보았다. 나는 높은 언덕에서 내려와 도로로 걸어간 다음, 쿠르디스탄 출신 이라크 사람들이 지키고 있는 페시메르가 검문소 쪽으로 다가가는 난민들을 헤치면서 걸었다. 점점 다가오는 사람들의 사진을 와이드앵글로 찍으면서 나는 몇 분마다 눈에서 카메라를 떼고 끝없이 이어지는 난민들에게 큰 소리로 "살람!" 하고 인사를 했다.

많은 사람들이 나를 보고 미소를 지었고 '사하피야'라며 내 직업을 불러주었다. 기자. 이것이 나라는 사람이다. 이것이 내가 하는 일이다.

추천의 말

인내하는 목격자, 린지 아다리오. 세계의 전쟁과 인도주의적 위기를 기록한 여성 사진기자. 수단 반란군으로 가득찬 다르푸르의 트럭에 있든, 위험천만하기로 유명한 아프가니스탄 코렌갈계곡의 도랑에 있든, 우리는 연민이 담긴 그녀의 사진을 통해 아다리오가 목격한 것들의 힘을 마주하게 된다.

_오프라 윈프리('오프라 윈프리가 선정한 여성 20인' 추천사)

도저히 눈을 뗄 수 없는 회고록. 리비아, 다르푸르, 아프가니스탄 등 세계의 가장 위험한 곳에서 두려움을 이겨내고 취재해온 여성 종군기자 린지 아다리오. 그녀의 책을 읽는 순간 당신의 마음은 요동칠 것이다.

_리즈 위더스푼(배우, 영화 제작자)

이 책은 우리 시대의 가장 위대한 사진기자인 아다리오의 사진만큼이나 훌륭하다. 전 세계 가장 위험한 곳에서 납치되어 죽을 뻔한 고비를 넘기면서도 그녀는 진실과 아름다움을 포착해왔다. 그녀는 기적 그 자체다. 이 책 또한 기적이다.

_팀 와이너(《뉴욕 타임스》 기자, 퓰리처상 수상 저널리스트)

이 책에는 아다리오의 인생이 담겨 있다. 거대하고, 아름답고, 유일무이하다. 전 세계를 배경으로, 아다리오는 우리 모두를 하나로 묶을 수 있는 것이 무엇인지 떠올리게 하는 매우 특별한 모험에 착수한다.

_덱스터 필킨스(《뉴욕 타임스》 소속 종군기자)

타고난 재능으로 동시대와 자신의 삶을 기록하는 아다리오는, 9·11테러라는 잔인한 사건 이후에 성장한 젊은 사진기자들의 선두에 서 있다. 그녀는 독보적인 추진력과 용기를 지녔을 뿐 아니라 인도적이며 풍부한 유머를 구사한다.
_존 리 앤더슨(〈뉴요커〉 소속 종군기자)

놀라울 정도로 영화적이다. 낯설고, 생각을 환기시켜주는 생생한 사진과 아름다운 기록이 담긴 책. 독자들이 좀더 렌즈를 가까이 대고 이 글을 읽는다면, 아다리오가 인간의 희생과 고통에 대한 웅대한 생각을 가졌을 뿐 아니라 인간의 삶 그 자체를 바라보는 공감의 예술가라는 사실을 깨닫게 될 것이다.
_〈보스턴 글로브〉

회고록의 첫 장면은 단단한 주먹으로 날리는 강력한 펀치 같다. 아다리오는 여성의 성역할이 한정된 남성중심 국가에서 겪은 경험뿐 아니라 남성 동료들과 미군들에게서 존중받기 위해 끊임없이 애써야만 했던 여성으로서의 좌절감을 조명한다. 그럼에도 그녀는 적군의 영토에서든, 정치를 논할 때든, 이것저것 재지 않고 늘 앞장선다.
_〈엔터테인먼트 위클리〉

풍부한 삽화가 담긴 회고록이자, 넓은 세계를 이해하는 것을 직업적 소명으로 삼은 사진기자의 일기. 아다리오는 자신과 비슷한, 상대적으로 안전하고 풍족한 환경에서 태어난 사람들의 감정을 자극하고, 그들이 무엇을 해야 할지조차 알 수 없는 공포에 대한 시각적 증거를 제시한다. 이로써 사람들이 안락한 영역에서 벗어나 주변을 볼 수 있도록 쉬지 않고 자신의 사명을 전달한다.
_〈로스앤젤레스 타임스〉

아다리오가 경험한 모험과 투쟁의 순간들. 발빠르게 세계의 갈등을 포착하는 종군기자가 살아낸 인생과 도전의 모든 것이 여기에 있다.
_〈워싱턴 포스트〉

아다리오가 자신의 분야에서 최고로 성장할 수 있었던 것은 극도로 위험한 환경에서도, 논의가 이뤄지지 않았던 주제를 찾아내고 포착했기 때문이다.
_〈AP통신〉

평범한 미용사 부부의 막내딸로 태어나 세계에서 가장 뛰어난 사진기자로 성장한 아다리오의 매혹적인 이야기. 아다리오는 세상에서 가장 어려운 과제를 감당하는 것이 얼마나 신나고, 동시에 힘든 일인지 철학적으로 보여준다.

_〈샌프란시스코 크로니클〉

퓰리처상 국제보도 부문 수상자인 아다리오는 세계의 전쟁과 분쟁을 경험했던 여성 사진기자의 삶을 솔직히 묘사하며 저널리즘 분야에서 큰 업적을 달성했다. 놀랍게도 그녀는 세계의 모든 전장에서 인간성을 발견하고 이를 사진으로 선사한다. 특히 아다리오는 여성으로 살아가는 것이 자신의 개인적 삶뿐 아니라 직업의 영역에서도 큰 영향을 주었음을 잘 전달하고 있다. 광신도를 다루든, 무척 까다로운 편집자를 다루든, 카메라를 지니고 살아가는 여성의 삶은 결코 쉬운 일이 아니다. 잔인할 만큼 현실적이고, 그 어떤 고난에도 멈추지 않은 아다리오의 생생한 회고. 놀라울 정도로 우리의 영감을 고무시킨다.

_〈커커스 리뷰〉

사적이면서도 전문적인 아다리오의 글은 고통과 불의를 기록함으로써, 정치와 여론 형성에 잠재적 영향을 주는 종군사진기자의 역할을 조명하는 데 성공했다.

_〈퍼블리셔스 위클리〉

아다리오는 자신이 왜 이토록 위험한 일에 빠지게 되었는지 그리고 왜 여전히 그 일을 하고 있는지, 왜 짜릿하지만 무서운 이 '특별한 직업'에서 '약속' '책임감' '소명'이라는 보람을 느낄 수밖에 없는지, 자신의 경험을 통해 흥미진진하게 들려준다. 지금까지 얼마나 훌륭하게 일해왔는지 보여주는 아다리오의 사진들을 보고 있자면 책에서 도저히 눈을 뗄 수가 없다.

_〈북리스트〉

옮긴이 **구계원**
서울대학교 식품영양학과, 도쿄 일본어학교 일본어 고급 코스를 졸업했다. 미국 몬테레이 국제대학원에서 통번역 석사과정을 졸업하고, 현재 전문 번역가로 활동중이다. 옮긴 책으로 『충돌하는 세계』 『생리의 힘』 『열두 가지 레시피』 『제가 투명인간인가요?』 『영국 육아의 비밀』 『아무도 대답해주지 않은 질문들』 『난센스』 『술 취한 식물학자』 『사랑할 때 우리가 속삭이는 말들』 『화성 이주 프로젝트』 『옆집의 나르시시스트』 등이 있다.

최전방의 시간을 찍는 여자
여성 종군기자 린지 아다리오의 사랑과 전쟁

1판 1쇄 2020년 8월 19일
1판 2쇄 2020년 9월 11일

지은이 린지 아다리오
옮긴이 구계원
펴낸이 염현숙

기획 이연실 | 책임편집 원보름 | 편집 정현경 이연실
디자인 신선아 | 저작권 한문숙 김지영 이영은
마케팅 정민호 이숙재 양서연 박지영
홍보 김희숙 김상만 지문희 김현지
제작 강신은 김동욱 임현식 | 제작처 영신사

펴낸곳 (주)문학동네
출판등록 1993년 10월 22일 제406-2003-000045호
주소 10881 경기도 파주시 회동길 210
전자우편 editor@munhak.com | 대표전화 031) 955-8888 | 팩스 031) 955-8855
문의전화 031) 955-3578(마케팅) 031) 955-3571(편집)
문학동네카페 http://cafe.naver.com/mhdn | 트위터 @munhakdongne
북클럽문학동네 http://bookclubmunhak.com

ISBN 978-89-546-7394-5 03300

www.munhak.com